ISRAEL VIANA SILVA es licenciado en Historia por la Universidad Complutense de Madrid y trabajó como arqueólogo durante ocho años en multitud de yacimientos datados desde el Paleolítico hasta la Guerra Civil. En 2007, su temprana inclinación hacia el periodismo le llevó a cursar el máster de *ABC* y fue contratado por este diario para poner en marcha la sección de Historia y la hemeroteca digital, desde donde ha participado en varios libros y especiales. Pasó después por las secciones de Cine y Música, para volver finalmente a su primera vocación. Es especialista en historia contemporánea española y mundial. Es colaborador habitual de las revistas *Muy Historia* e *Historia Hoy* y del diario *El Salto*.

MANUEL P. VILLATORO es licenciado en Periodismo por la Universidad Complutense de Madrid y ha realizado diversos cursos en el Instituto de Historia y Cultura Militar. Es uno de los coordinadores de la sección de Historia del periódico *ABC*, especialista en la Segunda Guerra Mundial e historia militar y coautor de los libros *Lo que nunca te han contado del Día D* e *Historia de España sin mitos ni tópicos*. Ha participado en diversos congresos y eventos relacionados con temática histórica y colabora en revistas como *Muy Historia* e *Historia Hoy*. Obtuvo el Premio APCR de Periodismo 2020 por la Asociación de la Prensa de Ciudad Real.

MAXI

Papel certificado por el Forest Stewardship Council®

MIXTO
Papel procedente de fuentes responsables
FSC® C117695

Penguin Random House Grupo Editorial

Primera edición: enero de 2022

Diseño de la cubierta: Penguin Random House Grupo Editorial / Marta Pardina
Imagen de la cubierta: © Archivo *ABC*

Printed in Spain — Impreso en España

ISBN: 978-84-1314-381-1
Depósito legal: B-15.219-2021

Compuesto en Llibresimes, S. L.

Impreso en Liberdúplex
Sant Llorenç d'Hortons (Barcelona)

BB 4 3 8 1 1

Historia de la Guerra Civil sin mitos ni tópicos

ISRAEL VIANA Y MANUEL P. VILLATORO

MAXI

A mi madre, Anabel, y a mi hermano, Daniel. Pocas veces os digo que os quiero a pesar de la guerra que os doy

A mi yayo Gaspar, por todas las historias que me contó de aquellos tres años en los que le obligaron a combatir

A Vicky, por ser la primera que me animó a escribir un libro así y compartir conmigo tantos años con amor y generosidad

Israel Viana

A mi tía, Sole. A mis padres, a mi hermana. A Norma y a Rayito

Manuel P. Villatoro

Índice

1936

1938

LA POSGUERRA Y EL FRANQUISMO

Prólogo

Volver a contar

> Todo periodista es un historiador. Lo que él hace es investigar, explorar, describir la historia en su desarrollo.
>
> RYSZARD KAPUŚCIŃSKI,
> *Los cínicos no sirven para este oficio*

Tienes en tus manos un libro escrito con oficio, un libro con la inteligencia y el compromiso de quien escribe para mostrar los hechos, desvelar lo ignorado y sacudir el relato institucionalizado de la historia. Esa es la labor del periodista que baja al subsuelo de lo que narra —porque «los datos son testigos mudos», como leemos en él—, y hay que pasar el cepillo a lo que se cuenta a contrapelo —ya nos lo dijo el viejo y querido Walter Benjamin—, para que surjan las vivencias de esos protagonistas ignorados que escriben la historia sin sospecharlo. Ni blancos ni negros categóricos, ni maniqueísmo fácil y consolador, sino la compleja gama de grises de la que está entreverado cualquier hecho es lo que encontramos en este trabajo. Porque sobre la Guerra Civil se ha escrito mucho, la mayoría de las veces intentando componer un relato comprensible y unívoco, una carretera de una sola dirección por la que orientarnos sin pérdida, pero eso nada tiene que ver con la realidad cruda de los hechos. Hay que perderse, desandar lo caminado, replantear el horizonte y escamotear señales de dirección al trayecto. Los hechos requieren una escritura que inspeccione con la misma zozobra y anhelo con los que fueron vividos. Villatoro y Viana han afilado sus lápices y aguzado sus sentidos para hacerlo y mostrarnos todo un fresco de los acontecimientos que acaecieron en España desde 1936 hasta 1939. Así, además, han estructurado su obra: todos los episodios están presentados por los años en que ocurrieron, integrados de esta forma en su contexto. Es la única convención académica otorgada a un libro que, libre de ideologías, se atiene a la pluralidad circunspecta de las historias que cuenta.

¿Cuándo hemos oído, por ejemplo, que en el bando republicano existieron mercenarios extranjeros? ¿Cuándo se nos ha contado la amistad entre José Antonio Primo de Rivera y el juez que le envió al paredón? ¿Y el alzamiento de Villa Sanjurjo que se adelantó al de Franco? ¿Las opiniones de Líster sobre la responsabilidad de la República en la sublevación? ¿La masacre del mercado de Alicante?

En esta obra se desentierran tópicos (la Brigada Lincoln era un batallón, por ejemplo) y podemos escuchar a los protagonistas de todos aquellos acontecimientos; son sus testimonios los que leemos, porque este libro es, ante todo, una ardua y exhaustiva indagación de archivo y una conversación veraz e imparcial con los supervivientes y los descendientes. Asistimos a las historias de las que está compuesta la historia; esa intrahistoria que no puede recoger una carretera única y cuya pérdida aniquila su fiabilidad. Unas historias que, por otro lado, nos ayudan a comprender las costumbres de un país (por ejemplo, el motivo de que se doblasen las películas extranjeras: el 40 por ciento de la población era analfabeta y no podía leer los subtítulos...).

Escrita por dos periodistas, cada uno con su estilo y su forma de indagar en los hechos, al leer la obra el lector gana en objetividad, en visión y en comprensión. Al terminar su lectura, nos quedamos con sed de saber más, de seguir indagando en nuestra historia. Esa es, sin duda, la función y, quizá, el deber del buen periodista y del buen historiador.

Carmen Sabalete
Directora de *Muy Historia*

CAMINO HACIA LA GUERRA

Las eternas dudas sobre la ambigua carta de Franco en la que advertía al presidente de la República del golpe de Estado

Israel Viana

Para el historiador británico Paul Preston, la carta que Franco le envió al presidente republicano Santiago Casares Quiroga, el 23 de junio de 1936, era de «una ambigüedad laberíntica». Faltaba menos de un mes para que se iniciara la Guerra Civil, y desde entonces nadie se ha puesto de acuerdo sobre cuál era el objetivo real de aquellas palabras. El hispanista Hugh Thomas creía que eran «una declaración del general ante la historia para justificar que había hecho todo lo posible para conseguir la paz, aunque para entonces ya supiera que era demasiado tarde para intentar nada». El escritor y periodista Julio Merino, exdirector del diario *Arriba* y de *El Imparcial*, opinaba que la misiva «podría haber evitado un millón de muertos si hubiera sido contestada», mientras que para Íñigo Bolinaga Irasuegui no era más que «una traición sibilina a los conjurados».

Nunca ha habido un consenso total entre los investigadores sobre este escrito en el que el general gallego «anunciaba en un tono críptico y deliberadamente ambiguo que se estaba gestando una conspiración», según explicaba el último historiador citado. Cualquiera de las explicaciones anteriores podría ser válida, o incluso varias de ellas a la vez, pero las preguntas siguen siendo pertinentes. ¿Era en realidad un traidor que quiso, en el último momento, detener la guerra? ¿Se mantuvo fiel a la República hasta unas horas antes del golpe de Estado y por eso envió la misiva? ¿Estaba acercándose, por un lado, a Casares Quiroga y, por el otro, al general Emilio Mola, con el fin de sacar el máximo beneficio personal? ¿Quería avisar del levantamiento y, al mismo tiempo, advertir de que él estaba en el bando contrario?

La misiva, que durante décadas permaneció en el olvido, comenzaba así:

> Respetado ministro:
>
> Es tan grave el estado de inquietud que en el ánimo de la oficialidad parecen producir las últimas medidas militares, que contraería una grave responsabilidad y faltaría a la lealtad debida si no le hiciese presente mis impresiones sobre el momento castrense y los peligros que para la disciplina del Ejército tienen la falta de satisfacción y el estado de inquietud moral y material que se percibe, sin palmaria exteriorización, en los cuerpos de oficiales y suboficiales.

En aquel momento, el golpe de Estado empezaba a ser evidente. De hecho, varios generales, incluido Franco, ya habían acordado sublevarse a principios de 1936 si el Frente Popular ganaba las elecciones generales de febrero. Y, aunque al final se alzó con la victoria, el plan no siguió adelante. Poco después, el 16 de marzo, durante la sesión de apertura de las Cortes, se produjo en el Congreso un incidente violento que reflejó también la división entre los diputados republicanos y los conservadores. Fue un episodio que muchos han interpretado como una nueva señal de que la guerra estallaría pronto. Lo protagonizó un diputado socialista que intentó agredir al presidente de la Cámara

Baja, Ramón de Carranza, monárquico convencido, porque este se negó a gritar el habitual «¡Viva la República!».

Ese mismo día, además, el Partido Socialista denunció en el Congreso que el futuro presidente del Gobierno, Francisco Largo Caballero, había sufrido un atentado en su domicilio. «Nuestro camarada fue tiroteado y algunos de los proyectiles entraron en su habitación», detallaba la nota de prensa. Los enfrentamientos se volvieron cada vez más habituales en el campo y en la ciudad, pero lo cierto es que, cuando Franco envió su carta a Casares Quiroga, todavía no se habían producido los dos detonantes finales que hicieron saltar todo por los aires: el asesinato del teniente del Castillo por parte de grupos armados de la derecha, el 12 de julio, y el de José Calvo Sotelo por grupos de izquierda, un día después.

Según explica Preston en *La guerra civil española. Reacción, revolución y venganza* (1978), Casares Quiroga fue advertido en varias ocasiones de que la conspiración estaba en marcha, pero no hizo caso. El 15 de junio, una semana antes de que Franco escribiera su misiva, el alcalde de Estella y el gobernador de Navarra llamaron al presidente del Gobierno para informarle de que, en el monasterio de Irache, el general Mola estaba celebrando una reunión secreta con los comandantes de las guarniciones de Pamplona, Logroño, Vitoria y San Sebastián, en la que podrían estar organizando la sublevación. Cuando le pidieron instrucciones, sin embargo, les ordenó «con indignación» que retiraran a los guardias civiles que les vigilaban y zanjó la cuestión: «Mola es un leal republicano que merece el respeto de las autoridades».

La advertencia de Franco

Muchos investigadores creen que, una semana después, Quiroga cometió un grave error al no responder al mensaje de Franco, aunque fuera solo como señal de respeto al general gallego, que ya había mostrado su disgusto, en más de una ocasión, por el trato que recibía el estamento militar por parte de la República. «En la carta se insinuaba que el ejército permanecería leal si se le trataba como era debido, insinuando así que el autor era hostil a la República. Esto implicaba claramente que Franco solo desbarataría el complot si el presidente le asignaba el puesto adecuado», explica Preston, quien define al futuro Caudillo como «un general que ocupaba un puesto de segundón en el escalafón jerárquico de los principales conspiradores».

Años más tarde, los apologistas de Franco hicieron correr ríos de tinta al intentar explicar dicha misiva, que interpretaron como una hábil maniobra para desviar las sospechas de Casares, o bien como un último y magnánimo gesto de paz. Son dos interpretaciones nuevas a una carta cuyo objetivo sigue sin haber sido aclarado del todo. En cualquier caso, Casares Quiroga no creyó necesario contestarle. Según sostiene Stanley G. Payne en *La guerra civil española*, de haberlo hecho no habría cambiado nada, puesto que el futuro Caudillo solo estaba «practicando el doble juego». Y, además, el Gobierno «había llegado a la conclusión de que un golpe militar era prácticamente inevitable, pero creían que probablemente sería mucho más débil de lo que fue». «En la primavera de 1936, los comunistas, que pronto serían el partido de izquierda que más ganancias obtendría del conflicto, eran también los que más deseaban evitarlo. Desde su punto de vista, el camino era hacer una fuerte purga de los oficiales del ejército», añade el prestigioso hispanista.

No cabe duda de que la carta habría brindado a Casares Quiroga una oportunidad de oro para neutralizar a Franco, ya fuera sobornándole o arrestándole, pero el presidente solía hacer gala de cierta despreocupación, lo que le llevó a no hacer ni una cosa ni la otra. Para Preston, «aquel escrito era un ejemplo típico de su "retranca", esa cautela socarrona y astuta atribuida a los gallegos. Su deseo de colocarse en el bando vencedor, sin correr ningún riesgo importante, parecía descartarlo como posible líder carismático del golpe». En este sentido, tampoco se ha llegado a un acuerdo sobre las razones por las que Mola y los demás conspiradores estaban poco dispuestos a continuar sin él. Quizá se debiera a que su influencia en el cuerpo de oficiales era enorme, por haber sido durante un tiempo director de la Academia Militar de Zaragoza.

«Las recientes disposiciones que reintegran al ejército a los jefes y oficiales sentenciados en Cataluña, así como los recientes relevos, han despertado la inquietud de la gran mayoría de los militares», advertía Franco a continuación. Después apuntaba a otros episodios que habían alimentado el malestar entre los soldados. «Las noticias de los incidentes de Alcalá de Henares, con sus antecedentes de provocaciones y agresiones por parte de elementos extremistas, concatenados con el cambio de guarniciones, que produce, sin duda, un sentimiento de disgusto, desgraciada y torpemente exteriorizado, en momentos de ofuscación, que interpretado en forma de delito colectivo tuvo gravísimas consecuencias para los jefes y oficiales que en tales hechos participaron, ocasionando dolor y sentimiento en la colectividad militar».

Hugh Thomas, por su parte, describe de la siguiente manera esta misma carta en su libro *La guerra civil española*: «Fue un intento de mostrar su preocupación por las divisiones existentes dentro del cuerpo de oficiales, reflejo de una nación dividida. Franco protestaba por las privaciones de mando a militares de derechas. Estos hechos, decía el general, estaban causando tal inquietud que él se sentía obligado a advertir al jefe de Gobierno, que además era ministro de Guerra, acerca de los peligros que suponía "para la disciplina del ejército"».

Payne defiende que fue el ninguneo en la respuesta de Casares Quiroga lo que llevó a Franco a informar a los conspiradores, por primera vez, de que aceptaba participar en el levantamiento. Cree, sin embargo, que las dudas le carcomieron todavía unos días más. Parece ser que el 12 de julio envió un mensaje urgente al general Mola para decirle que aún no había llegado el momento de levantarse y que se retiraba.

Bolinaga Irasuegui, autor de *Breve historia de la guerra civil española*, asegura que las dudas de este fueron un auténtico quebradero de cabeza para el resto de los conspiradores, los cuales estaban ya desesperados. «Mola se puso furioso, pero ya no podían echarse atrás, de manera que informó a los conjugadores de que ya no contaba con Franco y que sería el propio Sanjurjo quien se levantaría en Marruecos. Dos días más tarde, sin embargo, el futuro dictador volvió a unirse a la rebelión».

El germen del odio al clero que llevó al Frente Popular a asesinar a religiosos en los años treinta

Manuel P. Villatoro

«Si en sus manos estuviera, desde los campanarios dispararían los frailazos contra los que osan soñar con una vida civil plena, libre y alegre». Las acusaciones gratuitas publicadas por *El Socialista*, allá por febrero de 1936, bastan para entender la persecución en masa que padecieron los sacerdotes y monjas afincados en la zona de la Segunda República tras el estallido de la Guerra Civil. Y es que, como él, muchos otros periódicos llamaron a la clerofobia y al conocido como «odio al cura» durante los años treinta. Si por entonces se hubiera tomado la temperatura a los partidarios del anticlericalismo, no habría habido suficiente mercurio para dejar patente el ardor que les consumía.

En su mente, como había ilustrado el mismo periódico apenas un mes antes mediante una curiosa viñeta, la Iglesia era «un partido político más» aliado con el «capital» y el «fascismo». Sin embargo, y tal como desvela el catedrático de Historia Fernando del Rey en *Retaguardia roja*, la realidad es que, en zonas como Castilla-La Mancha, «la implicación del clero regular en la política había sido casi nula». La ficción, no obstante, logró acabar con la verdad y llevó al estallido, el 18 de julio de 1936, de una violencia sistemática contra el clero que derivó en la quema de conventos, el fusilamiento de sacerdotes y el maltrato de monjas por parte de las milicias leales al Frente Popular. El resultado: unos diez mil damnificados que han sido olvidados por la historia.

El germen del odio

Es difícil hallar el origen concreto que provocó la clerofobia en el ala más extrema de la Segunda República. El historiador recién mencionado es partidario de que pudo llegar desde varios frentes. El primero de ellos habría sido el marxismo europeo que, desde finales del siglo XIX, había forjado la idea del odio al cura. Ya lo dijo el mismo Karl Marx: «La angustia religiosa es al mismo tiempo expresión del dolor real y la protesta contra él. La religión es el suspiro de la criatura oprimida, el corazón de un mundo descorazonado, tal como lo es el espíritu de una situación sin espíritu. Es el opio del pueblo». Esa idea fue esgrimida por otros filósofos como Immanuel Kant, Ludwig Feuerbach o Bruno Bauer.

Desde el extremismo también se evocó la imagen del «cura trabucaire» de las guerras carlistas, dispuesto a armarse y a luchar por la causa, para poner en la diana al clero. Y otro tanto hicieron —según explica el profesor de Historia José Luis Ledesma en «*Delenda est Ecclesia*. De la violencia anticlerical y la Guerra Civil de 1936»— al recordar el apoyo de esta institución a los grupos más conservadores en la Restauración y la dictadura de Primo de Rivera. Cada una de estas épocas derivó en un repunte de los movimientos contrarios a la Iglesia que tuvo su máximo exponente en la Semana Trágica de Barcelona de 1909, cuando la Ciudad Condal fue tildada de la Rosa de Fuego debido a la ingente cantidad de iglesias que fueron quemadas.

Ese fue el punto de partida de un odio que se convirtió en el signo característico de los grupos extremistas de izquierdas. «La primera década del siglo xx, cuando el anticlericalismo se situó en el centro del espacio público, se convirtió en un punto de referencia fundamental para la protesta popular y para la vida política del país y se asoció definitivamente a la cultura política del republicanismo como un rasgo permanente de la misma», explica Ledesma. En resumen, el autor arguye que, a lo largo de más de cien años antes de la guerra de 1936, se articuló y se consolidó la misma mentalidad que, tras el 18 de julio, llevó a la matanza sistemática de sacerdotes y monjas.

Otros autores no olvidan que, ya en la época de la Segunda República, el anticlericalismo fue también un arma esgrimida por los partidos de izquierdas para lograr superar en las urnas a sus adversarios. Manuel Álvarez Tardío, autor de «"Por el triunfo de la causa de Dios". La reacción de la Iglesia ante el Frente Popular de 1936», secunda esta idea. En su opinión, la cuestión religiosa se había instalado en la política española y formaba parte de los elementos de identidad ideológica. Desde que se alzó la bandera tricolor, estos grupos intentaron convencer a la sociedad de que la Iglesia era una institución que buscaba desarticular la democracia. Y lo mismo sucedió en las elecciones generales de febrero de 1936, aquellas en las que obtuvo la victoria el Frente Popular.

Las investigaciones han confirmado el peso del anticlericalismo en el lenguaje de las candidaturas del Frente Popular. En sus discursos afirmaban que «la importancia del componente católico y la defensa de la fe y la Iglesia eran rasgos de identidad de la propaganda derechista». Esta amalgama de causas provocó que, junto con el estallido de la Guerra Civil, llegara también la explosión de la violencia contra el clero. A golpe de oratoria anticatólica, grupos como los socialistas, los anarquistas, los comunistas y los republicanos influyeron con falsos estereotipos en la visión que miles y miles de ciudadanos tenían de los religiosos. Y, a la larga, estos resultaron letales.

Uno de los ejemplos más flagrantes de que el odio al clero se había extendido entre las izquierdas quedó patente el domingo 10 de mayo de 1931, un día en que el Círculo Monárquico Independiente verificaba, según publicó *ABC*, «la votación de la Junta Directiva del Comité Central». Durante el evento, un grupo de exaltados republicanos se enfrentaron a otros tantos monárquicos presentes. La mecha la prendió, en palabras del periódico *Ahora*, un taxi que llegó a la zona. «Iba ocupado por dos individuos. Estos se asomaron a las ventanillas y gritaron "¡Viva el Rey!" y "¡Viva la Monarquía!". El chófer los contrarrestó con gritos de "¡Viva la República!"».

El desconcierto se generalizó y, en pocas horas, fue quemado un quiosco del periódico católico *El Debate*. También fueron pasto de la violencia varios negocios considerados religiosos, y una manifestación se ubicó frente a la sede de la Dirección General de Seguridad. No parecía que la situación fuese a calmarse en un breve periodo de tiempo.

El 11 de mayo amaneció agrio en la capital tras aquella negra jornada de disturbios. Quema de iglesias y conventos, ni más ni menos; un torrente de violencia en los albores de la Segunda República. Todos palpaban la tensión en el ambiente. O casi todos... Según explicó en sus memorias Miguel Maura, entonces ministro de Gobernación del Gobierno Provisional, uno de sus compañeros no veía peligro alguno en que los exaltados se hiciesen a la calle con palos y antorchas. El hombre en cuestión era Niceto Alcalá-Zamora, presidente en funciones, que se dirigió a él con su característico acento cordobés:

> Cálmese, *Migué*, que esto no es sino, como decía su padre, «fogatas de virutas». No tiene la cosa la importancia que usted le da. Son unos cuantos chiquillos que juegan a la revolución y todo se calmará enseguida. Usted verá.

Maura, o eso escribió, le reprochó su postura. «Es usted un insensato. O me dejan sacar fuerzas a la calle o arderán todos los conventos de Madrid, uno tras otro». Pero el recién estrenado Gobierno Provisional, en la poltrona desde la caída de la monarquía, no estaba para cargar contra la misma población que había permitido la llegada de la República. Manuel Azaña, viejo conocido de los presentes, fue claro en lo que respecta a llamar a la Guardia Civil: «Eso no. Todos los conventos de Madrid no valen la vida de un republicano». El ministro de Gobernación se retiró indignado al despacho de otro de sus colegas, Rafael Sánchez Guerra. Ambos se desesperaron juntos.

Las horas siguientes fueron un caos. «Cada cuarto de hora llegaba la noticia de un nuevo incendio de otro convento». Al cuarto «notición», como lo llamó Maura, le pidieron que regresara junto a sus compañeros. «Se habían acabado las risas y las bromas. Mis colegas empezaban a darse cuenta de que estaban frente a un principio de revolución iniciada por unos chiquillos, pero que, ante la impunidad más absoluta de que gozaban, podían dar al traste con otras cosas mucho más que los conventos». Cuando llegó se habían acabado las risas y hasta el «hombre tranquilo» estaba en guardia: «Venga usted acá, *Migué*. Puede que tenga razón».

Uno de los ataques más sonados de aquella jornada se produjo contra un enclave más que popular. «Fue incendiada por las turbas la residencia de la Compañía de Jesús, de la calle de la Flor», reseñaba *ABC*. La noticia llegó enseguida al Consejo de Ministros, donde causó una reacción dispar entre los presentes. Maura, en sus memorias, relata que se sintió indignado porque algunos de sus compañeros se tomaron a chanza lo sucedido. A uno de ellos le pareció hilarante que fuesen los hijos de san Ignacio los primeros en «pagar el tributo al pueblo soberano». Azaña, por su parte, esgrimió aquello de la famosa «justicia inmanente».

El periodista Josep Pla, presente durante la quema del convento, afirmó que una docena de exaltados lo hicieron todo.

«Con unos tablones que había en la Gran Vía han derribado una ventana baja. Ya dentro de la iglesia, han hecho un montón con sillas y bancos, que han rociado de petróleo, y todo ha prendido fuego con la paja». Según sus palabras, vio alzarse una extensa llama tras el rosetón del edificio. «Afuera, en la Gran Vía, la Guardia Civil a caballo, mano sobre mano, pasa el rato fumando», sentenciaba. Todavía no había recibido la orden de detener a los incitadores.

Tal y como recogió *ABC*, después le tocó el turno al «convento de Maravillas, de la calle Bravo Murillo; el de las monjas Bernardas, de la calle Isabel la Católica; el Instituto Católico de Artes e Industrias, de la calle Alberto Aguilera», y así hasta siete edificios religiosos más. De todos estos incendios se informó a unos ministros que, con el paso de las horas, entendieron que lo que tenían entre manos era algo más que una niñería. El mismo Indalecio Prieto, que se contaba entre las personalidades más destacadas del Gobierno Provisional, entró airado en la sala durante aquella aciaga mañana para dar buena cuenta de lo que había visto:

> Vengo de Gobernación y he hablado yo mismo con Barcelona y Valencia. No pasa nada en ninguna parte y todo está tranquilo. En cambio, he visto por la calle de Alcalá las bandas de golfos que están quemando los conventos con latas y estropajos, y digo que es una vergüenza que se paseen por Madrid impunemente haciendo daño. Hay que acabar con esto en el acto.

En palabras de Pla, parte de los madrileños salieron a la calle para deleitarse con las llamas. «Una fila de ciudadanos apoyados en la pared aprovecha el tiempo y se hace limpiar los zapatos». Para ellos, aquello era una suerte de tétrica festividad. «Durante muchas horas no ha habido en Madrid otra distracción mejor que la quema de conventos». Sin embargo, insistió también en que sería un error creer que todo el mundo había visto los hechos de igual forma. «Muchos ciudadanos la han contemplado con caras largas y tristes. No sé si resignados. Casi me atrevería a decir que el terrible desatino ha agradado muy poco en Madrid entre las personas conscientes».

A partir de este momento existe cierta controversia sobre lo que ocurrió. Maura sostiene que, sobre las dos de la tarde, el Gobierno Provisional se reunió con el objetivo de decidir si sacaban o no a las autoridades a la calle. Azaña se mantuvo firme y votó que no. Como era de esperar, le siguieron todos sus correligionarios. Largo Caballero habló después, tras toda la mañana sin decir una palabra, para señalar que, aunque estaba en contra de la violencia, era socialista y no podía reprimir al pueblo. Se abstuvo.

Por enésima vez, Maura decidió retirarse a su casa dolido. Poco antes, se topó con un piquete que exigía hablar con los cabecillas de la Segunda República. Uno de ellos era Pablo Rada, aquel que había batido un récord mundial de aviación junto con Ramón Franco. Todo quedó en nada. No fue hasta las cinco de la tarde cuando, a la vista de que era imposible mantener el orden y la ciudadanía no se iba a calmar, se declaró el estado de guerra y se sacó el ejército a las calles de la capital; según el Gobierno Provisional, para no mezclar a la Guardia Civil en tal acto de represión.

Pero, para entonces, la locura pirómana se había extendido ya a otras regiones como Málaga, donde cayeron, presa de las llamas, cuarenta inmuebles. Todos ellos, por descontado, saqueados. Pero no fue la única. A esta urbe se unieron pronto Valencia, Alicante, Murcia, Granada, Córdoba, Jerez, Sevilla, Cádiz, Sanlúcar y Algeciras. En algunos puntos tuvo que ser declarado el estado de guerra y, al final, hubo que contar cuatro muertos. Para colmo, no hubo represalias.

El misterioso escritor de éxito que estuvo a punto de asesinar a Azaña y destruir el Frente Popular

Israel Viana

En la década de 1930, la prensa daba palos de ciego con respecto a la identidad del escritor que se había convertido, de la noche a la mañana, en el más vendido del panorama editorial español. No fue hasta marzo de 1932 cuando apareció citado por primera vez, con motivo de la publicación de *El comunismo en España*, un ensayo en el que criticaba, bajo el seudónimo de Mauricio Karl, esa corriente política que había accedido al poder en la recién instaurada Segunda República.

En abril de ese mismo año, el diario *ABC* trataba de aportar alguna información sobre él, pero no tenía más remedio que reconocer que era imposible:

> El autor se presenta en el prólogo como un alemán que ha actuado durante cinco años, en nuestro país, como agente secreto del Servicio Internacional Contra el Comunismo. En realidad, no sabemos que exista dicho organismo y, aunque existiera, dudamos de su autenticidad. Parece un disfraz del escritor para preservar su identidad. Resulta más verosímil que se trate de un periodista que ha estudiado de cerca los grupos revolucionarios

comunistas o que, incluso, haya estado infiltrado en alguno de ellos, porque ofrece detalles que no pueden ser ficticios.

En 1934 el tal Mauricio Karl publicó su segundo ensayo, *El enemigo. Marxismo. Anarquismo. Masonería*, y un año después *Asesinos de España*. Todos estos títulos tuvieron un éxito de ventas sorprendente. En ellos atacaba sin reparo a las fuerzas progresistas del país, sin que se supiera en realidad quién era su autor ni cuál era su procedencia. En octubre de 1935 *ABC* informaba, incluso, de que un nutrido grupo de seguidores intentaba organizarle un homenaje, pero que no tuvo ocasión de celebrarlo «porque no pudo descubrir su auténtica identidad». Pocos días antes, este diario ofrecía sin querer un dato interesante para la historia que vamos a contar: «Su seudónimo no pertenece a ninguno de los encumbrados jefes de Policía a quienes la malicia de la gente ha señalado». Pero ¿era cierta esa afirmación?

En los mismos días en que España se devanaba los sesos para descubrir el nombre real del misterioso superventas, se producía una inesperada visita a la sede de la Dirección General de Seguridad (DGS) que, en principio, nada hacía sospechar que tuviera que ver con el mencionado autor. A la sede de la Puerta del Sol de Madrid llegaba un antiguo legionario, llamado Carmelo Ruano, para hablar con alguno de los responsables de la policía madrileña. Decía que tenía información de primera mano sobre la organización de un atentado contra Manuel Azaña en el municipio de Alcázar de San Juan, en Ciudad Real.

La denuncia llegó hasta el despacho de Vicente Santiago, el máximo responsable de la Oficina de Información de la DGS, pero no la investigó hasta un año después, cuando Azaña fue elegido presidente del Gobierno y se nombró al nuevo comisario general de policía, el señor Aparicio. Nada más tomar posesión del cargo, dio la orden de que se analizaran las pistas dadas por Ruano. Poco después, parte de la denuncia se filtró a *ABC*, en cuyas páginas se revelaba el nombre del supuesto cerebro del atentado: Julián Carlavilla, un inspector que había adquirido en

Barcelona dos fusiles y dos pistolas para asesinar al entonces presidente republicano.

Visto con el tiempo, las identidades de Mauricio Karl y del cerebro del magnicidio comenzaban a conectarse, sin que nadie fuera del todo consciente en aquel momento. Otras versiones, sin embargo, se oponían a que Carlavilla fuera jefe policial y defendían que, en realidad, era un simple agente. Una tercera hipótesis aseguraba que era oficial. Según la declaración de Ruano, además, no actuaba solo, sino junto con el capitán de infantería Manuel Díaz Criado y el abogado del ejército Eduardo Pardo Reina. Ambos eran conocidos opositores de Azaña y miembros de la Unión Militar Española (UME), la asociación que años atrás se había enfrentado al presidente del Gobierno en numerosas ocasiones.

Carlavilla se había convertido en todo un especialista de la investigación criminal en los diferentes puestos de responsabilidad que había ocupado. Cuentan, incluso, que evitó atentados anarquistas contra el dictador Miguel Primo de Rivera y los reyes de España antes de que se proclamara la Segunda República. Asimismo, que ejerció de jefe de la escolta de Largo Caballero, al que habría salvado la vida en un tiroteo. Sin embargo, se hizo famoso por su lucha incansable contra el comunismo y la masonería en España hasta el punto de que consiguió arrestar a los responsables del intento de golpe de Estado contra la dictadura ocurrido en 1929.

El odio a Azaña

Todos sus logros los conseguía infiltrándose en las mismas organizaciones a las que pertenecían los terroristas. Así obtenía la información que utilizaba después para sus operaciones policiales. Así recabó, también, los primeros datos sobre Manuel Azaña cuando este era presidente del Ateneo. Su inquina hacia él era tan grande que llegó a calificarle de homosexual en una época en que no era fácil vivir con ello. Su odio fue creciendo durante la dictadura de Primo de Rivera, cuando se convirtió en uno de los activos más importantes de la Sección de Investigación Comunista creada por el general Dámaso Berenguer.

Un año después de la proclamación de la Segunda República, Carlavilla inició su pasión por la escritura con *El comunismo en España*, en el que decidió usar ya su seudónimo de Mauricio Karl. El primer libro no tardó ni un mes en convertirse en la sorpresa del mercado literario y los ejemplares se agotaron en las principales librerías de Madrid y Barcelona, mientras la prensa seguía preguntándose quién era aquel escritor, cuyas ventas no pararon de crecer hasta que, en 1935, llegó la denuncia de Ruano contra él.

El exlegionario le acusaba de estar preparando el atentado contra Azaña, de manera que, cuando el nuevo comisario general inició su investigación a comienzos de 1936, nuestro protagonista fue expulsado de la policía y tuvo que huir a Portugal antes de ser detenido. En las calles de España la tensión era ya irrespirable, con enfrentamientos continuos entre falangistas y militantes de partidos de izquierdas que hacían temer lo peor. Solo quedaban dos meses para el comienzo de la guerra cuando *ABC* contó, en exclusiva, el intento de asesinato que pudo cambiar la historia de España.

> En los últimos días se han producido algunas detenciones de personas supuestamente implicadas en un intento de atentado contra el actual presidente y otras personalidades políticas [...]. En abril de 1935 se presentó en la DGS el confidente y exsoldado del Tercio Extranjero, Carmelo Ruano, quien manifestó que quería informar de que se estaba preparando dicho atentado. Añadió que, estando en el hotel Terminus con el capitán del Tercio Extranjero Manuel Díaz Criado, se presentó el abogado Eduardo Pardo Reina, acompañado de otro caballero cuyas señas coinciden con las del inspector Julián Carlavilla, autor de varios libros de asuntos sociales que firma como Mauricio Karl.

> Según Carlavilla, este último expuso en aquella reunión que la DGS deseaba contar con hombres de acción para preparar los atentados contra Azaña, Largo Caballero y Diego Martínez Barrio [presidente del Congreso de los Diputados y de la República en diferentes periodos]. Como resultado de aquella reunión, se encargó a Ruano que buscase hombres capaces de cometer tales atentados y se le dijo que se le entregaría 75 pesetas cada día. La entrega se efectuó durante tres o cuatro días, según dice Carmelo, pero después, Gustavo del Villar, secretario de Carlavilla, le manifestó que ya no le seguiría entregando cantidades porque no necesitaban más sus servicios [...]. No se sabe por qué causas esta declaración quedó archivada y no se le dio curso.

ABC apuntaba también que Carlavilla había reclutado a cuatro hombres con los que se reunía en la calle de la Bolsa de Madrid, esquina con Carretas, con un bigote postizo para que nadie le reconociera y pudiera preparar de incógnito el magnicidio. Entre ellos se encontraba el propio Ruano, y a todos les pagaba esas setenta y cinco pesetas diarias. Sin embargo, Carlavilla decidió expulsarlo por «no ser un tipo decidido», a pesar de que se lo habían presentado como un «ferviente antiizquierdista». Esa decisión pudo provocar la venganza por parte del exlegionario, que acudió raudo a denunciar al escritor fantasma a la DGS.

Disparar desde un coche

Según explica la página web *Guerra en Madrid*, tras la expulsión «Carlavilla y Díaz Criado tuvieron que reorganizar la célula terrorista y pensaron que el ataque lo tenían que efectuar jóvenes que estuvieran realmente convencidos». *ABC* también informó en su momento de que el grupo se había compinchado con algunos escoltas del presidente para que «les dieran facilidades para la realización del atentado en Alcázar de San Juan», donde el político iba a celebrar un mitin. «La idea era dispararle desde un vehículo recién adquirido, justo antes de que empezara su discurso. Los dos llegaron a viajar hasta la localidad manchega para los preparativos en la plaza del Ayuntamiento. Los autores del atentado, por su parte, habían programado enviar un mensaje por telegrama a los otros miembros del comando con un lenguaje convenido: en el caso de asesinar a Azaña tendrían que telegrafiar a sus compañeros diciendo: "Mamá grave"», añadía el diario monárquico.

Para desgracia de Carlavilla y sus secuaces, Azaña no fue a Alcázar de San Juan y el mitin se suspendió como consecuencia de las inclemencias meteorológicas. Aun así, la detención de los instigadores no se produjo hasta mayo de 1936, cuando el cerebro de la operación ya había huido meses antes a Portugal. Sus dos colaboradores más estrechos fueron arrestados, al igual que otros agentes de la policía que actuaron como cómplices. La vida de su jefe durante la Guerra Civil, sin embargo, es un auténtico misterio. Algunos medios de comunicación aseguran que participó en el intento de liberación de José Antonio Primo de Rivera antes de que este fuera fusilado en la cárcel de Alicante.

Se dice también que, durante la dictadura de Franco, ejerció como policía hasta pedir una excedencia de diez años para viajar por toda Europa. Durante la Segunda Guerra Mundial visitó un campo de concentración nazi, y se retiró como comisario, muchos años después, para seguir escribiendo. En la edición del 26 de junio de 1982, en una pequeñísima reseña necrológica, *ABC* informaba de lo siguiente: «Ha fallecido en Madrid, a los ochenta y seis años, el escritor Mauricio Karl, especializado en temas de masonería y comunismo. Karl había sido comisario de policía y estuvo encargado en varias ocasiones de la orden de busca y captura de su propia persona. Sus libros contra la República, el comunismo y los masones alcanzaron gran difusión entre 1931 y 1937».

Las dolorosas puñaladas entre Francisco Franco y la República antes de la Guerra Civil

MANUEL P. VILLATORO

El pedregoso camino de la Segunda República comenzó el 14 de abril de 1931 con una comitiva de vehículos camino al Ministerio de Gobernación. Una «marcha lentísima», como explicó Niceto Alcalá-Zamora, debido «al entusiasmo delirante de las masas» que se agolpaban a su alrededor. Dentro iba el comité revolucionario que ansiaba hacerse con el poder, y entre sus miembros destacaba una figura, la de Manuel Azaña. Dicen algunas lenguas que al por entonces literato y figura destacada del Ateneo le atenazaba el pavor. Creía, y no era descabellado, que todo el grupo sería pasado por los fusiles al llegar a su destino.

Una vez frente al ministerio, Miguel Maura y Francisco Largo Caballero se adelantaron, dispuestos a aporrear el portón de acceso y reclamar la poltrona de rigor. La tez les cambió cuando la guardia, armas en ristre, salió a su encuentro. «Me cuadré delante de ellos, me descubrí y les dije: "Señores, paso al Gobierno de la República"», afirmó el primero en sus memorias. Para asombro de los presentes, aquellas órdenes surtieron el efecto deseado y el séquito accedió al corazón del edificio. Vista la efectividad de un recurso tan sencillo como elevar la voz, repitieron el proceso con el subsecretario, Mariano Marfil, quien recogió sus bártulos y se marchó a sabiendas de que estaba de más por allí.

Debemos suponer que, a partir de ese mismo instante, las dudas de Azaña se disiparon. El Gobierno Provisional se instaló en el poder y él mismo, tal y como recogió en su autobiografía, se personó por la noche en el palacio de Buenavista, junto con Arturo Menéndez, para hacerse con el mando del Ministerio del Ejército. Poco después acometió las tan recordadas como controvertidas reformas militares. Entre ellas, el envío a la reserva de una ingente cantidad de oficiales bajo el pretexto de que nuestro país contaba con un mandamás por cada cuatro soldados rasos. Aquello le hizo ganarse el rencor del estamento castrense, desde donde se le tildó de «hombre frío, sectario, vanidoso y con más bagaje de odios que de buenos deseos».

Sin embargo, hubo una reforma que, si bien olvidada, contribuyó a avivar el resquemor lacerante que Francisco Franco sentía hacia el Gobierno Provisional: la clausura de la Academia General Militar de Zaragoza, liderada por el futuro dictador desde 1927. Narra Paul Preston en *Franco. Caudillo de España* que el director del centro recibió la noticia con incredulidad. Hasta tal punto adoraba su trabajo que le pidió a José Sanjurjo que intercediera por él ante el nuevo ministro de la Guerra, pero no sirvió de nada. Al final, la respuesta al golpe en el bajo vientre fue un discurso ante los cadetes que se tornó en el último clavo de su ataúd. Y es que, después de aquel, Azaña no volvió a fiarse de él.

General director

Cuando Franco accedió a la jefatura de la academia en 1927 poco tenía de golpista, como después sería, y mucho de héroe militar en África. Siendo ya general, había demostrado su valentía en acciones como la defensa de Melilla, adonde llegó tras recorrer a marchas forzadas más de cien kilómetros con sus legionarios, o el combate de El Biutz, en el que estuvo a punto de morir a causa de un disparo rifeño. No era una superestrella del mundo castrense, vaya, pero sí un personaje reconocido dentro y fuera del estamento militar, con ciertos contactos en África y en la Península. En una entrevista concedida a *Estampa* en 1928, se refirió con cariño a su nuevo puesto:

> —¿En su actual destino de director de la Academia General Militar, está usted satisfecho?
>
> —Solamente puedo contestarle que me he dedicado a él con toda el alma. Los futuros oficiales recibirán, primeramente, una intensa educación de virtudes ciudadanas y un fuerte entrenamiento deportivo, que les robustecerá moral y físicamente; luego les inculcaremos, preferentemente, un alto sentimiento militar. En el patio central de la academia quiero colocar un altar a la Virgen del Pilar, para que desde su primera juventud aprendan a amarla y a forjar en ella la fe que habrá de conducirles constantemente a la victoria.

En la obra *El general Franco. Un dictador en un tiempo de infamia*, el historiador Carlos Fernández Santander define dicho periodo como uno de los más importantes en la vida del futuro dictador. No le falta razón. Desde que fuera seleccionado para esta nueva tarea, Franco se esmeró en idear un programa de estudios adecuado para los nuevos cadetes, visitó escuelas castrenses germanas para captar ideas, seleccionó a los profesores que consideraba mejores para el empleo —entre ellos, Esteban Infantes, Monasterio, Alonso Vega o su primo Franco Salgado-Araujo— y redactó un decálogo de deberes que debían regir la vida de los aspirantes a oficiales:

- Tener gran amor a la patria y fidelidad al rey, exteriorizados en todos los actos de su vida.
- Tener un gran espíritu militar, reflejado en su evocación y disciplina.

- Unir a su acrisolada caballerosidad constante celo por su reputación.
- Ser fiel cumplidor de sus deberes y exacto en el servicio.
- No murmurar jamás, ni tolerarlo.
- Hacerse querer de sus inferiores y desear de sus superiores.
- Ser voluntario para todo sacrificio, solicitando y deseando siempre el ser empleado en las ocasiones de mayor riesgo y fatiga.
- Sentir un noble compañerismo, sacrificándose por el camarada y alegrándose de sus éxitos, premios y progresos.
- Tener amor a la responsabilidad y decisión para resolver.
- Ser valeroso y abnegado.

Primeros roces

Durante sus años en la academia, Franco no se mostró contrario en exceso al ideario republicano. Al menos, no en público. ¿Qué fue lo que le condenó? Entre otras cosas, que la academia fue fundada el 5 de octubre de 1928 por el presidente del Directorio Militar —forma educada de hablar de la dictadura—, Miguel Primo de Rivera. Aunque tampoco le ayudó demasiado negarse a arriar la bandera rojigualda de la institución y cambiarla por la nueva enseña roja, amarilla y morada tras la instauración del Gobierno Provisional. Esa mezcolanza de factores le pusieron en el punto de mira, sin olvidar las ideas antimilitaristas que Azaña ya había expuesto años atrás en un estudio sobre el ejército francés:

> La inevitable supresión del ejército permanente es una ganancia absoluta, un bien puro, sin mezcla de mal alguno. En España es todavía más: abolir el sistema militar vigente es una cuestión de vida o muerte... Realiza además el ejército, por la misión que se le ha dado en España, una obra de corrupción política.

Con esos mimbres se tejió la tensa caída de la academia. En junio de 1931 Azaña continuó con sus reformas militares. El 16 se suprimieron las capitanías generales y regiones, que fueron reducidas a divisiones orgánicas guarnecidas por menos tropas, y se bajó el sueldo a los declarados disponibles. Pero fue poco después, el 26, cuando llegó el plato fuerte: la publicación de una orden que anulaba la convocatoria del siguiente ingreso de alumnos en la institución dirigida por Francisco Franco. El militar intentó recabar apoyos políticos y de algunos medios en su favor, pero no le sirvió de nada. El 1 de julio, Azaña le dio el golpe de gracia con un duro decreto redactado el día anterior:

> Artículo 1.º Queda suprimida la Academia General Militar.
>
> Artículo 2.º Hasta la terminación de los exámenes de fin de curso continuarán en dicho centro los profesores y alumnos que lo constituyen. Los alumnos de segundo año que resulten aprobados se atendrán a las normas vigentes para su incorporación a las academias especiales.
>
> Artículo 3.º El general director y los jefes oficiales destinados en la Academia General pasarán a la situación de disponibles forzosos.

Franco recibió la noticia de manos de un oficial hacia el mediodía en su cuartel general de Canfranc. Seguía de maniobras porque, a pesar de los requerimientos de la Segunda República, había rechazado anular el curso. Según leyó en el *Heraldo* de aquella jornada, las razones que adujo Azaña fueron «la nulidad del decreto dictatorial» y lo «desproporcionado de la Academia General Militar». El director se quedó en *shock* y, ante la duda, se negó a regresar antes de la finalización de los ejercicios. Algunos medios fueron tan diáfanos como inequívocos en sus titulares. «La absurda supresión de la Academia General Militar» fue solo un ejemplo de muchos.

Odios y venganzas

Tras el trauma, comenzaron los pellizcos de monja por parte de uno y otro. Franco, airado, enarboló primero el mandoble y, el 14 de julio, pronunció un discurso ante los alumnos de la academia en el que, ya de entrada, criticó que le hubiesen obligado a retirar la bandera rojigualda del centro:

> Caballeros cadetes. Quisiera celebrar este acto de despedida con la solemnidad de los años anteriores, en que, a los acordes del himno nacional, sacásemos por última vez nuestra bandera y, como ayer, besarais sus ricos tafetanes, recorriendo vuestros cuerpos el escalofrío de la emoción y nublándose vuestros ojos al conjuro de las glorias por ella encarnadas; pero la falta de bandera oficial limita nuestra fiesta a estos sentidos momentos en que, al haceros objeto de nuestra despedida, recibáis en lección de moral militar mis últimos consejos.

Solo estaba calentando. El general, que había reiterado en varias ocasiones su lealtad al nuevo régimen, cargó de forma velada contra el Gobierno al señalar que «los más capacitados técnicos extranjeros prodigaron calurosos elogios a nuestra obra, estudiando y aplaudiendo nuestros sistemas y señalándolos como modelo entre las instituciones modernas de la enseñanza militar». Habló del decálogo implantado, de los estudios cursados y del amor a la patria, y al final no se olvidó de señalar con el dedo acusador a los culpables de la clausura:

> En estos momentos, cuando las reformas y nuevas orientaciones militares cierran las puertas de este centro, hemos de elevarnos y sobreponernos, acallando el interno dolor por la desaparición de nuestra obra, pensando con altruismo: se deshace la máquina, pero la obra queda; nuestra obra sois vosotros, los 720 oficiales que mañana vais a estar en contacto con el soldado, los que los vais a cuidar y a dirigir.

Azaña respondió valiéndose del refrán «No hay mayor desprecio que no hacer aprecio». Cuando los reporteros le preguntaban por su opinión sobre el discurso, repetía que no se lo había leído aún. Sin embargo, tuvo constancia de él poco después, como atestiguan las anotaciones en su diario:

> Alocución del general Franco a los cadetes de la Academia General con motivo de la conclusión del curso. Completamente desafecto al Gobierno, reticentes ataques al mando; caso de destitución inmediata, si no cesase hoy en el mando. Le paso la alocución al asesor, para que vea si hay materia punible. Me entrega un informe escrito, diciendo que se puede proceder de forma judicial; que cabría gubernativamente corregirlo.

Según dejó escrito el historiador Ricardo de la Cierva en sus múltiples obras sobre el franquismo, Azaña se mostró eufórico en las jornadas siguientes por el cierre de la academia. Eso no le impidió obsesionarse con el discurso de Franco hasta el punto de reprenderle mediante una nota en su hoja de servicios.

> Por orden manuscrita de 22 de julio de 1931, dirigida al general de la 5.ª división orgánica, se le manifiesta para conocimiento del general [...] el desagrado producido por la alocución pronunciada el día 14 del mismo mes con motivo de la despedida de los cadetes, en cuya alocución se formularon juicios y consideraciones que, aunque en forma encubierta y al amparo de motivos sentimentales, envuelven una censura para determinadas medidas del Gobierno y revela poco respeto a la disciplina.

El experto añade que, a partir de entonces, el político siempre sospechó que el general estaba involucrado en cualquier tejemaneje contrario a la República. Su latiguillo ante cualquier eventualidad era siempre el mismo: «Anda en ellos el general Franco». Y no faltaban en sus notas personales los «Franco es el único temible» y «Franco es el más temible». Su miedo se agudizó cuando, a mediados de agosto, anotó los rumores existentes sobre un complot monárquico. Una vez más, pensó en él como instigador. Acertó a medias. Es cierto que el militar andaba metido hasta el corvejón en el levantamiento de julio de 1936, pero también lo es que, al menos en principio, no como el director de orquesta.

Terror en el *far west* republicano: un general comunista narra el camino a un conflicto entre hermanos

MANUEL P. VILLATORO

La silueta de Manuel Tagüeña se hizo casi tan famosa como la de Manuel Azaña durante la Guerra Civil, aunque, si bien uno tenía cierto aire a Alfred Hitchcock por su peso y su traje, el que llegara a comandante del XV Cuerpo de Ejército parecía más bien un intelectual: gafillas redondas, pómulos marcados y barbilla escasa. Tras la contienda continuó sus ya iniciados estudios en ciencias —era un alumno de sobresaliente—, colaboró con el Instituto de Investigación de Brno, fue miembro de la Federación Universitaria Escolar (FUE) de ciencias y publicó una pila de dosieres académicos. Esa fue su faceta más desconocida.

Aunque si algo tuvo el madrileño fue mano para la pluma. Sus memorias, *Testimonio de dos guerras*, son capaces de absorber al lector tanto por su valor histórico como por su narrativa ágil. También sorprenden por la sinceridad del autor, pues Tagüeña no niega en ningún momento su colaboración en la violencia que se desató en la capital ni en los altercados que los grupúsculos comunistas protagonizaron contra la Guardia de Asalto, muchos de ellos armas de fuego en mano. De su testimonio se desprende que la tensión política era tan grave que el estallido de la contienda solo era cuestión de tiempo, pero también que a los diferentes gobiernos les resultaba imposible apaciguar a los extremistas de uno y otro lado.

Otro golpe de Estado

Tagüeña era un joven estudiante de dieciocho años cuando se levantó la tricolor bajo promesas de mejora social. Pero el advenimiento de la Segunda República el 14 de abril de 1931 no calmó los ánimos políticos; más bien exacerbó una tensión social que se rumiaba en el ambiente. Por si fuera poco, las reformas planteadas por el nuevo Gobierno en los dos años siguientes (entre ellas, la carga frontal contra el ejército) fueron el equivalente a arrojar sobre un fuego vivo una lata de gasolina. La escalada de tensión entre los altos mandos militares, los sucesos de Casas Viejas y la «Sanjurjada» (el fallido golpe de Estado del general Sanjurjo) fueron tres guindas para un pastel explosivo que derivó en la dimisión de Manuel Azaña en 1933.

Aquella decisión marcó, en palabras de Tagüeña, un antes y un después para el devenir del país. «La caída del Gobierno de Azaña eliminaba el único posible obstáculo al avance incesante de la polarización en dos extremos irreconciliables, que llevarían a España a la guerra civil abierta. Con todos sus defectos y bajo una bandera izquierdista, Azaña representaba el centro del equilibrio real». Según aquel, ni siquiera los socialistas apostaban entonces por una moderación que, más bien, brillaba por su ausencia en el abanico de partidos: «Irritados por la marcha de los acontecimientos, no solo dejaron de ser un freno para la demagogia, sino que, en muchos casos, se disponían a encabezarla».

A través de los ojos del madrileño es posible dibujar el panorama político del momento. Siempre desde la perspectiva de un comunista convencido. Para Tagüeña en el centro derecha se hallaban Alejandro Lerroux y su Partido Republicano Radical, y en el extremo diestro el carlismo, con la Comunión Tradicionalista y su brazo armado, los requetés. «El panorama político se complicaba con la aparición de nuevos partidos. La Confederación Española de Derechas Autónomas (CEDA) de orientación católica; un partido abiertamente fascista (JONS) y otro agrario defensor de los terratenientes; y hasta los partidarios de Alfonso XIII entraron en acción con Renovación Española», explicaba Tagüeña en sus memorias.

La conclusión es que se abrió la veda para el desmadre político. Tras la marcha de Azaña, el ascenso a la poltrona del Partido Republicano Radical provocó que la tensión entre los grupos de izquierdas aumentara. Valga como testimonio de ello que, según Tagüeña, tras aquel baile se presentó en una de las sedes de la FUE un alto cargo comunista para informar a sus integrantes de un curioso plan contra el nuevo poder: «Nos anunció que se preparaba un golpe de Estado con Azaña y los socialistas, apoyados por los guardias de asalto. Nos comunicó la consigna del partido: ni con Azaña, ni con Lerroux, organizar los sóviets». Todos se quedaron estupefactos, aunque no volvieron a saber nada del tema.

Violencia extrema

La tensión se precipitó todavía más cuando, en las elecciones generales de noviembre de 1933, las derechas, unidas, obtuvieron la victoria. «Todo el mes de diciembre la vida española fue sacudida por una ola de huelgas y actos terroristas, desencadenados por la CNT, sobre todo en Aragón». Al otro lado, el nuevo Gobierno, encabezado por Lerroux, se propuso acabar con los grupos exaltados ligados al comunismo. En el ámbito universitario sucedía otro tanto, pues la FUE de Tagüeña luchaba a brazo partido para evitar que la recién fundada Falange, de valores tradicionalistas, arrebatara miembros a su organización amparándose en cierta ambigüedad política. Lo que debía ser la sede del saber se convirtió en un campo de batalla.

«En el ambiente y en el ánimo de todos estaba claro que se avecinaban días de lucha y nos preparábamos para ello. En cada asociación, organizamos grupos de choque armados con porras, llaves inglesas y algunas pistolas, dispuestos a defenderla», dejó negro sobre blanco Tagüeña. La lucha empezó a librarse en las calles. Y no solo a mamporros, que diría aquel, sino a golpe de pistola. El entonces estudiante escribió que, en una ocasión, fueron recibidos a tiros por unos miembros de las Juntas de Ofensiva Nacional-Sindicalista (JONS) cuando trataron de impedirles que vendieran su revista. «Íbamos armados y contestamos con algunos disparos. En cuestión de segundos, la calle estaba limpia de gente. Había empezado la "dialéctica de las pistolas"».

Tagüeña recoge en sus memorias una extensa lista de altercados en los que los chicos de la FUE se valieron del plomo para poner en guardia a sus enemigos. «A veces nos reunían durante la noche y, en una ocasión, me tuvieron hasta la madrugada con un rifle Winchester en la azotea de la Casa del Pueblo, que se temía fuera asaltada». Aquello lo permitían una serie de gabinetes sobrepasados que no duraban tanto en la silla de mando como para dedicarse a llevar el orden a las calles. Y es que, solo entre 1933 y 1935, hubo hasta nueve gobiernos de la coalición radical-cedista primero y centrista después.

No se puede decir que el extremo opuesto apostara por el apaciguamiento. Más bien todo lo contrario. En un discurso declamado en el teatro de la Comedia ese mismo octubre, José Antonio Primo de Rivera, fundador de la Falange, instó a sus seguidores a valerse de todo lo que estuviera en su mano para expulsar del poder a sus enemigos: «Si [nuestros objetivos] han de lograrse en algún caso por la violencia, no nos detengamos ante la violencia. Porque, ¿quién ha dicho [...] que la suprema jerarquía de los valores morales reside en la amabilidad? ¿Quién ha dicho que, cuando insultan nuestros sentimientos, antes que reaccionar como hombres, estamos obligados a ser amables?».

Primo de Rivera no negó aquella jornada que «la dialéctica es el primer instrumento de comunicación», pero insistió en que había que abandonarla cuando se superaban determinadas barreras. «No hay más dialéctica admisible que la dialéctica de los puños y de las pistolas cuando se ofende a la justicia o a la patria», afirmó. Y no se detuvo en ese punto. En los minutos siguientes dijo que la atmósfera política «estaba turbia» y que, aunque se presentaría como candidato a las futuras elecciones, su objetivo era otro. «Nosotros no vamos a ir a disputar a los habituales los restos desabridos de un banquete sucio. Nuestro sitio está fuera [...]. Nuestro sitio está al aire libre, bajo la noche clara, arma al brazo, y, en lo alto, las estrellas».

Revolución

Tagüeña dedica también una parte extensa de sus escritos a describir la Revolución de octubre y sus orígenes, aunque el germen de esta es cristalino: la victoria de las derechas. Según explica el historiador Mariano García de las Heras en «La revolución de Asturias, ¿primer acto de la Guerra Civil?», que el Partido Republicano Radical y la CEDA sobrepasaran al PSOE en las elecciones generales de noviembre hizo entender a parte de los socialistas que solo les quedaba radicalizarse para recuperar la importancia política. De esta guisa, Largo Caballero (que apostaba por presentar batalla a través de la violencia) se hizo con las riendas de los socialistas y clamó por empuñar las armas en el caso de que, tras la rueda de encuentros habitual entre dirigentes, se formara un «Gobierno fascista».

Todo este cúmulo de tensiones explotó el 4 de octubre de 1934, cuando, en palabras de García de las Heras, se publicó la lista que configuraba el nuevo Gobierno de la República. «La CEDA había entrado por primera vez en el Gobierno con tres ministros. El hecho de que el partido acariciara el poder propició la excusa perfecta a los defensores de la revolución: había llegado el momento de frenar el avance fascista», explica. La reacción fue contundente en Asturias y tibia en Madrid, León y Palencia. Pocas regiones más secundaron la huelga general a la que se había llamado desde hacía semanas, aunque, en el caso del norte, fue la crónica de una muerte anunciada, como explicó el mismo Lerroux meses después: «Cuando el Gobierno tomó posesión, se anunciaba inmediatamente un estallido».

El 5 de octubre la violencia se generalizó cuando miles de obreros tomaron las calles. En la capital, Tagüeña también participó. Lo hizo, como era de esperar, al mando de una compañía de milicias ubicada en el Círculo Socialista de la Prosperidad. De madrugada, recibió órdenes de asaltar el cuartel de la Guindalera, sede del famoso grupo motorizado. «Comencé a repartir armas explicando su manejo», escribió. Sin embargo, su misión se vio truncada cuando un camión descubierto de guardias de asalto llegó a su escondrijo. Los revoltosos no se amilanaron, recibieron a tiros a las autoridades y acabaron con un agente. Pero, después, cometieron el error de encerrarse en el edificio.

«Habíamos caído en una ratonera y en pocos minutos nuestros enemigos recibieron refuerzos y fuimos cercados, sin dejarnos la menor posibilidad de escapar», afirma el militar. Para más inconveniente, la mayor parte de los milicianos eran chavales que tocaban un fusil por primera vez. «Combatientes improvisados, no nos decidimos a salir de allí en los primeros segundos cuando, aun a costa de grandes pérdidas, podríamos habernos abierto paso. Allí encerrados nos limitamos a disparar rabiosamente durante una hora, mientras el fuego de los fusiles de los sitiadores caía sobre nosotros desde todas partes, indicándonos que estábamos bien rodeados». Unas horas después, se rindieron. Tagüeña dio entonces con sus huesos en la cárcel, aunque la ingente cantidad de reos atrapados hizo que no pasara más de unas semanas entre rejas.

Tras su excarcelación, Tagüeña pasó un año curioso. Para empezar, solicitó una plaza como profesor en un pueblo cercano. El objetivo: alejarse de la capital y de la persecución por parte de las autoridades. Poco después hizo el servicio militar con cierto miedo, pues varios medios de comunicación citaron su apellido como dirigente de un grupo violento. Por suerte para él, no le sucedió nada más allá de que le impidieron hacer carrera en el ejército. Mientras, la situación no se tranquilizó en el plano político. De hecho, se sucedieron los gobiernos de Joaquín Chapaprieta y Manuel Portela Valladares, todos ellos más breves que el tiempo que se tarda en fumar un pitillo.

La solución que aportó la izquierda fue presentar una candidatura conjunta a las elecciones generales de febrero de 1936. «El 15 de enero se firmó el pacto del Frente Popular por la mayoría de los partidos republicanos, el socialista y el comunista. Aunque los anarquistas y los sindicatos de la CNT estaban fuera del acuerdo, se podía contar con su neutralidad benevolente. La campaña electoral tomó enseguida grandes vuelos y las izquierdas destacaron en su programa la amnistía para los presos políticos, que cumplían condena por la revolución de octubre de 1934», explicó nuestro protagonista. Él, por su parte, se afilió a las Juventudes Socialistas porque, consideraba, se habían desplazado a la izquierda.

El mismo Tagüeña afirma que la victoria del Frente Popular fue una sorpresa; doscientos cincuenta diputados y el apoyo de socialistas y comunistas le entregaron el Gobierno, de nuevo, a Manuel Azaña. Otro nuevo giro político que, esta vez, soliviantó a los partidos más cercanos a la derecha. Poco más queda por decir más allá de que medidas como amnistiar a los rebeldes de octubre, enviar a los generales sospechosos a Canarias y Baleares (Francisco Franco y Manuel Goded) y clausurar los locales de la Falange volvieron a provocar el enésimo aumento de la violencia. «Por todas partes se organizaban grupos de acción, ya que el ambiente era muy tenso y nadie quería que lo tomaran desprevenido», cuenta el militar.

En las semanas siguientes dirigió la instrucción de los milicianos tras la unión de las juventudes socialistas y comunistas. Sabía que solo era cuestión de tiempo que una chispa hiciera saltar todo por los aires. Y esa centella fue el asesinato del teniente del Castillo, de la Guardia de Asalto, por parte de extremistas de derecha el 12 de julio. Poco después, la izquierda respondió con la detención masiva de falangistas y la muerte de José Calvo Sotelo, que abogaba por el regreso de la monarquía. «Una camioneta [...] había ido a detener a Calvo Sotelo, a su domicilio. Iban a llevarlo a la Dirección General de Seguridad, pero en el camino uno de los acompañantes había disparado a quemarropa sobre él, matándolo», completa Tagüeña. El resultado fue el que todos conocemos: el inicio de la Guerra Civil.

La olvidada pelea en el Congreso que anticipó la Guerra Civil: «¡Diga usted viva la República!»

Israel Viana

Nadie recuerda hoy este episodio. No ha sido reseñado en ningún libro de historia ni representado en las muchas películas que se han rodado sobre la Guerra Civil. Tampoco los periódicos de la época se atrevieron a recogerlo con el detalle que merecía, quizá por lo bochornoso que resultó, pero no cabe duda de que reflejaba como ningún otro la tensión que se vivía en España durante los últimos meses de la Segunda República. De hecho, si exceptuamos el día en que el teniente general Manuel Gutiérrez Mellado, vicepresidente del Gobierno de Adolfo Suárez, se abalanzó sobre los golpistas, el 23 de febrero de 1981, y forcejeó con varios de sus soldados, no se recuerda ninguna otra sesión del Congreso tan violenta como aquella.

Tuvo lugar el 16 de marzo de 1936, durante la jornada de apertura de las Cortes que se celebró tras las elecciones generales de febrero, cuando faltaban cuatro meses para que Franco, Mola y los demás generales se levantaran contra el Gobierno legítimo. Después cayó en el olvido durante cuarenta años, hasta que el periodista Carlos Díaz Bravo lo recordó en el diario *ABC*, ya inaugurada la democracia, puesto que se lo había contado de primera mano el gran Wenceslao Fernández Flórez, testigo del incidente y responsable de las crónicas parlamentarias durante aquellos días previos a la guerra.

Hablamos de la pelea protagonizada por un diputado socialista y el entonces presidente del Congreso, Ramón de Carranza, que, visto con el paso del tiempo, parecía una advertencia a grito pelado de lo que iba a suceder a mediados de julio si nadie lo remediaba. La opinión del conde de Romanones, recogida por el periódico aquel triste día, lo refleja a la perfección:

> En mi larga vida parlamentaria jamás vi una sesión preparatoria a la que asistiesen más de 300 diputados. ¡Y con qué ímpetu! Estas sesiones siempre fueron de mero trámite, pero aquí ya no hay nada que hacer. Creo que debe actuarse con gran prudencia, pues ese será el único modo de que estas Cortes duren, porque si no, pueden morir en cualquier momento de lo que yo llamo un «incidente imprevisto».

Con gran acierto, el famoso político liberal y exministro de Primo de Rivera se refería a ese «incidente imprevisto» que se iba a producir poco después y que no era otro que el comienzo de la guerra. De hecho, en ese momento ya se habían reunido varios generales para planificar el golpe de Estado si el Frente Popular ganaba las elecciones, como así ocurrió. Y, aunque esas primeras gestiones fracasaron, la semilla ya estaba plantada cuando se celebró el pleno que nos ocupa. «Mal comienzo tuvo. Poco después de que se abriera la sesión, los diputados de la mayoría frentepopulista entonaron *La Internacional* puestos en pie y con el puño en alto», contaba el amigo de Fernández Flórez en 1978, según el relato que este le había confiado.

El diario oficial del Partido Comunista, *Mundo Obrero*, se refirió a aquella interpretación de su himno, que se encontraba fuera del orden del día y que se realizó entre insultos al presidente Carranza, de filiación monárquica, como una victoria sin precedentes sobre el resto de las formaciones políticas: «Por primera vez en la historia del parlamentarismo español ha retumbado, con ecos de gloriosas llamadas a la lucha, el himno revolucionario del proletariado universal. El himno oficial del país libre que adorna la victoria de la gran Unión Soviética. El canto de guerra antifascista».

Según *ABC*, se formaron después muchos corrillos en el hemiciclo que calificaron de «insólito» que cien diputados se hubieran atrevido a cantar, con el puño en alto y de pie, un himno que no era el oficial de la República. «A una personalidad de la Izquierda Republicana le oímos decir que si los diputados socialistas y comunistas insistían en cantar *La Internacional* cada vez que ocurriera un incidente en la cámara, los republicanos contestarían entonando *La Marsellesa*, podía leerse al día siguiente en la prensa.

Sabiendo que la sesión se preveía más movida de lo habitual en vista de los acontecimientos de meses anteriores, el entonces director de *ABC*, Juan Ignacio Luca de Tena, le pidió a Wenceslao Fernández Flórez que, por favor, suavizara por una vez sus mordaces y humorísticos comentarios en el artículo, dada la «solemnidad» del acto. Llevaba un tiempo retirado de la cabecera y el máximo responsable del diario no quería que su cronista estrella generara la más mínima polémica en su regreso y en un momento tan crucial como ese. Sin embargo, ni uno ni otro se esperaban que la exaltación entre los diputados llegara hasta unos niveles nunca vistos antes dentro del Parlamento.

El altercado comenzó cuando Ramón de Carranza anunció que levantaba la sesión y se puso en pie para marcharse. En ese momento, un diputado socialista aprovechó para gritarle desde su asiento: «¡Diga usted viva la República!». Este le respondió en voz alta: «¡No me da la gana!». Entonces se formó un tumulto tremendo y el mismo hombre que había exigido la proclama se lanzó contra el presidente de la cámara para intentar propinarle un puñetazo. A punto estuvo de conseguirlo, pero lo evitó un parlamentario de la CEDA, Dimas de Madariaga, que se interpuso delante. El mismo que, nada más comenzar la guerra, fue ejecutado en la localidad abulense de Piedralaves. De no haber sido por la intervención de este pacificador desdichado, estaríamos ante la primera agresión de la historia del Congreso.

El mismo Carranza relataba así lo ocurrido en una carta enviada a *ABC* al día siguiente:

> Si ese señor se hubiese dirigido a mí para recordarme que la práctica era poner fin a la sesión con un «viva la República», le habría respondido que ignoraba la costumbre. Pero si hubiera sido consciente del ritual, no habría utilizado mi derecho a presidir la sesión [como diputado de mayor edad]. Y si con la debida cortesía me hubiese expresado su deseo de que diese el «viva» que tanto le agradaba, le habría respondido de igual manera que no lo daría a ese régimen, pero sí un «¡viva España!» que nos uniría a todos los que estamos en el salón. Así que continué de pie y volví a repetir: «No doy ese viva porque no quiero». Y me retiré cuando me pareció conveniente, después de oír buena parte de aquel himno internacional que desconocía.

Este mismo diario recordaba, también, que los pocos diputados monárquicos que permanecieron en el Congreso tras el incidente elogiaron el gesto de Carranza, ya que entendían que «este había procedido como correspondía ante una invitación tan inoportuna, si tenemos en cuenta la filiación política del presidente». Una corriente de opinión a la que se sumó el conde de Romanones: «La petición al almirante Carranza podría haber sido resuelta si se le hubiera preguntado a su interlocutor lo siguiente: "¿Usted gritaría viva la monarquía?". Y estoy seguro de que así la cámara le habría aplaudido».

Una vez terminada la violenta sesión del 16 de marzo de 1936, Wenceslao Fernández Flórez se dirigió a la redacción de *ABC* impresionado por lo que acababa de presenciar, pero sin nada apuntado en su cuaderno ni la intención de escribir crónica alguna del ambiente que había vivido. Al verle, el director le preguntó por su artículo y dio por hecho que tendría gran interés por los rumores que le habían llegado. La sesión de apertura había sido, efectivamente, un escándalo, pero el periodista le respondió:

> —No hay artículo.
>
> —Pero, hombre, Wenceslao, ¿cómo va a salir mañana el *ABC* sin tus «Acotaciones»?
>
> —Allí tiene usted que mandar a un redactor de sucesos, no a mí.

A continuación, su redactor estrella recogió sus cosas y se marchó a casa sin decir una sola palabra más.

Las incógnitas sobre el disparo en la nuca que acabó con Calvo Sotelo, el crimen que empujó a España al abismo

Israel Viana

«Don José Calvo Sotelo». Esas eran las únicas palabras que aparecían en la portada de *ABC* el 14 de julio de 1936. Sobre el nombre del diputado monárquico, tan solo su retrato ocupando toda la página. Nada más. Y tampoco hacía falta, pues la noticia había corrido ya como la pólvora a lo largo del día anterior. «A media mañana comenzaron a circular los rumores de que había sido secuestrado en su domicilio durante la madrugada. Aquello produjo en todas partes una extraordinaria impresión. Aseguraban que un camión ocupado por varios individuos había llegado y detenido al exministro de Hacienda, para salir después en dirección desconocida. Al mediodía, la noticia ya no era un secreto para nadie en Madrid. En todas partes se hablaba con extraordinaria indignación del suceso, pues se sabía que la Dirección General de Seguridad no había dado ninguna orden de detenerlo», contaba el diario.

El documento que portaban los criminales era, en efecto, falso, pero el diputado gallego decidió acompañarlos de todas formas. Nunca se pudo confirmar el número exacto de aquellos improvisados visitantes que parecían tener mucha prisa por salir de allí. De hecho, su mujer y sus hijos apenas tuvieron tiempo de despedirse de él. Les prometió que les telefonearía en cuanto llegara a su destino... y ya. Nunca más le volvieron a ver con vida.

Según el relato del historiador Hugh Thomas en *La guerra civil española*, antes de salir por la puerta de su casa, el exministro que había protagonizado gran parte de la convulsa vida política de España en el primer tercio del siglo xx le advirtió a su esposa, con un tono medio sarcástico, lo siguiente: «Te llamaré, a no ser que estos señores me lleven para darme cuatro tiros». Supuso después que la camioneta se dirigía a comisaría, pero se equivocó; tras circular doscientos metros, uno de aquellos hombres se dio la vuelta, le apuntó a la cabeza y le descerrajó dos disparos en la nuca que acabaron al instante con su vida. Acababa de cumplir cuarenta y tres años.

El destino bélico del país había quedado sellado en ese mismo instante, en la madrugada del 12 al 13 de julio. Desde entonces, las versiones que han circulado sobre lo sucedido en aquel vehículo han sido muy variadas. Las hipótesis publicadas en los años ochenta por historiadores como Alberto Reig o Ian Gibson defendían que los disparos fueron realizados por Luis Cuenca Estevas, militante socialista y conocido por ser el guardaespaldas de Indalecio Prieto, el exministro republicano de Hacienda y Obras Públicas. A lo largo de los años se ha sostenido que dicho atentado fue una represalia por el asesinato, un día antes, del teniente del Castillo, sobre el que también abundaron las incógnitas. Paul Preston y Gabriel Jackson, por ejemplo, siempre apuntaron que este último fue obra de falangistas, mientras que investigadores como Ian Gibson culparon a los carlistas del Tercio de Requetés de Madrid.

En 2018, sin embargo, el embajador de España ante la Santa Sede, Francisco José Vázquez Vázquez, revelaba en *ABC* un documento «judicial, seriado y numerado» que contenía la declaración efectuada en sede judicial por el chófer Blas Estebarán Llorente. Según explicaba, él mismo trasladó hasta el cementerio del Este el cadáver de Calvo Sotelo. También reconocía que, tres meses antes del crimen, el dirigente comunista Jesús Hernández, ministro de Instrucción Pública, Bellas Artes y Sanidad durante la Guerra Civil, le comunicó a un tal Antonio López «que contaban con él para llevar a cabo un servicio con su camioneta-ambulancia». Esta afirmación permite barajar la posibilidad de que existiera una conjura organizada y planificada desde bastante tiempo antes por círculos dirigentes de los partidos de izquierda.

Vigilar más que proteger

De ser cierto, el documento avalaría la tesis de quienes sostienen que, además de a Calvo Sotelo, en la madrugada del 13 de julio también habían intentado asesinar al líder de la CEDA, José María Gil-Robles, y al de Renovación Española, Antonio Goicoechea. Ambos se habrían salvado, sin embargo, por no encontrarse en sus domicilios. «Esa circunstancia impidió que la razia criminal de aquella noche descabezara violentamente de sus principales dirigentes a los partidos de la oposición parlamentaria al Gobierno del Frente Popular», escribía Vázquez.

En su libro *El camino al 18 de julio*, Stanley G. Payne ya apuntó las sospechas que tenía el diputado monárquico de que se encontraba en la diana de los socialistas: «Antes de los incidentes de junio en el Congreso, el político ya había pedido a las autoridades de la policía que le cambiasen los guardaespaldas que tenía asignados, cuando se enteró de que su principal responsabilidad era vigilarlo más que protegerlo. Y, además, parece ser que recibió la noticia de que estos pensaban asesinarle».

Su miedo se sustentaba en el hecho de que tanto Gil-Robles como él se habían convertido en los líderes de la derecha política española, además de los máximos críticos con el Gobierno republicano. El primero era más proclive al formato republicano, aunque despojando a sus argumentos de cualquier matiz revolucionario que los distintos ejecutivos de izquierdas habían introducido en la Constitución de 1931. El segundo, desde una vertiente monárquica.

Prueba de este enfrentamiento es uno de los episodios de mayor tensión que se vivieron en el Congreso de los Diputados antes de estallar la guerra. Se produjo el 16 de junio, cuando Calvo Sotelo atacó con dureza extrema, desde su escaño, al Gobierno de Casares Quiroga por su incapacidad para mantener el orden público en una España cada vez más alterada: «Habéis ejercido el poder con arbitrariedad, pero además, con absoluta y total ineficacia. —Y añadió—: En vuestras manos, el estado de excepción [...] ha sido un medio de opresión. Muchas veces, un simple instrumento de venganza».

Para apoyar esta intervención contra el presidente, Gil-Robles enumeró los ataques a iglesias, atracos, huelgas, asaltos a periódicos, bombas y asesinatos que se habían producido en los cuatro meses anteriores. Y Calvo Sotelo continuó en la misma línea, pero defendiendo ahora al ejército de las insinuaciones vertidas por Casares Quiroga sobre la posibilidad de que este diera un golpe de Estado contra su Gobierno: «No creo que exista actualmente en el ejército español un solo militar dispuesto a sublevarse a favor de la monarquía y en contra de la República. Si lo hubiera sería un loco, lo digo con toda claridad, aunque considero que también sería loco el militar que, al frente de su destino, no estuviera dispuesto a sublevarse a favor de España y en contra de la anarquía, si esta se produjera».

El presidente replicó al diputado con una respuesta igual de lapidaria: «Me es lícito decir que después de lo que ha hecho su señoría hoy ante el Parlamento, en vista de lo que pudiera ocurrir y que no ocurrirá, le haré responsable ante el país». Y este replicó a continuación: «Me doy por notificado de la amenaza de su señoría. Me acaba de convertir en el sujeto responsable de no sé qué hechos». Muchos años más tarde, el presidente de la Generalitat, Josep Tarradellas, confesó que oyó a la diputada comunista Dolores Ibárruri espetar sobre Calvo Sotelo: «Este hombre ha hablado por última vez». Este ultimátum, sin embargo, no aparece recogido en el *Diario de Sesiones.*

El teniente del Castillo

Así llegamos al turbulento año de 1936, con las calles convertidas en un polvorín por los enfrentamientos entre falangistas, comunistas y anarquistas, así como por los violentos debates en el Congreso. La tensión en el campo y en la ciudad era cada vez mayor, con atentados frustrados en uno y otro bando, como el sufrido por Francisco Largo Caballero en su propio domicilio. Así continuó todo hasta que, el 12 de julio, la situación se hizo insostenible con el asesinato de José del Castillo, un teniente de la Guardia de Asalto de treinta y cinco años, pariente lejano del fundador de la Falange, José Antonio Primo de Rivera.

Como miembro de este cuerpo de policía creado por la República en 1932, el día de su muerte una militante socialista le advirtió de que su vida corría peligro. Del Castillo no hizo caso y se fue a dar un paseo con su esposa antes de incorporarse a su puesto. Cuando se dirigía hacia el cuartel a eso de las 22.00 horas, como todas las noches, cuatro pistoleros de extrema derecha le dispararon a quemarropa al doblar la esquina de la calle de Augusto Figueroa con Fuencarral, en Madrid. No le dio tiempo a sacar su arma reglamentaria y murió poco después en una casa de socorro cercana.

Su cadáver fue llevado a la Dirección General de Seguridad y algunos policías y compañeros de la víctima se concentraron en el cuartel de Pontejos de la Guardia de Asalto. Allí se clamó venganza por este y por otros crímenes cometidos por pistoleros derechistas, tales como el asesinato del capitán Carlos Faraudo a principios de mayo. En su obra, Thomas cuenta que un grupo de policías se quejó al ministro de la Gobernación, Juan Moles, de la muerte del teniente y le pidió autorización para detener a algunos falangistas clandestinos. Al parecer, este aceptó con la condición de que fueran entregados a la autoridad competente.

Según lo apuntado por el documento del embajador ante la Santa Sede, lo que ocurrió a continuación estaba planeado con meses de antelación. El relato de otros expertos, sin embargo, apunta a que se improvisó en aquel mismo momento. Sea como fuere, varias camionetas salieron de Pontejos con la lista negra. La primera dirección resultó que era falsa y los nervios fueron en aumento. Alguien propuso arrestar a Goicoechea, pero no se encontraba en casa. La segunda opción fue Gil-Robles, pero estaba veraneando en Biarritz. Siguieron conduciendo por la calle Velázquez y a alguien se le ocurrió que debían detenerse en el número 89, donde vivía Calvo Sotelo.

Llegaron alrededor de las tres de la madrugada con el pretexto de efectuar un registro. Poco después de entrar en la casa sin la pertinente autorización, exigieron al exministro que les acompañase a la sede de la Dirección General de Seguridad. Según el relato de su hija Enriqueta, Calvo Sotelo preguntó sorprendido: «¿Detenido? Pero ¿por qué? ¿Y mi inmunidad parlamentaria? ¿Y la inviolabilidad de domicilio? ¡Soy diputado y me protege la Constitución!». Uno de los milicianos se identificó entonces como oficial de la Guardia Civil y este aceptó acompañarlos.

Fue entonces cuando Luis Cuenca, miembro de las Juventudes Socialistas, le disparó en la nuca a Calvo Sotelo. La bala salió por el ojo izquierdo y se produjo pérdida de masa encefálica, según dictaminaron los forenses. El crimen se produjo a bordo de la camioneta número 17 de la Guardia de Asalto. El cadáver fue abandonado una hora después en el cementerio del Este. Según Payne, cuando fue informado del crimen, el director del diario *El Socialista*, Julián Zugazagoitia, exclamó: «Este atentado es la guerra». Y no se equivocó.

¿Soldados de élite o asesinos? Verdades y mentiras de la Motorizada, la guardia pretoriana socialista

Manuel P. Villatoro

La tensión se palpaba antes del verano de 1936. Y no solo en los enclaves africanos donde se barruntaba el golpe de Estado, sino también entre las muchas facciones republicanas peninsulares y, por descontado, en el seno de agrupaciones con tanta solera como el PSOE. El mismo Indalecio Prieto, cabeza visible de la corriente centrista del partido, a punto estuvo de sufrir una agresión el 31 de mayo a manos de los seguidores de su camarada Largo Caballero, mucho más extremista por la izquierda, cuando se disponía a dar un mitin en la plaza de toros de Écija. La cuestión no fue ni mucho menos baladí. De hecho, el enfrentamiento en este enclave sevillano marcó un hito en la lucha política entre facciones.

El teatrillo que se montó estuvo cerca de costarle la cabellera al bueno de Prieto. «En Écija, ni a González Peña, que volvía del presidio, ni a Belarmino Tomás ni a mí, que regresábamos de la expatriación, se nos permitió hablar. De Écija fuimos expulsados a tiros por nuestros propios correligionarios, tres políticos socialistas», recordó el ovetense años después. Se topó con gritos, golpes, pedradas y hasta balas. Solo pudo escapar gracias a

Juan Negrín, que le cubrió pistola en mano hasta llegar al coche en el que huyó, y a unos mozos bien entrenados que mantuvieron a raya a la turba. «Los muchachos de la Motorizada, respaldados contra los muros de la plaza de toros, protegían mi retirada con el fuego de sus pistolas ametralladoras».

De esos «muchachos» no se ha escrito mucho, pero sí que han generado un gran mito. La leyenda nos habla de una unidad de jóvenes y violentos milicianos a las órdenes de Indalecio Prieto; una suerte de «guardia pretoriana», como la denominó Santiago Carrillo, ideada para defender a sus líderes de cualquier enemigo, ya fuera de dentro o de fuera del PSOE. Las fotografías que se conservan de algunos de sus presuntos miembros, en las que posan orgullosos a lomos de las populares Harley-Davidson equipadas con el motor Flathead, han ayudado también a extender la fábula de que recibieron su nombre por acudir a la batalla en motocicletas. Aunque, como suele suceder, la verdad de la Motorizada se encuentra a medio camino.

Extraños orígenes

Cuesta rastrear su origen, pues quedan escasos datos sobre ello, así como del grupo en su conjunto. Uno de los pocos reporteros que se adentraron en su nacimiento y su historia fue César de la Rosa, quien pasó un día con la unidad durante el verano de 1936 y publicó después, el 8 de agosto, un extenso artículo en la revista *Estampa* en el que narraba sus impresiones. Las primeras palabras del texto eran una declaración de intenciones: «Toda la fama de la Motorizada no es producto de la improvisación. Tienen una historia y tienen una solera». Sin embargo, el propio periodista admitía también que aquellos chicos no eran famosos fuera del ejército y que había conocido «la existencia y el arrojo de este grupo de milicianos» gracias a un oficial del Ministerio de la Guerra.

Casi todos los milicianos de la unidad, «un noventa y cinco

por cierto» en palabras de De la Rosa, eran obreros del Sindicato de Artes Blancas de la UGT, jóvenes que habían dedicado sus días a trabajar en oficios relacionados con la alimentación. «Están educados sindicalmente en las sociedades de panaderos, que son las que han mantenido en alto la hegemonía revolucionaria en las luchas sindicales de Madrid durante más de medio siglo». Aquellos miembros de la Motorizada a los que entrevistó el reportero le confirmaron que habían participado en la revuelta orquestada allá por octubre de 1934 en Cataluña y Asturias. Cuando el movimiento fue aplastado, algunos de estos combatientes se citaron con el Gobierno para decirle lo siguiente: «Hemos perdido... Pero no volveremos al trabajo si hay una represalia».

Parece que se les dejó tranquilos. Al poco, de estos sindicatos de obreros de Artes Blancas nació el Grupo Socialista de Panaderos, que, a su vez, mutó en la Sección Deportiva y de Propaganda primero y en el Júpiter Sporting Madrileño después. Esta retahíla de nombres carecería de importancia alguna si no fuera por que la última de las transformaciones aglutinó a aquellos jóvenes socialistas que recelaban de la fusión que se produjo en marzo de 1936 entre las Juventudes Socialistas y las Juventudes Comunistas; una simbiosis que derivó en la creación de las Juventudes Socialistas Unificadas de cara a la galería, pero que, en la práctica, supuso un giro del PSOE a la extrema izquierda que algunas de sus cabezas visibles, como el propio Indalecio Prieto, se negaron a apoyar.

Defender el centrismo

Y de aquellos polvos estos lodos. Un brevísimo tiempo después del alumbramiento del Júpiter Sporting Madrileño, el pistolerismo que se extendió en la capital y las claras diferencias que existían dentro del PSOE condujeron al nacimiento de la Motorizada. Así lo admitió el jefe administrativo de la unidad, Manolo

Martínez, ese mismo verano: «Este grupo de acción se creó para defender exclusivamente a los dirigentes del Partido Socialista. En cuanto había algún conato de interrupción —de quien fuese— de un acto nuestro, allí estaba el grupo para evitarlo y acabar con los perturbadores por los medios precisos...». Aunque el miliciano habló de varios líderes, lo cierto es que la mayor parte de los historiadores coinciden en que debían defender a Indalecio Prieto.

Así lo corroboró otro antiguo miembro de la Motorizada, Ernesto Luengo, en un artículo publicado en 1974 en la revista *Historia y Vida*:

> Recién cumplidos mis diecinueve años, me había incorporado a la Motorizada por ser la agrupación miliciana más afín con mis ideales (sabía que era una unidad adepta a la política de don Indalecio Prieto, jefe del ala conservadora del Partido Socialista) y, además, por ser quizás el primer grupo de milicianos no comunista organizado con mandos y disciplina militares. Mis ideales de entonces, siendo un chico joven, flaco y con lentes, empleado de oficinas, estaban insuflados de patriotismo por la lectura de los *Episodios nacionales*, de don Benito Pérez Galdós. Si hubo curas ciento veintiocho años atrás luchando contra la invasión francesa, ¿por qué no mecanógrafos, ahora, para mejorar la justicia social?

Con todo, y como suele pasar, ni en eso se pusieron de acuerdo los miembros. En una entrevista concedida a Ian Gibson para la obra *La noche en que mataron a Calvo Sotelo*, el antiguo miembro de la Motorizada Casto de las Heras insistió en que jamás se consideró un guardaespaldas de nadie:

> Sí, todos éramos incondicionales de Prieto. Pero no éramos guardaespaldas suyos exactamente. Aquella palabra no se utilizaba entonces. Pero sí estábamos dispuestos a protegerle con nuestra vida. [...] Antes de la guerra éramos unos treinta o cua-

renta, los más allegados a la directiva de la Juventud Socialista Madrileña. Nosotros queríamos seguir siendo de la Juventud Socialista, nada más. No podíamos ver a los comunistas, y, desde luego, considerábamos totalmente equivocadas las tesis de Largo Caballero.

A escala administrativa, la Motorizada estaba a las órdenes de Enrique Puente, en otro tiempo presidente de las Juventudes Socialistas y miembro del Comité Revolucionario de Madrid durante la revolución de 1934. «Puente es un muchacho rubio, de cara de niño y voz suave», escribió De la Rosa. Por su parte, la instrucción de los muchachos que formaban la unidad —todos ellos de considerable juventud sobre el papel, algo que no corroboran las fotografías— quedó a cargo de Fernando Condés. En su obra *El terror rojo*, Julius Ruiz confirma que este personaje era también un capitán socialista de la Guardia Civil y que se encargó de convertir a aquellos chicos en unos verdaderos guardaespaldas capaces de morir por sus jefes.

Motorizada... o no

El mayor enigma que rodea a esta unidad es el origen de su nombre. ¿Se llamaba la Motorizada porque sus miembros llegaban a la batalla a lomos de motocicletas? En el verano de 1936, De la Rosa le hizo esa pregunta a Martínez, pero la respuesta no le sacó de su duda: «Pues concretamente no lo sabe nadie. [...] La rapidez con la que acudimos a todos los sitios hizo decir a alguien —no sé a quién—: "Parecéis una columna motorizada". Y de ahí arranca todo». El propio Indalecio Prieto, en sus *Cartas a un escultor*, dio a uno de sus amigos esta explicación: «Por su extraordinaria movilidad se dio el nombre de la Motorizada a un grupo de muchachos de las Juventudes Socialistas de Madrid [...]. A muchos de ellos debo haber salido con vida de Écija».

La mayoría de los historiadores se han limitado a replicar

esta afirmación. Todos suelen hablar de la extrema movilidad de la Motorizada, pero han obviado la controversia de si disponían o no de grandes cantidades de motos. El único que se atrevió a zambullirse en la polémica fue el popular Hugh Thomas, quien, en *La guerra civil española*, sí hizo referencia a que esta «sección armada de las juventudes socialistas» se llamaba «"la Motorizada" porque disponía de automóviles y motocicletas». La duda sigue abierta, aunque es muy cierto que una buena parte de las unidades republicanas contaban con una sección equipada con estos vehículos para llevar a cabo diferentes labores, como la de enlace.

En el mismo sentido que Martínez, Luengo hizo referencia en su artículo a que desconocía el origen del nombre de la unidad, aunque fue más allá y afirmó que algo tenía claro: él jamás se había desplazado en motocicleta a la batalla, al menos durante la Guerra Civil. «Nunca supe por qué mi brigada se tituló "Motorizada", puesto que ni motos ni motores teníamos para trasladarnos, sino solamente los pies», desveló.

La confusión se ha generalizado por culpa de una sola instantánea, una fotografía, replicada hasta el extremo en la red, en la que se puede ver a un grupo de soldados subidos a las míticas Harley-Davidson Flathead bajo la siguiente leyenda: «Miembros de la Motorizada». La realidad, no obstante, es que es muy probable que esos combatientes no pertenecieran a la guardia pretoriana de Prieto. «En la fotografía hay miembros de varias unidades. El primer motorista va ataviado como los integrantes del Cuerpo de Vigilantes de Caminos: chaqueta de cuero, botas altas... En su moto se aprecia el escudo de esa unidad, aunque sorprende que lleve una Harley, ya que el concurso para fabricar las motos de esta unidad lo ganó la firma Guillet», explica el escritor e investigador José Luis Hernández Garvi.

Las fotografías de la revista *Estampa* una vez comenzada la Guerra Civil no muestran ninguna motocicleta en el que fue uno de los principales centros operativos de la Motorizada en Madrid, el palacio de Medinaceli. El reportaje incluye tan solo una instantánea en la que algunos miembros de la unidad posan junto a varios coches; la mayoría, con toda probabilidad, requisados. «Iniciada la guerra, y como otras tantas unidades, fueron requisando vehículos privados para su propio uso», completa Garvi.

¿Héroes o crueles asesinos?

Desde su fundación, la Motorizada —que no llegó a superar los dos centenares de miembros— participó en una infinidad de acciones junto con la cúpula del PSOE. Entre las más famosas se destacó la de Écija, donde el mismo Prieto defendió que sus miembros le habían salvado la vida. Con todo, también se desplazaron a otros tantos lugares, como Egea de los Caballeros o Cuenca. Fue en esta última región donde causaron más controversia. Hasta allí viajaron en abril de 1936. A nivel oficial, para proteger a su líder durante la repetición de las elecciones generales de febrero, declaradas nulas en algunas provincias.

Resulta casi imposible discernir qué hicieron en realidad en Cuenca. Autores como Julius Ruiz son partidarios de que «la Motorizada dio rienda suelta a una campaña de intimidación violenta para garantizar la victoria del Frente Popular». Para hacer tal afirmación se basa en testigos de la época como el líder de la CEDA, José María Gil-Robles. El político conservador declaró que Enrique Puente y sus chicos recibieron la orden de recoger las actas cuando «el escrutinio se hallaba en pleno desarrollo». Siempre según su testimonio, los jóvenes guardaespaldas de Prieto ordenaron, pistola en mano, a los miembros de las mesas que las firmaran en blanco para poder modificarlas a su antojo.

Como no podía ser de otra forma, la versión de los miembros de la unidad fue totalmente diferente. Casto de las Heras, por ejemplo, insistió en que tan solo se habían dedicado a evitar que las derechas falsearan las elecciones.

> A Cuenca fuimos para proteger a Prieto, que pronunció allí uno de sus discursos más conocidos, y luego vigilar los colegios, para que los caciques no falsearan las elecciones. Estuvimos allí una semana. Aquel ambiente fue tremendo, allí todo dependía de los caciques, lo controlaban todo. Estando nosotros, los caciques no pudieron coaccionar a la gente, y claro, las izquierdas ganaron las elecciones.

Pero la actuación más conocida de la Motorizada tuvo lugar en julio de 1936. Tras el asesinato del guardia de asalto José del Castillo, el 13 de dicho mes un comando de milicianos armados partió en una camioneta policial —la número 17— hacia el barrio de Salamanca para detener a José Calvo Sotelo. La idea, en principio, era capturar al político de Renovación Española y llevarle hasta la Dirección General de Seguridad. En el grupo, además de algunos compañeros del fallecido, se hallaban varios miembros de la guardia personal de Prieto, entre ellos Luis Cuenca Estevas. Al mando de todos se hallaba Fernando Condés, otro viejo conocido. Tras capturar a su presa, y mientras viajaban a su destino, varios disparos dentro del vehículo acabaron con la vida del diputado. El culpable: Cuenca. Aquel fue el preludio directo del inicio de las hostilidades.

El secreto nunca revelado de Antonio Vidal: las dos vidas del anarquista que casi mata a Franco cuatro días antes de la guerra

ISRAEL VIANA

Cuenta Ángela Herrera (Nueva York, 1948) desde Boca Ratón, cerca de Miami, que cuando vivía en Filadelfia de joven veía muchas veces a su padre «serio y callado». Su madre siempre comentaba: «Mírale, ya está otra vez, se cree la cima de sí mismo». Nunca sabían qué le pasaba o en qué pensaba. Recuerda también que solían preguntarle por su familia, con la que supuestamente había perdido el contacto al huir de España en 1939. Le animaban a ir a Barcelona a consultar en los archivos de las iglesias, porque estaban convencidos de que algún hermano debía de seguir vivo, pero él siempre respondía que era «imposible, que todos esos documentos se habían quemado durante la Guerra Civil». Una vez, incluso, exclamó: «¡Además, no quiero ver a nadie!».

Cuando esta profesora jubilada de setenta y un años se vino a vivir a Madrid, donde se casó y residió durante tres décadas antes de regresar a Estados Unidos, convenció finalmente a sus progenitores para que se vinieran a residir cerca de ella y de sus hermanas, que también se habían trasladado a la capital de España. Su padre volvía por fin a casa y, sin embargo, persistía aquel comportamiento extraño con su pasado. Solo en una ocasión el cuñado de Ángela consiguió que este le acompañara en un viaje de negocios a Barcelona. Pensaba que le haría ilusión volver a su ciudad, pero no. «Ni siquiera quiso salir del coche», apunta. A pesar de ello, no le dieron muchas vueltas al tema. Eran cosas de la guerra.

Después de más de media vida en el exilio, su padre murió en Madrid, «tras tres años de demencia en los que no lo pasó muy bien y en los que no quiso contactar con su familia catalana». El 7 de enero de 1996, su nombre apareció en la lista de fallecidos de *ABC*: Martín Herrera de Mendoza. Sus nietas aún recuerdan con cariño «al Mendoza», como le llamaban en broma. Pero la vida de la familia continuó tranquila hasta que, en 2011, al marido de Ángela se le ocurrió buscar el nombre de su suegro en Google. En ese momento, sus vidas dieron un vuelco para siempre.

> Entre los resultados de búsqueda apareció la reseña de un pequeño libro, *Fraternalmente, Emma*, que recogía la correspondencia entre la famosa militante anarquista y feminista rusa Emma Goldman y un miembro de la Federación Anarquista Ibérica (FAI) llamado Antonio Vidal Arabí. Nosotros nunca habíamos escuchado ese nombre ni conocíamos al personaje, pero la fotografía que aparecía era la de mi padre de joven. No teníamos ninguna duda, pues habíamos visto otras fotos de él con esa edad en casa. En la web, además, había un comentario que decía: «Yo soy la nieta de Antonio Vidal Arabí», en el que esta persona solicitaba contactar con el editor porque no le había pedido permiso para publicar esas cartas, que eran privadas. Entonces la escribí yo: «Por favor, déjame tu número de teléfono. Tú eres la nieta y yo soy una hija suya que vive en Estados Unidos». Y lo que averiguamos a continuación fue una sorpresa impresionante.

En realidad, su padre no se llamaba Martín Herrera, sino Antonio Vidal, y era el hombre que intentó asesinar a Franco, en Santa Cruz de Tenerife, cuatro días antes de que comenzara la Guerra Civil. Fue el atentado que más cerca estuvo de acabar con el Caudillo y que a punto estuvo de cambiar la historia. «Nos enteramos de que había dejado a otra familia en España con seis hijos. Y del atentado nunca nos contó nada... ¡Jamás! Ni siquiera se le escapó cuando apareció la demencia. Mi padre nos dejó pensando que se había llevado el secreto a la tumba. Y ahora, de repente, hemos podido reconstruir toda su vida entre los Vidal y los Herrera», añade la hija, que siempre pensó que este había nacido en Cuba en 1903, como indicaba su pasaporte, y no en Barcelona en 1898, como había ocurrido. Y que había muerto a los noventa y tres años en vez de a los noventa y ocho.

Hasta este reportaje [publicado en *ABC* el 4 de diciembre de 2020], el paradero del antiguo líder anarquista que se codeó con Buenaventura Durruti y el presidente Juan Negrín era desconocido para todos los historiadores que han abordado su vida, la del Caudillo, la Guerra Civil o los casi cuarenta años de dictadura. Ricardo García Luis es el que más cerca estuvo en *Crónica de vencidos. Canarias: resistentes de la Guerra Civil* (La Marea, 2003). En el prólogo de *Fraternalmente, Emma* (La Felguera, 2008), de hecho, este mismo investigador asegura que «Vidal murió en Estados Unidos a mediados de los sesenta, pero sus descendientes siguen ignorando todavía hoy dónde reposan sus restos. Casi toda su vida es un misterio».

Según supo su familia estadounidense después, había crecido en la Ciudad Condal y estudiado con el escultor y marmolista Juan Senabre Carbó, con cuya hija Mercedes se casó. En esta época entró en contacto con el anarquismo por primera vez, hasta que el golpe de Estado de Miguel Primo de Rivera, en 1923, le obligó a huir a Tenerife. En la isla trabajó de marmolista y se construyó una casa para reunir a su mujer, su primer hijo, sus hermanos y sus cuñados. Todo ello mientras continuaba con su actividad ilegal, que en 1932 le llevó a la cárcel por primera vez durante seis meses y, en 1935, a fundar la FAI en Canarias.

Semanas antes de estallar la guerra, visitó al gobernador civil de Santa Cruz de Tenerife, Manuel Vázquez Moro, de Izquierda Republicana, para pedirle armas con las que hacer frente al golpe militar que sabía que se estaba fraguando. Este se negó y Vidal pasó al plan B: asesinar a Franco, comandante militar de Canarias y, a la postre, jefe de Estado durante casi cuarenta años. La decisión la tomaron varios miembros de la federación anarquista y nuestro protagonista se encargó de organizarlo. Según García Luis, también de ejecutarlo, en colaboración con Martín Serarols Treserras, conocido como el Catalán, y Antonio Tejera Afonso, Antoñé. Lo mismo señala Antoni Batista en *Matar a Franco. Los atentados contra el dictador*. «En sus memorias, Antoñé dice que mi padre lo ideó todo y que, además, estaba deseando ejecutarlo, pero yo no puedo asegurar si esto último lo hizo, me faltan datos», aclara Ángela.

El plan era sencillo y decidieron ejecutarlo la noche del martes 14 de julio. Aunque todavía no lo sabían, el golpe de Estado se produciría el sábado, cuatro días después. El comando anarquista se escurrió por la trampilla de una cantina contigua a la Comandancia Militar, a cuya dueña conocían. Desde ahí accedieron a una azotea y, después, a un corredor que se dirigía hasta la habitación donde descansaba el futuro Caudillo. Solo tenían que abrir la puerta del cuarto, disparar a bocajarro y huir lo más rápido que pudieran por el mismo sitio. Desconocían, sin embargo, que un camarada les había delatado y que Franco había redoblado la guardia y cerrado la estancia a cal y canto.

Cuando estos intentaron forzarla, el famoso general se percató y, según la versión de Antoñé, empezó a gritar: «¡Socorro, auxilio, pistoleros!». Al descubrirlos, un cabo y cuatro soldados que hacían guardia comenzaron a disparar contra los asaltantes y los persiguieron durante un largo rato por las calles de Santa Cruz de Tenerife, pero lograron huir. «Como era marmolista, cuando se produjo la sublevación se escondió en una tumba del cementerio de San Rafael y San Roque que él mismo había habilitado como refugio y en cuya lápida había grabado sus iniciales: "A. Vidal E. I. Arabí". Habían comenzado las torturas... bueno, de un bando y de otro. A su hermano Emilio, de hecho, lo mataron al no encontrarle a él», relata la hija desde Florida.

Los seis hermanastros de Ángela ya habían nacido cuando, a continuación, su padre fue reclutado como agente del Servicio de Información del Ejército de Tierra republicano. Tuvo que realizar numerosos viajes a Tánger, Madrid y Londres, en los que conoció a Emma Goldman. Fue en esa época cuando se cree que adoptó su nueva personalidad de Martín Herrera de Mendoza, el agente M. H. 16. Franco, sin embargo, ganó la guerra y él tuvo que huir a Inglaterra con la esperanza de llevarse a su familia allí. Para enterrar su identidad, pidió a sus amigos que gestionasen ante las autoridades españolas la muerte de Antonio Vidal en el frente de Majadahonda, el 4 de enero de 1937, como víctima de un bombardeo.

«En septiembre de 1939 —prosigue Ángela—, consigue llevar a sus hijos y a su mujer a Francia, pero, cuando los nazis comienzan a invadir el país, a esta le entra miedo y regresa a casa de sus padres en Barcelona. Mis hermanastros cuentan que su madre siempre decía que, si hubiera tenido dos hijos, se habría ido con uno en cada mano a México, que era lo que ambos querían, pero seis eran muchos. Y cuando mi padre vio que estaba condenado y que no podía regresar a España con su familia, la cual había vuelto definitivamente para quedarse, se embarcó hacia Estados Unidos en 1941».

Se instaló en Nueva York y, un año después, conoció a su segunda esposa, también llamada Ángela, en una asociación de ayuda a los refugiados de la Guerra Civil. Pronto se casaron y se trasladaron a Filadelfia, donde montó una empresa de mármol, tuvo cuatro hijos más y vivió ocultando su verdadera identidad. «La familia española sí sabía que estaba en Estados Unidos, porque mis hermanastros dicen que envió varias cartas a su primera mujer a escondidas de mi madre. La última, en 1958. Al parecer, dejó de escribir cuando se enteró de que su hijo Jordi había muerto de tuberculosis. Se quedó impactado, pero siguió enviándoles dinero, medicamentos, ropa y todo lo que podía. De eso nosotros nunca nos enteramos, aunque mis hermanastros me dieron copias de esas cartas cuando nos conocimos en 2011. Fueron muy cariñosos. Ahora somos como una sola familia», reconoce.

Los Vidal buscaron a su padre durante toda su vida. Uno de sus hijos, también marmolista, fue a entregar una vez una pila bautismal a Puerto Rico e intentó ir a Filadelfia. Y su nieta viajó allí en su luna de miel, pero no supo por dónde empezar a buscarle. «El problema es que él se llamaba de otra manera y era estadounidense —continúa—, por lo que en la embajada española no podían ayudarles. Tampoco vivíamos ya en Filadelfia, sino en el campo, y nunca puso nuestra dirección en el remite. Era imposible. Una de sus sobrinas españolas me contó que mi padre quiso reunirse una vez con Mercedes en Tánger, pero ella no accedió. Y no porque se sintiera abandonada, ya que educó a sus hijos poniendo siempre a mi padre en un pedestal. Para ellos era como un héroe, y ella decía que los catorce años que estuvo casada con él habían sido suficientes para durarle toda una vida. Falleció en los ochenta sin saber que su marido tenía otra familia, aunque creo que lo sospechaba».

La primera vez que Antonio Vidal regresó a España fue en 1968, pero solo de manera fugaz a visitar a su hija Ángeles cuando esta se mudó a Madrid. Ahora entiende lo que le dijo su actual marido al conocerlo: «Tu padre es muy extraño. Siempre está con las gafas de sol mirando a todos los sitios, como si tuviera miedo de que alguien le reconociera». Ahora su hija, por fin, lo entiende todo: «¡Pues claro que lo tenía! Aun así, creo que lo que más le preocupaba no era su doble vida, sino que un hijo suyo había muerto y que a otros cinco no los veía desde que eran niños. No olvides que perdió a una familia con cuarenta y un años, por la guerra, sin pretenderlo», subraya.

La mentira del 18 de julio: el desconocido alzamiento en Villa Sanjurjo que se adelantó dos días a Franco

ISRAEL VIANA

Son tantas las veces que nos han repetido que la guerra civil española empezó el 18 de julio de 1936 que resulta casi imposible convencer a alguien de lo contrario. Es cierto que esa fue la fecha prevista por los golpistas y la que han dado por buena la gran mayoría de los libros de historia, pero hubo una unidad de soldados regulares del protectorado de Marruecos que se adelantó dos días a la declaración de Franco, Mola, Fanjul y los otros generales que se alzaron en la mencionada fecha, ya fuera en la península o en las islas Canarias.

El golpe previo fue protagonizado por un desconocido comandante catalán llamado Joaquín Ríos Capapé, en cuya necrológica publicada por *ABC*, en 1963, ya se le calificaba como «el primer sublevado». Así lo contaba el diario monárquico: «El 16 de julio de 1936, este soldado inició el Movimiento Nacional en la circunscripción de Torres de Alcalá, en el Rif, dirigiéndose a Alhucemas por orden del jefe de las Intervenciones Militares de Marruecos». A pesar de ello, nadie se acuerda hoy de él, incluso habiendo ocupado cargos de responsabilidad durante la dictadura, como el de director de la Escuela Superior del Ejército.

La fama del primer golpe se la llevó, como es sabido, el 18 de julio y el asalto al cuartel de la Montaña en Madrid del día siguiente. No importó que este último acabara en masacre o que no lograra su objetivo de hacerse con el control de la capital, la cual fue republicana hasta el final de la guerra. Sobre el suelo del ya desaparecido edificio quedaron tendidos ciento cincuenta cadáveres, según las fuentes más optimistas, y novecientos, según las más pesimistas. Uno de los supervivientes, Bibiano Morcillo, recordaba a *ABC*, en 2011, que aquel día su oficial le ordenó que se fuera a casa a ponerse el uniforme de soldado porque iban a «tomar militarmente la ciudad esa misma tarde». En ningún momento mencionó que un tal Capapé se había alzado cuarenta y ocho horas antes en Villa Sanjurjo, al mando del III Tabor de Regulares de Alhucemas.

Como si aquella sublevación marroquí no hubiera existido, el general Mola repasó minuciosamente su bando de declaración de guerra la mañana del 18 en Pamplona. Franco hacía lo propio al llegar a Tenerife, ese mismo día, para asistir al entierro del comandante militar Amado Balmes, muerto en extrañas circunstancias. Después volaba a Tetuán y consumaba la traición, aunque en realidad llevaba ya dos días en marcha. Con el decreto de julio de 1937, el dictador contribuyó a consolidar esa creencia, pues declaraba el 18 de julio como Fiesta Nacional, «por ser esa la fecha en que España se alzó unánimemente en defensa de su fe, contra la tiranía comunista y contra la desmembración encubierta de su solar».

El día 19 era anunciado por los periódicos. *La Voz* lo hacía con el siguiente titular: «Una parte de Marruecos se ha levantado en armas contra la República»; la radio, con este mensaje del Gobierno emitido a las 8.30 horas en el que se contaba la verdad a medias:

> Se ha frustrado un nuevo intento criminal contra la República. Una parte del ejército que representa a España en Marrue-

> cos se ha levantado en armas contra su propia patria, realizando actos vergonzosos contra el poder nacional. El Gobierno declara que el movimiento está circunscrito a determinadas ciudades de la zona del protectorado y que nadie, absolutamente nadie, se ha sumado a tan absurdo intento en la península.

Como se puede observar, nadie mencionaba el 16 de julio como el día en que se inició la sublevación que dio paso a la Guerra Civil. El pistoletazo de salida estaba previsto, oficialmente, a las cinco de la madrugada del sábado 18 en todo el territorio español. La unidad de Capapé se adelantó a la noche del jueves, cuando le ordenó al coronel Juan Bautista Sánchez González que saliera del cuartel y ocupara la localidad de Villa Sanjurjo, para marchar a primera hora de la mañana siguiente a Melilla.

Bajo amenaza de muerte

En esta última ciudad se reunieron los oficiales golpistas el 17 por la tarde, en concreto en la sala cartográfica de la Comisión de Límites de África, donde sus planes fueron descubiertos por un grupo de guardias de asalto enviados por el comandante en jefe de la zona oriental del protectorado, el general Manuel Romerales Quintero. Este llegó al edificio y exigió registrarlo. El jefe de la conspiración en Marruecos, Juan Seguí Almuzara, jefe de la Falange en Melilla, optó entonces por adelantar el golpe y, a las 16.30 horas, mandó una unidad de la legión para que detuviera a esos mismos soldados que les habían interrumpido.

El historiador Juan José Primo Jurado lo relata así en *Los generales de África*:

> Seguí Almuzara entró más tarde en el despacho del general Romerales y le conminó a que se rindiese, bajo amenaza de dispararle allí mismo. Solo ofreció resistencia la base de hidroaviones del Atalayón, cuyo jefe era el comandante Virgilio Leret

> Ruiz, el cual entregó la base a dos tabores de Regulares después de dos horas de combate. Controlada Melilla, esa misma noche lideraron la sublevación los tenientes coroneles Sáenz de Buruaga, en Tetuán, y Yagüe, en Ceuta.

El primero exigió la rendición del alto comisario Arturo Álvarez-Buylla, quien decidió aguantar, alentado por el Gobierno de Madrid y animado por la resistencia que estaba oponiendo el comandante Ricardo de la Puente Bahamonde, primo hermano de Franco, en el aeródromo militar de Sania Ramel. Fuerzas de la legión unidas a la rebelión ocuparon esa misma noche, sin embargo, el Alto Comisariado y el aeródromo. En Ceuta, por su parte, Yagüe no tuvo que disparar una sola bala, ya que la ciudad estaba en manos de los alzados a las 23.00 horas del 17 de julio, mientras que en Larache la sublevación se inició a las dos de la madrugada del 18.

Al día siguiente Franco aterrizó en Tetuán, tras el famoso vuelo desde Canarias a bordo del Dragon Rapide, un avión que había alquilado con la ayuda del corresponsal de *ABC* en Londres, Luis Bolín Bidwell, después de recibir este la orden del director del periódico, Juan Ignacio Luca de Tena. «Necesito que contrates en Inglaterra un hidroavión capaz de volar directamente desde las Canarias a Marruecos, si es posible a Ceuta. Un español llamado Mayorga te facilitará el dinero preciso; trabaja en la City, en la banca Kleinwort. El aparato tiene que estar en Casablanca el sábado próximo, 11 de julio», le conminó.

Cuando el futuro dictador llegó a Tetuán, se puso al frente del Ejército de África y tuvo que detener al anterior jefe, el general Agustín Gómez Morato, y al comandante de la Circunscripción Oriental, Manuel Romerales Quintero. El primero permaneció en prisión hasta 1952 y el segundo fue fusilado el 29 de agosto de 1936. Por otro lado, el comandante de la Circunscripción Occidental, el general Osvaldo Capaz, se encontraba de permiso en Madrid, donde también fue arrestado y fusilado por los milicianos anarquistas el 23 de agosto de 1936.

En aquellos dos días previos de sublevación en África, Yagüe asumió el mando y todos los miembros del ejército que se negaron a apoyarle fueron igualmente ejecutados, entre ellos el primo del futuro dictador. Y eso que, según contaba Pilar Jaraiz, conocida como la «sobrina roja del general Franco», en su libro *Historia de una disidencia*, ambos «eran más hermanos que primos, pero de adultos se habían agudizado sus diferencias ideológicas», hasta el punto de que, en una de sus muchas discusiones, el general le advirtió: «Un día de estos, voy a tener que fusilarte». Una premonición que se cumplió el 4 de agosto de 1936.

El 18 de julio, la fecha asumida por todos como la del golpe de Estado, la sublevación se generalizó por toda España. El Gobierno de la Segunda República, desbordado, decidió armar a los partidos y a las organizaciones obreras y revolucionarias. Como lo calificaron ellos, «armar al pueblo». Y comenzaba la mayor tragedia sufrida por España en todo el siglo XX.

1936

Los primeros días de la guerra, desde los ojos de un oficial republicano que escapó de la muerte travestido

Manuel P. Villatoro

La sublevación fue una sorpresa para muchos militares republicanos; para otros, un secreto a voces que se venía pergeñando desde el fallido golpe de Estado del general José Sanjurjo en agosto de 1932. En el primer grupo se hallaba el teniente coronel Romero, entonces destinado en una localidad cercana a Larache, una de las pocas ciudades del norte de Marruecos que se mantuvo fiel a la Segunda República. Quizá por ello tardó algunas horas en percatarse de lo que sucedía y se vio obligado a protagonizar una huida propia de una película de Hollywood; una en que se disfrazó de mujer para escapar de aquella locura.

La historia de Romero, al que la fortuna y la imaginación le permitieron regresar vivo a la península, se dio a conocer ese agosto en *ABC*. Él mismo, ya a salvo, la narró de forma pormenorizada al periódico. Hoy, además de ser curiosas, sus palabras suponen un testimonio único de cómo vivieron los soldados del bando gubernamental los momentos en que se empezó a gestar la guerra. Al teniente coronel nadie le había informado de que arreciaba una sublevación, aunque había recibido varios avisos velados de ello. En estos le repetían que abandonase la zona, pero siempre con la misma coletilla ambigua que le hacía dudar de la advertencia: «No te puedo decir más».

Se palpa la tensión

La realidad es que Marruecos era el germen de todo. Fue en el protectorado español donde se gestó el alumbramiento de un golpe de Estado que buscaba cruzar las aguas del estrecho y plantarse en la capital valiéndose, en buena medida, de unidades indígenas. Eso es bien sabido. Pero, para que el reto fuese superado, los autodenominados nacionales debían triunfar primero en las diferentes plazas del protectorado marroquí y, a continuación, reforzar los levantamientos de los territorios peninsulares con el Ejército de África. Era sencillo sobre el papel y complejo en la práctica.

Por su parte, las altas esferas del Gobierno de la República no eran ajenas a la sublevación. Pero la sombra de la duda no fue suficiente motivo para que el jefe del Ejército de Marruecos, Agustín Gómez Morato, tomara cartas en el asunto. Lo mismo les sucedió a oficiales como el teniente coronel Romero —destinado en Alcazarquivir, una ciudad del norte de Marruecos ubicada cerca de Larache—, el cual pensó que, en caso de producirse un golpe de Estado, podría ser aplacado.

Aunque la idea más extendida es que la sublevación comenzó el 18 de julio de 1936, la realidad es que la guarnición de Melilla —conocida como la Adelantada— se levantó una jornada antes. Romero lo vio con sus ojos. Según desveló a *ABC*, la tensión empezó a palparse la tarde del 17 de julio, aunque en principio el mando no quiso soliviantar los ánimos. «El comisario superior, general Gómez Morato, indudablemente de buena fe, procuró convencerme de que la oficialidad estaba tranquila. No pude hablar un momento con los soldados de otras guarniciones», contó.

Pero la amarga verdad llegó poco después, y en avión. Aquel mismo día, a eso de las dos y media de la madrugada, le avisaron de que su superior había llegado a Larache y de que deseaba verle. No parecía que la situación estuviese calmada. Él partió a toda velocidad para verle.

> A las dos de la tarde llegó Morato, acompañado de su yerno, capitán de Aviación, y del capitán de Estado Mayor. En la entrevista, en presencia del teniente coronel Joaquín Vidal, me habló de una historia de sublevación de cabos, añadiendo que la oficialidad no pensaba más que en cobrar la mensualidad y vivir tranquilamente en Marruecos. Para contrarrestar lo que me dijo Morato redacté una proclama [...] dirigida a los jefes, oficiales y suboficiales bajo mi mando, recordándoles la promesa de defender a la República.

Las reuniones se sucedieron y la tensión se extendió. A pesar de ello, tras visitar al general, Romero se tomó unas horas libres junto con su esposa. «Me dirigí al hotel [en el que se alojaba] para comer con mi mujer, con quien comenté la ingenuidad de Gómez Morato. A las cuatro de la tarde regresé al campamento para recibir a las tropas que regresaban de las maniobras y llevaban el propósito de leer y comentar la proclama». Según sus palabras, todos los presentes juraron defender a la Segunda República y aseguraron que no se unirían al alzamiento. Era falso. «Naturalmente, algunos fueron después los más traidores», explicó.

La situación quedó en calma. O eso creía. «Por la noche, oficiales de Regulares con otros dos soldados vinieron a decirme de parte del teniente coronel de Cazadores que se había recibido la noticia de la conducta observada por el Estado Mayor de Larache, y que por la noche estallaría un movimiento de cabos, por lo que debía adoptar las disposiciones oportunas». Él insistió en que, «al primer movimiento que se notara», le fueran a buscar al hotel junto con la oficialidad de su unidad para tomar medidas.

Parece que no se terminaba de creer lo que se barruntaba en el ambiente.

A eso de las ocho y media, Romero fue a un café junto con su esposa y, de nuevo, sintió que sus compañeros planeaban algo. «En la mesa de al lado estaban el teniente coronel de Cazadores y otros oficiales. Me extrañó ver al comandante Junquera de uniforme. Le dije que sabía lo de los cabos, a lo que no daba importancia, porque a la oficialidad tenía dada la orden de que me apoyara ocurriera lo que ocurriera». A las nueve recibió una llamada en una cabina telefónica. Era el comisario superior, en conferencia desde Tetuán.

> —Esta noche has de tener mucho cuidado.
>
> —¿Qué ocurre?
>
> —No te lo puedo decir.

Golpe de Estado

Al salir de la cabina telefónica, Romero fue informado de que todos los oficiales que vivían en el hotel se habían marchado al campamento de uniforme. «Telefoneé al aeródromo, donde con gran sorpresa vi que estaba un capitán, a quien di la orden de que detuviera a todos los que pasaran por allí. Me comuniqué con el coronel Martínez, jefe de Larache, y me dijo que no obedecía más órdenes que las del teniente coronel Alfaro. Poco después se oían descargas: la sublevación había estallado». Luego recibió una llamada desde Tetuán del capitán de Estado Mayor:

> —¿Es usted el teniente coronel Romero? ¿Cómo es posible que esté allí?
>
> —Pues estoy sentado en una silla y con la cabeza sobre los hombros.
>
> —¿Cómo es que no está en Larache, siendo el jefe de todos?
>
> —Porque el general nada me ha comunicado.

—¿Así es que no pasa nada todavía?

—Por ahora no, pero no creo que tarde mucho en pasar algo, ¿y en Larache?

—En Larache hace un momento que estalló el movimiento, y por este motivo no puedo ir, como no sea con tropas nuestras.

Estas y otras tantas conversaciones le dejaron claro que el jefe del alzamiento era del Estado Mayor. Y es que aquella jornada tuvo que hacer todas las llamadas desde un teléfono civil, pues la línea del militar había sido cortada por orden superior. Lo que no supo hasta el final fue que se habían dado órdenes de detenerle vivo o muerto junto con su mujer. Lo poco que quedaba de tranquilidad se esfumó en las horas siguientes, cuando, mientras se hallaba en la Casa de Correos sufriendo por comprender lo que pasaba, los disparos se generalizaron en el exterior.

Romero entendió que poco podía hacer y prefirió escapar. «Algunos españoles me ofrecieron ocultarme en sus casas, lo que no acepté, pues con un moro amigo me interné en un poblado indígena. Me llevó a su casa, donde me ocultó». Mientras, las patrullas le buscaban por todas partes. Al final, logró llegar hasta el domicilio de un gobernador local. Sabía que solo era cuestión de tiempo que algún soldado accediera a la vivienda y se topara con él. En tal caso sería hombre muerto o, como mínimo, detenido. Así que apostó por un curioso disfraz para despistar a sus perseguidores:

> Me oculté entre las mujeres, pues poco después llegó una patrulla en mi busca, la cual quiso penetrar en la habitación. Las mujeres protestaron, e incluso se ofendieron de que las trataran como a simples mujerzuelas. El escándalo promovido por estas mujeres repercutió en otras, y los que me buscaban tuvieron que marcharse convencidos de que yo no estaba allí. Un teniente apellidado Fernández decía que a toda costa se me tenía que encontrar, porque habían de fusilarme.

El disfraz debió de parecerle buena idea, pues al día siguiente volvió a vestirse de mujer y, acompañado de otras tantas muchachas, huyó hacia una posición francesa. «El jefe de la misma me informó de que iban en mi busca y que los Regulares estaban dispuestos a embarcar para España». Allí se puso en contacto con miembros del Frente Popular galo, que le ayudaron a llegar hasta territorio gubernamental. El 10 de agosto, al fin, se halló a salvo y con una curiosa historia que narrar a los diarios.

Morcillo, el soldado de dieciocho años que sobrevivió a la matanza del cuartel de la Montaña: «Vi un montón de cadáveres»

Israel Viana

«¡Hombre, Morcillo! Usted por aquí. Me alegro mucho de verle. Mire, me va a hacer un favor. Se va a ir a casita a vestirse de soldado y se viene para acá, que esta misma tarde tomamos militarmente Madrid». Con estas palabras, sin necesidad de muchos circunloquios, fue recibido Bibiano Morcillo en el madrileño cuartel de la Montaña el 18 de julio de 1936. Era asistente de un oficial y tenía solo dieciocho años, pero iba a conocer de primera mano el que, en la actualidad, es considerado el primer episodio de la guerra civil española. Una masacre que causó, en apenas unas horas, entre ciento cincuenta y novecientos muertos, según la fuente a la que se acuda.

El joven Morcillo estuvo allí para verlo. Recuerda el entusiasmo que mostró el oficial cuando se dirigió a él. «Se notaba que tenía unas ganas enormes de tomar el cuartel y acabar con la República», subraya. En aquel momento no salieron a relucir los nombres de Franco, Emilio Mola, Joaquín Fanjul ni de ninguno de los otros generales implicados en el golpe de Estado. Nuestro protagonista tampoco se quedó a averiguarlo, puesto que, escandalizado ante las órdenes que acababa de recibir y comprometido «ideológicamente con el bando contrario», se marchó de allí corriendo para intentar frenarlo.

Aunque en un primer momento no estaba claro quién era el encargado de dirigir la sublevación en este importante enclave de la capital —en principio había sido designado el general Villegas—, fue Fanjul quien se presentó allí, el 19 de julio, vestido de paisano y acompañado de su hijo Juan Manuel. Camino de su casa en la calle Ferraz, Morcillo interrumpió a un grupo de conocidos que se encontraban en un bar para anunciarles lo que le había pasado y lo que le había pedido su oficial. Dos de ellos le acompañaron de inmediato a la sede del Partido Comunista para informar a sus responsables de lo que estaba a punto de suceder y, de allí, se marchó corriendo al Ministerio de la Guerra. «Cuando llegué creo que ya habían tomado medidas, porque allí no había más que soldados», relató.

El cuartel de la Montaña preocupaba al Gobierno republicano más que cualquier otro de Madrid, sobre todo desde que se habían empezado a oír campanas acerca de un levantamiento militar. En primer lugar, por su situación, junto a la céntrica plaza de España. En segundo lugar, por su arquitectura, pues era una fortaleza de tres pisos casi inexpugnable que había sido construida no hacía tanto; concretamente, en 1860. Y, en tercer lugar, por su capacidad, ya que en sus instalaciones podían pernoctar más soldados que en cualesquiera otras; en total unos tres mil, en caso de que se produjera la asonada. «Durante los dos días anteriores, los oficiales que allí estaban acuartelados habían intentado determinar con qué apoyos contaban para sublevarse, encontrándose con que ni el cercano cuartel de la Guardia Civil de Conde Duque ni el de Infantería, que estaba en Rosales, les apoyaban. Ante ello habían decidido esperar acontecimientos», cuenta Pedro Montoliú en *Madrid en la Guerra Civil*.

Morcillo insistió en que alguien le recibiera en el Ministerio de la Guerra. No iba a marcharse a casa. El soldado de la puerta le envió al sargento de guardia y este al capitán, quien a su vez le dijo que subiera a hablar con un superior suyo. En las escaleras, sin embargo, se cruzó con un coronel que le interrumpió, visiblemente alterado, para preguntarle adónde iba. Cuando se lo dijo, este se encaró con él: «¿Usted no sabe que los militares no debemos meternos en política?». Él trató de justificarse: «No, esto no es meterse en política, esto es traer una noticia a la autoridad que creo que es de importancia». Pero la única respuesta que obtuvo fue un grito: «¡Váyase a su casa ahora mismo, vístase de soldado y preséntese a su oficial!».

Al llegar a su domicilio, la cuñada de Morcillo no dio crédito a lo que este le estaba contando. Ella insistió en que no se vistiera ni saliera de allí, pues estaba convencida de que aquel coronel del ministerio con el que había hablado era uno de los sublevados, por lo que corría el peligro de ser denunciado y fusilado. Se lo pensó, pero al final no hizo caso y se presentó en el cuartel de la Montaña, que se ubicaba en el espacio donde hoy se encuentra el templo de Debod. «Me alegro mucho de que estés aquí, Bibiano. Sube inmediatamente arriba para que te den tu armamento. Ya estamos todos preparados», le advirtió su oficial durante las horas de tensa calma que discurrieron antes de que todo estallara por los aires.

Declaración de guerra

La mañana del día 19, las horas transcurrieron sin que se produjeran muchos incidentes; tan solo un tiroteo sin víctimas de los rebeldes contra una patrulla de milicianos que no respetó el alto que se le había dado desde el cuartel al abandonar el lugar. Los tranvías seguían haciendo su itinerario normal por la calle Ferraz, y cuarenta y dos cadetes incluso salieron de la Montaña, en formación, para oír misa en el cercano convento de las carmelitas, sin que nadie se metiera con ellos. Solo cuando, a las 12.30 horas de la mañana, llegó al cuartel el general Fanjul, dieron inicio la sublevación y los enfrentamientos armados.

Lo primero que hizo Fanjul, convertido ya en el jefe del alzamiento madrileño, fue entrevistarse con los oficiales de las tres unidades allí acuarteladas y arengar a los soldados, tras encerrar a los que no estaban de acuerdo con lo que iba a ocurrir. A continuación, redactó y ordenó que se imprimiera en los talleres del propio cuartel el bando que se leería en las calles de la capital, donde se declaraba el estado de guerra en Madrid, Toledo, Ciudad Real, Cuenca y Guadalajara. En él se decía que el ejército español estaba «dispuesto a salvar a España de la ignominia y dispuesto a que no sigan gobernando bandas de asesinos ni organizaciones internacionales».

El documento prohibía las publicaciones y las reuniones, disolvía los sindicatos marxistas y exhortaba a los obreros a que mantuviesen una actitud patriótica de acatamiento. Para infundir confianza en sus hombres, les aseguró también que las tropas del general Mola se encontraban ya en San Rafael, por lo que no tardarían en llegar a la capital. Desde el punto de vista militar, Fanjul propuso a los oficiales sacar a las tropas a la calle de forma coordinada con las unidades de Carabanchel, con las que había intentado ponerse en contacto a través del heliógrafo, puesto que los teléfonos estaban intervenidos.

Gracias a este instrumento de señales telegráficas, los jefes de la Montaña y Carabanchel acordaron que, a las cuatro de la madrugada del día 20, iniciarían una serie de acciones conjuntas con el objetivo de bombardear los aeródromos en poder del Gobierno. Fanjul, que solo contaba con un millar de hombres, incluidos sus dos hijos, recibió antes la ayuda de un nutrido grupo de afiliados a la Falange; en total, 186 jóvenes que pronto se vistieron con el uniforme militar. A las dos de la madrugada, según explica Morcillo, les levantaron de la cama para hacer una barricada en la puerta principal. Y al amanecer vio un avión lanzando pasquines al patio, en los que pudo leer a escondidas el siguiente llamamiento: «Soldados, no obedezcáis las órdenes de vuestros jefes, porque el Gobierno os ha licenciado».

Fanjul había sido informado poco antes de que no podrían

utilizar las dos piezas de artillería de 7,5 centímetros por tener los frenos descargados; una avería que nadie había tenido la precaución de solucionar en los días anteriores, a pesar de los rumores sobre el posible golpe de Estado. También se encontraban en el cuartel los cuarenta y cinco mil cerrojos de otros tantos fusiles que el coronel Serra se había negado a entregar a los republicanos, y, en los almacenes, setecientos mil cartuchos, cuarenta ametralladoras y quince morteros más.

Poco después se produjeron los primeros intercambios de disparos, en los que murieron tres cenetistas. Al enterarse, el Gobierno mandó a la zona varios vehículos blindados, así como tres compañías de asalto y dos de la Guardia Civil. Los guardias de asalto tomaron posiciones en las azoteas próximas al cuartel, mientras se levantaban barricadas y se colocaban algunos altavoces para comunicarse con los amotinados. Estos, a su vez, tomaron sus propias medidas preventivas: las ventanas fueron protegidas con sacos terreros, se colocaron ametralladoras en el piso superior y las aberturas fueron tapadas con colchones y chapas metálicas. Al llegar la noche, el alumbrado público no se encendió ni dentro ni fuera de las instalaciones. El líder socialista Indalecio Prieto imprimió unas octavillas para ser lanzadas sobre el edificio, al tiempo que enviaba dos cañones al principio de la calle Ferraz y movilizaba a los voluntarios que se iban concentrando en la plaza de España.

La matanza

El ataque al cuartel comenzó, finalmente, a las cinco de la mañana. Morcillo califica aquella ofensiva republicana de «feroz y valiente». A esas horas, el joven ayudante todavía se encontraba en el interior del cuartel. Recuerda como en uno de los rincones habían plantado una ametralladora para que disparara a los aviones que sobrevolaban el cuartel, pero no hubo manera. «Pocos minutos después dio la casualidad de que una bomba cayó encima de esta y provocó una auténtica debacle. En ese mismo punto se concentraron una gran cantidad de muertos», subraya.

En el momento más duro del combate, apareció una sábana blanca en una de las ventanas. El fuego cesó, pues las tropas atacantes pensaron que el cuartel quería rendirse. De repente, cuando un grupo de soldados republicanos decidió acercarse, el tiroteo se reanudó desde el interior del edificio. El resultado fueron veinte bajas. La única forma de enfrentarse a la sublevación fue escalar los muros y meterse por los boquetes que habían abierto los cañonazos. No tuvieron muchos problemas para hacerlo, puesto que en el interior del cuartel los sublevados ya hablaban de entregarse. Algunos, incluso, se asomaban a las ventanas enseñando el puño cerrado.

Cuando los sitiadores lograron entrar en el cuartel, a las once menos cuarto, la escena que presenciaron era de lo más extraña y desconcertante. Por un lado, los soldados que se habían sumado a la rebelión para derrocar al Gobierno legítimo cantaban ahora *La Internacional*, lanzaban vivas a la República y se abrazaban a aquellos a quienes minutos antes habían tenido en la mira del fusil. Por otro, el pequeño grupo de los que no estaban dispuestos a rendirse continuaban disparando, desesperados, como ratas en una madriguera de la que no había salida. La confusión era tal que los guardias de asalto que habían entrado por la puerta de Rosales pudieron localizar al general Fanjul. Presentaba una herida en la cabeza por la metralla de una de las bombas de aviación. Lo metieron en un carro blindado que lo trasladó a la Dirección General de Seguridad. Esta actuación le salvó de morir destrozado por la muchedumbre que, tras penetrar en la Montaña por la entrada principal, volcó sobre los militares todo el odio acumulado en los días anteriores.

Pocos días después del asedio, Morcillo regresó al cuartel de infantería y entró por el mismo portillo que había utilizado el general Fanjul para introducirse de incógnito. «¡No te puedes creer lo que vi! Pude contar setenta y dos manchas de sangre como si hubieran cogido a todos los mandos y los hubieran ejecutado. Y después me dirigí a la Sala de Justicia del cuartel y pude ver un montón de cadáveres». Nunca más volvió a ver al oficial que le había ordenado que fuese a casa a vestirse. No sabe si murió o sobrevivió. Él tuvo la suerte de salir absuelto, puesto que quedó perfectamente demostrado que nunca apoyó el golpe e, incluso, que intentó pararlo.

«Mi familia, pobrecita, estaba convencida de que me habían fusilado. Por eso en aquel momento en el que acabó el episodio del cuartel de la Montaña tuve claro que quería intervenir en la guerra», prosigue. Ese mismo día, sin pasar por casa, se fue directo a alistarse y el día 24 de julio el Gobierno lo movilizó. Comenzó así su periplo por las trincheras y su temprano ascenso a oficial gracias a sus conocimientos de geometría, álgebra y trigonometría. Pasó por El Escorial, Peguerinos, Guadarrama, Valdemorillo, Brunete, Teruel y Zaragoza. Durante la entrevista que sostuve con él pudo acordarse de todos y cada uno de los pueblos en los que había combatido. «En la Casa de los Llanos tuvimos una batalla tan tremenda que toda la montaña parecía un volcán. Amargaba la respiración y se masticaba la saliva».

El presidente republicano que duró una hora: la llamada desesperada al general Mola para detener el golpe de Estado

ISRAEL VIANA

«¿Por qué lo han hecho? ¿Para qué lo han hecho?», se preguntaba desesperado Diego Martínez Barrio cuando recibió la noticia de que la guerra había estallado. En ese momento era el presidente de las Cortes y, a pesar de la tensión que se vivía desde hacía meses en el panorama político español, no entendía qué había llevado a aquel grupo de generales descontentos a levantarse contra un régimen legítimo y democrático como aquel, que llevaba solo cinco años en pie y que se derrumbaba ahora, frente a sus ojos, como un castillo de naipes. Estaba furioso, como refleja lo que dijo a continuación, según el testimonio recogido por el periodista Antonio Alonso Baños en su *Homenaje a Diego Martínez Barrio*, publicado en 1978:

> Los designios son tan notorios y el propósito tan evidente que solo los ciegos de entendimiento o malicia pueden negarlo. Simplemente se trata de sustituir la voluntad general del pueblo entero por la de una clase social deseosa de perpetuar sus privilegios. Ni amor a España, ni inquietud por el cuerpo de la Patria,

> ni temores por su desmembración, ni zozobra por el desarrollo de su economía. Nada de lo que se ha dicho y propagado es el verdadero origen de la revuelta. Se disfrazan con frases sonoras los propósitos para encubrir la turbia e inconfundible realidad.

Todavía conmocionado, a Martínez Barrio no se le pasó por la cabeza que pudiera producirse la llamada que iba a recibir al día siguiente del presidente de la República, Manuel Azaña, en la que le pedía que formara un Gobierno de conciliación nacional para librar al país del horror de la guerra; un intento desesperado de evitar que España sufriera un nuevo derramamiento de sangre como los vividos en Cuba y Marruecos, hacía no tanto, pero esta vez entre hermanos y vecinos. No hay que olvidar que habían transcurrido solo quince años desde que se produjera el desastre de Annual, con sus más de diez mil muertos y su profunda crisis posterior, que afectó al país durante años.

El asesinato de Calvo Sotelo

Cinco días antes, cuando se conoció la noticia del secuestro de José Calvo Sotelo, y antes de que se supiera que había sido asesinado, Martínez Barrio pensó primero que se trataba de una detención ordenada por el presidente, Santiago Casares Quiroga, para silenciar las críticas al ejército y rebajar el nivel de violencia en las calles. Sabía que esa forma de actuar era muy propia del Gobierno, pues él mismo había sido ministro de varias carteras durante la Segunda República y hasta presidente en 1933, aunque solo hubiera ejercido durante dos meses. Esta vez, sin embargo, se equivocaba.

El trágico desenlace salió a la luz poco después y Martínez Barrio, como presidente de las Cortes, llamó a su homólogo en el Ejecutivo para advertirle de que debía suspender la sesión ordinaria que estaba previsto celebrar al día siguiente, 14 de julio. En un principio este se opuso, pero a las pocas horas cedió «un poco malhumorado», según apuntaba Martínez Barrio en sus memorias. Al parecer, Casares Quiroga se convenció de que el crimen iba a desembocar en una crisis mucho más grave y no podía quedarse de brazos cruzados. No solo por el homicidio de un diputado elegido por el pueblo, sino porque, en concreto, no era un diputado cualquiera. Durante los meses anteriores, Calvo Sotelo se había convertido en el principal ariete de las críticas conservadoras contra su Gobierno, generando una animadversión entre ambos que había quedado de manifiesto varias veces en el Congreso.

Para Casares Quiroga era evidente que el asesinado estaba enterado de la sublevación, a pesar de lo cual había mostrado una indecisión tremenda a la hora de aplacarla, como le correspondía a un presidente del Gobierno. Además, había recibido unas cuantas señales y no había hecho nada al respecto. Aquello había dejado su credibilidad por los suelos y mermado también el crédito de Azaña como jefe de Estado. El diputado liberal Manuel Portela Valladares, que había sido también presidente del Consejo de Ministros, fue más allá y aludió directamente a la responsabilidad personal de Casares en la comisión del crimen:

> La noticia causó en toda España enorme conmoción; mezcla de sobrecogimiento, de consternación, y de furor de guerra. Nos sentíamos arrastrados en el vórtice de un ciclón. El presidente del Gobierno [Casares Quiroga] no quiso ver la hinchada riada que amenazaba llevarse todo por delante. Continuó en su puesto, desafiante, desdeñando la catástrofe, sin preocuparse más que de huir de la sesión de Cortes en que se ventilaría su responsabilidad por acción u omisión, con aquellos subordinados suyos autores del crimen.

El caos y la confusión eran tan grandes que Azaña se puso manos a la obra tan rápido como pudo. La primera llamada a Martínez Barrio se produjo al día siguiente de tener conocimiento del famoso magnicidio. Le pidió que fuera al palacio de El

Pardo, donde estaba su residencia oficial, para mantener una reunión urgente sobre lo acontecido. La impresión que se llevó el presidente de las Cortes sobre cómo fue recibido no dejaba lugar al optimismo. «Era un hombre consternado que buscaba apoyos en todos aquellos lugares donde pudiera encontrarlo», comentó.

De la conversación que mantuvieron se deduce que la decisión de sustituir a Casares Quiroga ya estaba tomada, pero tardó unos cuantos días en hacerla efectiva. Azaña le comunicó que el presidente del Gobierno ya le había presentado su dimisión poco después del mencionado asesinato, pero que no la había aceptado. Se justificó argumentando que no era un buen momento, y no porque no estuviese de acuerdo en que debía marcharse, sino porque le daría la razón a todos sus críticos. Y concluyó: «Sé que debo cambiarlo y lo sustituiré, pero hay que esperar. Si aceptara su dimisión ahora, sería como entregar su honor a la maledicencia que le acusa. No es posible que salga del poder empujado por el asesinato de Calvo Sotelo». La reunión se había producido en el más absoluto secreto.

En busca del sustituto

La mañana del miércoles 15 se abrió la sesión de la Diputación Permanente de las Cortes, la primera después de la muerte de Calvo Sotelo. El objetivo era decidir si se derogaba o se prolongaba el estado de alarma ante la gravedad de lo ocurrido, pero acabó convirtiéndose en un debate sobre las consecuencias políticas del crimen. Casares Quiroga no asistió, para sorpresa de todos los presentes, quienes entendían que las alusiones a su implicación directa en los hechos eran lo bastante graves como para que no se encontrara allí. El desplante fue aprovechado por Gil-Robles —líder en solitario de la derecha tras la muerte de Calvo Sotelo— para atacar al todavía presidente del Gobierno y centrar el debate en la cuestión que estaba en boca de todos: ¿quién debería ser su sustituto?

Resulta difícil comprender la razón por la que Azaña esperó hasta la noche del 18 al 19 de julio para nombrar al nuevo presidente, sobre todo si tenemos en cuenta que la mayoría de los diputados del Congreso ya lo habían solicitado de manera contundente. Y, además, él ya había manifestado ese mismo deseo en sus reuniones privadas. Lo único que cabe pensar es que todavía no se había decidido por nadie, aunque era evidente que las diferencias entre él y Casares Quiroga eran insalvables. Quedó de manifiesto en la reunión que ambos mantuvieron en El Pardo la tarde del 17 de julio, cuando tuvieron noticia de la insurrección militar.

Así describe este encuentro el secretario personal de Azaña, Santos Martínez Saura, en sus memorias:

> Llegamos al palacio con don Manuel y de inmediato aparecen en escena Casares y los jefes de los partidos políticos afectos al régimen. La reunión del presidente del Gobierno con el jefe de Estado ha sido más bien fría, a pesar del afecto y la amistad que los unen. Han debido salir a relucir, sin duda, advertencias y temores que este último le había expresado en audiencias anteriores, pues en varias ocasiones le oí lamentarse de que aún no se hubiesen tomado más precauciones ante los insistentes rumores que corrían del inminente golpe de Estado. Advertencias que, sin duda, molestaron a don Santiago, pues hacía tiempo que venía espaciando más de lo que acostumbraba sus despachos con Azaña.

A partir de ese momento todo se aceleró. El 18 de julio al mediodía, la política de silencio informativo que había intentado mantener el Gobierno se vino abajo. Con la sublevación ya en marcha y en boca de todos, ambos bandos comenzaron a publicar sus primeras notas de prensa para informar, según sus intereses, de cómo transcurrían los primeros compases de la rebelión militar. Entre las 17.30 y las 18.30 tuvo lugar una reunión del Consejo de Ministros en el Ministerio de la Guerra, presidida por Casares Quiroga. Así fue plasmada por uno de los presentes, el vicesecretario general del PSOE, Juan Simeón Vidarte:

> Casares está derrumbado en su butaca. Con los ojos hundidos hasta parecer casi imperceptibles, nos mira fijamente, sin articular palabra. La mesa está llena de papeles en desorden y de teléfonos descolgados. Sobre el suelo veo uno de ellos tirado y con el cable roto. Cordero y yo nos hemos quedado de pie frente a él, sin acertar a pronunciar palabra. En ese momento, Casares dice: «¿Qué quieren ustedes que les diga? Toda España está sublevada. Llamo a los cuarteles y nadie me responde. Ya no nos queda más salida que morir cada uno en su puesto... Entiéndanse ustedes con mi sucesor. ¡Quién sabe si serán ustedes mismos! Yo he dimitido. Hace dos horas se lo he dicho al presidente de la República».

Desde que acabó la reunión hasta las 22.00 horas, se difundieron cinco notas oficiales más. En ese momento, Azaña ya tenía pensado quién sería el sustituto de Casares: Martínez Barrio; una decisión motivada no solo por la urgencia del golpe de Estado, sino porque se negaba a elegir a alguno de los candidatos socialistas, todos a favor de entregar las armas al pueblo para que se defendiera por su cuenta. El nuevo presidente, contrario a esa medida, recibió la noticia al caer la noche, junto con los términos exactos del encargo: «Azaña quería que formara un ministerio donde estuvieran representadas las fuerzas políticas y sociales afectas a la República, con la exclusión de Acción Popular y Lliga Catalana, por la derecha, y los comunistas, por la izquierda». La decisión estaba pensada para contentar a los militares rebeldes y que las aguas volvieran a su cauce.

La hora decisiva

El traspaso de poderes se negoció a varias bandas durante la madrugada del 18 al 19 de julio en el Ministerio de la Guerra.

Acudieron Martínez Barrio, Casares Quiroga y Azaña, además de los miembros del Gobierno y las ejecutivas del PSOE y la UGT; es decir, las dos cabezas visibles del socialismo, Indalecio Prieto y Francisco Largo Caballero. La sensación que dejó el presidente saliente fue descrita una vez más por Vidarte:

> Casares Quiroga estaba deshecho y nos ha confesado claramente que no tenía medios para resistir la sublevación. Nos ha referido las visitas que había hecho pidiendo que se armase al pueblo. Largo Caballero ha dicho que era de la misma opinión y que, puesto que el Gobierno no se comprometía a acabar con los sublevados, no había otra solución que entregarle el poder al pueblo para que este defendiese a la República.

Azaña eligió precisamente a Martínez Barrio para que escogiera la vía del diálogo, aunque no tenía mucho tiempo. Así que, sin perder un minuto, pronunció un discurso radiofónico como nuevo presidente en el que exigió a los sublevados que regresaran a la obediencia y, poco después de las cuatro de la madrugada, inició una ronda de llamadas telefónicas para saber hasta dónde había llegado la rebelión y, sobre todo, convencer a los mandos más indecisos. El primero de estos últimos fue Miguel Cabanellas, jefe de la V División, que se encontraba en Zaragoza y era masón como él, pero no consiguió que le garantizara su lealtad. La siguiente llamada fue a Domingo Batet, general de la VI División, en Burgos, y fiel a la República, quien le comunicó que la autoridad en esa zona no estaba en sus manos, sino en las de Emilio Mola, gobernador militar de Pamplona.

La cosa no empezó muy bien, aunque en las siguientes comunicaciones logró que Fernando Martínez-Monje, jefe de la III División de Valencia, Toribio Martínez Cabrera, gobernador militar de Cartagena, y Luis Castelló, general de Badajoz, le juraran fidelidad absoluta. En ese momento decidió no ponerse en contacto con el coronel Antonio Aranda, gobernador militar de Asturias, ni con el general Francisco Patxot, gobernador militar de Málaga, pues estaba convencido de que ninguno de los dos participaría jamás en un golpe de Estado contra la República. Animado por los pequeños avances, optó por llamar al general Mola, que iba a ser, sin lugar a dudas, la conversación más relevante de todas. Discurrió así:

> Mola: ¿Don Diego Martínez Barrio? Le escucho respetuosamente.
>
> Martínez Barrio: General, he sido encargado de formar Gobierno y he aceptado. Al hacerlo me mueve una sola consideración: la de evitar los horrores de la guerra civil que ha empezado a desencadenarse. Usted, por su historia y por su posición, puede contribuir a esta tarea. Desconozco las ideas políticas de los generales, entre ellos usted, que están al frente del ejército. Supongo que, por encima de cualquier estímulo, colocan ustedes su amor a España y el cumplimiento de su deber militar. En esta confianza me dirijo a usted, para invitarle a que la tropa a sus órdenes se sostenga dentro de la más estricta disciplina y bajo la obediencia de mi Gobierno.
>
> Mola: Agradezco a usted mucho, señor Martínez Barrio, las palabras lisonjeras e inmerecidas que le inspiran mi condición y mis servicios. Con la misma cortesía y nobleza con que usted me habla, voy a contestarle. El Gobierno que usted tiene el encargo de formar no pasará de intento. Y si llega a constituirse, durará poco, y antes que remedio, habrá servido para empeorar la situación.
>
> Martínez Barrio: Habría de tener las mismas desconfianzas que usted, que no las tengo, y la conveniencia general me impondría el deber de aceptar la tarea. Lo que pido a todos es que como yo cumplo el mío, cumplan el suyo. España quiere tranquilidad, orden, concordia. Cuando pasen las horas de fiebre, el país agradecerá a sus hombres representativos que le hayan evitado un largo periodo de horror.
>
> Mola: No lo dudo. Pero yo veo el porvenir de distinta manera. Con el Frente Popular vigente, con los partidos activos,

con las Cortes abiertas, no hay, no puede haber y no habrá Gobierno alguno capaz de restablecer la paz social, garantizar el orden público y reintegrar a España su tranquilidad.

MARTÍNEZ BARRIO: Con las Cortes abiertas y el funcionamiento normal de todas las instituciones de la República, estoy yo dispuesto a conseguir lo que usted cree imposible. Pero el intento necesita de la obediencia de los cuerpos armados. Esa es la que pido y la que intentaré imponer cuando esté en el poder. Espero que en este camino no me falte su concurso.

MOLA: No, no es posible, señor Martínez Barrio.

MARTÍNEZ BARRIO: ¿Mide usted bien la responsabilidad que contrae?

MOLA: Sí, pero ya no puedo volver atrás. Estoy a las órdenes de mi general don Francisco Franco y me debo a los bravos navarros que se han puesto a mi servicio. Si quisiera hacer otra cosa, me matarían. Claro que no es la muerte lo que me arredra, sino la ineficacia del nuevo gesto y mi convicción. Es tarde, muy tarde.

MARTÍNEZ BARRIO: No insisto más. Lamento su conducta que tantos males ha de acarrear a la patria y tan pocos laureles a su fama.

MOLA: ¡Qué le vamos a hacer! Es tarde, muy tarde.

Por esta llamada, Martínez Barrio fue acusado de ofrecer a Mola el Ministerio de la Guerra, aunque nunca se ha confirmado. Algunos historiadores, como Juan María Gómez y Hugh Thomas, sostienen que la oferta existió. También el periodista Rafael Fernández de Castro, el hombre que mejor contó dicha conversación, aseguró: «Sí que llegó a proponerle un puesto en el nuevo Gobierno que Azaña, temeroso y desconcertado, se proponía formar». Y José María Iribarren, secretario personal de Mola, que aseguró que «Martínez Barrio le prometió un cambio de política, un viraje hacia la derecha y un Gobierno de orden en el que el general sería ministro de la Guerra, con la única condición de que este depusiese las armas de inmediato».

El general Mola, por su parte, nunca declaró que le hubieran ofrecido un cargo. Y en la misma línea se expresó el otro protagonista de la llamada, Martínez Barrio. El historiador Robert A. Friedlander, catedrático de la Universidad de Northwestern (Estados Unidos), le envió una carta, en junio de 1961, preguntándole por dicho episodio. Este le contestó nueve días después: «Es una fábula. Hablé telefónicamente con el general Mola cuando fui encargado de formar Gobierno, pidiéndole que volviera a la disciplina y a la obediencia de la República».

Tras la ronda de llamadas, que duró apenas una hora, Martínez Barrio presentó su dimisión convencido de que la tarea que le habían encomendado era imposible. Sobre todo si tenemos en cuenta que su triunfo dependía de una conversación con un general como Mola, que opinaba esto de la Segunda República: «Fue engendrada con pecado de traición, nació raquítica, contrahecha y espúrea. Más que un parto fue un aborto y, como aborto, tenía que perecer». A pesar de la dificultad y de las multitudinarias manifestaciones que se celebraron en Madrid en la mañana del 19 de julio contra el nuevo Gobierno, Azaña rechazó en un primer momento la renuncia de su presidente. Este, sin embargo, no cedió y la calificó de inmodificable. Parece ser que con sesenta minutos había tenido suficiente... y España ya se precipitaba hacia el abismo.

Las misteriosas muertes de Sanjurjo y Mola que auparon al segundón de Franco al poder

Manuel P. Villatoro

El azar puede cambiar la historia de un país. Adolf Hitler, por ejemplo, escapó de la muerte el 20 de julio de 1944 gracias a que la mesa sobre la que se apoyaba era tan gruesa que amortiguó la explosión de una bomba destinada a terminar con su vida. En el caso de Francisco Franco, una casualidad le aupó hasta la jefatura del Estado tras la sublevación: la muerte, en sendos accidentes de avión, de José Sanjurjo y Emilio Mola, cabezas visibles del bando nacional. Desde entonces algunos autores han coqueteado con la idea de que se deshizo de sus rivales para despejar el camino hacia el poder. ¿Mito o realidad?

José Sanjurjo Sacanell era un veterano de la guerra de África que se había ganado sus galones en operaciones tan determinantes para el devenir del país como el desembarco de Alhucemas. Sin embargo, y a pesar de que en principio vio con buenos ojos el régimen republicano, no tardó en desencantarse. Según explica el doctor en Historia Roberto Muñoz Bolaños en un artículo para el *Diccionario biográfico español* de la Real Academia de la Historia, su acatamiento del orden establecido el 14 de abril de 1931 se tornó rápidamente en el odio más visceral. Y no tanto por su rechazo al republicanismo, sino por los continuos desencuentros con personajes como el popular Manuel Azaña. Cuando su enfrentamiento con el entonces ministro de la Guerra se dio a conocer al público, este militar se convirtió en un imán para los grupos conservadores que buscaban el regreso de la monarquía.

Sanjurjo, azuzado por estos grupos, dio un golpe de Estado en Andalucía el 10 de agosto de 1932 junto con varios militares partidarios de una monarquía tradicionalista. El resultado: un fracaso estrepitoso. El teniente general, que tuvo que ver como Franco se retiraba de la operación por miedo a que no contaran con los apoyos necesarios para vencer, fue trasladado a Madrid y condenado a muerte, aunque, a la postre, se le conmutó dicha pena por la de cadena perpetua. Para su suerte, la formación de un Gobierno conservador le granjeó una amnistía en 1934. Cansado y temeroso, se retiró a Portugal. Allí podría haber vivido en paz, pero recibió la visita de un sinfín de organizaciones carlistas y alfonsinas que ansiaban que formase parte de los complots que se orquestaban contra el Gobierno.

La situación permaneció en calma hasta febrero de 1936, cuando la llegada del Frente Popular al Gobierno de la República provocó que la primera pieza del dominó cayera y se urdiera una nueva intriga. Por aquel entonces el general Mola, gobernador militar de Navarra y jefe de la XII Brigada de Infantería, decidió encabezar la conspiración desde el punto de vista militar. Según Bolaños, desde el primer momento se le pidió que la liderara. «Si bien Sanjurjo no la organizó directamente, sí hizo valer su papel dirigente cuando se hizo necesario», explica. El doctor en Historia se basa en hechos como que Franco solicitaba permiso al veterano general para acciones tales como comprar armamento en el exterior.

Era, de manera indiscutible, el jefe de la conspiración contra la República y sería el dirigente máximo de España una vez que aquella hubiese triunfado. Así lo demuestra también el que Sanjurjo llegara a señalar que el alzamiento seguiría adelante «con o sin Franquito» cuando se enteró de que tenía dudas, una vez más, sobre su participación. Esa condescendencia la replicaban una buena parte de los organizadores, como bien se deduce del mote que recibió el futuro jefe del bando nacional, «Miss Islas Canarias 1936». El hispanista Paul Preston es tajante en su obra *La guerra civil española. Reacción, revolución y venganza*: «El futuro jefe de Estado, una vez que el golpe hubiera triunfado, iba a ser Sanjurjo». Detrás de él se hallaba Mola, más conocido entonces como el Director.

Primera caída

Como cabeza visible de la conspiración, se estableció que Sanjurjo debía ser transportado a España poco después de que el golpe diera comienzo entre el 17 y el 18 de julio de 1936. El encargado de acometer esta tarea fue Juan Antonio Ansaldo, «un famoso as del aire y playboy monárquico», según palabras de Preston. El 19 este piloto aterrizó en la residencia veraniega del oficial en nombre de Mola con órdenes de llevarle hasta territorio sublevado. El problema era que su montura era una frágil avioneta De Havilland DH.80-A Puss Moth. Lo más llamativo es que el Director había encargado que la escolta se llevase a cabo con un bimotor. El Dragon Rapide de Franco estaba disponible para llevarle a Burgos, pero tampoco se utilizó.

Las reticencias iniciales de Sanjurjo se esfumaron cuando Ansaldo le saludó como si fuera el jefe del Estado ante un grupo de incondicionales congregado en la zona. El militar aceptó. Tras pasar la aduana, la cabeza visible del golpe subió a la avioneta en un hipódromo en desuso llamado A Marinha. Según el relato del propio piloto, portaba una maleta de grandes dimensiones cargada con varios trajes que pensaba utilizar a su llegada a la capital. Ello se sumaba a su propia figura, «ya de por sí voluminosa». A pesar de ello, el as de aviación estaba decidido a salir de allí con su particular premio, así que despegó en dirección a unos árboles cercanos que, pensaba, podría superar sin dificultad.

Se equivocó. La idea más extendida es que el exceso de peso de la avioneta disminuyó la fuerza de ascensión, lo que provocó que chocara con las copas de los árboles. Ansaldo logró salir del aparato con heridas superficiales. Sin embargo, Sanjurjo se estrelló y murió. A la postre, el piloto barruntó la posibilidad de que el accidente hubiera sido, en realidad, un atentado provocado por un grupo de anarquistas. No obstante, esta teoría, así como la de que era un golpe político de Francisco Franco, son rechazadas por expertos como el mismo Bolaños. Este afirma que, como indican los políticos monárquicos Eugenio Vegas Latapié y Pedro Sainz Rodríguez, es probable que la verdadera causa del accidente fuera la imprudencia de Ansaldo, que desobedeció las órdenes de Mola y despegó de un espacio inadecuado.

Así recogió el diario *ABC* de Sevilla, en una noticia publicada el 22 de julio, el fallecimiento de Sanjurjo:

> La Radio Madrid ha dado cuenta de la muerte del marqués del Rif, sin localizarla, dando a entender, implícitamente, que había sido muerto en un combate por los elementos gubernamentales. Esto es completamente falso. El avión que conducía al glorioso general, y que iba pilotado por el aviador señor Ansaldo perdió velocidad a poco de emprender el vuelo y cayó, incendiándose. El señor Ansaldo, que pudo lanzarse del aparato, se libró de la muerte, aunque recibió quemaduras y heridas de importancia; pero el general Sanjurjo que iba atado al asiento, no tuvo tiempo de liberarse y pereció carbonizado. El aparato cayó en las inmediaciones del Radio-Club, a pocos kilómetros de Estoril, donde ha sido trasladado el cadáver, pues las autoridades portuguesas, en atención a la personalidad del finado, han dado toda clase de facilidades en esta ocasión.

Segunda casualidad

Tras la muerte de Sanjurjo solo quedaba Mola como posible rival de Franco en la carrera por convertirse en el futuro jefe de Estado si triunfaba la sublevación, sobre todo después del fusilamiento de los generales Manuel Goded y Joaquín Fanjul, que se encontraban a su mismo nivel en el escalafón. Todo ello después incluso de que el de El Ferrol se hubiese nombrado a sí mismo jefe del Gobierno del Estado en Burgos allá por septiembre de 1936. Ni la ascensión del futuro dictador a la poltrona pudo reducir la tensión que existía entre ambos. Más bien la acrecentó.

En esas se hallaba la relación cuando, el 3 de junio de 1937, el avión en el que Mola viajaba de Burgos a Valladolid se estrelló. No hubo supervivientes. La noticia fue recogida también por *ABC* un día después. En la edición de Sevilla, en manos de los franquistas, se explicaba que, según los vecinos de Castil de Peones, donde cayó el aparato, se vio un aeroplano «volando sumamente bajo» en varias direcciones antes de que una explosión desparramara los cadáveres calcinados de los cinco ocupantes por la ladera de una montaña. «La posición de los cuerpos y el estar el aparato completamente deshecho daban la sensación de que la causa ha podido ser que el avión, desorientado por las nieblas, tropezó con el monte o hizo explosión el motor», añadía el diario.

El despliegue en el *ABC* de Madrid, afín a la República, fue mucho menor y se limitó a un lugar destacado en la tercera página bajo el titular «Ha muerto el traidor Mola». En el texto se afirmaba que se había comunicado el fallecimiento del general en un accidente de aviación debido a las malas condiciones meteorológicas. «En el día de hoy, a las nueve y media de la mañana, cuando el general jefe del Ejército del Norte realizaba un vuelo de reconocimiento, el aparato se estrelló contra el suelo a causa de la niebla». A continuación, se añadía que el suceso se había producido entre Castil de Peones y Alcocero, pueblos ambos de la provincia de Burgos.

Algunos autores barajan la posibilidad de que el aparato fuese derribado por fuego amigo. Preston es uno de ellos. Según sus palabras, Mola viajaba en un Airspeed AS.6 Envoy de construcción británica que había sido enviado a los rebeldes por un piloto desertor. «Sus distintivos ingleses, similares a los aviones utilizados para enviar suministros por aire a la República desde Francia, no habían sido borrados del todo. Es, por lo tanto, posible que al aparato le hubieran disparado erróneamente los cazas nacionales». Con todo, la realidad es que, como bien escribió el embajador alemán en nuestro país, Franco se sintió aliviado por el fallecimiento de su rival. Al parecer llegó a admitir lo siguiente: «Mola era una persona muy terca y cuando le daba órdenes que diferían de sus propios puntos de vista, solía preguntarme: "¿Ya no confías en mis métodos?"». Una vez muertos sus dos contrincantes directos, las puertas hacia la dictadura se abrieron de par en par.

El contingente de Stalin contra Franco: el documento clasificado que la URSS ocultó durante sesenta años

ISRAEL VIANA

La documentación procedente de los actuales archivos de la Federación Rusa, antes integrados en la extinta URSS, estuvo guardada con un celo absoluto hasta el final de la Guerra Fría. Sin embargo, desde que salieron a la luz en 1991, han jugado un papel muy importante a la hora de reconstruir de una manera mucho más fiable y exacta la implicación que los soviéticos tuvieron en la Guerra Civil, una intervención militar directa que Stalin decidió, entre mediados de agosto y finales de septiembre de 1936, mientras disfrutaba de un descanso en la ciudad balneario de Sochi, en el mar Negro.

En lo que respecta a las justificaciones del dictador comunista para llevarla a cabo, pesó la idea de que, si España acababa en manos de Franco, representaría un peligro para Francia, el país que constituía el primer eslabón de la cadena que debía bloquear y frenar las ansias expansionistas de Hitler. Y, si aquel caía, sería un peligro para la Unión Soviética. No tenían la menor duda de que la Alemania nazi acabaría desarrollando una política más agresiva en Europa, tal y como ocurrió poco después al iniciarse la Segunda Guerra Mundial con las invasiones de Polonia, Dinamarca, Noruega, Bélgica, Holanda, Luxemburgo, Yugoslavia, Grecia y Francia, sin olvidar el intento frustrado de conquistar Gran Bretaña.

Stalin no albergaba dudas sobre cómo se debía solucionar el problema de España de la manera más rápida y eficaz posible: asesinar a Franco. En su libro *El caso Orlov*, el exagente de los servicios secretos rusos Borís Volodarsky asegura que la URSS envió hasta tres expediciones con el objetivo de llevar a cabo el magnicidio mientras ponía en marcha un plan mucho más complicado por si el primero fallaba: la Operación X, donde «X» significaba España. Este consistía en apoyar al ejército republicano enviando todo tipo de armamento y hombres.

Esto último se decidió oficialmente en la reunión del Politburó —el máximo órgano de poder en la Unión Soviética—, celebrada el 29 de septiembre de 1936. Sin embargo, las acciones ya se habían emprendido días antes en secreto, con lo cual la aprobación era un mero trámite. El 14 de septiembre, por ejemplo, en otro encuentro en el Kremlin presidido por Viacheslav Mólotov como presidente del Consejo de Comisarios del Pueblo, se dio el visto bueno a la compra de armas para España en los mercados de Francia, Suiza y Checoslovaquia. Y el 26 Stalin telefoneó desde Sochi al mariscal Kliment Voroshílov para ordenarle que enviara, asimismo, unos cien tanques y sesenta bombarderos, con sus correspondientes conductores y pilotos, además de un nuevo cargamento de armas.

El volumen final de la ayuda soviética a lo largo de la Guerra Civil fue de 648 aviones, 347 tanques, 60 vehículos blindados, 1.186 piezas de artillería, 340 morteros, 20.486 ametralladoras, 497.813 fusiles, 3,5 millones de proyectiles, 862 millones de cartuchos, 110.000 bombas de aviación y 4 torpederas, según las cifras proporcionadas por Ricardo Miralles, catedrático de Historia Contemporánea de la Universidad del País Vasco. Y a esto hay que añadir otros 66 *igreks*, es decir, barcos de transporte que tuvieron que vadear el cerco impuesto por la marina de Franco en el Mediterráneo y entrar en España por la costa atlántica de Francia para transportar las mencionadas armas.

El volumen era muy grande, pero el de Alemania e Italia fue mayor, pues ambas potencias enviaron mil quinientos aviones que participaron, entre otros, en los bombardeos de Guernica y el mercado de Alicante. La diferencia fue que las armas de los rusos no llegaron solas. Lo hicieron junto con un buen número de asesores militares, técnicos, especialistas en armamento, instructores, ingenieros aeronáuticos, mecánicos, radiooperadores y, por último, traductores, que fueron muy importantes para que la comunicación entre los rusos y los españoles fuera fiable. A todos estos se sumaron, aproximadamente, otros 2.200 hombres y mujeres asignados a las más diversas labores de apoyo.

Si desglosamos el número de asesores militares que la URSS mandó a España —por encima de seiscientos—, observamos que cien prestaron servicio en 1936, ciento cincuenta en 1937, doscientos cincuenta en 1938 y, desde comienzos de 1939, cuando la victoria de Franco parecía cuestión de tiempo, ochenta y cuatro. Es decir, que estuvieron hasta el final porque, en realidad, los soviéticos siempre quisieron alargar el conflicto español y ganar tiempo hasta que estallara la Segunda Guerra Mundial. Para las labores de coordinación se creó una estructura de mandos a cuyo frente colocaron a un consejero militar jefe (GVS, por sus siglas en ruso), que contaba con su propio Estado Mayor y más asesores específicos en cada ámbito, desde la marina hasta las comunicaciones, pasando por la aviación y la infantería, entre otros.

Kim Philby

La compleja operación de transporte, instrucción y combate por tierra, mar y aire no impidió que Stalin siguiera en secreto con su plan de asesinar a Franco; un golpe de efecto que, según pensaba, sería mucho más efectivo que cualquier batalla en el frente.

Por eso organizó hasta tres expediciones. La primera es más conocida porque ha sido contada muchas veces en los periódicos y convertida en ficción por cineastas y escritores como John Le Carré, que se inspiró en ella para crear el personaje central de *El topo*, su novela más célebre. La llevó a cabo Kim Philby, un corresponsal de guerra británico que había sido reclutado por los soviéticos cuando tenía veintidós años.

El capítulo menos conocido de la carrera de Philby es esta primera misión de espionaje en la Guerra Civil, bajo la tapadera de que estaba cubriendo el conflicto como enviado especial de *The Times*. En ese viaje inicial permaneció en nuestro país tres meses. Al regresar logró que el prestigioso diario británico le publicara un reportaje titulado «En la España de Franco», el cual le abrió las puertas para su corresponsalía permanente en el bando franquista, de cara al público, y su labor como espía, de incógnito.

Durante su cobertura, Philby llegó a ser galardonado con la Cruz Roja al Mérito Militar por el mismo Franco, que le creía simpatizante de su causa. Corrió bastantes riesgos para mantener su tapadera, ya que estuvo a punto de morir durante la batalla de Teruel, cuando, mientras comían bombones y bebían brandy en la Nochevieja de 1937, un proyectil republicano acabó con la vida de tres corresponsales que se encontraban a su lado. Cuando los servicios secretos rusos le enviaron allí ya sabían que su voluntad y coraje no eran lo bastante fuertes para matar al futuro Caudillo, así que ni lo intentó a pesar de encontrarse, en más de una ocasión, cerca del objetivo. Durante años se ha puesto en duda que fuera el elegido por Stalin. De hecho, nunca se ha encontrado una prueba concluyente al respecto. Según los archivos desclasificados del Servicio de Seguridad británico, el MI5, un general ruso que desertó a Gran Bretaña en 1940 reveló la existencia de dicha misión y aseguró que había sido encargada a un joven inglés que era periodista.

Por otra parte, en el archivo personal de Nikolái Yezhov, líder del NKVD, el futuro KGB, hay un informe con la confesión del general Walter Krivitsky después de huir a Estados Unidos en 1938. Esta, según la transcripción realizada por *The Guardian*, decía: «A principios de 1937, la OGPU (policía secreta) recibió órdenes de Stalin para preparar el asesinato de Franco. Hardt, un oficial que luego fue purgado, fue instruido por el jefe de la OGPU, Yezhov, para reclutar a un inglés. Se contactó con él y fue enviado a España. Era joven, un periodista de buena familia, idealista y fanático antinazi. Antes de que el plan madurara, el propio Hardt fue llamado a Moscú y desapareció». Lo curioso de este documento, según el periódico inglés, es que en los márgenes había escrito «prob Philby» («probablemente Philby»).

Casi al mismo tiempo que la posible elección de Philby, en la primavera de 1937 hubo otra expedición encabezada por el oficial de la inteligencia soviética Grigori Mijáilovich Semiónov y una tercera que se le encargó a Elli Bronina, la esposa de un espía soviético radicado en Shanghái. Pero todas fracasaron, porque Stalin parecía estar más interesado en eliminar a los traidores trotskistas que habían sido enviados a España desde la Unión Soviética, todo ello bajo la lógica aterradora de que, para acabar con cualquier enemigo externo, primero había que acabar con el enemigo interno, como así ocurrió con sus famosas purgas.

Mientras se llevaban a cabo los asesinatos selectivos y fracasaban los planes del magnicidio, a España llegaban los diferentes consejeros jefes de la Unión Soviética. En 1936 y 1937, Yan Berzin; en 1937 y 1938, Grigori Stern, y entre finales de 1938 y comienzos de 1939, Kuzmá Kachanov, todos ellos con sus correspondientes delegados y el proyecto de crear un nuevo Ejército Popular. No se puede obviar que su aportación fue decisiva en la defensa de Madrid, una operación que fue un éxito durante los primeros meses de la guerra, y que funcionó también en algunas de las batallas posteriores, como las del Jarama, Teruel y Guadalajara, al igual que el adiestramiento de soldados españoles y la creación de las escuelas militares de Barcelona, Madrid, Almansa, Murcia, Albacete o Archena.

Los setenta días de infierno en el Alcázar de Toledo: las duras condiciones de vida en el asedio

Manuel P. Villatoro

Existen episodios de la Guerra Civil que se han grabado a fuego en la memoria de nuestro país. Batallas, bombardeos... Pero uno de los más sencillos de identificar quizá sea el cerco que, a partir de julio de 1936, sufrió el Alcázar de Toledo. Dentro de esta fortaleza, unos mil trescientos defensores a las órdenes del coronel sublevado José Moscardó lograron resistir, sin agua ni comida y casi sin munición, los ataques de un contingente formado por varios millares de soldados, multitud de piezas de artillería y algún que otro carro de combate. Y lo consiguieron durante más de dos meses.

La defensa sorprendió tanto a unos y a otros que fue utilizada por Francisco Franco desde el punto de vista propagandístico para mejorar su imagen internacional y elevar la moral de sus combatientes en el transcurso de todo el conflicto. El mito que se generó tras la guerra fue igual de llamativo y convirtió este asedio, acaecido entre el 21 de julio y el 27 de septiembre, en una verdadera gesta para los sublevados.

Toledo, en armas

Tras el golpe de Estado, fueron muchas las ciudades en las que se generalizaron los combates callejeros. Una de ellas fue Toledo, donde se produjeron varios enfrentamientos entre grupos de civiles armados y las fuerzas del orden. Tal era la situación y la falta de información que, el 18 de julio, el comandante militar de la ciudad, José Moscardó, decidió viajar a la capital para tratar de discernir lo que estaba ocurriendo en el país. Según explica a *ABC* Francisco Martínez Canales, autor de la obra *Toledo 1936. Asedio y liberación del Alcázar*, su objetivo último era recabar información sobre la situación en el mando de la División Orgánica.

Moscardó era un personaje curioso dentro de aquel entramado, pues no era el oficial al mando de Toledo, sino un militar cuya máxima responsabilidad era, como coronel director de la Escuela Central de Gimnasia, preparar la participación de algunos atletas en la olimpiada que pronto comenzaría en Berlín, la que los alemanes habían organizado en la ya capital del Reich y que tantas tensiones había generado en Europa. En todo caso, la aventura en Madrid fue breve y el oficial no tardó en regresar a Toledo. Lo hizo por la tarde y sabedor de que el Ejército de África se había sublevado. «Tras ver en las calles de Madrid a civiles armados, acudió a su comandancia y ordenó el acuartelamiento de la escasa guarnición que había», añade el autor.

Sin ambages, el coronel decidió apoyar la sublevación y resistir en Toledo hasta el último soldado. En principio prefirió no dar cuenta de ello al Gobierno, pues sabía que necesitaba todo el tiempo del que pudiera disponer para reunir la mayor cantidad posible de hombres y armamento. La razón que motivó a Moscardó a plantar cara a la República es todavía un enigma. Es difícil saber qué rondaba por la mente de este experimentado militar de, entonces, cincuenta y ocho años, pero lo que es cierto es que había tenido varios desencuentros con Azaña; el más doloroso de ellos había sido la anulación de su último ascenso.

Aunque luego recuperó su cargo por antigüedad, al oficial no terminó de gustarle aquel atropello.

Fuera o no por ello, a mediados de julio Moscardó inició los preparativos para la defensa. Su primer objetivo fue hallar un edificio que sirviera como último resguardo en caso de que la ciudad fuera tomada. Sin dudarlo dos veces se decantó por el Alcázar de Toledo, una fortaleza de muros gruesos capaz de resistir cientos de disparos y que, además, estaba ubicada en una posición privilegiada que permitía a sus defensores controlar casi la totalidad del terreno colindante. Sin saberlo, acababa de iniciar los preparativos de uno de los asedios más sonados de la Guerra Civil.

A las armas

Una vez seleccionado el refugio, Moscardó llevó a cabo un recuento de los hombres a sus órdenes. El número final era insuficiente: 410 soldados de la guarnición de Toledo, 110 milicianos y 90 hombres de diferentes procedencias. Pero, para su regocijo, a sus escasos efectivos se unieron también cuatro compañías de la Guardia Civil que, atendiendo a un plan de actuación secreto del teniente coronel de la Benemérita Pedro Romero Bassart, en los últimos meses se habían concentrado junto con sus familias en la ciudad con la intención de refugiarse en el Alcázar.

De esta forma, el coronel pudo reunir a 1.300 efectivos pobremente armados. «Moscardó dispuso de unos 1.200 fusiles y mosquetones, 2 piezas de artillería de montaña de 7 centímetros con solo 50 proyectiles; 13 ametralladoras Hotchkiss de 7 milímetros, 13 fusiles ametralladores de la misma marca y calibre, y 2 morteros Valero de 50 milímetros con 50 proyectiles. A ello añadir 250 granadas de mano Lafitte, 25 granadas de mano incendiarias y unos 200 petardos pequeños de trilita», añade Martínez Canales. En el edificio también se guarecieron más de seiscientos civiles entre mujeres y niños.

Mientras Moscardó ultimaba los preparativos para su pequeña rebelión toledana recibió una llamada de la República, cuyos responsables aún desconocían sus intenciones e incluso creían en su lealtad. En ella, se hizo saber al coronel que debía enviar a Madrid toda la munición almacenada en la Fábrica Nacional de Armas de Toledo. El oficial, que no tenía ninguna intención de deshacerse de esta valiosa carga, inició entonces un imaginativo juego en el que, durante tres días, inventó varias y variopintas excusas para evitar que aquel tesoro abandonara la ciudad. Lo que necesitaba era tiempo.

La mascarada duró hasta el 21 de julio, momento en que, tras ser descubiertas sus intenciones, se dirigió a la plaza de la ciudad para hacer oficial el estado de guerra. Desde ese momento ya no valían los preparativos ni las jugarretas, pues las tropas gubernamentales no tardarían en llamar a la puerta del Alcázar para conseguir la munición que reclamaban desde hacía varias jornadas.

Llega Riquelme

El mismo día de la proclamación, Moscardó ordenó tomar posiciones alrededor de toda la ciudad. No obstante, los defensores tuvieron que retirarse hasta el Alcázar después de tener conocimiento de que había sido enviada una columna republicana bien pertrechada desde Madrid. De lo que sí tuvieron tiempo fue de llevar hasta el Alcázar los setecientos mil cartuchos alojados en la Fábrica de Armas de Toledo, algo que les garantizaba disponer de munición durante un largo asedio. Ya no podían hacer más, así que se prepararon para defender a toda costa la fortaleza.

Bajo la férrea premisa de acabar con aquella revuelta, llegó a la Ciudad Imperial una columna republicana formada por unos mil seiscientos soldados acompañados de varias piezas de artillería de 105 milímetros y algunos vehículos blindados. Al mando de esta se encontraba el general José Riquelme, un militar dispuesto a hacer valer su experiencia para terminar a toda velocidad con aquella resistencia. Semejante ejército podría haber comenzado a disparar poco después de pisar las calles toledanas, pero, para sorpresa de los sitiados, el militar prefirió hacer varias llamadas para solucionar el embrollo de forma pacífica. En ellas apeló a su responsabilidad como militares y les conminó a rendirse, pero no sirvió de nada. Moscardó se limitó a señalar que la República estaba en poder del marxismo y que no entregaría el armamento a las milicias.

Apenas un día después de que se produjera esta conversación, el 23 de julio, se vivió en el Alcázar uno de los episodios más famosos y difundidos a lo largo de la historia. En un intento de empujar a los defensores a abandonar la fortaleza, el jefe de milicias de Toledo contactó por teléfono con Moscardó para informarle de que tenía preso a su hijo Luis e informarle de que, si no rendía la fortaleza en diez minutos, el joven sería fusilado.

Según recogen los historiadores Alfonso Bullón de Mendoza y Luis Eugenio Togores en su obra *El Alcázar de Toledo. Final de una polémica*, Luis cogió el teléfono para demostrarle a su padre que había sido capturado. Sin embargo, lejos de pensar en rendir su posición, Moscardó le respondió: «Si es cierto [que te van a fusilar] encomienda tu alma a Dios, da un viva a Cristo Rey y a España y serás un héroe que muere por ella. ¡Adiós, hijo mío, un beso muy fuerte!». Con todo, las tropas republicanas no materializaron sus amenazas y optaron por arrestar al joven. Hoy, la veracidad de esta charla despierta todavía dudas.

Tras las intentonas republicanas de rendir el Alcázar sin combatir, empezó el sitio. Ya no había cabida para la paz y, como era de esperar, Riquelme ordenó el constante bombardeo de la fortaleza mediante la artillería de 105 milímetros y cuatro nuevas piezas de 155 milímetros. A partir de aquella jornada, raro fue el día en que los sitiados no recibieron decenas de descargas sobre sus respectivas molleras.

Por su parte, los defensores tuvieron que hacer frente a la escasez de víveres, algo que les obligó, por ejemplo, a tener que matar a sus caballos para poder llevarse a la boca algo de carne. Eso fue lo que quedó recogido en *El Alcázar*, un panfleto que, editado dentro de la fortaleza, era repartido a diario entre los defensores para mantenerles informados de lo acaecido el día anterior y elevar su moral. En el número entregado el 29 de julio quedaban patentes las duras condiciones que vivían:

> Anteayer, por la tarde, comimos un excelente estofado de carne de caballo, excelente en condimentación y en sí. Carne sustanciosa y jugosa de blandura casi similar a la ternera fue despachada con júbilo y reconocimiento hacia los autores de la idea. Nos dicen que escasísimos elementos, llenos de algún prejuicio imaginativo, tuvieron algún reparo; nada más lógico. El caballo es un animal limpio y pulcro, al extremo de que ni come ni bebe nada que no esté en las mejores condiciones. El género de alimentación, exclusivamente vegetal, hace que nada pueda justificar aquellos prejuicios; las condiciones de sabor y alimentación (valor nutritivo), superan las de la raza bovina; el aspecto natural es también mejor que el de las clases comunes de carne.

El pequeño diario, además, era utilizado por Moscardó para dictar nuevas normas entre sus hombres, como la de evitar malgastar agua:

> También nos indican que se ponga cuidado en la provisión de agua, no cometiendo, si no abusos que nadie los comete, dispendios para otros menesteres que no los de la bebida. Entendemos que dado el buen espíritu de todos será atendido ese requerimiento oficioso de un mando que siempre quiere ser paternal, pero que sabe ser militar y enérgico cuando las circunstancias lo requieren.

A pesar de todo, y según declararon varios supervivientes después de la contienda, la comida empezó a escasear a toda velocidad, lo que obligó a reducir las raciones de carne a la mitad y repartir un único litro de agua por persona al día. Para paliar este problema, los defensores llevaron a cabo diferentes salidas en las que consiguieron requisar, sobre todo, trigo. Más que de alimentos, los sublevados se nutrían de la esperanza de que el Ejército de África, al mando del general Varela, llegara hasta Toledo y les liberara.

Con el paso de las semanas, la situación se puso cada vez más fea para los dos bandos. Por un lado, los asaltantes sabían que las tropas de Franco podían caer sobre ellos si no ponían fin al asedio. Por otro, a los sublevados empezaban a escasearles varios productos de primera necesidad. De hecho, en aquellas jornadas más de dos docenas de soldados a las órdenes de Moscardó decidieron capitular y entregarse a las tropas republicanas. Mientras, los disparos de la artillería resonaban día tras día sobre las murallas del Alcázar, aunque sin provocar muchas bajas.

Moscardó sabía que había algo más letal que las balas: las enfermedades. Por ello hizo uso de su panfleto diario para establecer unas normas básicas de higiene el 3 de agosto:

> Se nos ruega que hagamos unas ligeras indicaciones sobre motivos de higiene [...]. Precisa un celoso cuidado el no realizar las evacuaciones fuera de las letrinas; todos debemos erigirnos en vigilantes y propugnadores de esta medida elemental de higiene, que de no adoptarla a rajatabla tendría consecuencias funestas e incalculables con respecto a la salud de todos, mucho más temibles que las que puede originar el fuego enemigo. Y las razones son tan elementales y claras que no vale la pena enumerarlas.

Los republicanos, a sabiendas de que la toma del Alcázar suponía dar una imagen de poder a escala internacional, trataron por todos los medios de acabar con los hombres de Moscardó. Así, durante ese mes intentaron incendiar el edificio, volar la cocina de la fortaleza para evitar que se pudiera preparar la comida y lanzar gases lacrimógenos contra los sublevados. «Al parecer, llegaron a Toledo en estos días dos representantes franceses de una empresa de productos químicos (gases de guerra, según dice literalmente el informe de la Columna de Toledo) que había ofrecido al Gobierno de la República su empleo como posible solución al asedio», destaca Martínez Canales. Para desgracia de los republicanos, ninguna de las ideas dio sus frutos.

Lejos de desmoralizarse, los sublevados pronto renovaron sus ánimos, pues recibieron mediante un correo aéreo varias cartas de Franco informándoles de que pronto serían liberados. Instados a la defensa, los soldados ocuparon sus posiciones con más esperanzas que nunca. Al final, ante la imposibilidad de tomar el edificio por las bravas, la República decidió en Consejo de Ministros iniciar la construcción de dos minas bajo el Alcázar. La idea consistía en llenar de explosivos los conductos subterráneos para volar el edificio en su totalidad y, con ello, acabar de una vez por todas con la resistencia. A su vez, se intensificó el cañoneo sobre la fortaleza, cuya fachada norte, muy debilitada, terminó derruyéndose.

Con la llegada de septiembre los defensores hacía ya cuarenta y un días que permanecían dentro del Alcázar, sin duda una larga pesadilla para nacionales y republicanos. Parece que estos últimos decidieron cambiar de estrategia con el comienzo del nuevo mes y, antes de detonar las cargas explosivas que habían preparado, enviaron un emisario para convencer a los hombres de Moscardó de que rindieran la fortaleza.

Este cometido recayó en Vicente Rojo, el cual no solo no consiguió que el Alcázar se rindiera, sino que volvió a la base con una petición de Moscardó. En ella, el coronel solicitaba a los oficiales el envío de un sacerdote para que bautizara a dos niños que habían nacido durante el asedio y diera una misa en la fortificación. El elegido fue el padre Camarasa, quien, a sabiendas de que los sitiadores pretendían volar el edificio, les absolvió de sus pecados antes de partir.

Cuando el 18 de septiembre acabaron los trabajos de construcción de la mina, todo era optimismo entre los republicanos. Tal era la confianza en el plan de asedio que el mismísimo presidente Largo Caballero acudió a ver la operación. Y no fue solo, sino que llevó consigo a un gran séquito de periodistas internacionales para que vivieran en persona la gran victoria de la República. Ese mismo viernes, a eso de las seis y media de la mañana, fue activado el mecanismo eléctrico que produjo la explosión de dos minas cargadas con cinco mil kilos de trilita.

El asalto final

Unos segundos después de accionar las palancas de los detonadores, el ruido ensordecedor encogió los corazones de todos los allí presentes. Tras disiparse el humo, los asaltantes observaron que el torreón sudoeste y la fachada oeste habían quedado convertidos en una pila gigantesca de escombros y cenizas. Era el momento de hacer sangrar a los sitiados.

Después comenzó un asalto masivo por parte de cuatro columnas republicanas, unos dos mil quinientos soldados. Lo que no sabían las tropas gubernamentales era que se dirigían a una trampa mortal fruto de la explosión que ellos mismos habían llevado a cabo. Fue un desastre. La primera columna, que pretendía avanzar por el lugar en el que habían reventado las minas, se encontró con que la detonación había creado un gigantesco cráter casi impracticable. Sus vidas estaban sentenciadas, ya que, en cuanto intentaron atravesar esta gran abertura, fueron tiroteados a placer desde la parte superior de las ruinas del Alcázar.

Tampoco tuvieron demasiada suerte las tropas que trataron de asaltar la zona sudeste y oeste del edificio, pues recibieron una ingente cantidad de fuego de fusilería. Solo las fuerzas que atacaron la fachada norte lograron poner los pies en el suelo del Alcázar, pero, a causa de la falta de refuerzos, terminaron cayendo frente a los sublevados en un sangriento intercambio de balas. Ni siquiera los vehículos blindados pudieron modificar el resultado de la batalla, pues los escombros redujeron su capacidad de movimiento.

A las pocas horas, una vez que se disipó el humo de la artillería y los fusiles, el panorama era dantesco. Y es que, aunque los defensores habían sufrido considerables bajas (aproximadamente sesenta), el asalto no había conseguido su objetivo. Los republicanos volvieron a su plan original tras el catastrófico asedio: bombardear con artillería el Alcázar hasta reducirlo a cenizas. No obstante, la situación había tomado ya un rumbo inamovible, y, aunque en los días posteriores los republicanos trataron de asaltar la fortaleza, fueron rechazados de nuevo. Al final, después de decidir desviarse a costa de no presionar Madrid, las tropas de Varela llegaron a las inmediaciones de Toledo el día 28 y liberaron la fortaleza.

Las tropas republicanas decidieron retirarse para evitar quedar atrapadas entre dos fuegos. Había acabado la batalla, y lo había hecho con más de noventa fallecidos por el bando sublevado y una cantidad imposible de cuantificar por parte del ejército gubernamental. Después de la liberación se vivió el último suceso destacado. Cuando Varela visitó las ruinas del edificio que había cobijado a los defensores durante más de setenta días, Moscardó no lo dudó e informó a su superior de la siguiente forma: «Sin novedad en el Alcázar, mi general».

Del amor al odio: así participó Franco en la ejecución de su inseparable primo republicano

Israel Viana

Contaba Pilar Jaraiz que Franco y Ricardo de la Puente Bahamonde «eran más hermanos que primos durante la infancia, pero luego se hicieron adultos y sus diferencias ideológicas se agudizaron. En una de sus muchas discusiones, el general llegó a decirle: "Un día voy a tener que fusilarte"». Y así ocurrió dos semanas después de comenzar la Guerra Civil, sin que los lazos de sangre interfirieran lo más mínimo para evitarlo.

La abogada y escritora, autora de *Historia de una disidencia*, sabía bien de lo que hablaba. Era sobrina de Franco y había crecido junto a él y su primo en su Ferrol natal. En la localidad gallega fue testigo de la estrecha y cariñosa relación que mantuvieron ambos durante su infancia, pues se llevaban solo tres años de diferencia. Los enfrentamientos llegaron al inicio de sus respectivas carreras militares.

Atrás quedaron las innumerables horas de juego que habían compartido en las calles de Ferrol a principios del siglo xx, mientras la madre de Franco, María del Pilar Bahamonde, y su hermana Carmen vigilaban a estos y a sus otros ocho hijos. La escritora, por su parte, era hija de Alfonso Jaraiz Pérez-Fariña, un ingeniero de minas natural de Cáceres, y de Pilar Franco Bahamonde, hermana del futuro jefe de Estado. Todos ellos formaban una gran familia que mantuvo siempre una relación muy estrecha con el ejército.

El primo de Franco, de hecho, ingresó en la Academia de Ingenieros de Guadalajara a los dieciséis años, y a los veinte ya había sido ascendido a teniente. Luego sirvió en el Regimiento de Ferrocarriles hasta 1918. En 1920, en la misma época en la que su primo se convertía en el jefe de la Primera Bandera de la Legión y lugarteniente de José Millán-Astray, Ricardo de la Puente Bahamonde pasó a la Comandancia de Ingenieros de Larache y obtuvo el grado de capitán. Ambos estuvieron durante un tiempo en las unidades indígenas en la guerra de Marruecos antes de regresar a la península.

En febrero de 1924, la vida del primo de Franco dio un vuelco al recibir un curso de observador de aeroplano. Desde ese momento, su carrera militar estuvo ligada a la aeronáutica, y fue destinado a las escuadrillas expedicionarias de Marruecos. El futuro jefe de Estado, entretanto, continuaba con su exitoso ascenso. En esa época, el piloto sufrió un aparatoso accidente cuando su avión se enganchó con un tendido telegráfico al aterrizar en el aeródromo de Nador. Estuvo en cama hasta enero de 1925. Al ser dado de alta, no tardó mucho en entrar en acción. Su dedicación era máxima y participó en el desembarco de Alhucemas junto a Franco, que estaba allí con la legión.

La Revolución de Asturias

En julio de 1934, el primo Ricardo fue ascendido a comandante y se le otorgó el mando de la base aérea de León. Sin embargo, cuando en octubre estalló la Revolución de Asturias, su carrera sufrió un revés al negarse a bombardear a los mineros sublevados con su trimotor Fokker. A raíz de ello fue castigado. Se le retiró de su cargo y fue destinado al servicio de material en Madrid. Al parecer, fue el propio Franco quien, como asesor del ministro de la Guerra durante los incidentes, sugirió su relevo.

El futuro Caudillo fue también elegido por el Gobierno para reprimir la violencia desatada por los socialistas y los sindicalistas en aquellos días. La revuelta y el posterior enfrentamiento con sus tropas acabaron con la vida de más de mil civiles y cerca de trescientos guardias y soldados; una actuación que agradó a un sector de la prensa, que empezó a referirse a él como «el salvador de la República», pero que no ayudó a cerrar la brecha que se abrió con su primo.

De la Puente Bahamonde pasó dos años en la capital hasta que fue ascendido de nuevo, cuando faltaban dos meses para que estallara la guerra. No se imaginó entonces que estaba sellando su destino, pues se le encomendó el mando de las Fuerzas Aéreas del Norte de África. La sede estaba en el aeródromo de Sania Ramel, a dos kilómetros y medio de Tetuán. Allí se encontraba cuando se produjo el golpe de Estado de su primo Francisco y el resto de los generales, quedando su posición como la única de relevancia que se opuso al levantamiento en el protectorado de Marruecos.

Ricardo de la Puente Bahamonde decidió mantenerse fiel a la República y acuartelarse en la base aérea con sus hombres de confianza. No le cabía duda de que su aeródromo iba a ser atacado y de que su primo debía aterrizar allí a bordo del Dragon Rapide, procedente de Canarias. Por eso detuvo a varios oficiales afines a Franco y, con los veinticinco subordinados que aún le eran leales, instaló ametralladoras e iluminó la carretera por la que debía llegar el enemigo. También ordenó volcar varias camionetas en un puente cercano para cortar el acceso.

En medio de la confusión, el primo de Franco recibió una llamada esperanzadora en la que se le informaba de que, tras hablar con Santiago Casares Quiroga, en aquel momento presidente del Gobierno y ministro de la Guerra, le iban a enviar desde la capital una serie de aviones. Solo tenía que resistir la posible ofensiva de los sublevados hasta su llegada. Sin embargo, después de que el comandante Bahamonde hubiera iluminado con hogueras la pista de aterrizaje, para facilitar la entrada de los refuerzos, el teléfono volvió a sonar.

Eran las dos de la madrugada y al otro lado del teléfono sonó la voz del enemigo. En concreto, la del jefe de la sublevación en Tetuán, el teniente coronel Sáenz de Buruaga, que le amenazaba con mandar una columna de artillería y varios efectivos de Regulares si no deponía su actitud. Los refuerzos de Madrid seguían sin aparecer. No se oía el ruido de ningún motor sobre el cielo de la base de Sania Ramel. «¡Tendrán que pasar por encima de los que defendemos al Gobierno legal en este momento! ¿En qué concepto me ordena usted que me rinda? ¿Quién es usted para darme tales órdenes?», fue la respuesta del comandante republicano.

Si el presidente Casares Quiroga hubiera enviado los aviones que había prometido, y que Bahamonde estuvo esperando durante la madrugada del día 18 de julio, es probable que el curso de los acontecimientos hubiera sido muy distinto. Pero no ocurrió así. A las dos de la tarde de aquel día, Franco subió al Dragon Rapide vestido de paisano. Llevaba un pasaporte falso, cedido por el diplomático José Antonio de Sangróniz. La sublevación estaba ya en boca de todos y ni siquiera se molestó en dar las contraseñas pactadas. Con él iban otros dos militares también vestidos de civiles: su otro primo, el teniente coronel Francisco Franco Salgado-Araujo, y un oficial de aviación. Junto con ellos subió a bordo el periodista de *ABC* Luis Bolín Bidwell, que ejercía de corresponsal en Londres y que había ayudado en la contratación del avión. Muy comprometido con la política española y un opositor furibundo del régimen republicano, Bolín viajaba leyendo las noticias de la prensa francesa, donde se informaba de que ya se había producido el golpe de Estado.

Los cuatro llegaron a Agadir para hacer escala bien entrada la noche. Franco quería continuar el viaje, pero le disuadieron porque era peligroso. En ese momento, Bolín recibió una llamada del marqués de Mérito, que le comunicó que Tánger no podía ser el destino porque había un grupo armado que esperaba su llegada. El destino iba a ser Tetuán, donde los Regulares de su primo Ricardo habían tomado el aeropuerto y esperaban con desesperación la ayuda prometida. De haber llegado esta, se habría podido cambiar la historia de la guerra, pues el futuro dictador podría haber sido detenido. Al final, el combate fue muy cruento, aunque más corto de lo esperado.

Evitar el derramamiento de sangre

El episodio fue reconstruido por Francisco Sánchez Montoya en *Ceuta y el norte de África. República, guerra y represión, 1931-1944*, tras una investigación que le llevó diez años. Estaba basada en el estudio de los centenares de consejos de guerra que se celebraron en la época, y cuyos informes fueron guardados en archivos militares y civiles durante décadas. Estos revelaron que, dos horas y media después de la llamada de Sáenz de Buruaga, el aeródromo ya estaba cercado. El asedio apenas duró unos minutos. Fue una maniobra fácil en la que las fuerzas atacantes tuvieron cuidado de no dañar la pista de aterrizaje, pues sabían que iba a ser utilizada poco después por el avión que traía al general Franco. «El comandante Bahamonde no tardó en comprender que los aviones prometidos por Casares Quiroga no iban a llegar nunca, que resistir solo serviría para contribuir al derramamiento de sangre y que su primo había ganado esta partida», comentó el historiador.

A las 5.15 de la madrugada, el comandante enarboló un pañuelo blanco y salió con sus hombres a la pista de aterrizaje. Antes de entregar su pistola al comandante sublevado Serrano Montaner, ordenó a sus hombres que provocaran el máximo número posible de averías en los aviones Breguet XIX que tenía a su cargo. Rompieron los depósitos de gasolina, los radiadores y las ruedas del tren de aterrizaje para que no pudieran ser utilizados por los sublevados. Los asaltantes le apresaron y le trasladaron a la fortaleza militar del monte Hacho, en Ceuta. Así se puso punto y final a una operación que muchos historiadores han considerado como el testamento militar del último oficial de alta graduación que se resistió al levantamiento en el protectorado de Marruecos. Pero fracasó, y la mañana del 19 de julio Franco aterrizó en Sania Ramel, donde fue informado de la actitud de su primo.

Aunque el proceso sumarísimo contra el comandante Bahamonde comenzó a tramitarse el 19 de julio, no fue hasta el 2 de agosto cuando se celebró el consejo de guerra en Ceuta. Así contaba ese episodio Salgado-Araujo en 1977:

> Otra noticia de índole sentimental y desagradable esperaba a Franco a su llegada a Tetuán en 1936, cuando le comunicaron que su primo hermano había defendido el aeródromo contra el ataque de los nacionales en la noche del 17 de julio y que estaba pendiente de la sentencia de un consejo sumarísimo. Y que, casi seguro, sería condenado a muerte. De la Puente Bahamonde era un excelente jefe y persona honrada, seria y fiel a sus arraigados ideales. Había acatado la República sin reserva alguna y por ello debo creer que, si fue leal con dicho régimen, fue por estar convencido de que así cumplía con su deber. Sus compañeros del bando contrario le invitaron a rendirse, pero él se negó a ello diciendo que «lo defendería hasta consumir el último cartucho». Franco quería mucho a su primo Ricardo y eran excelentes amigos.

La sentencia estaba firmada por el general Luis Orgaz Yoldi. En el lugar reservado para Franco, sin embargo, figuraba la expresión «PI». Parece ser que este no hizo ningún intento por frenar aquella ejecución, tal y como había predicho años atrás. Cualquier debilidad hubiese podido dar lugar a enfrentamientos entre los alzados e, incluso, amenazado su posición de líder. Le fusilaron el 4 de agosto, a las 17.00, en los muros exteriores de la fortaleza del monte Hacho. Era una hora inusual para este tipo de acciones. Sánchez Montoya consultó cientos de procedimientos llevados a cabo en Marruecos y que acabaron en una pena capital, y comprobó que, «durante la represión que duró hasta 1944 en Ceuta, no se hizo ninguna ejecución por la tarde, por lo que estaba claro que Franco quería dar por finalizado este consejo de guerra cuanto antes».

Las cuarenta y cuatro horas de agonía bajo el mar del submarino republicano que se enfrentó a una flota de Franco

Manuel P. Villatoro

Lo de aquel día fue un infierno digno de la película *La caza del Octubre Rojo*, aunque acaecido en aguas españolas y no en lo más profundo del océano Atlántico. Después de un fiero combate en superficie —para algunos casi suicida— contra una decena de navíos franquistas, el sumergible C-5 fue herido por una carga de profundidad y cayó a plomo sobre el lecho marino. Como en un largometraje de Hollywood, los sistemas fallaron, solo había oxígeno para unas pocas horas y algunos de los marineros tuvieron que ser detenidos cuando desenfundaron sus pistolas de reglamento dispuestos a volarse la cabeza para evitar el drama de ahogarse. No había salida.

Pero ese 3 de septiembre de 1936, ni dos meses después de que las tropas de Franco y compañía se sublevaran contra la Segunda República, sucedió algo también típico de las películas. El comandante de la nave, el capitán de corbeta José María de Lara, tranquilizó a la tripulación, organizó las labores de achique y reparación de los sistemas dañados y, por último, ordenó que nadie hablara o se moviera más de lo debido para no agotar el oxígeno del malogrado C-5.

Tras las reparaciones, la angustia y el trabajo a destajo, aquellos hombres tuvieron su premio, un instante que recuerda bien el marinero Ramón Cayuelas Robles en su biografía, *Relatos inéditos de los submarinos republicanos en la guerra civil española, C-5 y C-2*: «Cuando, al fin, sentimos que el submarino se despegaba del fondo y empezaba a subir, un estallido de júbilo espontáneo nos empujó a abrazar al comandante. En aquel momento comprendimos que volvíamos a la vida». Y, si me permiten la expresión, colorín colorado, la película se ha acabado. O eso creían, ya que, aunque todo terminó bien aquella agónica jornada, meses después la nave desapareció en extrañas circunstancias. Pero eso, como se suele decir, es otra historia.

El C-5 sigue leal

La historia de este episodio se remonta al 17 de julio de 1936, día de la sublevación africanista contra el Gobierno de la Segunda República. En aquellos tiempos el submarino C-5, de los más modernos con los que contaba la armada, estaba siendo reparado en Cartagena. Fue en esta base donde la tripulación se enteró del golpe de Estado. El 18 se desató el caos. Llegaron noticias de uno y otro lado sobre el apoyo de los oficiales de más rango al levantamiento, aunque también otras tantas en las que se confirmaba que los marineros se habían negado a acatar las órdenes y habían arrestado a sus superiores.

La tripulación del submarino no fue una excepción y se detuvo al comandante de la nave, el capitán de corbeta Antonio Amusátegui Rodríguez. Horas después entraron en la base cientos de sindicalistas y milicianos armados que arrestaron sin juicio a cuantos marineros quisieron y reclutaron a discreción voluntarios para combatir en el frente de Albacete. El caos campaba por los diques, como bien describió Cayuelas:

> La confusión que reinaba en aquellos principios para encontrar mandos, después de los que habían asesinado o encarcelado, es imaginable, no se sabía de un día para otro qué submarino disponía de comandante y cuál no, lo que dio lugar a que se dieran órdenes de embarque que nunca se cumplimentaron y otras que se duplicaron en corto plazo.

Las semanas siguientes no fueron mejores. La República necesitaba a todos sus submarinos en el mar para acabar con los buques de transporte que llevaban tropas sublevadas hasta la península. Pero, a pesar de las prisas, el C-5 no contaba con un capitán y todavía debía ultimar sus reparaciones. No fue hasta el 22 de agosto, con las revisiones aprobadas, cuando la nave se hizo a la mar a los mandos provisionales del contramaestre Jacinto Núñez. El 23 arribaron a Málaga, donde, a pesar de las reticencias del comité político a bordo del sumergible, encargado de supervisar a los posibles «traidores», se puso a la cabeza al capitán de corbeta José María de Lara y Dorda. Su nombramiento, según Cayuelas, causó una gran controversia:

> Al final el comité impuso sus condiciones, pues el comandante Lara no tuvo acceso de primera mano a ninguna de las órdenes que se recibían a bordo, incluso no tuvo el control en el periscopio cuando se suponía que existía un enemigo a la vista. Sabíamos de la falta de celo de los comandantes para atacar a los buques nacionalistas, pero no se podía prescindir de ellos, de lo contrario hubiésemos tenido que amarrar los submarinos en puerto. Eso debían saberlo los altos mandos republicanos, pero tampoco se hizo nada para atraerlos. En mi opinión, Lara fue un comandante inteligente y pienso que los demás hicieron lo mismo: aguantar el temporal.

La mañana del 3 de septiembre de 1936, el C-5 emergió al norte de Luarca, en el golfo de Vizcaya. Lo hizo por necesidad más que por tomar el fresco, pues urgía cargar las baterías que permitían al sumergible acechar, cual francotirador del mar, a sus enemigos bajo las aguas. Los hombres estaban abatidos después de haber fallado en su ataque contra el crucero Almirante Cervera. A pesar de ello el panorama se presentaba apacible y calmado. El comandante y dos marineros más se encontraban de guardia y rezando para que no apareciera el enemigo antes de contar con la energía suficiente.

No tuvieron fortuna. A eso de las tres de la madrugada, el serviola avistó al enemigo cuando los otros vigías iban a dar cuenta de una taza de café caliente. «Mi comandante, tenemos dos bous por la proa, a la banda de babor». A saber, buques civiles —los más habituales eran pesqueros— artillados para proteger mercantes. Al instante se informó al presidente del comité político del navío, un tal Porto, al mando de facto para evitar la supuesta traición de Lara. Pintaban bastos, en realidad, pues no se podían utilizar torpedos contra los navíos por su escaso calado y era imposible la inmersión. Solo cabía preparar el cañón de cubierta de 76 milímetros y rezar para que no se percatasen de la presencia del C-5.

Eso pensaba Lara, pero Porto tenía otra idea, la de impartir justicia a base de balas. Sin mediar palabra, se arrogó el derecho de tocar a zafarrancho y ordenó a los marineros prepararse para combatir en superficie, donde suponían un blanco fácil. Así recordó el momento Cayuelas:

> El presidente Porto actuaba como comandante, mientras que este último permanecía en el puente sin decir palabra. Estaba a mi lado y yo no perdía detalle de sus gestos. Leí en su cara que aquella maniobra le parecía una locura: frente a los bous armados solo podíamos utilizar el cañón [...]. Puesto que ellos

no nos habían visto aún, lo más lógico hubiera sido sumergirnos y cambiar de zona para seguir cargando acumuladores. Pero el presidente no se había sacudido por completo la furia contenida de aquella noche y se sentía combativo. Estoy convencido, por el contrario, de que el comandante Lara jamás se habría enfrentado con los bous armados de haberlo podido evitar.

El C-5 abrió fuego, primero con el cañón y luego con una ametralladora de menor calibre. Sin embargo, la niebla provocó que ninguno diera en el blanco. En ese punto se esfumó la ventaja y llegó la venganza de los navíos franquistas. Estos respondieron a los disparos y, apoyándose en la falta de visibilidad, se lanzaron de bruces contra el sumergible para acorralarle. Para colmo de males, el cañón de 76 milímetros se encasquilló y se unieron a la persecución de los republicanos otros tantos bajeles. En total, como especificaba el informe del bando nacional, seis bous, el destructor Velasco y el hidroavión S-19, encargado de soltarles plomo desde los cielos.

La persecución se prolongó durante diez horas, hasta la una y media de la tarde. Durante ese extenso lapso, Porto se derrumbó y, a sabiendas de que debía elegir entre comerse el orgullo o una bala, le ofreció el mando de vuelta. «Lo más triste en estos casos, si lo puedes contar, son los errores que se cometen por el mal entendimiento entre el poder político y el militar. Al final ocurre que el comité político, profano en el oficio, se ve obligado a recurrir al comandante y suplicar que se haga cargo de la situación. Esta odisea representó una humillación para el presidente del comité, Porto, que casi nos cuesta la vida y la pérdida de un submarino», expuso Cayuelas en sus memorias.

Agonía bajo el mar

Pasó lo que se esperaba: Lara ordenó la inmersión a pesar de no tener las baterías cargadas. Poco más podía hacer ya. «El submarino entró en un picado profundo como no lo habíamos conocido nunca. Bajo nuestros pies, el suelo tomó una inclinación escalofriante, de modo que cada uno se agarró lo mejor que pudo para no caer. Alcanzamos los cincuenta metros de profundidad en pocos segundos», explica Cayuelas. El comandante exigió guardar silencio para intentar escapar del enemigo. Incluso Porto, recogido en su camastro tapándose el rostro con las manos, enmudeció, pero era tarde para escapar al destino y las cargas de profundidad del Velasco impactaron de lleno en el C-5. De esta forma lo recordó el marino:

> La primera no explosionó muy cerca de nosotros, pero hizo temblar violentamente todo el buque. Perdimos alguna estabilidad y el comandante ordenó aligerar los lastres. Aquello no era lo más recomendable en tales circunstancias, pero se imponía corregir el descenso. Medio minuto después explotaba la segunda carga y la orden inmediata fue soplar los lastres con más contundencia. En eso estábamos cuando llegó la tercera sacudida con la potencia brutal de un terremoto. Hombres y objetos rodamos por el suelo en medio de una gran confusión en la mayor oscuridad. La carga nos había dejado sin fluido eléctrico, así que carecíamos de luz y de propulsión. Notamos que el buque empezaba a caer lentamente. Aquella vez, todos pensamos que había llegado el final. En concreto, yo me resigné a morir. Solo aspiraba a que no me doliese demasiado.

En mitad de aquella locura, la única obsesión de Lara era que la caída se detuviera antes de los ochenta metros, la profundidad límite de los submarinos de la clase C para no reventar cual huevo al ser apretado por un puño firme. Miró el manómetro y este le confirmó que seguían bajando y bajando. Poco antes de que la aguja se detuviera, la cúpula de cristal del aparato estalló debido a la presión. Un golpe seco contra el fondo les desveló lo que esperaban. «¡Hemos tocado fondo a ochenta y cinco metros de profundidad!», gritó el comandante. Fue cuando todos esperaban la muerte. Unos segundos de respiración después, el mandamás reaccionó y puso a todos a trabajar.

El marino definió las horas siguientes como las más angustiosas de su existencia. La tripulación apenas veía sus propias botas, pero actuó a toda velocidad a la luz de las linternas. Una vez que se restableció el alumbrado, pudieron apreciarse las averías que el impacto con el fondo había producido en los compresores. «No funcionaban las bombas de nivelación ni las de achique. En la cámara de acumuladores número 2, cuyos elementos se encontraban sobre los lastres principales 3 y 4, se habían inundado las cuñas». Cabía la posibilidad de que el golpe hubiera abierto una vía, pero lo más urgente de todo era evitar la entrada de agua salada en las baterías.

Lara no titubeó: aquellos que tenían órdenes podían andar a sus anchas por el submarino; el resto, los que no tuvieran nada que hacer, debían acostarse en los camastros para evitar consumir más oxígeno de lo debido. Cualquier comunicación debía hacerse, además, por señas o por escrito. Se formaron dos equipos. Al primero se le encargó achicar agua de las cuñas, que necesitaban para emerger, y transportarla en cubos mediante una cadena humana hasta la proa. El segundo, formado por los técnicos, recibió la orden de devolver a la vida los motores y el sistema eléctrico. Todo ello mientras las hélices enemigas resonaban en la superficie y muchos hombres padecían ataques de ansiedad por saber que podían morir ahogados. En palabras de Cayuelas, fue una labor infernal.

> Conforme pasaban las horas iba el trabajo haciéndose más difícil. La escasez de oxígeno acentuaba el cansancio y ralentizaba nuestros movimientos; [...] recuerdo haber escuchado al cocinero, un chicarrón fuerte, quejarse de que los cubos de agua que llevaba a la cámara le pesaban demasiado. [...] En la cámara de suboficiales, don José Noceda, un hombre de pequeña estatura y fuerte carácter, sufrió una depresión nerviosa e intentó suicidarse con su pistola de reglamento. Debido a la lentitud de

> sus movimientos provocada por la falta de oxígeno, tuvo tiempo de intervenir nuestro comandante para arrebatarle el arma de la mano. [...] El segundo maquinista, D. Miguel Guillén, tenía la mirada perdida en el vacío. Su pensamiento debía estar muy lejos, quizá con sus dos hijos pequeños cuya fotografía tenía en la cabecera de su litera.

Nada menos que cuarenta y cuatro horas después de que el C-5 se posara sobre el fondo marino, Lara informó de que todo estaba listo para volver a la superficie. No sabía si funcionaría. «En aquella ocasión, rezó hasta el más ateo», confirmó Cayuelas. Al poco se soplaron los tanques para iniciar el ascenso... y todos soltaron un grito de júbilo cuando, en efecto, el submarino subió y pudieron respirar el aire de la libertad.

La bala perdida que mató a Durruti: el mayor enigma de la guerra

Israel Viana

La muerte de Buenaventura Durruti sigue siendo un misterio en la actualidad, con toda probabilidad el mayor de todos los vinculados a la Guerra Civil. Desde que el líder anarquista fue abatido en el frente de la Ciudad Universitaria, el 19 de noviembre de 1936, ninguna de las hipótesis que se han barajado sobre la procedencia del disparo ha sido confirmada: ni la versión oficial de los republicanos, que señalaron que el autor fue un franquista al que jamás pudieron identificar, ni la que sugirió que fue ejecutado por compañeros anarquistas, defendida por su propia familia durante muchos años, ni la rocambolesca e inexplicable teoría de que la víctima sufrió un accidente con su propia arma.

Conocemos mejor lo que ocurrió en las horas transcurridas desde que fue trasladado a toda velocidad a las dependencias del hotel Ritz, transformado en el hospital de las Milicias Confederadas de Cataluña, hasta que se le dio por muerto a las cuatro de la mañana del día siguiente. Durruti tenía solo cuarenta años y su figura había alcanzado tanta relevancia que dejó huérfano al anarquismo español y conmocionó al país entero. No hay más que ver las imágenes de su entierro en Barcelona, al que asistieron más de medio millón de personas desde todos los rincones de Cataluña, según contaba la prensa de la época.

La poca convicción con que se explicó el suceso y la escueta información que se dio a la opinión pública acerca de su muerte dieron lugar a todo tipo de recelos e interpretaciones. El incidente se envolvió en una atmósfera de confusión que creció aún más con los detalles contradictorios que salieron a la luz. La versión más extendida en aquellos años fue la del escritor y dirigente anarquista Ricardo Sanz, quien aseguró que Durruti había sido alcanzado por una ametralladora ubicada en el Hospital Clínico, ocupado por los nacionales; una versión que, desde todos los puntos de vista, parecía razonable y no se contradecía con las investigaciones publicadas por los periódicos.

En su biografía del líder anarquista, el historiador Abel Paz argumentaba que las versiones sobre su muerte pueden agruparse en tres direcciones: la primera, que falleció, como muchos otros combatientes, en un enfrentamiento con los fascistas; la segunda, que fue víctima de uno de sus compañeros, porque sus posturas habían evolucionado hacia posiciones más comunistas que consideraban peligrosas, y la tercera, que fue asesinado por la GPU, la policía secreta soviética, llamada entonces NKVD. «A estos tres grupos podemos sumar un cuarto, el de la "vox-populi", que decía que Durruti fue ejecutado por la contrarrevolución, es decir, por el conjunto de fuerzas políticas que se esforzaban por que España volviera al punto de partida del 18 de julio de 1936», añadía.

Según la visión de Paz, no se puede hacer un análisis de las diversas versiones sin tener en cuenta el clima político que se vivía en el momento. En esa situación conflictiva, una teoría oficial de la muerte de Durruti que no fuese categórica, como la que afirmaba que fue abatido por una bala enemiga, podía ser el detonante del enfrentamiento armado en el interior del campo antifascista. Y quizá fuera esta la principal razón por la que se dio esa versión que, no siendo posiblemente la real, daba pie a contradicciones y abría el abanico de interrogantes que jamás aclararon del todo lo que este historiador califica como el «mayor enigma psicológico de la revolución española».

No hay que olvidar que la lucha en Madrid había alcanzado tintes épicos por ambas partes y que se habían producido una gran cantidad de víctimas. El 9 de noviembre, diez días antes de la muerte de Durruti, los franquistas habían llegado a orillas del Manzanares comandados por el general Carlos Asensio, que trataba de entrar en la capital. Tuvo que detenerse porque los tanques no podían ascender por las empinadas márgenes del río. La defensa republicana, por su parte, contaba con doce mil voluntarios de las Brigadas Internacionales y otros doce mil españoles. El 11, una compañía de Regulares de Tetuán enviada por Franco intentó penetrar en la Ciudad Universitaria, mientras se desarrollaban durísimos combates en el parque del Oeste y el puente de los Franceses, a menos de un kilómetro. La situación era crítica.

Las circunstancias de la muerte

El historiador Joan Llarch contaba así su versión del incidente en *La muerte de Durruti*, un libro publicado dos años antes de la muerte de Franco:

> Eran las 4 de la tarde y el nutrido tiroteo acabó por callarse. No sonaba ni un disparo. Poblaba el aire una oquedad llena de silencio muy propia de las tardes de noviembre. Ni un hombre visible. Nadie. Todos escondidos con las armas empuñadas. De pronto, a lo lejos, saliendo del cercano Madrid en guerra, apareció un automóvil oscuro y grande. Cuando estaba llegando al pabellón de Odontología de Ciudad Universitaria, se detuvo totalmente al descubierto, ofreciéndose como una diana. En una de las ventanas del Hospital Clínico, una ametralladora de las tropas nacionales había movido su cañón siguiendo al auto. Se abrieron las puertas del coche. Se apearon siete hombres y se reunieron

fuera del vehículo. ¿Con qué objetivo se detuvieron en un lugar tan visible y peligroso? Quien manejaba la ametralladora no esperó más. Su dedo presionó el gatillo y disparó una breve ráfaga de plomo. Una de las figuras de aquel grupo se desplomó.

La confusión se desencadenó casi desde ese mismo instante, cuando fue trasladado al hotel Ritz, en el que los cirujanos se veían obligados a trabajar las veinticuatro horas del día sin moverse de la sala de operaciones. El que atendió a Durruti se llamaba Manuel Bastos Ansart, que contó lo ocurrido en sus memorias, publicadas en 1969, sin citar a la víctima, quizá por miedo a revelar que había sido él quien intentó salvar la vida al famoso anarquista:

> Los que rodeaban a la víctima no tuvieron el más mínimo reparo en darme a entender que habían sido sus propios compañeros los causantes de la herida. Esta atravesaba horizontalmente la parte alta del abdomen y lesionaba importantes vísceras. Nada podía hacerse por el paciente, que estaba en su último aliento. Aún pude oírle las que seguramente fueron sus palabras postreras, «¡ya se alejan!», en referencia posiblemente a los aviones atacantes.

El escritor José María Zavala, por su parte, manifestaba en *Los expedientes secretos de la Guerra Civil* que este cirujano debía de sospechar que el asesino de Durruti era un miliciano que se encontraba a sus órdenes. Cuenta que así se lo insinuó al médico alguno de los que acechaban al moribundo en aquellos últimos momentos de vida, lo que dejaba en evidencia la falsa teoría de la bala fascista. Esta versión, sin embargo, fue alimentada en todo momento por la propaganda comunista para jalear los ánimos de sus desmoralizados combatientes en el frente de la Ciudad Universitaria, que estaban siendo bombardeados sin cesar por las tropas franquistas en su intento desesperado de penetrar lo antes posible en la capital.

El mismísimo Pío Baroja apoyó la teoría de la traición por parte de sus compañeros; al igual que la nieta del líder anarquista, Marta, que siempre señaló como autor al sargento José Manzana, tal y como explicó al periódico catalán *La Directa* en 2015:

> Mi abuelo se encontraba en Barcelona y le pidieron que fuera a Madrid, puesto que la capital estaba recibiendo mucha presión del ejército de Franco. Él no quería, pero al final accedió. Poco después se vio en el frente universitario dentro de un coche con un comunista, el sargento Manzana, y varias personas más. En un momento dado, cuando le informaron de que la columna estaba retrocediendo, él salió del vehículo y Manzana le disparó por la espalda. Lo sabemos porque vimos la chaqueta con el agujero detrás y los bordes llenos de quemaduras. Estaba claro que le habían disparado a quemarropa. La cazadora la guardó Mimí [Emilienne Morin, su mujer]. Él murió en el acto, pero lo llevaron al hospital para que la gente no lo supiera y sus tropas no se sublevaran.

Zavala subrayaba también el extraño cambio de planes de Durruti que le llevó hasta su fatal destino. En lugar de asistir a una reunión de militantes de la CNT, como tenía previsto, decidió en el último momento acercarse en su propio coche al Hospital Clínico. Uno de sus subordinados, Antonio Bonilla, influyó en ello tras informarle de la vergonzosa retirada de los miembros de su columna en aquel lugar. Llama la atención lo contado por este testigo en 1976, cuando aseguró que la zona donde se apeó el líder anarquista estaba libre de fuego, por lo que no tendría que haber corrido peligro, y que él mismo no oyó ningún disparo a pesar de encontrarse en otro coche «a solo veinte metros de distancia».

Los testimonios posteriores de los acompañantes de Durruti incurrieron en varias contradicciones. Bonilla declaró que se habían dirigido a la Ciudad Universitaria después de comer y que habían llegado allí a las 17.00, mientras que Julio Graves manifestó que eran las 14.30. El conductor, Clemente Cuyás, comentó que «la lluvia de balas arreciaba cada vez más», hasta el punto de que un grupo de milicianos comenzó a huir cuando Durruti les ordenó que volviesen al frente. «¿Qué tenía eso que ver con la pasmosa tranquilidad descrita por Bonilla, según el cual no había el menor indicio de tiroteos en la zona?», se preguntaba Zavala.

Un accidente

Hoy en día no son muchos los historiadores que defienden la autoría de alguno de sus propios subordinados, pero no faltan otras teorías de lo más dispares, desde que pudo matarlo algún agente de Stalin, para quien los anarquistas eran tan odiosos como los fascistas, hasta el mencionado accidente. Esta última versión la sostuvo el chófer en 1993, aunque dijo que él y otros siete testigos del suceso juraron mantenerlo en secreto. No quisieron desmerecer el mito de uno de los líderes más carismáticos de la CNT:

> Durruti estaba muy enojado con su centurión Bonilla por los destrozos en las vías, ya que creía que se cometía un sabotaje inútil a nuestros propios intereses. A media mañana, en Ciudad Universitaria, en un momento de la discusión, Bonilla alzó el fusil y golpeó la culata contra el estribo de nuestro coche. Entonces sonó un tiro y Durruti cayó redondo al suelo, herido mortalmente.

La viuda del líder anarquista siempre echó en falta una investigación exhaustiva por parte de la CNT. Estaba convencida de que no fue un accidente, sino que alguien lo asesinó. La cazadora de cuero de la víctima evidenciaba, según ella, que el disparo se produjo a unos veinte centímetros de distancia. «Por eso nunca creí que fuese fortuito, aunque nunca tuve otra versión que la oficial de la CNT», respondió ya en 1936 a las preguntas de un reportero. Cuando Joan Llarch entrevistó al responsable médico de la Columna Durruti, el doctor Santamaría, este también afirmó que «el proyectil fue disparado a menos de 50 centímetros de distancia, probablemente a unos 35, según el cálculo deducido por la intensidad de la impregnación de pólvora en la prenda».

Antes de morir, el mismo Bonilla acusó al sargento José Manzana del accidente.

> La bala que hirió a Durruti salió del naranjero que portaba Manzana en su hombro. Tras salir del coche para hablar con los cinco jóvenes, este abrió la portezuela del Packard para que Durruti volviera a entrar en el automóvil. Cuando este se encorvó para entrar, a Manzana se le deslizó el naranjero desde el hombro, dando en el estribo del vehículo y disparándose. De ahí que el chaquetón de Durruti resultara chamuscado por el fogonazo a corta distancia, entrándole la bala por debajo de la tetilla y rozándole el corazón.

Nunca desde entonces se ha podido confirmar al cien por cien cuál de estas versiones es cierta. «Durruti, aunque era de León, era como un Dios en Barcelona. Allí lo adoraban. Supongo que porque le pegaron un tiro en la espalda al ir a ayudar al frente de Madrid, casi sin entrar en batalla. Esa era la percepción que había y por eso sentó fatal. Fue un entierro multitudinario que afectó a la población de verdad, no era un sentimiento fingido», recordaba a *ABC*, en 2017, Juan Mariné, director de fotografía fichado por Laya Films en 1936, que fue el encargado de rodar el entierro en Barcelona dos días de después de la muerte de Durruti.

El testimonio olvidado del niño que sobrevivió a las matanzas republicanas: «Aquí me fusilaron»

MANUEL P. VILLATORO

El 29 de noviembre de 1936, el joven Ricardo Rambal Madueño, de apenas quince veranos, se despertó en una gélida zanja excavada en el municipio madrileño de Paracuellos de Jarama. Su única compañía, a izquierda y derecha, eran cadáveres. Como él, eran hombres y mujeres que habían sido sacados por las bravas de las prisiones de la capital y llevados hasta aquel triste campo de muerte para ser fusilados. El chico se tocó la mandíbula, que le dolía a rabiar, y corrió despavorido. Solo pensaba en escapar. No fue hasta algunas horas después cuando descubrió que tenía una bala alojada en el paladar.

Ricardo, o Ricardito, como le llamaban sus amigos antes de la Guerra Civil, fue uno de los miles de prisioneros que la Segunda República fusiló en Paracuellos de Jarama a partir del 7 de noviembre de 1936. Entre dos mil cuatrocientos y doce mil. Y es que la batalla por el número de víctimas se libra todavía hoy. La diferencia es que la fortuna quiso que este chicuelo, acusado de pertenecer a la Falange, hizo una finta a la muerte a pesar de recibir disparos en la rodilla, el estómago y la boca.

Cuatro décadas después, en 1977, durante la noche del 28 de

noviembre, don Ricardo explicó sus vivencias al reportero del diario *ABC* Miguel Ángel Nieto. Lo hizo sobre la misma tierra en la que se desplomó después de ser tiroteado y cerca de una tumba que podría haber sido la suya.

> No sabía dónde estaba ni qué me había pasado. Serían las doce de la noche cuando abrí de nuevo los ojos. [...] Sangraba, sangraba mucho. Sin moverme del lugar en el que había caído palpé el terreno con ambas manos. El frío de los muertos me hizo reaccionar. ¡Qué escena! Cuerpos y más cuerpos sin vida, amontonados, ensangrentados, algunos de ellos terriblemente desfigurados.

Prisionero

De vuelta en la Guerra Civil, la historia de Ricardo comenzó en el verano de 1936, semanas antes de que, como señaló el mismo Santiago Carrillo en sus memorias, el golpe de Estado militar sacudiera los pilares estructurales de la Segunda República. «Fui detenido el 4 de junio de 1936 por ser militante de Falange. Sin más acusación, sin juicio previo», afirmó a *ABC*. Como otros tantos, fue enviado a la cárcel Modelo de Madrid, ubicada en las cercanías del hoy Cuartel General del Ejército del Aire. «Allí me encontré con grandes amigos como el propio José Antonio». Según sus palabras, los primeros días entre rejas «no fueron los peores», pues se hallaban custodiados por guardias que garantizaban su seguridad.

La situación cambió el 18 de julio. «La vida era bastante normal, pero estalló el Alzamiento y las cosas comenzaron a endurecerse: de presos políticos habíamos pasado a ser prisioneros de guerra», declaró. Un mes después, el 22 de agosto, se desató el infierno cuando milicianos exaltados y armados tomaron por sorpresa la Modelo y asesinaron sin contemplación a una treintena de reos. Ricardo vivió de primera mano aquella matanza que consiguió desencajarle el rostro al presidente de la República, Manuel Azaña, impotente ante tal barbarie:

> Ese día, muy temprano, nos hicieron salir al patio a esperar órdenes. Cuando más confiados estábamos, unas ametralladoras instaladas en unas casas del paseo de Moret comenzaron a dispararnos. Cayeron muchos, pues nos cogieron por sorpresa. Yo corrí a refugiarme a un muro con otro grupo de presos. En ese instante abrieron las celdas de los comunes, para dejarles en libertad, y las ametralladoras dejaron de disparar. Corrimos a refugiarnos en nuestra galería. Algunos de los comunes, antes de marcharse, prendieron fuego a la prisión. La panadería, que estaba debajo de la entrada a nuestra galería, fue la dependencia más afectada, hasta el punto de hundirse el techo y dejarnos aislados del exterior. Eso nos salvó.

En la entrevista, Ricardo rememoró que las jornadas siguientes tuvo miedo a que, como a sus compañeros, los exaltados le eligieran para «juzgarle»; triste eufemismo que buscaba disimular la muerte frente a un pelotón de fusilamiento. «Uno de los momentos más emocionantes fue cuando un sacerdote, tío del general Fanjul, nos reunió a todos y nos dio la absolución en bloque», explicó. Dos días después llegaron a la prisión unos milicianos que le ordenaron salir a la calle. «Nos dieron ropa, antes nos la habían quitado, y nos dejaron pasear. Pero no nos daban ni de comer ni de beber y los milicianos, para divertirse, nos tiraban trozos de pan desde las garitas. Dábamos saltos para cogerlos...».

A las puertas de Madrid

De esta guisa llegó noviembre, mes en el que las fuerzas nacionales pusieron en jaque a la República al plantarse en las cercanías de Madrid. La amenaza palpable de ver la capital en manos enemigas provocó que Francisco Largo Caballero, jefe del Gobierno, huyera con su ejecutivo en dirección a Valencia y dejara el mando en manos de una Junta de Defensa dirigida por el general Miaja. Como consejero de Orden Público fue elegido Carrillo, responsable de facto de la seguridad de los miles de prisioneros.

A ambos les surgió entonces una triste disyuntiva: qué diantres hacer con aquellos hombres. Entre las opciones se barajó su traslado para evitar que formaran una quinta columna que atacara la ciudad desde el interior. Sin embargo, en lugar de ser llevados a otras prisiones, miles y miles de reos fueron cargados en camiones o autobuses de dos pisos y dirigidos, entre otros tantos lugares, a la vega del Jarama para ser fusilados.

Ricardo fue uno de aquellos presos y, al contrario de lo que les sucedió a otros tantos compañeros, él sí fue procesado. «Recuerdo que el día que me juzgaron no había luz y el Tribunal se alumbraba con una vela, lo que le daba un aspecto más fantasmagórico a la escena», desveló a *ABC*. Tras unas breves preguntas, llegó la sentencia. «"Está usted libre", me dijeron, y pusieron un punto rojo a mi nombre. A esas alturas todos estábamos seguros de lo que significaba. Volví a mi celda y abracé a mi amigo, Cousiños, un abogado. Sabíamos los dos que era nuestro último abrazo». Llevaba razón, pues a una buena parte de los reos fusilados en Paracuellos se les engañó diciéndoles que habían sido liberados.

Fusilado y resucitado

Al día siguiente, 28 de noviembre, Ricardo fue subido a un camión junto con otros presos. Tenía una herida de cuchillo que le había hecho un miliciano tras robar un cuscurro de pan. «Todos íbamos serenos, con un nudo en la garganta. Algunos fumaban muy deprisa un cigarro regalado o robado. Sabíamos que nos quedaba de vida lo que los camiones tardasen en llegar a Paracuellos», recordó. Arribaron entre las ocho y media y las nueve de la noche, y frente a ellos encontraron un grupo de milicianos armados con pistolas, fusiles y escopetas de caza. «Hacía frío, pero créame que no lo notábamos. Solo llevábamos la ropa interior y el mono de la prisión, pero no sentíamos nada. El miedo era la sensación más fuerte, no había lugar para sentir nada más».

Cincuenta metros después, Ricardo fue ubicado en el borde de una fosa. Tras una breve oración, tres salvas de disparos hicieron que se desplomara junto a sus compañeros. Muerto. O eso creían... Así lo recordaba décadas después:

> Me puse de pie, dudé décimas de segundo y salí corriendo despavorido. Creo que no grité porque tenía un intenso dolor en la boca. Luego me daría cuenta, horas más tarde, que tenía una bala incrustada en el paladar. Era el tiro de gracia que me había entrado por la barbilla, pero, por fortuna, el proyectil se quedó en la boca.

Ya despierto, escapó de allí a la carrera. Tuvo la suerte de que no había milicianos cerca. Su única obsesión era alejarse de aquel lugar dantesco y cruel. Cuando amaneció se escondió en unos matorrales todo el día, desfallecido y hambriento. Tenía que volver a Madrid, y cuando anocheció emprendió el camino a casa. A las tres jornadas de caminata pisó las trincheras de Canillejas. Y de allí a la calle de Leganitos, donde vivía con su madre. «Vi mi casa completamente destruida por una bomba. En ese momento pensé en tirarme bajo las ruedas del primer coche que pasase, ya no podía más», señaló.

Por suerte, una vecina le reconoció: «Ricardito, ¿qué te han hecho? Tu madre está en los bajos del cine Capitol en un refugio de los guardias de asalto». Con las pocas fuerzas que le quedaban, y perdiendo mucha sangre, caminó hasta el lugar. Allí se reencontraron y, quizá por la emoción de saberse a salvo, el chico cayó escaleras abajo, desfallecido. «A los tres días recobré el conocimiento, sentía dolor, pero me encontraba mucho mejor.

Los que estaban allí me quitaron la bala de la boca y me alimentaron como pudieron. Después, un guardia de asalto me facilitó un mono, un carnet de la CNT y una pistola. "Toma, defiéndete como puedas y guarda la última bala para ti"», señaló a *ABC*. A los pocos días fue detenido de nuevo. Permaneció entre rejas hasta que recuperó la libertad. Ya en las calles saltó a las trincheras nacionales.

Las incógnitas sobre la matanza de Paracuellos que incomodaron a Santiago Carrillo hasta su muerte

Israel Viana y Manuel P. Villatoro

Santiago Carrillo transitó la mayoría de las etapas del siglo xx español como uno de sus principales protagonistas, y, sin embargo, toda su biografía parece girar en torno a una fecha, el 6 de noviembre de 1936. Ese día, cuatro meses después de comenzar la Guerra Civil, fue nombrado consejero de Orden Público por la Junta de Defensa de Madrid, ingresó en el Partido Comunista de España (PCE) y empezaron las matanzas de Paracuellos de Jarama. De todos esos eventos, fue este último el que generó mayores controversias y el que, con mucha diferencia, más irritó a su protagonista.

Contaba al diario *ABC* el periodista Graciano Palomo que, una tarde de febrero de 1979, se subió a la avioneta que Carrillo había alquilado para la campaña electoral. El secretario general del PCE se dirigía a Córdoba, donde iba a cerrar un mitin organizado por el que pronto se convertiría en su sucesor y alcalde de esa ciudad, Julio Anguita. Así lo recordaba:

Yo tenía especial atención en conocer a un personaje sobre el que había leído mucho y oído de todo, incluidas las historias de doña Luz, mi abuela, acerca de sus «fechorías» durante la Guerra Civil. A la vuelta, con el güisqui descorchado, pregunté a bocajarro:

—Don Santiago, ¡cuénteme lo de Paracuellos!

El dirigente dio una profunda calada a su pitillo, bebió un sorbo del licor escocés, se ajustó las gafas y me miró fijamente con una mirada heladora:

—¡Joven, déjelo, en otra ocasión!

A partir de ahí mantuve con Carrillo varios encuentros periodísticos, le invité a mis cursos universitarios e, incluso, fue prologuista de uno de mis libros, pero murió en 2012 sin relatarme lo que le pedí. No le agradaba el asunto. Poco tiempo antes de expirar, mandó «al infierno» a Luis del Olmo cuando este osó sacarle el escabroso asunto de Paracuellos.

El joven dirigente comunista tenía veintiún años cuando alrededor de ocho mil personas fueron ejecutadas por los republicanos, sin ningún tipo de juicio con garantías, en la localidad madrileña. Algunos historiadores han bajado esta cifra hasta los cinco mil, aunque otros aseguran que fueron más de doce mil. Como era de esperar, nunca ha habido un acuerdo en cuanto a la magnitud de la tragedia y sí muchas preguntas en cuanto a la responsabilidad de esta. ¿Lo organizó Carrillo? ¿Facilitó el apoyo logístico y político? ¿Estuvo al tanto y no hizo nada por evitarlo en la confusión de los primeros días del conflicto? ¿Tuvo solo noticias cuando ya se había perpetrado la matanza?

El mismo año de la muerte del político, el historiador Paul Preston, no precisamente sospechoso de franquista, ya aseguró en la revista *Ebre 38* que «hay pruebas de peso que, aparte de ser confirmadas parcialmente por algunas de las propias declaraciones de Carrillo, dejan claro que estuvo totalmente involucrado». Un año después publicó *El zorro rojo. La vida de Santiago Carrillo*, en que insistió en constatar «las abundantes falsedades y confusiones deliberadas» que el dirigente dejó escritas sobre sí mismo en relación con episodios como el de Paracuellos. Antes, en 1983, el hispanista irlandés Ian Gibson, que se autocalifica de socialista, ya consideró en su obra *Paracuellos: cómo fue* que las explicaciones del dirigente comunista eran «indignas», ya que este le había relatado con todo detalle cómo se había producido la masacre antes de culpar a los soviéticos.

Muchos investigadores defienden que resulta prácticamente imposible que el comunista no tuviera conocimiento de la matanza que se estuvo produciendo durante un mes, dada su destacada posición dentro del bando republicano en aquel momento. Sin embargo, resulta curioso que la prensa franquista —encarnada por los diarios *Arriba España* y *El Alcázar*, entre otros— no le acusara a él, sino a Segundo Serrano Poncela, delegado de Orden Público de la Junta de Defensa de Madrid que se encontraba a sus órdenes. De hecho, Carrillo no fue responsabilizado por el régimen hasta su nombramiento como secretario general del PCE en 1960.

«No tenían ninguna prueba contra mí»

Cuando fue preguntado sobre este asunto en 2010, el dirigente se defendió con firmeza:

> Se olvida con frecuencia que durante cuarenta años gobernaron los que ganaron la guerra y que, desde el momento en el que finalizó esta, el franquismo juzgó, condenó y ejecutó a decenas de personas a las que acusó de lo de Paracuellos. A mí empezaron a echarme encima esa responsabilidad cuando fui secretario general del PCE, como un medio de desprestigiar a este partido. Yo no fui juzgado por rebeldía y podrían haberlo hecho al estar en el exilio. Podrían haber solicitado mi extradición y nunca lo hicieron porque no tenían ninguna prueba contra mí. De todas maneras, creo que cuarenta años de exilio es una

condena suficiente en el caso de que yo hubiera tenido alguna responsabilidad, pero desde luego no la tuve.

Todo comenzó la tarde del 6 de noviembre de 1936, cuando el Gobierno republicano tomó la decisión de trasladarse a Valencia, evacuar a los presos a otras cárceles situadas fuera de la capital y constituir la mencionada Junta de Defensa de Madrid bajo la presidencia del general José Miaja. Al día siguiente, sin más dilación, se produjeron las primeras cinco sacas: una de madrugada, procedente de la cárcel de Porlier, y dos más durante el día, la de la cárcel Modelo y la de San Antón. Las tres terminaron en Paracuellos de Jarama, muertas y enterradas sin juicio previo, y las otras dos, sanas y salvas en Alcalá de Henares.

Durante aquellos meses de noviembre y diciembre, la prensa republicana se deshacía en elogios hacia el chaval que acababa de irrumpir como mandatario socialista y comunista. «El gobernante más joven del mundo», le calificaba el diario *La Voz* el 13 de noviembre. Ese mismo día la columna de Buenaventura Durruti llegaba a Madrid y los franquistas conquistaban el cerro de Garabitas, en la Casa de Campo, donde instalaron una serie de baterías con las que bombardearon la ciudad durante el resto de la guerra. Los asesinatos continuaban en Paracuellos.

Melchor Rodríguez, un dirigente anarquista sumamente popular entre los republicanos, aprovechó sus contactos para ser nombrado director general de Prisiones después de ser testigo de las matanzas de nacionales que se estaban cometiendo en la localidad madrileña. Llegó a enfrentarse a los elementos más radicales de su partido para que detuviesen aquella carnicería y consiguió una breve tregua en los asesinatos durante el 7 y 8 de noviembre. Sin embargo, fue destituido el día 12 para sorpresa de sus compañeros, que habían visto cómo se había ganado el apoyo de la CNT para detener las matanzas.

Nunca se supo qué había ocurrido. Rodríguez debía el cargo a su amistad con Mariano Sánchez-Roca, subsecretario de Justicia que se encontraba bajo las órdenes directas del ministro

Juan García Oliver. La explicación oficial es que este último ordenó su destitución al considerar que había sido nombrado a sus espaldas y sin el beneplácito de la Dirección General de Seguridad, un organismo que dependía del Consejo de Orden Público que dirigía Carrillo. Curiosamente, el mismo día en que el dirigente anarquista dejó su puesto se reanudaron los fusilamientos.

Mientras, Santiago Carrillo recibía elogios de una parte de la prensa, como podía leerse en un artículo publicado por *La Libertad* el 15 de noviembre, con un título tan llamativo como el de «Figuras para la historia»: «Nunca ha sido concejal, diputado o ministro. Hasta ahora, Santiago Carrillo no ha sido más que periodista y un luchador esforzado de las Juventudes Socialistas Unificadas. Sin embargo, resulta un gobernante de cuerpo entero, como lo prueba su magnífica actuación estos días».

La adolescencia de Carrillo

El joven comunista no era un personaje nuevo para los círculos políticos españoles. En 1930, con tan solo quince años, ya colaboraba como periodista en *El Socialista* y se hizo cargo de la información parlamentaria en la Segunda República, codeándose con otros grandes del periodismo como Víctor de la Serna, del diario *Informaciones*, Manuel Azaña, de *El Sol*, o Wenceslao Fernández Flórez, de *ABC*. A los dieciocho ya defendía en discursos su vertiente radical del Partido Socialista. Llegó a ser juzgado en 1933 por uno de sus artículos y fue encarcelado por participar en la revolución de 1934. Dos años después, una vez libre tras la amnistía del Frente Popular, fue nombrado consejero de Orden Público de la Junta de Defensa de Madrid. Su cometido era evacuar a los presos de las mencionadas cárceles de San Antón, Porlier, Modelo y Ventas ante la llegada de las tropas franquistas a la capital.

La denominada «evacuación» acabó, en efecto, en la consabida masacre. Resulta llamativo que toda esa violencia gratuita por parte del Gobierno hubiera sido criticada por Carrillo en sus intervenciones públicas durante aquellos días de noviembre. «Los inermes, los prisioneros, los perseguidos están garantizados con la Junta», aseguraba el dirigente en una entrevista a *La Libertad*, en la que explicaba también que «los revolucionarios odiamos el delito, pero nos compadecemos del delincuente, por eso el traidor y el faccioso tendrán que temer a los códigos legales, no a las ejecuciones». Una idea en la que incidió, también, durante uno de sus discursos emitidos por la emisora Unión Radio el 12 de noviembre de 1936: «Los días que la Junta lleva trabajando han servido para demostrar que no ha venido para realizar atropellos ni arbitrariedades, que no ha venido para aniquilar ninguna situación desesperada».

¿Estaba ocultando la tropelía en medio de la guerra? Para Preston, aquella alocución no era más que «un reconocimiento público de que se estaban tomando medidas contra los prisioneros», ya que en ella advertía también de que «la quinta columna está camino de ser aplastada» o de que «todas las medidas, absolutamente todas, están tomadas para que no pueda suceder en Madrid ningún conflicto o alteración». La realidad, sin embargo, es que el lugar que ocupó la matanza en la memoria del bando nacional en el transcurso de la guerra y la dictadura fue siempre muy confuso.

Felix Schlayer

La labor de diplomáticos extranjeros como el alemán Felix Schlayer, que sacó a la luz aquella masacre pocos meses después de haberse producido, no adelantó la condena pública. Era cónsul en la embajada noruega en Madrid y, aunque no había sido testigo de los fusilamientos, tenía constancia de que se estaban produciendo. Cuenta Schlayer que pidió una reunión con Carrillo para intentar detener las sacas. Antes de ir a su despacho fue a la cárcel Modelo para confirmar que centenares de presos ya habían sido evacuados a Paracuellos. De vuelta en el Ministerio de Justicia, el joven consejero de Orden Público le aseguró que su determinación era proteger a los prisioneros e impedir cualquier asesinato.

Schlayer le informó entonces de lo que acababa de descubrir en la prisión madrileña, a lo que Carrillo respondió que no tenía noticia de ninguna evacuación y no hizo nada. El cónsul se las arregló para seguir la ruta de los camiones y lo describió con todo detalle en *Diplomático en el Madrid rojo*, un libro que no se tradujo al español hasta 2005:

> Los autobuses que llegaban a Paracuellos se estacionaban arriba en la pradera. Cada 10 hombres atados entre sí, de dos en dos, eran desnudados (es decir, les robaban sus pertenencias) y enseguida les hacían bajar a la fosa, donde caían tan pronto como recibían los disparos, después de lo cual tenían que bajar los otros 10 siguientes, mientras los milicianos echaban tierra a los anteriores. No cabe duda alguna de que, con este bestial procedimiento asesino, quedaron sepultados gran número de heridos graves que aún no estaban muertos, por más que en muchos casos les dieran el tiro de gracia. Me dirigí entonces al único miliciano que estaba de guardia y le pregunté sin rodeos dónde habían enterrado a los hombres que fusilaron el domingo. El hombre empezó a hacerme una descripción algo complicada del camino. Le dije que sería mucho más sencillo que nos acompañara y nos enseñara el lugar. Me hizo caso, se colgó el fusil y nos condujo hasta ahí. A unos 150 metros del castillo se metió en una zanja profunda y seca que iba del castillo al río y que llaman «Caz». Era una antigua acequia. Ahí empezaba, en el fondo de dicha zanja, un montón de unos dos metros de alto de tierra recientemente removida. Lo señaló y dijo: «Aquí empieza». Reinaba un fuerte olor a putrefacción. Por encima del suelo se veían desigualdades, como si emergieran miembros. En otro lugar asomaban botas. No se había echado sobre los cadáveres más que una fina capa de tierra. Seguimos la zanja en dirección al río. La

remoción reciente de tierra y la correspondiente elevación del nivel del fondo de la cacera tenía una longitud de unos 300 metros. ¡Se trataba, pues, de la tumba de 500 a 600 hombres!

El silencio de Franco

A pesar del triste relato del diplomático alemán, las autoridades franquistas dieron más publicidad a otros asesinatos de mucha menor magnitud y complejidad, como los del aviador Julio Ruiz de Alda y el militar Fernando Primo de Rivera, hermano de José Antonio, en agosto. Y lo mismo ocurrió en noviembre con la ejecución de este último en Alicante, en el mismo mes que se producían las sacas desde las cárceles Modelo, Porlier, San Antón y Ventas con destino al Arroyo Seco de San José, a veinte kilómetros de Madrid, cuya pequeña ermita acoge siete fosas comunes donde cayeron fusiladas unas dos mil quinientas personas. Es decir, que en aquel momento los muertos de la República excedían con mucho a los fusilamientos de los destacados dirigentes de la Falange.

Durante décadas los historiadores han debatido sobre si el Gobierno de la República, la Junta de Defensa de Madrid a las órdenes del general Miaja y el mismo Carrillo estuvieron implicados. Resulta extraño que la matanza estuviera envuelta en la bruma en los años posteriores. En la Causa General franquista ocupaba un lugar poco destacado y el delegado de Orden Público solo era mencionado de manera breve. Tampoco se refería a los asesores que Stalin envió a España y a los que la dictadura culpó más adelante de haber ordenado la matanza, que habría sido ejecutada por extremistas de izquierdas.

Esta hipótesis acabó siendo apoyada por un buen número de historiadores afines a la República, en una insólita coincidencia con los investigadores franquistas, quienes durante la década de 1940 compararon lo acontecido en Paracuellos con la matanza de oficiales polacos en Katyn, a manos del NKVD, durante la

Segunda Guerra Mundial. Carrillo, mientras tanto, no era mencionado en ningún informe y su papel como responsable no se difundió hasta 1960; una acusación que ganó fuerza en la Transición tras regresar a España del exilio.

En las pocas veces que se refirió al tema en los últimos años de su vida, siguió responsabilizando a los elementos incontrolados del bando republicano. En sus memorias, publicadas en 1993, esgrimió el siguiente argumento:

> Tardamos varios días en saber que habían sido interceptados y ejecutados, pero nunca llegamos a saber por quién y, en aquel momento, tampoco supimos dónde. En los alrededores de Madrid merodeaban miles de incontrolados con armas [...]. La verdad es que yo he empezado a oír hablar de Paracuellos bastantes años más tarde.

La rara amistad entre José Antonio Primo de Rivera y el juez que le condenó a muerte

MANUEL P. VILLATORO

La noche del 18 de noviembre de 1936 el jurado de la Segunda República dictó sentencia contra el jefe y fundador de Falange Española, José Antonio Primo de Rivera. Hubo que esperar a las dos y media de la madrugada para que el primogénito de Miguel, dictador entre 1923 y 1930, escuchara el castigo que la justicia republicana le había reservado. «Ha terminado la vista de la causa. [...] Ha sido condenado a la pena de muerte. Su hermano Miguel, a treinta años, y la mujer de este, a seis años», explicó *ABC* aquella jornada en su edición de Madrid. Un día después, este diario añadió también que la sociedad había acogido la noticia con una «serenidad desprovista de todo apasionamiento».

Así acabó un proceso que se prolongó durante dos intensas jornadas y que fue seguido de forma exhaustiva por la prensa nacional. Sin embargo, lo que pocos medios recogieron fue un hecho estremecedor que sucedió después de que el presidente del tribunal leyera la respuesta que el jurado había dado a las veintiséis preguntas planteadas durante la vista: José Antonio Primo de Rivera se alzó, felicitó a su hermano y a la esposa de este porque habían escapado del patíbulo, se dirigió al magistrado que acababa de hacer pública la sentencia... ¡y le dio un gran abrazo! No solo eso, sino que le musitó que sentía el «mal rato» que acababa de pasar por culpa suya. Nadie debía de saber allí que eran buenos amigos.

El magistrado en cuestión era Eduardo Iglesias Portal, al frente de los novedosos jurados instaurados por el Frente Popular para dictar sentencia en los delitos de rebelión y sedición. Era un juez estrella para la República que se había hecho famoso por perseguir a los asesinos del tren correo de Andalucía en 1924 y que conocía a José Antonio de actuaciones pasadas, como el intento frustrado de golpe de Estado del general Sanjurjo; adversarios, en efecto, pero siempre desde el respeto. La amistad entre ambos hizo que, tras la guerra, la familia del fundador de la Falange intercediera por él para que pudiera regresar del exilio. Fue un ejemplo de reconciliación, como bien explica el periodista e investigador Honorio Feito en *Iglesias Portal, el juez que condenó a José Antonio*.

El comienzo de todo

El origen del juicio de Primo de Rivera hay que buscarlo el 14 de marzo de 1936, día en que el fundador de la Falange y otros tantos de sus seguidores fueron detenidos a primera hora de la mañana. Por entonces, su delito no era el de rebelión, sino el de «quebrantamiento de la clausura gubernativa del local de Nicasio Gallego». José Antonio fue acusado de haber obviado la prohibición de hacer uso de un centro que, como explicó la prensa de la época, había sido cerrado el 27 de febrero, después de que se hallaran en su interior «algún pistolón olvidado, algún cargador y alguna porra». De la calle pasó a las dependencias de la Dirección General de Seguridad para ser interrogado.

Como ese, otros tantos centros fueron clausurados bajo la orden de «suspensión de las funciones» del grupo. Así recogió

ABC, en su edición del 17 de marzo, la noticia del arresto, bajo el titular «El señor Primo de Rivera, procesado»: «Por orden judicial, en la noche del domingo ingresó en la cárcel, por un delito de injuria a la autoridad, don José Antonio Primo de Rivera. Los demás detenidos por funcionamiento ilegal de los centros fascistas continúan a disposición del juez». El fundador de la Falange ya no volvería a ser libre. A partir de ese momento, alrededor de su persona se fueron encadenando una secuencia de juicios, cuyo objetivo era que no abandonara la prisión.

El 30 de abril, un Tribunal de Urgencia se reunió para dirimir la causa contra Primo de Rivera y la legitimidad de Falange Española. Los magistrados determinaron que el grupo era legal y que no procedería a su disolución. El acusado, sin embargo, continuó entre rejas a pesar de haber sido absuelto. En palabras de Feito, apenas conocido el fallo se inició otro proceso contra él por la supuesta tenencia ilícita de armas. Aquello le irritó hasta el punto de que, cuando le comunicaron que seguiría en su celda, tildó a los jueces de farsantes y se enzarzó en una discusión con un guardia. «Tan chulo como su padre», explicó a la postre uno de los alguaciles. A este se sumaron otros tantos procesos por desacatos o publicación clandestina.

En octubre, tres meses después de que José Antonio fuese trasladado a Valencia, la República abrió sumario contra él, contra su hermano Miguel y contra la esposa de este, Margarita Larios, por rebelión militar y sedición; es decir, por haber colaborado de forma activa en el alzamiento contra el Gobierno que habían orquestado Sanjurjo, Mola y Franco en verano. Los mencionados delitos, que podían llevarlos hasta el patíbulo, serían juzgados por los nuevos jurados populares, unos tribunales formados por tres magistrados y una comisión de catorce miembros de reconocida lealtad al Frente Popular.

Según explica Julius Ruiz en *El terror rojo*, el objetivo de este nuevo organismo era evitar que se produjeran más masacres como la de la cárcel Modelo. Lograr, en definitiva, detener la violencia de los grupos de milicianos exaltados ofreciéndoles a cambio justicia sumaria y rauda contra los enemigos de la República. «Han roto con la espesa burocracia de los tribunales ordinarios, tribunales de clase que han venido imponiendo la ilegalidad de magistrados», escribió el periódico *Mundo Obrero* cuando se crearon. La realidad es que no podían estar más ideologizados.

Al frente del Tribunal Popular encargado de juzgar a Primo de Rivera fue puesto Eduardo Iglesias Portal, una suerte de Baltasar Garzón de la época (una superestrella de la judicatura) que se había enfrentado al Directorio Militar en los años veinte y que, a la postre, había demostrado su lealtad al Gobierno tras la caída de la monarquía y la llegada de la tricolor en abril de 1931. La Real Academia de la Historia le define como un reputado juez de carrera que ascendió rápidamente hasta el Tribunal Supremo y que tenía en su haber la instrucción de procesos como el del golpe de Estado de Sanjurjo (en 1932), la revolución socialista de 1934 en Asturias o el asesinato de José Calvo Sotelo (en 1936).

Juicio a la Falange

La vista se inició el 16 de noviembre de 1936. En esta, que se celebró en la sala de audiencias de la prisión provincial de Alicante, se juzgó al exdirector de presidios Teodorico Serna y a otros cinco funcionarios por colaborar en un intento de rescate del fundador de la Falange. Para entonces, Primo de Rivera había demostrado su indignación en repetidas ocasiones por considerar que los cargos contra él eran una farsa. «¿No le da a usted vergüenza vestir toga y peinar canas para prestarse a esta inicua inmundicia?», le preguntó el día 13 al juez Federico Enjuto. No le sirvió de nada. Poco después, el diario *ABC* llevó hasta sus primeras páginas el inicio del proceso bajo el descriptivo titular «Ha comenzado la vista de la causa contra el jefe de Falange Española».

El juicio, que se desarrolló en cuatro sesiones, comenzó con una noticia curiosa. «José Antonio anuncia que se defenderá a sí mismo, a su hermano y a su cuñada», afirmó *ABC*. A continuación, el fiscal Vidal Gil Tirado sorprendió a los presentes al prevenir al tribunal sobre las buenas «dotes de oratoria, arte e ingenio» de Primo de Rivera. Al parecer, no se quedó en una mera alabanza, sino que explicó que no podía competir con su cultura porque «estaba a la altura de los mejores parlamentarios españoles». El acusado respondió con sinceridad: «No es que yo tenga mucha cultura, pero la que tengo, la uso». En esta primera parte, tal y como señaló el citado diario, se afirmó que las acciones del fundador de la Falange durante la sublevación constituían «un delito de rebelión militar previsto en los artículos 237 y 238 del Código de Justicia Militar».

El primero en declarar fue José Antonio Primo de Rivera, como bien explicó *ABC*: «Hace historia de su vida política y se extiende en consideraciones sobre la dictadura que ejerció su padre, que murió sin que nadie de los que en vida le animaban se interesara por él. Alude a la fundación de Falange Española y a su fusión con las JONS, negándole finalidad imperialista». También confirmó que pretendía «sustituir la Constitución por un régimen sindicalista» y que, a pesar de su duración, la entrevista que había mantenido con Adolf Hitler en Alemania no había tenido una finalidad política. El fiscal, por su parte, se esforzó por relacionar su viaje al Reich con el de Sanjurjo y sentenció que ambos habían orquestado, durante su estancia en Berlín, el alzamiento militar de julio.

Primo de Rivera negó a su vez que hubiese ordenado a sus seguidores apoyar las acciones de los rebeldes. Aquello generó un revuelo que no se calmó cuando confirmó que solo mantenía relación con Sanjurjo porque era amigo de su padre y que no poseía armas. Dos horas y media después, y en mitad de una tensión increíble, hablaron Miguel y su esposa. «La declaración carece de interés y es una ratificación machacona de las prestadas por su hermano», añadía *ABC*. La sesión fue interrumpida a mediodía y reanudada por la tarde para comenzar el proceso contra el resto de los acusados.

El 17 de noviembre se inició la segunda parte del juicio. La mañana se dedicó a recabar los testimonios de los acusados que no habían declarado el día anterior, y por la tarde se leyeron las conclusiones definitivas del ministerio fiscal. Este liberó a los funcionarios. Fue entonces cuando se inició la fase culmen de todo el proceso, las exposiciones del fiscal y de la defensa sobre los tres principales acusados. La exposición de José Antonio terminó a eso de las ocho menos cuarto de la noche. A continuación, el tribunal se retiró a una sala en la que se redactaron las veintiséis preguntas que el jurado debía responder y que determinarían la culpabilidad o no de los procesados.

Las cuestiones abordaban desde su colaboración con los sublevados para «suplantar el Régimen republicano constituido por otro ilegal» hasta su dirección de Falange Española desde la cárcel. También dirimían si había ordenado a sus seguidores cooperar «con el movimiento subversivo militar». Las últimas preguntas se centraban en la participación de Miguel y Margarita en todo este entramado y en su ayuda desde las sombras a los militares alzados. El jurado dirimió cada una de las respuestas durante cuatro horas. De hecho, el reportero Ricardo Gullón afirmó que tardaban tanto que un grupo armado de extrema izquierda dirigido por un tal Santiago entró en la sala de reuniones para saber qué sucedía. «La suerte estaba echada», escribió el periodista.

Resulta llamativo que muchos anarquistas presentes en el juicio acabaran felicitando al fundador de la Falange por su buena defensa. Asimismo, José Antonio se dirigió con una frase tajante a los tres magistrados que tomarían la decisión final: «Sean ustedes valientes y no me condenen a muerte». No le hicieron caso. Una vez que el tribunal condenó a José Antonio Primo de Rivera a la pena capital, se produjo el abrazo con Iglesias Portal. Según corroboraron a la postre las hijas del magistrado, el fundador de la Falange se giró primero hacia su hermano y su cuñada. «Estáis salvados», les felicitó. A continuación, se dirigió hacia el juez, le dio un abrazo y le dijo, en palabras de sus descendientes, que «sentía el mal rato que por su causa estaba pasando», ya que ambos eran grandes amigos.

Dos años después, el final de la Guerra Civil trajo consigo el exilio masivo de civiles y soldados republicanos hacia Francia. Tal y como explica la investigadora Evelyn Mesquida, los periódicos patrios apodaron este viaje masivo como «la gran retirada». Y no era para menos, pues entre 650.000 y 1.500.000 personas (en función de las fuentes) abandonaron el país que las había visto nacer por el miedo a las represalias de los vencedores. Iglesias Portal fue uno de ellos. El 24 de enero de 1939 caminaba tranquilo por las calles de Barcelona cuando se metió en un vehículo en el que viajaban varios amigos suyos. Su destino: Francia. Estuvo en el exilio hasta 1959, cuando regresó tras recibir un indulto gracias a la ayuda de la familia Primo de Rivera. Falleció una década después, a los ochenta y tres años de edad.

El extraño batallón extranjero de los Sin Nombre que el Gobierno republicano abandonó en el frente

ISRAEL VIANA

El primer fascista muerto que vio Aleksandr Szurek estaba tirado en medio de la plaza de Villa del Río, en la noche del 23 al 24 de diciembre de 1936. Tenía un agujero de bala en la frente y se quedó desconcertado al descubrir lo joven y guapo que era. Es probable que fuera uno de los franquistas fusilados la noche anterior, a sangre fría, por los milicianos, mientras muchos otros lugareños huían al campo. Aquello le impresionó tanto que se preguntó si el cadáver tendría parientes vivos, una duda que era el ingenuo reflejo de un soldado que todavía no se había manchado las manos de sangre, a pesar de llevar semanas en España y de haberse recorrido media Andalucía con el fusil en la mano.

Era la primera vez que este soldado polaco residente en Francia se encontraba con estampas típicas de la guerra. En otra plaza de este pequeño pueblo cordobés presenció también, horrorizado, cómo algunos vecinos quemaban los cuadros de la iglesia y destrozaban el altar. Se imaginó lo impactante que sería ver una escena así en un país como el suyo, tan católico. Y empezó a dudar, entonces, de si la decisión de venir a España a luchar contra el fascismo había sido la más acertada. Pronto lo descubriría, tras haberse marchado de casa convencido y entusiasmado al escuchar en la radio la crónica de las primeras batallas en julio de 1936.

Pocas personas en Ruán, capital de Normandía, compartían su entusiasmo por la contienda española, aparte de su esposa, Berta. De hecho, ninguno de sus compatriotas polacos residentes en aquella misma ciudad era miembro del Partido Comunista, y la mayoría consideraba a dicha ideología una amenaza a su fe católica. Aleksandr, sin embargo, buscaba aventuras y estaba hechizado por el ideal de la revolución. Y era obrero, como el 92 por ciento de los voluntarios de origen polaco que habían volado a España para combatir a Franco, según detalla Giles Tremlett en su libro *Las Brigadas Internacionales*.

Szurek decidió que había llegado el momento de responder al llamamiento de su formación y empuñar de una vez las armas, aunque no supiera lo que eso significaba. Su mujer no le discutió la decisión, ya que también era una activista convencida del comunismo, y hasta se preguntó si debía acompañarle, pero su hija Helena se lo impidió. Su marido se marchó en compañía de un letón, un armenio y dos refugiados alemanes de Ruán, a los que organizaron una pequeña fiesta de despedida en la que Berta pronunció un breve discurso conteniendo las lágrimas: «Id a luchar por la humanidad y por nuestros hijos. ¡Volved!».

El grupo de Szurek siguió el itinerario habitual a través de la frontera, deteniéndose primero en la fortaleza de San Fernando, en Figueras, hasta que hubo suficientes voluntarios para llenar un tren que los llevó a Albacete. Allí, en la plaza de toros, los separaron en grupos de antiguos oficiales, suboficiales y soldados rasos. Nuestro protagonista, por supuesto, estaba entre los últimos, y comenzó una precaria y acelerada instrucción para incorporarse a la XIV Brigada Internacional. Cuando esta terminó y se tuvo que marchar con el resto del batallón al frente de Andalucía, se percató de que nunca había disparado un tiro con munición real.

Los primeros brigadistas

Los primeros extranjeros habían llegado a España poco después de producirse el golpe de Estado. Eran solo unos cientos que fueron agrupados en pequeñas unidades que no tardaron en desaparecer. Les acompañaron medio millar de oficiales, asesores, pilotos, conductores de carros y técnicos soviéticos que no formaron grupos individuales, sino que colaboraron de forma independiente con la Segunda República. Para poner un poco de orden, el presidente Francisco Largo Caballero creó el Ejército Popular el 30 de septiembre y lo reorganizó, a su vez, en Brigadas Mixtas; un cambio que no fue muy bien recibido por algunas milicias anarquistas, poco proclives a ser sometidas a la disciplina castrense. Por último, a este caos inicial se sumaron las diferencias ideológicas entre comunistas, socialistas y el resto de los partidos y sindicatos, todos ellos con sus propias tropas en las calles de las principales ciudades españolas.

En mitad de esta tensión surgieron las Brigadas Internacionales, unidades de voluntarios extranjeros organizadas, al menos en principio, por la Internacional Comunista y por los grupos franceses de la misma ideología. Largo Caballero receló de su llegada a España porque, si se configuraban en torno a sus propios mandos y oficiales, podrían generar un problema grave en el seno del ejército republicano. Aun así, el 12 de octubre de 1936 pisaron la base de Albacete los primeros, entre los cuales se encontraba Aleksandr Szurek.

Cuantificar el número exacto de voluntarios llegados del extranjero resulta casi imposible. El historiador Manuel Requena Gallego afirma que osciló entre los 35.000 y los 160.000. Esta última cantidad es la aportada, también, por los historiadores profranquistas y la prensa del régimen para justificar la llegada de los soldados alemanes e italianos a su bando. Una teoría que el mismo general comunista Enrique Líster defendió, asimismo, durante una extensa entrevista concedida a la reportera Sheelagh Ellwood en los años setenta, en la que relativizaba el papel de los brigadistas en la Guerra Civil. Las cantidades más bajas han sido ofrecidas por Jacques Delperrié de Bayac o Hugh Thomas, que hablan de 35.000. Giles Tremlett asegura que, en su punto álgido, contaban con más de 42.000 efectivos, según consta en la documentación de los pagadores de diciembre de 1937. El investigador catalán Andreu Castells, por su parte, elevaba la cifra a 59.380.

Dentro de la XIV Brigada, en la que la mayoría de los voluntarios hablaban francés, el batallón de Szurek era una excepción, pues estaba formado por soldados de treinta y dos nacionalidades diferentes. De ahí que lo bautizaran como el de «los Sin Nombre», aunque su denominación oficial fuera la de IX Batallón. Su creación fue tan rápida que ni siquiera pudo unirse a las otras tres unidades que desfilaron por primera vez ante sus comandantes. Nuestro protagonista descubrió pronto quién era el suyo, Karol Świerczewski, al que todos llamaban general Walter. Había sobrevivido a varias guerras y manejaba con habilidad las armas. Era el mejor preparado y más duro de todos, pues hablaba a la perfección el ruso, el polaco y el español, además de entenderse bien con los galos.

Su rasgo más característico, sin embargo, era la poca piedad que mostraba cuando se trataba de fusilar a un prisionero. «Siempre fui incapaz de predecir sus reacciones. Su impacto era siempre contundente, tanto en reposo como en acción. Creo que nunca dejé de tenerle miedo», contaba años después Len Crome, un voluntario nacido en Letonia y residente en Edimburgo que recordaba como en varias ocasiones Walter había ordenado ejecutar a varios de sus propios hombres y oficiales por mostrar cobardía en primera línea del frente.

La orden que formalizó la creación de esta brigada se emitió el 23 de diciembre de 1936, y esa misma tarde partió hacia el frente sur de Andalucía. A pesar de las prisas, era la unidad mejor preparada de las que habían salido de Albacete, adonde habían llegado nada menos que catorce mil hombres en solo diez semanas. El batallón de los Sin Nombre contaba con treinta y seis ametralladoras, lo que le daba una potencia de fuego que las otras unidades no podían ni soñar. Aunque, de todas formas, nada de eso importaba, porque no suplía la nula instrucción que habían recibido ni convertía a los oficiales novatos en expertos.

La cosecha de aceitunas

La misión de la XIV Brigada era ayudar a detener la ofensiva de los franquistas que avanzaban hacia el este desde Córdoba, que querían apoderarse de la abundante cosecha de aceitunas y de la carretera que conducía a Madrid. El primer batallón en llegar fue el de los Sin Nombre, que se anticipó en un día a los demás. Tan pronto como Szurek y sus compañeros se apearon en Andújar (Jaén) del tren, pintado de camuflaje y con las ventanas rotas, el comandante de la guarnición local les ordenó que ocuparan la cima de una colina cercana llamada el cerro del Telégrafo, a medio camino entre dos pueblos de casas encaladas, Villa del Río y Montoro, ambos a orillas del Guadalquivir.

Con sus 700 hombres, 36 ametralladoras, 22 camiones y 150 cajas de granadas, este batallón era, con toda probabilidad, el mejor equipado para el combate de todos cuantos formaban las Brigadas Internacionales. Sin embargo, el arsenal estaba en tan mal estado que solo cuatro de las ametralladoras funcionaban de forma correcta. Un mecánico y un relojero se presentaron voluntarios para repararlas a la carrera, pero luego descubrieron que los cinturones de balas estaban vacíos y que solo disponían de una máquina para cargarlos. Por suerte para ellos, las tropas franquistas contra las que iban a enfrentarse tenían sus propios problemas. Por ejemplo, contaban con tan pocos vehículos que casi siempre tenían que desplazarse a pie.

Sin embargo, contaban con algo a su favor: llevaban cinco meses luchando en el sur de España y muchos de ellos, además, habían combatido en la guerra de Marruecos; una experiencia muy diferente a la de Szurek y los suyos, por no hablar de los pocos mapas que tenían para moverse con seguridad por el terreno. «No podían decir nada concreto: ni dónde estaba el enemigo, ni a qué distancia, ni lo fuerte que era», recordaba Dusan Petrovitch, comisario político serbio de aquel grupo de voluntarios extranjeros.

Así estaban las cosas cuando se enzarzaron en el primer tiroteo el 24 de diciembre por la mañana, durante las Navidades de 1936. Varias compañías del batallón de los Sin Nombre se toparon por sorpresa con una columna franquista. Los camiones republicanos estaban llenos de municiones y latas de comida rusa que todavía no habían comenzado a descargar, pero tuvieron que abandonarlo todo y salir corriendo cuando vieron a un número indeterminado de biplanos italianos Fiat CR.32, además de a doscientos soldados moros de caballería, que empezaban a ametrallar sus posiciones.

Muchos de los voluntarios fueron capturados, otros se ahogaron en el Guadalquivir mientras intentaban cruzarlo a la desesperada y el resto encontró un puente por el que logró huir en el último momento. Entre estos últimos se encontraba Szurek. El comandante del batallón, Atanas Georgiev Dolaptchiev, cruzó al otro lado en una balsa improvisada y dejó abandonados a sus hombres en la orilla del río que estaba siendo ocupada por los franquistas. Como consecuencia de ello, los Sin Nombre comenzaron a separarse en grupos cada vez más pequeños, cada uno de los cuales buscaba por su cuenta el modo de salir de aquel infierno.

Algunos, en vano, intentaron construir barcas, y otros continuaron el cauce hasta regresar a Villa del Río. No sabían que esta localidad y las circundantes habían sido ya conquistadas por el enemigo, que les recibió con ráfagas de ametralladora. La caballería mora, mientras, galopaba entre los árboles cazando voluntarios. Un grupo de estos fue engañado por varios sublevados, que les saludaron al grito de «¡Salud, camaradas!», justo antes de acribillarlos.

Cuando cayó la noche del 24 de diciembre, algunos de los supervivientes del batallón de los Sin Nombre aprovecharon para dormir en los matorrales de la orilla del río, agotados, hambrientos y tiritando. Era la madrugada del día de Navidad y ni en sus peores pesadillas pensaron que lo pasarían así. El respiro duró muy poco. La caballería marroquí continuó patrullando y cazando a los brigadistas uno por uno. Varios de ellos encontraron refugio en un cortijo y acabaron bebiéndose parte del vino. Terminaron tan borrachos que fueron capturados sin la más mínima resistencia. Otros caminaron durante días hasta dar con uno de los muchos edificios agrícolas dispersos por la zona, donde los vecinos les alimentaron.

De los setecientos hombres del batallón de los Sin Nombre, solo la mitad consiguió regresar a la zona republicana. Los franquistas aseguraron haber localizado en los alrededores de Valle del Río un buen montón de armas y trescientos cadáveres que arrojaron al río. Los supervivientes del mencionado batallón no estaban en condiciones de luchar en ningún frente. Un informe secreto escrito por un comisario soviético informó a sus superiores de que tenían la moral por los suelos, de que culpaban a sus oficiales de lo ocurrido y de que se negaban a volver a pelear tras haber sido arrojados al frente sin la instrucción necesaria.

A Walter no le sorprendió la masacre cuando llegó con el resto de los batallones con la intención de ayudar a los Sin Nombre, pero ya no había nada que hacer: «Todas estas personas no se conocían en absoluto, no estaban acostumbradas unas a otras y, de pronto, se encontraron en plena batalla», explicó más tarde. A los supervivientes los enviaron a un hostal del pueblo de Marmolejo, donde se pusieron la ropa que encontraron en las habitaciones abandonadas. «Algunos solo encontramos ropa de mujer, que nos pusimos para bailar. Nuestras risas por las payasadas disiparon el mal humor», recuerda Szurek.

El sincero análisis de Líster

El ejemplo de batallones como este fue el que convenció a Líster de que la aportación de las Brigadas Internacionales en el conflicto no había sido tan determinante como la propaganda de uno y otro bando hicieron creer. En la mencionada entrevista del general comunista a Ellwood, muchos años después de la guerra, el famoso general comunista lo argumentó así ante las preguntas de la periodista:

> Cuando llegaron las Brigadas Internacionales, Madrid ya había sido salvado. Los tres días difíciles de Madrid fueron el 6, 7 y 8 de noviembre, y los primeros dos mil brigadistas llegaron el 9. Entraron en combate y combatieron bien, pero, claro, dos mil brigadistas no podían salvar la capital. Su papel fue importante, sobre todo en el primer periodo de la guerra, pero hay un falso enfoque sobre el particular. En primer lugar, por parte de los franquistas, a quienes les convenía decir que las Brigadas Internacionales fueron las artífices de toda una serie de batallas. En segundo, por parte de otras personas interesadas, algunas de las cuales eran brigadistas y otras no, que querían inflar el papel militar y combativo de estas.

Tampoco se mordió la lengua a la hora de considerar el número de brigadistas que combatieron con respecto a los efectivos del Ejército Popular: «El Ejército Popular llegó a tener 1.200.000 hombres y los brigadistas que llegaron a España fueron 35.000. En ninguna batalla llegaron a actuar los 35.000 juntos». Eso no significa que el general rechazara la ayuda que los voluntarios extranjeros les habían prestado, pero creía que esta relevancia no residía en que hubieran sido determinantes en la lucha, sino desde el punto de vista moral:

> En España se estaba librando la primera batalla armada contra el fascismo y estos hombres eran los embajadores de millones

y millones de personas que en el mundo defendían y apoyaban la lucha del pueblo español contra el fascismo. Gente que organizaba manifestaciones, recaudaba dinero, mandaba ambulancias y leche para ayudar a la lucha de los republicanos españoles. Esto es lo que representaron fundamentalmente. Eran el ejemplo maravilloso de la solidaridad antifascista.

1937

La eterna lucha de Largo Caballero por convertir a España en la Unión de Repúblicas Ibéricas Soviéticas

Israel Viana

El 21 de diciembre de 1936, Stalin le envió una carta a Francisco Largo Caballero en la que le sugería al Gobierno republicano que aparentara cierto parlamentarismo en el país. No le hizo falta aclararlo, porque era evidente que aquel era el peaje que pedía por la ayuda militar que el dictador comunista había comenzado a prestar en septiembre y cuyo objetivo final no era otro que establecer en España, de forma encubierta, una dictadura del proletariado similar a la de la Unión Soviética.

Sin embargo, no hacía falta convencer al presidente español, pues hacía tiempo que esa misma idea le rondaba por la cabeza. En numerosas ocasiones la había manifestado públicamente durante la Segunda República, como dejaba entrever en su respuesta a Stalin en enero de 1937:

> Tienen ustedes razón al señalar que existen diferencias sensibles entre el desarrollo que siguió la Revolución rusa y el que sigue a la nuestra. En efecto, como ustedes mismos señalan, las circunstancias son diferentes: las condiciones históricas de cada

> pueblo, el medio geográfico, el estado económico, la evolución social, el desarrollo cultural y, sobre todo, la madurez política y sindical dentro de la cual se han producido las dos revoluciones es diferente. Pero conviene señalar que, cualquiera que sea la suerte que el porvenir reserva a la institución parlamentaria, esta no goza entre nosotros, ni aun entre los republicanos, de defensores entusiastas.

En el mes que transcurrió entre ambas cartas, más preocupadas por el futuro político de España que por el curso de la guerra, el país se desangró por varios frentes. Se bombardearon Guadalajara, Vitoria, Teruel, Bilbao, Málaga y Valencia, y estaban a punto de producirse las masacres de Guernica y Durango. Solo había pasado medio año desde el inicio del conflicto, pero no había tregua para nadie. El Gobierno republicano tuvo que reorganizar su ejército con la creación de las Brigadas Mixtas, el dirigente anarquista Melchor Rodríguez se hizo cargo de la Dirección de Prisiones para poner coto a las sacas en las cárceles de Madrid, y Hitler y Mussolini establecieron la cuantía de su ayuda a Franco.

La Guerra Civil entraba en un nuevo estadio en que la cifra de muertos crecería de manera exponencial con la internacionalización definitiva del conflicto. Y, sin embargo, Largo Caballero parecía más preocupado por su idea de cómo establecer en España esa dictadura del proletariado que por las cuestiones del frente. Hacía tiempo que, incluso, la había bautizado como la Unión de Repúblicas Ibéricas Soviéticas (o Unión de Repúblicas Socialistas Ibéricas, según la fuente que se consulte).

La farsa del parlamentarismo

El proyecto lo había empezado a vender, sobre todo, después de que el PSOE perdiera el poder, en septiembre de 1933, en favor de la coalición de los radicales de Alejandro Lerroux y la CEDA de José María Gil-Robles. Ahora, durante el segundo año de la guerra, le aseguraba al dictador comunista que el terreno estaba allanado y que no era necesario mantener la farsa, ya que ni los miembros del Gobierno ni los diputados republicanos estaban, según su opinión, contentos con el régimen parlamentario que se había establecido el 14 de abril de 1931.

Eran los meses en que Madrid celebraba con orgullo el aniversario de la Revolución rusa de 1917. La misma Puerta de Alcalá se engalanaba con un gran escudo de la URSS y tres gigantescos retratos del dictador soviético y sus camaradas Maksim Litvínov y Kliment Voroshílov.

La mencionada correspondencia con Stalin daba cuenta del nivel de complicidad que Largo Caballero había alcanzado con el dictador ruso, hasta el punto de que mucha gente en España conocía al histórico líder del PSOE como «el Lenin español»; un apodo con el que cargaba desde que se instauró la República y fue nombrado presidente de su partido y ministro de Trabajo. Ya en aquellos momentos barruntaba su idea de un imperio comunista en la Península del que quería que formara parte Portugal.

Para Largo Caballero, la democracia era lo que el historiador Santos Juliá definió como la «estación de tránsito hacia el socialismo»; como si la ideología estuviera por encima del nuevo régimen y este no fuera más que el medio necesario para lograr su «URSS española». Su prioridad, por lo tanto, fue siempre la construcción de su ideal socialista, aunque este tuviera que producirse en contextos totalitarios. Esa fue la cuestión que produjo la división más profunda dentro del PSOE durante la Segunda República.

Un sector del partido no se dio nunca por satisfecho con la salida de España del rey Alfonso XIII y la consiguiente proclamación del régimen republicano. Para este no era más que el inicio de una nueva etapa con el objetivo final de aplicar todas las medidas que los diferenciaban de las demás formaciones políticas de izquierdas. En este sentido se expresaba un artículo crítico de *El*

Siglo Futuro, publicado en septiembre de 1934, cuyo título no dejaba lugar a la imaginación, «La segunda URSS». Decía así:

> El diario lisbonense *O Século* no solo confirma el intento social-azañista revolucionario de España, sino que revela un plan más vasto: constituir una URSS ibérica. Una vez instalado el marxismo bolchevique en Portugal, se haría lo mismo en España. Se nota inmediatamente la razón de la virulencia separatista en Cataluña y el País Vasco, y se entiende también mejor por qué no han sentido repugnancia ni tenido inconveniente los separatistas vascos en aliarse con los extremistas revolucionarios. En la URSS ibérica, Cataluña y Vasconia serían dos repúblicas confederadas y, unidas a la Unión de Repúblicas Socialistas Ibéricas, su independencia antihispánica sería un hecho.

Ese mismo año, el candidato del PSOE por Segovia, Rodolfo Obregón, lo expresó de igual forma en *Renovación*, la revista oficial de la Federación de Juventudes Socialistas de España:

> El movimiento que anhela la República social necesitará unidad geográfica, que hay que desencadenar a la vez en todos los puntos de la península ibérica, incluso en Portugal. Los trabajadores de ese pueblo hermano no deben soportar más dictaduras burguesas al servicio de Inglaterra. Portugal tiene un puesto a nuestro lado en la revolución social y hay que ofrecérselo sin regateos para constituir una verdadera unión socialista de la península. Para diferenciarla de la URSS y guardar al mismo tiempo con ella la oportuna y estratégica simetría, podría llamarse «Unión de Repúblicas Socialistas Ibéricas».

La insurrección armada

En 1935, Largo Caballero todavía insistía en la insurrección armada para tomar el poder e instaurar los sóviets siguiendo el modelo impuesto por Lenin. Así lo confesó durante una entrevista con Edward Knoblaugh, periodista de Associated Press, desde la cárcel Modelo de Madrid, donde permanecía preso como cabecilla de la revolución de 1934. Y lo hizo en un tono mucho más amenazador y violento que sus compañeros.

> Todo el orden existente va a transformarse [...]. Dentro de cinco años, la República estará de tal forma organizada que a mi partido le resultará fácil utilizarla como escalón para conseguir nuestro objetivo. Nuestra meta es una Unión de Repúblicas Ibéricas Soviéticas. La península ibérica volverá a ser un gran país. Portugal se incorporará a nosotros, confiamos que pacíficamente, pero utilizaremos la fuerza si es necesario. ¡Detrás de estas rejas tiene usted al futuro amo de España! Lenin ha declarado que España sería la segunda República Soviética de Europa y su profecía será una realidad. Yo seré el segundo Lenin que lo hará realidad.

La entrevista fue ampliamente difundida en los medios de Estados Unidos y no era simple retórica. Largo Caballero estaba convencido de que el modelo de la URSS llegaría a España más pronto que tarde. Así lo argumenta también Sergio Valero en su libro *Republicanos con la monarquía, socialistas con la República*:

> [Los simpatizantes de Largo Caballero] destacaban que la democracia era para ellos un simple medio y, dentro de su ortodoxia marxista, habían escogido el camino de respetar las normas que esta imponía, pues la consideraban la más eficaz para sus «realizaciones doctrinales». Pero recordaban que podían perfectamente cambiar de táctica, aunque no lo harían siempre que la República siguiera aplicando «soluciones de tipo socialista».

Los que se situaban más cerca de la visión de Indalecio Prieto, su oponente dentro del PSOE, pensaban que el régimen republicano era un valor en sí mismo y que el partido tenía la obligación de conservarlo. Sus reglas jamás debían ser quebrantadas, aunque al final la postura radical de Largo Caballero tuvo más apoyo de lo esperado. Eso no excluye que ambas facciones tuvieran puntos en común. De hecho, la primera acabó suscribiendo parte del programa revolucionario del segundo e, incluso, lo publicó en *El Liberal*, pues apoyaba la nacionalización de la tierra, la prohibición de las órdenes religiosas y la disolución de la Guardia Civil. Unas medidas que ambas facciones del socialismo pretendían aplicar con decretos gubernamentales, pues no contaban con mayoría suficiente en las Cortes.

La idea de convertir a España en la Unión de Repúblicas Socialistas Ibéricas tuvo su eco en la prensa de la época y en los discursos públicos de algunos políticos antes, incluso, de 1933. En el II Congreso de la Federación Comunista Catalano-Balear, celebrado en 1932, Joaquín Maurín (dirigente de la CNT y del POUM) y Jordi Arquer (fundador del Bloque Obrero y Campesino) lo convirtieron en su objetivo principal. Querían emular a toda costa lo que los bolcheviques habían hecho al sustituir el viejo imperio zarista por la URSS y liquidar el «Estado imperialista español» para dar vida a esta Unión de Repúblicas Ibéricas Soviéticas. Así lo proclamó Largo Caballero poco después en un mitin en Madrid, ante las masas enardecidas y delante de un retrato de Lenin.

Cuando comenzó a defender su URSS a la española, nunca se refirió al genocidio que Stalin había iniciado: el conocido Holodomor, que acabó con la vida de más de siete millones de personas en Ucrania, entre 1932 y 1934, como medio para imponer al campesinado la completa colectivización de sus tierras. No sabemos si por omisión o por desconocimiento, aunque en 1933 periódicos como *ABC* ya habían publicado documentos que lo atestiguaban, como la carta de la hija de Tolstói en la que denunciaba esta situación:

Desde hace quince años, el pueblo ruso padece esclavitud, hambre y frío. El Gobierno bolchevique sigue oprimiéndole y le arrebata su trigo y otros productos que envía al extranjero porque necesita dinero. Lo hace no solo para comprar maquinaria, sino para hacer propaganda del comunismo en todo el mundo. Y si los campesinos protestan y ocultan el trigo para sus familias hambrientas, se les fusila.

Las soflamas del general franquista que aterraban a los republicanos a través de la radio

Manuel P. Villatoro

A finales de los años treinta, un fotógrafo inmortalizó a Gonzalo Queipo de Llano durante su visita a Berlín. La instantánea recogía a un oficial alto, espigado y de mirada seria que, solemne, ofrecía la mano a Adolf Hitler. Al Führer, sin embargo, se le apreciaba mucho más ufano, casi alegre por el encuentro. Había una muy buena relación entre ambos gobiernos. La instantánea se enmarca en una serie de visitas que una extensa lista de generales italianos y españoles hicieron al Tercer Reich con motivo del regreso de la Legión Cóndor a su país de origen.

Lejos de los cargos políticos y militares, Hitler y Queipo de Llano escondían una afición común, la de ofrecer discursos que encendieran los ánimos de sus seguidores. Lo cierto, sin embargo, es que el germano prefería los grandes estrados, mientras que el español —en su momento uno de los que proclamó la Segunda República tricolor en mano— se sentía muy cómodo frente a los micrófonos. No en vano, durante su etapa al frente del Ejército del Sur, después de declararse partidario de la sublevación, fue apodado el General de la Radio por las más de seiscientas intervenciones que hizo a través de las ondas de Sevilla.

Otras de las características que ambos compartían eran la vehemencia y la convicción de que sus palabras levantaban la moral de las tropas y apuñalaban el ánimo del contrario. Es algo que admitió el mismo Queipo de Llano, con muy poca modestia, durante su posterior exilio en Italia tras la Guerra Civil: «Tuve noticias muy pronto del buen efecto que habían producido [las primeras intervenciones], y por ello me impuse el deber de convertirme en un *speaker*, el primero, quizá, que empleó la radio como arma de guerra con resultados sorprendentes». En parte llevaba razón, pues los republicanos que defendieron ciudades como Málaga confirmaron después que oír su tono de voz era estremecedor.

En lo que no se parecían en absoluto era en el tipo de discurso. Mientras que Hitler contaba con un estilo incisivo, pero que evitaba las palabras soeces y los insultos gratuitos a pesar del odio visceral que rezumaban sus alocuciones, el oficial franquista siempre se destacó por lanzar unas peroratas hirientes, casi burdas, plagadas de términos malsonantes y provocadoras en extremo. Esas fueron sus armas para intentar amedrentar al enemigo y convencerle, entre otras tantas cosas, de que resistirse a las tropas del bando sublevado era sinónimo de morir. Todo ello le valió ser calificado como «el más grande combatiente por la radio de todos los tiempos» por el embajador de Estados Unidos en España, Claude G. Bowers.

Republicano convencido

La historia de Queipo de Llano es una de las más extrañas de la contienda. Militar de carrera, fue defenestrado por Miguel Primo de Rivera en 1924, después de que el dictador tuviera noticia de sus tejemanejes para volver al parlamentarismo. Cuesta contar la ingente cantidad de veces que su nombre apareció ligado a una intentona golpista, como también resulta difícil enumerar los castigos que recibió por ello. No obstante, puede que el episodio más llamativo de su juventud fuese la firma del llamado Pacto de San Sebastián, promovido en los años treinta para derrocar a la monarquía e instaurar la Segunda República; algo surrealista si se tiene en cuenta el futuro que le esperaba.

Lo que desde luego no le pudieron achacar fue falta de compromiso con sus ideales iniciales. Queipo de Llano fue uno de los militares que, el 15 de diciembre de 1930, se apoderaron del aeródromo de Cuatro Vientos con el objetivo de acabar con el régimen establecido. A su lado se hallaba Ramón Franco. Aquella jornada ambos desempeñaron un papel esencial. El primero leyó un manifiesto a través de la radio —ya apuntaba maneras— en el que se informaba de que la República había llegado a toda España. El segundo, por su parte, se hizo con un avión desde el que arrojó octavillas sobre el Palacio Real. De poco les sirvió, pues la falta de apoyo popular les obligó a abandonar y exiliarse en Francia.

Queipo de Llano solo pudo regresar a España tras la proclamación de la Segunda República. Lo llamativo es que lo hizo casi como un héroe. O, al menos, con una ingente cantidad de cargos bajo el brazo, entregados por el mismísimo Manuel Azaña. Según el historiador Fernando Puell de la Villa, entre ellos se contaban el ascenso a general de división y su nombramiento como jefe de la 1.ª División Orgánica. Él, por su parte, juró ser leal al nuevo régimen. Lo hizo convencido, como demuestra el que su hija se casara con el primogénito del entonces presidente de la República, Niceto Alcalá-Zamora.

Sin embargo, como les sucedió a tantos otros, Queipo de Llano terminó desencantado con los sucesivos gobiernos de la Segunda República y con aquellos vaivenes políticos de izquierdas y derechas. Por ello, se unió a las conspiraciones de Mola para destruir al mismo régimen por el que había combatido. La razón la dejó clara en una de las muchas misivas que escribió: «Luché por la caída del Gobierno de Montero Ríos [...], combatí a las Juntas de Defensa, luché contra aquella monarquía que perdió un imperio. Y, cuando vi la República fría, muerta, sumergida en la vergüenza y el crimen, me alcé contra ella». Con todo, también añadió que «nunca pertenecí a partido alguno» y que no vistió «otra librea que la de la patria».

Locura en las ondas

Los historiadores coinciden en que el oficial, inspector general de carabineros en 1936, fue clave para que la sublevación no se diluyera en parte de Andalucía. Y no solo por sus dotes militares. Según afirman Inmaculada Gómez y Francisco García en el dosier «Medios de comunicación y guerra civil española: la huida masiva de Málaga en 1937. El efecto de la propaganda de guerra en prensa y radio sobre la población malagueña», su gran aportación al golpe fueron las más de seiscientas charlas que dio en Unión Radio Sevilla con su «facilidad de palabra, agilidad mental y un rico vocabulario unidos a una gran capacidad de comunicación». No contaba con un guion y tampoco lo necesitaba. Se limitaba a ponerse frente al micrófono y hablar durante muchos minutos.

Durante las primeras semanas de la contienda, el militar compareció todos los días en tres ocasiones. Después redujo esta cifra a una charla nocturna. No tardó en ganarse el apodo el Borracho de Sevilla por su característica voz, pero la verdad es que aquella fama poco tenía de realidad. Lo que sí es palpable es la brutalidad de sus discursos. «Yo os autorizo, bajo mi responsabilidad, a matar como un perro a cualquiera que se atreva a ejercer coacción sobre vosotros», les insistió a los sublevados el 23 de julio de 1936. Fue la menor de las barbaridades que dijo. Jornada tras jornada tildó a Dolores Ibárruri de furcia y a Prieto de cacique con sobrepeso.

La misma CNT confirmó en una obra editada durante la contienda, *La historia de la guerra española*, que «las tonterías que hablaba por la radio» les habían hecho «mucho más daño que el desembarco de las tropas Regulares». Aquello fue como un masaje para Queipo de Llano, que respondió con unas sencillas palabras: «Soy el primero que ha empleado la radio como arma de guerra, y lo acepto lleno de satisfacción». Y lo cierto es que, todavía hoy, los supervivientes recuerdan que a través de las ondas llamaba a «perseguir a los rojos como a fieras hasta hacerlos desaparecer a todos» o pronosticaba «el fin vergonzoso de los rojos».

También colaboró con su voz en la toma de Málaga. A través de Unión Radio Sevilla convenció a los defensores de la brutalidad de los Regulares y sembró el miedo en las mujeres con sus amenazas radiofónicas. «Nuestros [soldados] han demostrado a los rojos cobardes lo que significa ser hombre de verdad. Y, a la vez, a sus mujeres. Esto está totalmente justificado porque estas comunistas y anarquistas predican el amor libre. Ahora por lo menos sabrán lo que son hombres de verdad y no milicianos maricones. No se van a librar por mucho que berreen y pataleen», afirmó, en una ocasión, al hablar de las violaciones de republicanas.

Tras insistir una y otra vez en que la provincia no tardaría en caer, hizo también referencia a actos de barbarie como la huida de republicanos en la carretera Málaga-Almería: «Una parte de nuestra aviación me comunicaba que grandes masas huían a todo correr hacia Motril. Para acompañarles en su huida y hacerles correr con más prisa, enviamos a nuestra aviación que bombardeó e incendió algunos camiones».

A través de las ondas, Queipo de Llano denigró también al ejército de la República y a aquellos civiles que apoyaban al Gobierno. A todos ellos los calificó de marxistas, cobardes y traicioneros. Valga como ejemplo la alocución del 16 de septiembre de 1936:

> Ha habido tiendas en que los rojos saquearon hasta un valor de 250.000 pesetas. Al huir han dejado cantidades enormes de material, incluyendo cincuenta cañones. El recuento aún no ha acabado. [...] Los rojos, como siempre, se han mostrado heroicos

> para el crimen, asesinando, después de mutilar bestialmente, a aquellos prisioneros que no podían transportar.

Aun así, no todo fueron insultos y descalificaciones. Como buen propagandista que era, Queipo de Llano recordaba, noche tras noche, a aquellos que consideraba héroes del bando sublevado. Así, el 23 de septiembre de 1936 dedicó unos largos minutos a describir la situación del Alcázar de Toledo.

> En Toledo continúa la épica lucha de los defensores del Alcázar, asombro del mundo entero, hasta de los marxistas, que confiesan en sus partes haber rechazado sus ataques por las ametralladoras nacionales. Allí estuvieron ayer, aunque seguramente muy lejos de las balas, el canalla de Asensio y el «Canallero» de Largo, presenciando la intención para regar con gasolina el Alcázar e incendiarlo; pero la intentona fracasó. Hoy la prensa italiana elogia a aquellos bravos defensores y dice que a todas las naciones interesa esta lucha de la civilización contra la barbarie y la esclavitud asiáticas.

Las diferencias con Franco hicieron que acabara repudiado y en el extranjero. Un final que, para muchos, fue más que merecido.

El sueño «idiota» de George Orwell que le llevó a España: «Voy a matar fascistas porque alguien debe hacerlo»

ISRAEL VIANA

George Orwell ya había publicado tres novelas, un ensayo y cinco poemarios cuando decidió que tenía que irse a España a combatir contra el fascismo. El escritor británico hizo escala en París para completar un trámite en el consulado español y para conversar con su admirado Henry Miller. El secretario personal de este último recogió el encuentro en su diario y lo calificó de entrañable durante los primeros minutos, aunque aclaró que todo cambió cuando comenzaron a discutir asuntos de índole política. En concreto, cuando nuestro protagonista puso sobre la mesa el deber moral que, desde su punto de vista, tenían todos los intelectuales frente a aquel peligroso y poderoso enemigo.

Miller intentó convencerle de que aquella aventura era más propia de un boy scout que de un adulto sensato y le reprochó irritado: «Ir a España en este momento es el acto de un idiota». Quería convencerle de que no cruzara la frontera, pero Orwell lo tenía claro y aquellas palabras no le amedrentaron, como así se lo hizo saber de inmediato: «Mira, Henry, voy a matar fascistas porque alguien debe hacerlo». Y, sin decir nada más, se marchó de la casa con el abrigo de pana que el escritor le había regalado para que aguantara mejor el invierno español. Con él puesto llegó a Barcelona el 26 de diciembre de 1936, presentándose de inmediato en el cuartel Lenin para alistarse en el Partido Obrero de Unificación Marxista (POUM). «Ingresé en la milicia casi de inmediato porque en esa época y atmósfera parecía ser la única actitud concebible», recordó años después.

Junto con él viajaron otros cientos de británicos de clases sociales y tendencias políticas muy diferentes. Era posible encontrar desde un aristócrata hasta el hijo de un obrero, todos unidos con la misma intención de «matar fascistas». El escritor, que tenía treinta y tres años en ese momento, era un anarquista muy poco común, pues había estudiado en el elitista colegio de Eton, cerca de Windsor, y coqueteado con la izquierda en el Partido Laborista Independiente (ILP). También había sido policía en Birmania cuando este país todavía era colonia de Gran Bretaña, friegaplatos en el barrio Latino de París y reportero por encargo para documentar la miseria de los mineros en el norte de Inglaterra.

De todas aquellas experiencias, sin embargo, la que más huella le dejó fue su paso por las trincheras españolas desde las Navidades de 1936 hasta junio de 1937. Él mismo lo reconoció en 1946: «Este y otros acontecimientos ocurridos en aquellos meses cambiaron las cosas. Desde entonces supe dónde me encontraba. Cada línea que he escrito en serio desde 1936 ha sido redactada, directa o indirectamente, contra el totalitarismo y a favor del socialismo democrático tal y como yo lo entiendo». La prueba de que así fue la publicó poco después, en 1938, bajo el título *Homenaje a Cataluña*, uno de los libros más leídos del mundo sobre la Guerra Civil en la actualidad.

Una vez enrolado, le dieron un fusil y su uniforme, que él calificó de «multiforme», porque las prendas no coincidían entre ellas ni con las de los otros milicianos. Antes de mandarle al frente de Aragón, ya se había ganado el respeto de sus compañeros y hasta conseguido que le obedecieran como si estuviera por encima en el escalafón militar. John McNair, el hombre que dirigió al contingente del ILP en el que Orwell se alistó, se percató de que el joven escritor tenía madera de oficial y le preguntó cómo había conseguido que aquel grupo le siguiera como a un jefe. Le respondió aludiendo a un suceso acaecido pocos días antes:

> Cuando llegué a Barcelona hace cuatro noches, todos ellos parecían creer que yo era una especie de tipo raro. Pocas veces habían visto a un extranjero. Después de la comida advertí que estaban susurrando a mis espaldas. Me limité a liarme un cigarrillo, tomé un sorbo de vino y esperé. Luego me di cuenta de lo que estaban tramando: querían emborrachar al inglés grandullón y pusieron mucho empeño en ello. Aparecía una botella tras otra de aquel áspero vino español y todos seguimos bebiendo. No sabían que yo había trabajado un año y medio en bares y hoteles de París y que lo sabía todo acerca del vino tinto barato que los franceses llaman «raspador de gargantas». Uno tras otro comenzaron a abandonar el lugar dando tumbos hasta sus literas. Solo quedamos tres o cuatro, así que dije en voz baja: «Bueno, muchachos, hemos tomado unas copas amistosamente, así que me marcho si alguno de vosotros me muestra dónde puedo dormir». Entendieron mi francés y logré, aunque me costó lo suyo, irme en silencio a dormir. Es curioso que solo haya podido obtener su respeto porque pude tumbarles bebiendo. A la mañana siguiente estaban todos de resaca y decidí intervenir. Ya que mi catalán era muy pobre, hice que el hombre al mando me tradujera del francés. «Bueno, jóvenes, tuvimos

> una noche muy entretenida, pero no estamos aquí para empinar el codo, sino para aplastar fascistas. Ahora todos harán instrucción bajo mis órdenes y harán lo que yo haga». Para mi sorpresa y alegría, todos aceptaron. Pronto se les pasó la resaca y, a partir de entonces, pensaron que era alguien y me trataron con camaradería y respeto.

Una fotografía tomada por Agustí Centelles dejó constancia de su nuevo grupo de amigos españoles. En ella podía verse a un pelotón de soldados republicanos bajitos con Orwell detrás, luciendo su fino bigote y su abrigo de pana, con esa figura espigada suya de una altura desproporcionada. Era un hombre que parecía sacado de otro planeta.

Al cabo de dos días se marchó con sus compañeros a las trincheras del frente de Aragón, concretamente a la localidad de Alcubierre, ubicada en los Monegros, a trescientos kilómetros de Barcelona. Formaba parte de la División Rovira, también conocida como la 29.ª División, que estaba rodeada de otras unidades amigas compuestas de anarquistas. Como manifestó el escritor: «Había caído, más o menos por azar, en la única comunidad de Europa occidental donde la conciencia política y el rechazo al capitalismo eran más normales que lo contrario».

Adolescentes sin instrucción

Al mando de su batallón estaba un exingeniero belga muy agradable, Georges Kopp, que hasta ese momento había fabricado armas en Bruselas para el Gobierno republicano. Casi todos sus soldados eran adolescentes que no habían recibido instrucción militar, por lo que Orwell destacaba entre ellos aunque solo fuera por la edad. Esa fue la razón de que pronto le ascendieran a cabo y pusieran doce hombres bajo su mando, pero tuvo la suerte de que su zona fuera la parte tranquila del frente y de que los principales enemigos a los que se enfrentó fueron el frío y el aburrimiento. «La leña era lo único que realmente importaba en aquellos días», reconoció en *Homenaje a Cataluña*. Eso le llevó en numerosas ocasiones a realizar incursiones arriesgadas en territorio enemigo para conseguir algo de madera con la que hacer fuego. Aun así, sufrió una bronquitis que, desde aquel día, no le abandonó jamás.

Todos sus compañeros de batalla estaban de acuerdo en que Orwell no parecía tener miedo a la muerte. A menudo también arriesgaba su vida para coger un saco de patatas esquivando las balas de los franquistas cuando el hambre arreciaba. Solo había una cosa ante la que el escritor sentía auténtico pavor, las ratas. Cuentan que una noche, mientras dormía en su campamento, se acercó una y, cuando se percató, se puso de pie de un salto con el fusil en la mano. Sin pensar ni un segundo en las consecuencias, disparó contra el animal. Se armó tal revuelo que hasta los soldados enemigos, situados a cientos de metros de distancia, se pusieron a disparar a discreción durante un largo rato.

Orwell y sus compañeros del POUM no estaban lo que se dice bien armados. Su milicia, como tantas otras, había sido organizada a toda velocidad en los primeros días de la guerra por los sindicatos y los partidos políticos, pero sin la ayuda del ejército. De ahí que los soldados obedecieran más a estos que al Gobierno de la República. Contaban con tan solo quince cartuchos por cabeza, que tenían que probar por separado en la recámara, ya que les habían dado tres tipos diferentes y no todos encajaban. Así lamentaba el escritor las condiciones en que se encontraban:

> Tampoco teníamos cascos, ni bayonetas, muy pocos revólveres o pistolas y solo había una granada por cada cinco o diez hombres. No contábamos con telémetros, telescopios, periscopios o prismáticos, excepto unos pocos de propiedad privada. Ni disponíamos de pistolas de bengalas, tenazas para cortar alambradas, herramientas de armero o material de limpieza.

Según relató tiempo después, los servicios médicos eran, además, deficientes, cuando no inexistentes. Apenas tenían ropa para cambiarse y las trincheras estaban mal construidas, pues no contaban con letrinas y tenían que defecar frente a sus compañeros para no asomar la cabeza y recibir un balazo. «Una de las experiencias fundamentales de la guerra es que jamás se puede escapar a los repugnantes olores de origen humano. Hablar de las letrinas es un lugar común de la literatura bélica, y yo no las mencionaría si no fuera porque las de nuestro cuartel contribuyeron a desinflar el globo de mis fantasías sobre la Guerra Civil», apuntó en una ocasión. «La suciedad, sin embargo, nunca me preocupó. La gente hace un drama de ella. Resulta sorprendente comprobar la rapidez con la que te acostumbras a no usar pañuelo y a comer en la misma escudilla de hojalata con la que te lavas», aclaró tiempo después.

Por suerte contaban con suficientes provisiones de comida, velas, cigarrillos, vino y cerillas, y recibían la misma paga. «Estaba respirando el aire de la igualdad dentro de mi milicia, y era lo bastante ingenuo como para imaginar que esta existía en toda España. No me di cuenta de que, un poco por casualidad, estaba aislado en el sector más revolucionario de la clase obrera española», criticó *a posteriori*, tras 115 días en el frente.

En mayo de 1937 logró un permiso para ir a Barcelona y reunirse con su novia, que había viajado hasta España para verle. Era su primer descanso de la guerra, lo que esperaba con muchas ganas. Una vez allí, sin embargo, le sorprendió la encarnizada lucha en el seno del bando republicano, y la desilusión que le produjo fue enorme. Esta tuvo lugar entre el 3 y el 8 de dicho mes y provocó nada menos que quinientos muertos y otros tantos ejecutados en la represión posterior.

Fue una guerra civil dentro de la Guerra Civil que Orwell no se esperaba y que dejó en las calles de la Ciudad Condal mil cadáveres más en solo cinco días. Se trató de un combate insólito que jamás debió producirse, pues enfrentó a dos facciones que, en principio, luchaban contra el mismo enemigo, Franco: por un lado, los grupos anarquistas y trotskistas, y, por otro, el Gobierno de la República, la Generalitat de Cataluña y algunos grupos políticos socialistas y comunistas. El escritor, que se había declarado ya en muchas ocasiones anticomunista, no pudo resistir involucrarse en aquella lucha urbana, que plasmó tan bien en la segunda parte de *Homenaje a Cataluña*:

> Debíamos defender los edificios del POUM si eran atacados, pero los dirigentes habían dado instrucciones en el sentido de mantenernos a la defensiva y no abrir fuego si podíamos evitarlo. Justo enfrente había un cine llamado Poliorama, con un museo en el primer piso y, en la parte más alta, muy por encima del nivel general de los tejados, un pequeño observatorio con dos cúpulas gemelas. Estas dominaban la calle, y unos pocos hombres apostados allí podían impedir cualquier ataque contra los edificios del POUM. Los encargados del cine eran miembros de la CNT y nos dejaban entrar y salir.

Su salida de España

Orwell había reconocido en numerosas ocasiones que su decisión de ir a España la había tomado en función de su único deseo de matar fascistas, nunca con el objetivo de escribir un libro, pero lo cierto es que acabó sus días en la guerra sin disparar una sola vez. Más bien todo lo contrario, porque decidió volver al frente y, el 20 de mayo de 1937, mientras hablaba a sus hombres de los burdeles de París en una charla relajada, su alta silueta se perfiló en la aurora y una bala le atravesó el cuello.

Fue un auténtico milagro que salvara la vida, y no habría sido así de no ser por la ayuda que le prestó un voluntario estadounidense llamado Harry Milton. Según contó este a la prensa muchos años después, al autor de *Rebelión en la granja* y *1984* ya le había advertido de que su actitud era demasiado temeraria. Con sus 188 centímetros de altura, eran un blanco fácil a poco que se moviera. «Escuché el sonido nítido de un disparo a alta velocidad y Orwell inmediatamente cayó de espaldas», contó. A continuación le realizó los primeros auxilios para que no se desangrara y pudieran trasladarlo al hospital.

Tras aquella experiencia, George Orwell tomó la decisión de regresar a casa. Comenzó a preparar los papeles el 14 de junio de 1937 y consiguió el permiso correspondiente seis días después. En 1940 publicó *Dentro y fuera de la ballena*, un libro de ensayos en el que analizaba el clásico de Henry Miller, *Trópico de Cáncer*. El capítulo 3 comenzaba recordando su encuentro con el escritor estadounidense:

> Conocí a Miller por primera vez a finales de 1936, cuando pasaba por París camino a España. Lo que más me intrigó fue descubrir que no sentía ningún interés en la guerra española. Simplemente me dijo, con mucha determinación, que ir allí en ese momento era un acto de idiota. Él podía entender a cualquiera que fuera por motivos puramente egoístas, por curiosidad, por ejemplo, pero mezclarse en tales cosas por un sentido de la obligación era pura estupidez. En cualquier caso, mis ideas sobre la lucha contra el fascismo, la defensa de la democracia, etc., fueron tonterías. Nuestra civilización estaba destinada a ser barrida y reemplazada por algo tan diferente que apenas podríamos considerarlo humano. Una perspectiva que no le molestaba, según me dijo.

Desbandá: la tragedia escondida de la «carretera de la muerte»*

MANUEL P. VILLATORO

Ana Pomares responde al teléfono con una voz enérgica, pero que atesora la calidez que ofrecen décadas de vida y sabiduría. A su edad sigue activa, sin perder ni un ápice de ilusión por el día a día, tanto que continúa cocinando para su familia a pesar de sumar ya noventa y tres años. Minutos después el tono, desde el principio vivaracho, se torna afligido cuando afloran los recuerdos de aquel 8 de febrero de 1937, día en que las tropas de Franco pisaron Málaga. Ella tenía nueve años. «Estábamos en una casita de campo un poco alejada. Nos llevaron mis padres por los continuos bombardeos que había en la ciudad».

A partir de entonces comenzó la pesadilla. «Llegó mi padre y le dijo a mi madre que cogiera lo que tuviera a mano porque ya entraban los moros». Ana se refiere a los Regulares, la columna vertebral de las fuerzas franquistas del sur de la península junto con las tropas italianas. «Nos vistió solo con unos abriguillos que teníamos, porque toda nuestra ropa estaba en la otra casa». En la calle les esperaba otra familia, con la que subieron a

* Artículo elaborado para la revista *Muy Historia*.

un vehículo. «Era un coche negro, grande, cuadrado y muy antiguo. Íbamos tantos dentro que los pequeños nos tuvimos que sentar en el suelo. No cabíamos». Solo faltaba su hermano, guardia de asalto de veintiún años, al que un amor de juventud le llevó a permanecer en Málaga.

El automóvil inició renqueante la marcha con un objetivo: la carretera Málaga-Almería, hoy N-340. Era la única salida natural de la ratonera en la que se había tornado una urbe tomada por el pánico. No tardaron en darse de bruces con otros tantos miles de hombres, mujeres, niños y ancianos que habían tenido su misma idea y que, a esas horas, saturaban el camino dispuestos a recorrer los doscientos kilómetros que les separaban de Almería. No hubo orden. Los milicianos habían entonado también el «sálvese quien pueda». Pero lo peor estaba por llegar. Y es que, en mitad de aquel caos, de aquella *desbandá*, como se llamó décadas después, hicieron su aparición los buques y los aeroplanos de Franco.

«Los aviones lanzaron bombas desde el cielo y ametrallaron a la gente. Y los barcos, pegados a la costa, nos tiraron cañonazos», afirma. Ana no recuerda con exactitud las imágenes, pues su madre apagó la típica curiosidad infantil e intentó que no miraran por la ventana para que no vieran a los muertos. Lo que jamás desaparecerá de su memoria es el sonido de las explosiones. «Las bombas silban de una forma muy característica. Algunos quisieron subirse al coche, pero es que no cabían». Ellos consiguieron huir, pero no así las entre tres mil y cinco mil víctimas que se dejaron la vida en el camino. «Fue una matanza, una carnicería que silenciaron los vencedores». Solo años después se supo lo que había ocurrido en la «carretera de la muerte».

Objetivo, Málaga

El origen del que fue uno de los episodios más desconocidos de la guerra fratricida hay que buscarlo en los primeros días de la contienda. Tras el levantamiento del 18 de julio de 1936, el sur se convirtió en un objetivo prioritario: un puente de entrada al corazón mismo de España para las tropas que llegaban desde África. Durante los primeros momentos, los sublevados consiguieron el control de Sevilla, Cádiz, Huelva, Córdoba y Granada. El frente se estabilizó en agosto, cuando las tropas de Franco resistieron el envite de una columna miliciana en la ciudad de la Alhambra. Esa batalla hizo que Málaga, un puerto clave en el Mediterráneo que albergaba más de 150.000 habitantes, se transformara en una suerte de península republicana rodeada casi en su totalidad por territorio enemigo.

Los sublevados sabían que Málaga era clave para controlar las comunicaciones con Marruecos y Mallorca. Por ello, se obcecaron desde el principio en su conquista e iniciaron una guerra psicológica que buscaba destruir los ánimos de la población. Todas las mañanas despegaban varios bombarderos para soltar su letal carga sobre la ciudad. Con la tradicional gracia andaluza, los habitantes equiparaban su llegada a la del panadero: «Ya está aquí el tío de los molletes». A estos aparatos se sumaron las soflamas radiofónicas de un exaltado Gonzalo Queipo de Llano que, al mando del Ejército del Sur, amenazaba con entrar en la ciudad a sangre y fuego. «Decía que las republicanas íbamos a saber lo que eran hombres de verdad, y no los maricones que teníamos con nosotras», recuerda Ana.

El 17 de enero comenzó la ofensiva sobre la provincia bajo la dirección del duque de Sevilla. El bando rebelde no escatimó efectivos y movilizó una división española acompañada —según los cálculos del militar e historiador franquista Ramón Salas Larrazábal, presente en la Guerra Civil— de unos diez mil italianos pertenecientes al Corpo Truppe Volontarie. Todos ellos estaban apoyados por la aviación cedida por Hitler y Mussolini, carros de combate, vehículos blindados, artillería y buques de la talla de los cruceros Canarias, Baleares y Almirante Cervera.

Mientras, la situación de los republicanos era dantesca. Apenas disponían de doce mil combatientes procedentes, en su mayoría, de las milicias sindicales y a los que las luchas internas les preocupaban más que el enemigo. Por si fuera poco, el coronel José Villalba Rubio, al frente de la plaza, tan solo contaba con fusiles para armar a dos tercios de sus hombres debido a la inacción y a la desconfianza del Gobierno central. Parece ser que la única respuesta que obtuvo por parte del presidente, Francisco Largo Caballero, cuando le solicitó refuerzos y munición fue una frase tan lapidaria como concisa: «Ni un fusil ni un cartucho más para Málaga». El destino parecía escrito a pesar de que soldados como el capitán Pizarro prometían defenderse hasta la muerte de los carros de combate franquistas. «Que vengan, estrangularemos con nuestras manos desnudas a esas máquinas del demonio», afirmó a un periodista.

Las primeras acometidas provocaron, según explica Fran Martín, memorialista y autor de *La guerra en mis ojos. Los cuatro exilios de Ana*, el éxodo masivo de unos noventa mil refugiados hacia Málaga. Después ocurrió lo que cabía esperar. Al no hallar una resistencia bien organizada, los sublevados progresaron a toda prisa y el pánico cundió en la ciudad. Al anochecer del día 6, el parte de guerra franquista ya hablaba del «victorioso avance por la provincia, llegándose al sector de Alhama, a doce kilómetros de Vélez-Málaga». El 7 todo estaba perdido y los mandos huyeron. Villalba fue uno de los primeros en marcharse en coche tras animar a los escasos defensores: «La situación es crítica, pero Málaga sabrá defenderse». Uno de sus coroneles se escribió a sí mismo un salvoconducto en el que exigía a las patrullas fronterizas que le dejasen pasar porque tenía una «misión importante en Valencia». El 8 las defensas cayeron.

Un camino infernal

Así fue como se forjó la *Desbandá*, a golpe de las soflamas transmitidas a través de la radio por Queipo de Llano y de una tradición tan castiza como los correveidiles que comunicaban el triste destino que esperaba a los republicanos que se mantuvieran en la ciudad. Esa atmósfera hizo que, a partir del 7 de febrero, miles y miles de milicianos, refugiados de otras urbes y civiles abandonaran sus casas y se dirigieran, desesperados, hacia la actual carretera N-340. La vía, que unía Málaga con Almería, se convirtió en la única salvación para nada menos que entre ciento cincuenta mil y trescientas mil personas; eso en una época en que la población del país no superaba los veinticinco millones de habitantes.

Para ellos, la única opción era sobrevivir. Ya lo dijo Adolfo Sánchez Vázquez, de las Juventudes Socialistas, tras la contienda: «No me planteé si la decisión era justa o no, sino qué hacer para no caer en la trampa mortal que estaba tendida sobre la ciudad. Y lo razonable, entonces, era salir inmediatamente hacia la carretera de Almería». La vía, sin embargo, era una trampa mortal. No porque discurriera pegada a la costa, lo que la convertía en un blanco fácil para posibles ataques de navíos enemigos, sino por las malas condiciones en las que se encontraba.

Así la describió en sus memorias el inglés Thomas Cuthbert Worsley, quien, junto con el cirujano canadiense Norman Bethune y Hazen Sise, viajaba aquellos días de febrero en una ambulancia hacia Málaga para ofrecer asistencia sanitaria al ejército republicano: «La carretera se retorcía y serpenteaba a lo largo de la dentada costa. Estaba tallada en la roca gris oscuro, que por un lado descendía escarpadamente hacia el mar y por el otro ascendía de forma brusca hacia los acantilados». Según sus palabras, estaba «encajada entre las montañas ascendentes y la orilla del mar y era hermosa, pero se avanzaba muy lentamente por ella debido a las curvas cerradas y a los estrechos puentes» que salpicaban el trayecto. A pesar de viajar en coche, Ana recuerda las piedras del camino, capaces de provocar ampollas en los pies más curtidos.

Muerte en la carretera

Cuesta entender la verdadera dimensión de la muchedumbre que pretendía escapar de la ciudad. Para explicarlo, Ana remite a las palabras de su hermano: «Después de la guerra me dijo que, cuando vio tal marabunta de gente intentando salir de Málaga, se quedó horrorizado». Los supervivientes coinciden en que la mayoría de las familias se dispusieron a hacer el camino a pie y que, al menos en principio, intentaron llevar consigo sus pertenencias. Los más afortunados contaban con un vehículo y algunos, pocos, con un burro al que cargaron hasta la quijada. «La huida fue totalmente desorganizada. [...] Cada uno llevaba lo que más apreciaba: el ajuar, el traje de novia, máquinas de coser...; yo cogí mis zapatos blancos, que habían costado trece pesetas, y el vestido celestito de escobón que había estrenado ese día», recordaba Natalia Montosa Roa, entonces de catorce años, en una entrevista posterior.

En mitad de aquel caos, no faltaron quienes se aprovecharon de las armas de fuego o de su cargo para huir. Un grupo de milicianos, por ejemplo, detuvo un camión e hizo bajar a varios civiles para requisarlo e ir a defender el frente. Sin embargo, cuando lo tuvieron en su poder continuaron el trayecto hacia Almería; un triste contrapunto de otros tantos que, durante las siguientes jornadas, se ofrecieron a llevar en sus vehículos o monturas a los niños. Worsley dio buena cuenta de ello en su viaje inverso hacia Málaga: «Vimos un grupo de caballería con aire indefenso de derrota, enlodados y sudorosos; los caballos andaban lentamente, a menudo con doble carga: un niño o una niña además del jinete; algunos tiraban de sus monturas por haber dejado su sitio a mujeres mayores o chiquillos».

Pero el camino que unía Málaga con Almería no ha sido apodado la «carretera de la muerte» por este éxodo, sino porque las tropas de Franco atacaron a los civiles durante los doscientos kilómetros de trayecto desde todos los frentes. Por el aire, los cazas llegados de Sevilla dejaron caer sus bombas sobre los exiliados para, a continuación, descender y disparar sus ametralladoras contra el gentío. «Los aviones, que no ocultaban su nacionalidad, escogían los lugares más a propósito para conseguir el mejor blanco posible. Trozos de carretera donde la población no tenía más remedio que aguantar, tendida en el suelo, pues era imposible huir», narró Manuel Sánchez Fuertes tras el conflicto. El sonido de los explosivos sobre la vía acompaña todavía a Ana.

Manuel Nájera, en un testimonio recogido por Jesús Majada Neila, recordaba también los ataques de estos aparatos. El entonces chiquillo se hallaba junto a un grupo de ochenta niños que esperaban la llegada de unos autobuses. Creía, inocente, que los llevarían hasta Almería, pero entonces ocurrió el desastre. «Alguien dio la alarma y apareció un avión [...]. Muchos salimos corriendo a refugiarnos en el campo y otros prefirieron quedarse en el autobús para asegurarse una plaza. Cuando se marchó, después de hacer varias pasadas en las que arrojó bombas incendiarias, volvimos y encontramos los autobuses ardiendo». Intentaron reunirse con sus profesores y compañeros, pero setenta de ellos habían desaparecido. El resto del camino lo hicieron a pie, con hambre y frío.

Desde el mar, los cruceros abrieron fuego sobre la carretera con su artillería pesada. Manuel Muñoz Robles, uno de los supervivientes, dejó testimonio de ello en el libro *Norman Bethune. El crimen de la carretera Málaga-Almería*: «Se vivieron momentos muy críticos [...]. Los obuses lanzados desde los buques Canarias, Baleares y Cervera, acompañados también por barcos alemanes e italianos [...] ocasionaron víctimas entre los refugiados». Según sus palabras, los navíos hacían blanco, «supuestamente, contra la retirada de las fuerzas republicanas en su repliegue», a pesar de que los milicianos fueron de los primeros en marcharse. Por último, los miles de civiles fueron perseguidos en tierra por las tropas italianas de Mario Roatta, Mancini.

Las historias se cuentan por decenas y, según Fran Martín, hay que llevar a cabo una verdadera labor de prospección para sacarlas de nuevo a la luz. Gracias a su trabajo han aflorado vivencias como las de José Antonio Rodríguez, entonces un niño que vio como a una madre se le caía su bebé de los brazos y era aplastado por la muchedumbre. También las de Antonio Pascual, un chico que se perdió en mitad del camino y tuvo que cambiar una paloma por tres reales de dátiles para poder comer. Acabó en Almería, donde un guardia le acogió durante ocho meses, hasta que pudo reunirse con sus padres.

El resultado fueron miles de víctimas que avergonzaron a ambos bandos. Para el resto, la vida cambió de forma definitiva. Aunque se considera que la *Desbandá* terminó el 12 de febrero de 1937, la realidad es que aquellos que llegaron a Almería se tuvieron que enfrentar al hambre, a la falta de un techo y, pocas jornadas después, a un nuevo bombardeo que hizo estremecerse a la ciudad. Los más afortunados, como Ana, pudieron refugiarse en las casas de algunos familiares y conocidos. Su caso es de los más curiosos. Según explica, su familia huyó en un pequeño barco. «Nos fuimos a Orán, luego a Barcelona y luego a Valencia. Al final conseguimos volver a Almería, donde nos cogió el fin de la guerra».

Unos se diseminaron por Andalucía. Cientos se marcharon a Valencia. Otros intentaron pasar a Francia en 1939, donde fueron internados en campos de concentración por el Gobierno galo. Cada uno tuvo un destino diferente, pero todos coinciden en una cosa: no se debe silenciar el pasado.

El ángel canadiense

Muy pocos diarios de la época narraron la historia de la actual N-340. Dentro de nuestras fronteras, los medios de comunicación se limitaron a informar de la caída de Málaga y del posterior bombardeo de Almería. Fue en la prensa internacional donde se dio a conocer el suceso, aunque hubo que esperar algunas jornadas para ello. El testimonio más famoso pudo leerse en *The New York Times* el 18 de febrero de 1937 de la boca de Norman

Bethune. Tanto él como sus dos ayudantes, Hazen Sise y Thomas Worsley, vieron en primera persona la tragedia acaecida en aquella carretera e hicieron las únicas fotografías que se conservan de la *Desbandá.* Los expertos coinciden en que, si no hubiera sido por su relato, habría sido casi imposible recuperar la memoria histórica de los hechos.

Aunque ha pasado de puntillas por los libros, la historia de Bethune no puede ser más sorprendente. Nacido en 1890, pronto se labró una prestigiosa carrera como cirujano torácico en Montreal. Sin embargo, cuando las noticias del comienzo de la contienda llegaron a su país, abandonó el trabajo y cruzó el Atlántico en noviembre de 1936. A comienzos de 1937, al enterarse de los avances del ejército franquista sobre Málaga, se desplazó con sus dos compañeros hasta Almería desde Valencia. Cuando llegó le informaron de que la ciudad había caído, pero, a pesar de ello, decidió llevar su ambulancia por la carretera Málaga-Almería para ayudar a los posibles heridos.

No tardó en toparse con la vanguardia del gigantesco grupo de milicianos y civiles que se retiraban. En el diario estadounidense definió la estampa como «la evacuación más terrible de una ciudad en los tiempos modernos». Todavía hoy, sus palabras estremecen:

> Imagínense a ciento cincuenta mil hombres, mujeres y niños que se dirigen a una ciudad situada a más de cien millas de distancia a través de una sola carretera en un viaje que requiere, al menos, cinco días y cinco noches. [...] No había comida en los pueblos, no había trenes ni autobuses para transportarlos. Se tambaleaban y se tropezaban, con los pies magullados, por un camino de piedra mientras los fascistas los bombardeaban desde el aire y desde el mar. Contamos al menos cinco mil niños menores de diez años, unos mil de ellos descalzos y vestidos con una sola prenda.

Bethune y sus colegas, al ver aquella estampa, descargaron todo el material médico de la ambulancia y, durante tres jornadas, se dedicaron a llevar hasta Almería a mujeres, niños y ancianos. Dejó el país pocos meses después y jamás regresó. Falleció el 12 de noviembre de 1939, después de cortarse un dedo durante una operación en China.

La insólita historia del cine durante la Guerra Civil: el arma que unió a falangistas y comunistas

Israel Viana

Pocos meses antes de que estallara la Guerra Civil, Luis Buñuel ayudaba a José Luis Sáenz de Heredia a rodar una de sus primeras películas, *La hija de Juan Simón*. Un comunista convencido y el primo del fundador de la Falange, José Antonio Primo de Rivera, trabajando juntos como buenos amigos en un largometraje histórico. «Fue el segundo filme que produje, un gran éxito comercial. Era un abominable melodrama con canciones cuyo protagonista era Angelillo, el cantaor de flamenco más popular en España. Durante una escena de cabaret bastante larga, la gran bailaora gitana Carmen Amaya, muy jovencita todavía, hizo su debut en el cine», recordaba el genial director aragonés en sus memorias.

Era la época en que el gran emporio de la productora Cifesa comenzaba a exportar películas españolas a Latinoamérica y hasta *The New York Times* incluía críticas de ellas en sus páginas. Florián Rey arrasaba en taquilla con *Morena Clara*, la película que más recaudó durante la Segunda República, mientras que *La verbena de la Paloma*, de Benito Perojo, llevaba meses en cartelera. Así analizó aquel periodo para *ABC* el gran pionero en los estudios sobre este campo, Roman Gubern:

Todos los investigadores coinciden en que fue la etapa más popular de la historia del cine español. Eso no quiere decir que fuera la de más calidad, pero sí en la que más sintonía hubo con el público. La razón es muy sencilla: el analfabetismo en España estaba por encima del 40 por ciento en aquel momento y las grandes productoras decidieron solventar el problema implantando el doblaje. De esta forma, todos aquellos que no sabían leer los subtítulos o no lo hacían con fluidez podían ver igualmente las películas que llegaban de América. El cine, por lo tanto, se hizo muy popular y las salas se llenaban cada día... hasta que estalló la Guerra Civil.

Lo que ocurrió el 18 de julio de 1936 fue, según la explicación de este historiador, como «un terremoto en el que la producción privada casi desapareció». Aquel fatídico día, alrededor de quince largometrajes se encontraban en pleno rodaje. «La gente que se dedicaba al cine no se caracterizaba, ni mucho menos, por una militancia política muy activa y aquello les pilló desarbolados», aseguró el director y guionista José Luis García Sánchez.

Buñuel, por ejemplo, estaba produciendo una película del realizador francés Jean Grémillon, *¡Centinela, alerta!*, y tuvo que mandarle de vuelta a París lo más rápido posible y acabar él mismo la cinta. Perojo tuvo que interrumpir el rodaje de *Nuestra Natacha*, al igual que ocurrió en la zona nacional con *Asilo naval* y *El genio alegre*. Esta última estaba protagonizada por Fernando Fernández de Córdoba, el actor que leería en la radio, tres años después y con el habitual énfasis y engolamiento de la dictadura, el famoso último parte de guerra.

Un cine por cada bando

Al igual que el país, el cine español quedó dividido en dos grandes bandos. En el nacional se quedaron sin medios técnicos, puesto que los principales estudios y laboratorios se encontraban en Madrid y Barcelona, donde la insurrección había fracasado. Solo contaban con dos equipos completos que habían sido incautados durante el rodaje de dos películas, una en Córdoba y otra en Cádiz, cuando ambas ciudades fueron ocupadas por los nacionales. En el bando republicano, por el contrario, lo que escaseaba era el capital. A pesar de ello, tras el colapso inicial, los gobiernos de ambas zonas tomaron conciencia de la importancia de este medio no solo para entretener a la castigada población, sino también para aleccionarla en el plano político y dar respuesta al discurso del enemigo.

En este sentido, el profesor de la Universidad Complutense de Madrid Rafael R. Tranche califica al conflicto español como la «primera guerra mediática», en que las imágenes desempeñaron un papel decisivo como instrumento de información y propaganda. Constituyó un segundo frente en el que tuvieron cabida todas las disyuntivas internacionales del momento, como las que planteaban la elección entre la democracia y el totalitarismo o entre el intervencionismo y la solidaridad, por citar solo algunas. En ello trabajaron juntas las revistas, la fotografía y el cartel, aunque el cine tuviera un protagonismo especial como el espectáculo de masas que había sido en la recién atacada Segunda República.

Pronto se empezó a rodar de nuevo, aunque disminuyó de manera drástica el número de largometrajes de ficción y se reorientó todo hacia la actualidad. Muchos eran documentales de réplica de lo que se producía en el otro bando. La guerra se había trasladado a las pantallas desde el frente. En la zona republicana, el sector quedó a las órdenes de las productoras de los sindicatos de la CNT (SIE Films) y el Partido Comunista (Popular Films). Esta última, junto con la productora del Gobierno, Laia Films, produjo el noticiario *España al día*. El Departamento Nacional de Cinematografía franquista contestó de inmediato con su propio *Noticiario español*, que más tarde sería sustituido por el famoso *NO-DO*. También se puso en marcha un sistema de cine ambulante para los frentes. «Al día siguiente de conquistar una ciudad se paralizaban las carteleras y se imponían una serie de títulos concretos. Era como la ocupación simbólica después de la militar», señala Tranche.

Más que satisfacer con objetividad las necesidades periodísticas inmediatas, lo que hacían estos noticiarios y documentales era formar parte de una tupida red de consignas, construyendo la imagen del enemigo o denunciando la intervención extranjera a modo de contrapropaganda. Además, las urgencias del momento y la precariedad de los medios condicionaron los resultados estéticos, aunque el nivel de producción y la solvencia técnica alcanzados por el cine en la República dejaron su impronta.

Según los datos aportados por Magí Crusells en *La guerra civil española. Cine y propaganda*, en la zona republicana se produjeron 360 obras, por 93 en la nacional. Entre 1985 y 1996, la labor realizada por la Filmoteca Española fue decisiva para recuperar una gran parte de todos esos fondos, cuyos materiales originales desaparecieron, en su mayoría, tras el incendio de los laboratorios Riera en 1945. El balance de esta investigación fue que de las primeras se perdieron 209 películas y de las segundas, 29. «Un patrimonio insustituible de nuestra historia que debemos preservar y difundir», advierte Tranche.

AURORA DE ESPERANZA

Las películas de ficción eran contadas. Al frente de ellas encontramos directores como Antonio del Amo, Edgar Neville o el mismo Buñuel, que iba y venía a España e incluso viajó a Hollywood para supervisar el rodaje de dos largometrajes sobre la guerra. La CNT se atrevió con títulos como *Aurora de esperanza*, *Barrios bajos* o la comedia *Nuestro culpable*. En palabras de Gubern:

> Los anarquistas consideraban que el cine de Hollywood era narcótico para las masas, porque era capitalista y quería vender

> el sueño de que había que hacerse rico para vivir bien. Eso hacía que se pusieran el objetivo de rodar un cine alternativo de entretenimiento, pero con moraleja política. Un cine, por así decirlo, proletario y que elogiara la revolución, llegando incluso a producir varios filmes que, finalmente, la gente no iba a ver, porque prefería claramente las películas de Hollywood.

También llegaron a España directores extranjeros. «Para ellos era una fuente prodigiosa de temas», señala García Sánchez. Por allí estaban Ernest Hemingway, el fotógrafo Henri Cartier-Bresson, Russell Palmer, que rodó el único documental en color de la guerra, y André Malraux, que filmó *Sierra de Teruel* junto con el gran escritor Max Aub. «Es la mejor cinta, sin ninguna duda, pues mira el conflicto con unos ojos más limpios. Y visualmente es muy hermosa, con esa fotografía y esa mezcla de realidad y documental», asegura Fernando Trueba.

Cinco años después de ganar su Oscar por *Belle Époque* en 1993, el director madrileño recreó una de las empresas cinematográficas más importantes del bando franquista durante la Guerra Civil en *La niña de tus ojos*. La película recreaba el viaje que los directores Florián Rey y Benito Perojo hicieron a Berlín en 1938 para rodar con la Hispano Film Produktion los famosos largometrajes *Carmen, la de Triana* y *El barbero de Sevilla*. «Me parecía una situación tan surrealista que se fueran a la Alemania de Hitler a hacer películas folclóricas mientras el país se desangraba, que pensé que merecía la pena hacer una comedia sobre ello».

El hombre clave de esta iniciativa fue el alemán Johann W. Ther, un directivo de Cifesa que, con la complicidad del encargado de la propaganda cinematográfica de la Falange en Berlín, Joaquín Reig Gozalbes, creó esta productora en el otoño de 1936, poco después de haber comenzado la guerra. El propio ministro de Propaganda nazi, Joseph Goebbels, fue su gran protector, logrando que en ocho años se rodaran seis largometrajes de ficción, incluidos los dos citados, y más de una docena de documentales (la mayoría de ellos, antes de que se pusiera fin al conflicto español en 1939).

Buñuel y Sáenz de Heredia

Esta aventura fue tan surrealista como la ya mencionada amistad de Luis Buñuel con José Luis Sáenz de Heredia, que continuó incluso después de la ejecución de José Antonio Primo de Rivera y de que el segundo dirigiera *Raza*, la célebre película de 1941 con guion de Franco. «A mí mismo me contó Buñuel que, cuando Sáenz de Heredia fue encarcelado en una checa de Madrid y condenado a muerte durante la guerra, él mismo fue a liberarlo, armado con un fusil y con la ayuda de un grupo de obreros», recuerda Gubern.

En efecto, así lo cuenta el director de *El discreto encanto de la burguesía* en sus memorias: «Sáenz de Heredia dormía en un banco público por miedo a entrar en su casa, pues era primo carnal del fundador de Falange. Pese a sus precauciones, fue detenido por un grupo de socialistas. A partir de ese momento, se encontró en constante peligro de ser ejecutado por causa de su fatal parentesco».

Según su relato, Buñuel se dirigió a toda velocidad al estudio Rotpence para preguntarles a sus empleados cómo se había comportado su amigo durante los rodajes. «¡Muy bien! No hay nada que reprocharle», le respondieron sus excompañeros. Entonces les pidió a varios de ellos que le acompañasen hasta la calle del Marqués de Riscal, donde se hallaba custodiado el joven director madrileño, con el objetivo de que repitieran ante los soldados republicanos lo que acababan de decir.

> Adoptando una voz lo más ronca posible, le pregunté al hombre que montaba guardia dónde estaba el responsable. Apareció este y resultó que había cenado con él la noche anterior. Era un teniente tuerto, chusquero. Me reconoció. «Hombre, Buñuel,

¿qué quieres?». Se lo dije y añadí que no podíamos matar a todo el mundo. También añadí que, desde luego, conocíamos el parentesco de Sáenz con Primo de Rivera, pero eso no me impedía decir que el director se había comportado siempre perfectamente. Los delegados del estudio dieron igualmente testimonio en favor de Heredia, que fue liberado.

Poco después este huyó a Francia, aunque pudo regresar al ganar Franco la guerra. Buñuel, por el contrario, tuvo que exiliarse y hacer carrera en Francia y México, donde adquirió fama mundial y se encumbró como uno de los grandes realizadores de la historia del cine. No volvieron a coincidir hasta principios de los años cincuenta, cuando se encontraron en el Festival de Cannes. «Almorzamos juntos y hablamos largo y tendido del pasado», reconocía el aragonés en su autobiografía, cuando su antiguo aprendiz ya se había convertido en el director favorito del dictador.

Siguieron viéndose sin ningún rencor en el extranjero, y también cuando Buñuel regresó por fin a España en 1961 para rodar *Viridiana*. Los viejos compañeros y amigos se reencontraban en Madrid como si no hubieran pertenecido a bandos opuestos. Lo contaba el también director José Luis Borau, poco antes de morir, en una de sus últimas entrevistas para el Instituto Cervantes.

> Sáenz de Heredia, que dirigía la Escuela de Cine, nos propuso conocerlo. Nos reunió en un restaurante donde ellos solían comer antes de la guerra y que Buñuel deseaba visitar de nuevo. Organizó una cena durante la cual el director de *Viridiana* estuvo muy simpático, muy hablador. Nos contó muchas anécdotas. Se mostró todo el tiempo muy simpático y excitado. No sé si es que le gustaba reunirse con nosotros, que éramos entonces la última promoción de estudiantes de cine, o simplemente con su amigo, con quien se llevaba muy bien a pesar de sus tremendas diferencias políticas, como demuestra el hecho de que le salvara la vida.

La batalla en la que los «moros de Franco» aniquilaron a los republicanos del puente del Pindoque mientras dormían

Manuel P. Villatoro

Una noche calurosa y tranquila de 1937. Ese fue el escenario que acogió, entre el 10 y el 11 de febrero, en plena batalla del Jarama, una acción militar en apariencia menor, pero que permitió al ejército franquista superar este río y continuar su avance a Madrid. La toma del puente del Pindoque aparece relegada en los libros de historia, pero engrosó la leyenda que acompañaba a los llamados «moros de Franco».

Aquella jornada, los hombres del I Tabor de Tiradores de Ifni, marroquíes en su mayoría, lograron conquistar a cuchillo uno de los puntos vitales de la defensa gubernamental. Y, para asombro de todos, lo hicieron al abrigo de la oscuridad para no ser descubiertos. Por suerte para ellos, la mayor parte de sus enemigos se hallaban durmiendo. A pesar de ese golpe de mano, los nacionales no lograron conquistar Madrid. De hecho, el frente se estabilizó hasta 1938, cuando la República construyó una línea de búnkeres en las inmediaciones del Jarama con el objetivo de evitar un posible avance enemigo.

Asfixiar Madrid

En 1936 el epicentro de la Guerra Civil era Madrid, una perla ubicada en el centro de la península que los nacionales ansiaban tomar, pero que las Brigadas Internacionales estaban dispuestas a defender hasta el último hombre. Los soviéticos, aliados del presidente Manuel Azaña, también lo sabían, y es por ello que a finales de ese mismo año enviaron una buena remesa de armas y vituallas que sirvieron para reforzar este frente.

La aparente inexpugnabilidad de la urbe no le impidió a Franco organizar varias ofensivas contra ella; ataques que, a la postre, resultaron inútiles. Uno de los primeros fue un asalto en que, el 22 de noviembre, los franquistas se estrellaron contra las férreas defensas de las Brigadas Internacionales. El mismo Azaña se deshizo en elogios cuando recibió noticias del valor que derrochaban ante el enemigo.

> A todo suplió el entusiasmo de los combatientes, tropas voluntarias, poseídas de un espíritu exaltado hasta el paroxismo, seguras de la victoria. A fuerza de arrojo, de buena voluntad, muchas veces de heroísmo, hicieron cosas utilísimas para la defensa, y como no había otras mejor pensadas y ejecutadas, eran insustituibles.

Tras una serie de ofensivas infructuosas, los militares nacionales cambiaron de estrategia y se propusieron rodear Madrid por el noroeste. Así pues, en lugar de tratar de conquistar la urbe a través de la Casa de Campo, de la Ciudad Universitaria y de la carretera de La Coruña, como habían intentado hasta ese momento, apostaron por cortar el sur de la carretera de Valencia, la única vía a través de la cual llegaban refuerzos, vituallas y munición. Para llevar a cabo su plan, no obstante, los generales de Franco se veían obligados a superar las defensas republicanas ubicadas a orillas del Jarama y cruzar el río utilizando los escasos puentes existentes.

Si lograban cerrar la carretera de Valencia, los franquistas podrían cortar también los accesos a Barcelona y cercar Madrid. Con todo, uno de los objetivos primarios que se impusieron los nacionales consistió en llegar hasta Alcalá de Henares, lo que, en la práctica, suponía bordear la ciudad desde el sur en dirección norte tras recorrer unos sesenta kilómetros. El plan era más que complejo y, para llevarlo a cabo, el mando llamó a filas a miles de soldados. «De los 50.000 hombres que componen la división reforzada, serán 20.000 quienes tomen parte en la batalla del Jarama», explica Jorge M. Reverte en *De Madrid al Ebro*.

Por su parte, Paul Preston dedica unas líneas a estos momentos previos de la batalla del Jarama en su obra *La guerra civil española. Reacción, revolución y venganza*. En ellas desvela que la ofensiva fue lanzada en el momento más álgido del ejército de Franco. «Animados por sus éxitos en el sur, los rebeldes reanudaron sus esfuerzos por tomar Madrid. Mientras los republicanos se preparaban para contraatacar, las fuerzas nacionales dirigidas por el general Orgaz desencadenaron una gran ofensiva a través del valle del Jarama, sobre la carretera de Madrid-Valencia, al este de la capital». El historiador explica también que los franquistas disponían de dos ventajas sobre los republicanos, «la peculiar habilidad de los mercenarios moros para avanzar a campo a traviesa sin ser vistos» y una gran superioridad en artillería.

A principios de febrero de 1937 llegaron a la zona veinte mil soldados nacionales, una cifra considerable que dio cierta seguridad a los mandos. De hecho, poco antes del comienzo de la ofensiva el coronel Barroso, jefe de operaciones de Franco, se mostró optimista: «En cinco días estaremos en Alcalá de Henares». No podía estar más equivocado, pues aquella se iba a convertir en una larga y sangrienta contienda.

El 6 de febrero comenzó la ofensiva, y en poco tiempo los franquistas se desplegaron por una gran franja del territorio. Los atacantes solo vieron detenido su avance el 9 de febrero en tres puntos clave: los puentes del Pindoque, de San Martín de la Vega y de Arganda. Sus posiciones quedaron establecidas, así pues, en la margen oeste del Jarama, y ello solo después de que los mandos republicanos ordenasen un contraataque lo suficientemente potente como para rebajar el furor nacional y de que las lluvias detuviesen el asalto.

A la defensa

Después de que el frente se estabilizara, la XII Brigada Internacional fue la encargada de crear una línea defensiva a lo largo de la orilla este del río. Bajo sus fusiles quedó la responsabilidad de asegurar el Pindoque, misión para la que sus oficiales destinaron una sección de la Segunda Compañía del batallón denominado André Marty. La mayoría de aquellos combatientes eran franceses y belgas, y su armamento no iba mucho más allá de fusiles de cerrojo, que había que amartillar tras cada disparo.

El número de ametralladoras de las que disponía la sección a la que se le encargó la vigilancia del puente varía según las fuentes. El general soviético Pável Batov afirmó en sus informes que eran cuatro. Sin embargo, el popular historiador francés Jacques Delperrié de Bayac es partidario de que tan solo había tres; su versión es la más extendida. En lo que sí coinciden ambos es en que eran las famosas Maxim. «Fue la primera ametralladora automática portátil. Podía disparar seiscientas balas por minuto, lo que era equivalente al poder de fuego de treinta fusiles de cerrojo», afirma Luis Otero Soler en su obra *Muy breve historia de África. Cuna de la humanidad*.

Los republicanos del André Marty ubicaron una de las Maxim a la izquierda y otra a la derecha del Pindoque, para atrapar en un fuego cruzado letal a todo aquel que quisiera atravesarlo. Además, situaron una más en el centro para asegurar todavía más la posición. Y, por si algún nacional destrozaba las defensas, colocaron también cargas de demolición bajo el puente. Así, en el caso de que fuese tomado, podrían volarlo para evitar que el grueso del contingente enemigo lo usase para cruzar el Jarama.

La defensa podría haber sido perfecta, pero los hombres del André Marty cometieron un error que, a la larga, les salió caro: no dispusieron centinelas en la orilla oeste del puente. Al no tener ojos en aquella zona, se arriesgaban a ser atacados por sorpresa.

Por si fuera poco, el día del asalto al Pindoque la mayoría de los defensores se encontraban adormilados en las trincheras ubicadas varios metros detrás del puente. «Los republicanos del lado este debían hallarse guarecidos del frío de la noche en la casucha del guardavía que se alzaba al pie del mismo [puente] y hacía las veces del cuerpo de guardia. El resto de la compañía descansaba al amparo de tan precaria cobertura en las trincheras excavadas tras el terraplén del ferrocarril que discurría paralelo al río», explican Rafael Permuy y Artemio Mortera en su monográfico «La batalla del Jarama/The Battle of Jarama».

Un ejemplo de la descuidada defensa que plantearon los republicanos lo ofrece Bayac en un testimonio anónimo recogido en el completísimo artículo «La XII BI en la batalla del Jarama»:

> El Jarama chapotea y arrastra arbustos arrancados en las últimas lluvias. Se han previsto turnos de guardia en cada sección, pero no hay centinelas en el puente ni en la orilla de enfrente. Tampoco se ha hecho un reconocimiento del terreno. El voluntario Marc Perrin, de Lyon, es el tirador de la Maxim instalada en el centro. Se ha enrollado en su manta y duerme cerca de su pieza.

¿Cómo era el paso del puente del Pindoque que tenían que defender los hombres del André Marty? Según Permuy y Mortera, contaba con unos doscientos metros de largo y dos y medio de ancho. «Configuraban el puente tres tramos de viguería metálica apoyados sobre pilastras de piedra», añaden. Sobre este armazón descansaba una estrecha vía de ferrocarril apoyada «en unas planchas de hierro que se prolongaban lateralmente hasta unirse a las dos barandillas». El paso era, en definitiva, poco apto para la infantería, sumamente molesto para la caballería y casi impracticable para los carros de combate.

La conquista

Con la necesidad imperiosa de cruzar el Jarama en mente, el mando sublevado dio la orden a una pequeña unidad de dar un «golpe de mano», un ataque rápido con el que superar a un enemigo desprevenido, y conquistar el Pindoque. La misión recayó en el I Tabor de Tiradores de Ifni, una unidad formada en su mayoría por soldados marroquíes, aunque con mandos españoles, al frente de la cual se hallaba el comandante Molero. Estos hombres, calificados como «la extrema vanguardia» de las tropas de Fernando Barrón, tendrían dos ventajas: su mayor entrenamiento en el arte de la guerra y el uso de la noche como aliada para cruzar el puente sin ser vistos.

En la noche del 10 al 11 de febrero, a eso de las tres de la mañana, los marroquíes partieron de La Marañosa en dirección a su objetivo, ubicado a pocos kilómetros de distancia. Junto con ellos dejó también el campamento una compañía de zapadores de Larache. Serían los encargados de dar buena cuenta de las cargas de demolición antes de que fueran detonadas por los republicanos.

Los defensores del André Marty no podían imaginarse que la muerte estaba a punto de cernirse sobre ellos. Entre las tres y las cuatro de la madrugada ocurrió el desastre para los republicanos. Al amparo de la oscuridad, un pequeño grupo de combatientes se separó del contingente principal y logró cruzar el Pindoque. Nadie les vio. No se dio la voz de alarma. Una vez en la orilla contraria, comenzó la lucha. Los marroquíes fueron los primeros en atacar. Al poco ya habían degollado a varios miembros del André Marty. Mientras, los zapadores cortaron los cables de encendido de las cargas explosivas. Poco después, y ya sin las molestas y peligrosas Maxim al acecho, el resto del tabor cruzó a la carrera el Pindoque y atacó con granadas de mano a las tropas atrincheradas en las cercanías. Bayac explica así el golpe:

> Estallan granadas, los hombres gritan, otros corren en la noche. Marc Perrin, de pie, no tiene tiempo de enterarse de lo que pasa. Su jefe de pieza, Pecqueur, le grita: «¡Pronto! ¡Dejamos el campo!». La Maxim es demasiado pesada para un solo hombre. Perrin quita la culata móvil y se la lleva. Camina sin dirección fija con Pecqueur y otros cinco o seis se refugian en los edificios de una antigua azucarera a unos trescientos metros del Pindoque. Otros se unen a la 3.ª compañía mandada por Boursier, excontramaestre de marina.

En poco tiempo la misión había terminado. Solo hubo una contrariedad: a los zapadores debió de pasárseles por alto un cable, pues algunos minutos después los republicanos activaron las cargas y una gran explosión resonó en todo el valle del Jarama. Una vez más la diosa Fortuna se alió con los hombres de Franco, ya que, aunque uno de los extremos de la construcción se elevó en el aire por la fuerza de la detonación, cayó de nuevo casi intacto sobre su apoyo original. Los republicanos que no fueron pasados a cuchillo fueron hechos prisioneros. Otros, como ya se ha especificado, lograron huir.

El éxito del I Tabor de Tiradores de Ifni fue clave, pero efímero. Tras casi un mes de batalla, el frente se estabilizó. Los nacionales solo lograron avanzar unos pocos kilómetros hacia Madrid y no cumplieron su objetivo; todo ello a pesar de los miles de bajas —entre diez mil y veinte mil— que sufrieron ambos bandos. Ni se tomó la carretera de Valencia ni se cerró un cerco total en torno a la ciudad. En 1938 los republicanos construyeron una línea defensiva compuesta de multitud de búnkeres para defenderse de un posible ataque franquista. Y esos son, precisamente, los que se pueden visitar en la actualidad.

Cuando el gran héroe de la República salvó al futuro general de la División Azul

MANUEL P. VILLATORO

Si de algo podía presumir Adolf Hitler era de no valerse de piropos huecos para ganarse el apego de sus allegados. Ya fuera por ocupar la poltrona del Tercer Reich o por mera y cruda sinceridad, el Führer no tenía la costumbre de adular en vano. Y, en realidad, tampoco lo necesitaba. Por ello, es fácil suponer que las palabras que le espetó al general Alfred Jodl mientras ambos disfrutaban de una copiosa cena el 7 de julio de 1942 fueron del todo francas: «Será difícil encontrar a personas capaces de resolver la situación política española. Debemos promover tanto como podamos la popularidad de Agustín Muñoz Grandes, que es un hombre enérgico, y por ello el más adecuado».

Hitler conocía la inclinación política de Muñoz Grandes. O, al menos, su interés en que España se lanzase de bruces al turbio lago que suponía la Segunda Guerra Mundial. Veía en él a un líder más versado que Franco en muchos campos y, por si fuera poco, estaba convencido de que su mando al frente de la División Azul había sido ejemplar. «En la primera ocasión, le condecoraré con la Cruz de Hierro con Hojas de Roble y Brillantes. Será una buena inversión. Los soldados, sea cual fuere su origen, se entusiasman siempre por un jefe valeroso», afirmó en otra de sus largas sobremesas de 1942.

Ese mismo Muñoz Grandes, el hombre que se convirtió en uno de los políticos más destacados del franquismo tras ser nombrado secretario general de Falange Española Tradicionalista y de las Juntas de Ofensiva Nacional-Sindicalista, era también el oficial que años antes, en 1937, evitó por arte de magia la prisión después de ser capturado por las tropas republicanas. ¿Cómo fue posible? Parece un chiste, pero no lo es. La respuesta hay que buscarla en la relación que mantenía con el alto cargo republicano José Miaja, famoso durante la Guerra Civil por su ruda defensa de la capital.

Así lo afirmó el fallecido historiador Fernando Díaz-Plaja en una recopilación de artículos históricos publicados en 1996 sobre la guerra civil española. El experto desveló que el general Miaja intercedió por Muñoz Grandes y que se valió de su rango para que el Tribunal Supremo anulara la pena de nueve años de prisión impuesta al militar por no combatir la sublevación militar. O, dicho de otro modo, por apoyarla de facto, aunque no de hecho. Sus palabras hicieron que se le concediera el indulto al mismo militar que, en cuanto tuvo la oportunidad, huyó a territorio sublevado para unirse a las filas de Franco.

¿Republicano convencido?

Hallar el germen de esta historia requiere retrotraerse en el calendario hasta la primera década del siglo xx. Fue entonces cuando, según desvelan los historiadores Rafael Casas de la Vega y Luis E. Togores Sánchez, Muñoz Grandes comenzó a despuntar como oficial en los Regulares de Ceuta, primero, y de Tetuán, después. Afirman dichos expertos que, por entonces, demostró su valor al combatir siempre en vanguardia junto a sus hombres. Conquistar blocaos, entrar en poblados enemigos... Todas estas acciones quedaron registradas en su ficha, aunque entre las más destacadas se contó la toma de Xauen, explicada de esta guisa por la Comandancia Militar de Ceuta en la época:

> Aún no repuesto de sus heridas, continuó las operaciones, y al frente de su compañía entró el primero en Xauen; el 21 de octubre fue herido en los primeros momentos y, al frente de su compañía, desalojó al enemigo de una posición que ocupaba, siendo herido por segunda vez en ese día; figurando en los partes como distinguido.

Fue una de muchas. Su extensa hoja de servicios y la ingente cantidad de medallas obtenidas hicieron que, con la llegada de la Segunda República, se mantuviera en servicio tras jurar que serviría al nuevo orden constitucional. Con todo, no fue hasta la llegada del Gobierno de Alejandro Lerroux y la caída de Manuel Azaña, en 1933, cuando se le concedió el mando de la Guardia de Asalto, una policía ideada, al menos en sus orígenes, para mantener el orden en las ciudades. No le duró mucho el cargo. En 1935, tras mantener discrepancias con los mismos políticos que le habían aupado a la poltrona, fue destinado otra vez a Marruecos.

A partir de entonces comenzó su desafección con la Segunda República. Afirman los expertos españoles que, aunque todavía no se ha podido probar, se sospecha que en Marruecos se reunió con los militares que organizaban, poco a poco, el golpe de Estado. Algo debió de pergeñar, porque el 24 de julio, apenas una semana después de que comenzase la sublevación, fue detenido en Madrid, acusado de no haber ordenado a sus tropas que se mantuvieran leales. Fue condenado a nueve años de prisión. Con todo, en los siguientes meses tuvo suerte. «Estuvo internado en la cárcel Modelo, en la que salvó la vida a pesar de los numerosos fusilamientos que mermaron a la población carcelaria», señalan los autores.

La prueba de que Miaja intercedió por el militar frente a la Segunda República se halla en el número 112 de la *Gaceta Republicana*. El que fuera el *Boletín Oficial del Estado* de la época publicó, el 22 de abril de 1937, una resolución firmada por siete magistrados del Tribunal Supremo (Mariano Gómez, Demófilo de Buen, Alberto de Paz, José María Álvarez, Dionisio Terrer, Vidal Gil y Carlos de Juan) en la que se dirimía la validez del «expediente de indulto tramitado a instancia del coronel de infantería Agustín Muñoz Grandes, condenado como autor de un delito por omisión a la pena de nueve años de prisión militar mayor», a la «separación del servicio» y a la «suspensión de todo cargo y del derecho de sufragio durante el tiempo de condena».

Para empezar, en la resolución se confirmaba, como una forma de subrayar la convicción republicana de Muñoz Grandes, que «las fuerzas de Asalto que custodiaban al procesado» solicitaron una y otra vez al abogado del militar que hiciese todo lo posible para «obtener una sentencia absolutoria». Al parecer, porque «no podían dejar de desconocer que el coronel Muñoz Grandes, al frente de los guardias de asalto, fue para todos un camarada y un amigo que supo mantener la disciplina, sin olvidar jamás los respetos debidos a las personas». En este sentido, se especificaba también que había demostrado una actitud envidiable mientras se hallaba entre rejas y que estaba demasiado enfermo como para permanecer encerrado.

> No consta en su expediente personal ninguna nota desfavorable, habiendo observado buena conducta, intachable y caballerosa [...]. Y se acredita por certificado médico que padece desde hace tiempo un proceso prostático con repetidas hematurias, por haber sido operado de nefrostomía, lo que obligó a trasladarle a la enfermería.

A continuación, y como segundo plato, el fuerte del menú, la resolución dejaba bien claro que el general Miaja había intercedido por Muñoz Grandes.

> En la misma fecha de los escritos antes mencionados —día primero del mes de abril— se dirigió a la Presidencia de la Sección Delegada de este Tribunal Supremo en Madrid el general jefe del Ejército del Centro, don José Miaja, para decir que el ejército de la República, por circunstancias de todos conocidas, necesita jefes que, a su probada competencia, hayan demostrado lealtad a la República. Estimando que tales circunstancias concurren en el coronel don Agustín Muñoz Grandes, que se encuentra privado de libertad en cumplimiento de condena, pudiendo prestar inmediatamente servicio, [promueve] el indulto de la pena a que el mencionado jefe fue condenado.

Indultado

Por todo ello, aunque sobre todo gracias al testimonio de Miaja, el Tribunal Supremo decidió indultar a Muñoz Grandes de un delito consignado en el artículo 252 del Código de Justicia Militar; un apartado que, en la práctica, servía para reprobar la conducta de los oficiales que no habían adoptado todas las medidas a su alcance para detener la rebelión de las fuerzas a su mando. La justicia republicana aducía también que, al haberse visto obligado a permanecer en su casa a causa de una enfermedad, el coronel no había podido saber que sus hombres se habían unido a la sublevación.

> Concurren a favor del sentenciado poderosas razones de equidad y de conveniencia que aconsejan su indulto, por tratarse de un militar cuyo republicanismo consta a sus jefes y cuyos servicios al ejército pueden ser altamente aprovechables en las actuales circunstancias, habiendo sido fidedignamente informada de ello la Fiscalía General de la República.

Según Díaz-Plaja, la amistad entre ambos se remontaba a los años que pasaron en la Unión Militar Española, un grupo creado para protestar, en la clandestinidad, contra las reformas militares de Manuel Azaña. En todo caso, y más allá de las razones, Miaja quedó en evidencia cuando, poco antes de que se hiciera público el indulto, Muñoz Grandes aprovechó un viaje para escapar a la zona nacional. El resto es de sobra conocido. En apenas cinco días ya se hallaba a cargo de la 2.ª Brigada de Navarra. Allí comenzó una extensa carrera militar que, como es sabido, le llevó hasta Rusia en la Segunda Guerra Mundial al frente de la División Azul.

El infierno de tres niños que sobrevivieron a Guernica: «Mi hermano tuvo que recoger pedazos de cuerpos»

Israel Viana

Cuenta Francisco García San Román que eran las tres y media de la tarde cuando oyó las sirenas por primera vez. Tenía siete años y estaba en casa con su madre y sus cuatro hermanos. Acababan de terminar de comer y disfrutaban de una sobremesa tranquila. Se habían acostumbrado a ver cómo los aviones sobrevolaban sus tejados y hacía tiempo que les habían dicho que Guernica carecía de importancia militar. «Además, yo era un crío. Veía los sacos de tierra y los palos en algunas calles formando trincheras, pero no sabía realmente para qué servían», recuerda desde Irún, a sus ochenta y dos años. Aquel lunes 26 de abril de 1937, sin embargo, iba a ser diferente... y se le quedaría grabado para el resto de su vida.

El golpe de Estado había triunfado en parte del País Vasco. Sobre todo en Vitoria, que pronto se convirtió en una de las capitales de Franco junto con Burgos y Pamplona. Al mismo tiempo, en octubre de 1936 se había constituido el primer Gobierno autonómico de la historia de la comunidad, con el republicano José Antonio Aguirre como lendakari y plenipotenciario consejero de Defensa. La única misión que se puso fue ganarles la guerra en el norte a los sublevados, y en ello volcó todas sus fuerzas, hasta el punto de organizar en tiempo récord todo un ejército y una policía.

En noviembre, Aguirre decidió lanzar una contraofensiva sobre Vitoria con el objetivo de recuperarla. Sin embargo, en la conocida batalla de Villarreal las fuerzas vascorrepublicanas pecaron de desorganización, y los franquistas no solo obtuvieron la victoria, sino que pudieron realizar un contraataque brutal dos meses después, en enero de 1937. A partir de ese momento, la campaña del norte se caracterizó por los continuos bombardeos de los pueblos en manos de la República, donde los sublevados contaron con el apoyo aéreo de Italia y de la Legión Cóndor nazi. De hecho, un mes antes de la matanza de Guernica, Durango fue víctima de una ofensiva similar en la que murieron más de trescientos civiles.

La noche anterior a que Francisco oyera las mencionadas sirenas desde su casa, los nazis campaban a sus anchas por las calles de Vitoria, a ochenta kilómetros de allí. Celebraban sus éxitos militares en el salón del hotel Frontón, reconvertido en el cuartel general de los alemanes en España. Bebían como si no hubiera un mañana en una estancia decorada con objetos taurinos, mientras Wolfram von Richthofen, jefe del Estado Mayor del contingente que Hitler había enviado en apoyo de los franquistas, aparcaba su Mercedes-Benz en la puerta y, sin avisar, subía rápidamente a su suite. Venía de Burgos para mantener una reunión sorpresa a la que no asistió, a pesar de estar citado, el hombre de confianza de Franco en el norte, el general Emilio Mola.

En ausencia de este, Von Richthofen y el coronel español Juan Vigón, acompañados del comandante de la fuerza aérea italiana y de otros altos mandos militares del bando nacional, decidieron que Guernica sería el siguiente objetivo prioritario. Poco después de la reunión, García San Román y el resto de los vecinos de la localidad, acostumbrados a seguir las vicisitudes de la guerra a través de los receptores de radio, oyeron en Radio Salamanca la siguiente advertencia de las autoridades franquistas: «Vascos, rendíos ahora y salvaréis vuestras vidas. Si resistís, hallaréis una muerte segura». Y el mensaje cayó sobre sus cabezas como un presagio de muerte.

Se inicia la operación

Poco antes de que aquel 26 de abril se oyeran las sirenas a la hora de comer, Rudolf von Moreau había despegado con su Heinkel He 111, perteneciente a una de las dos unidades experimentales de la Legión Cóndor. Acababa de ponerse en marcha la Operación Guernica, encabezada por uno de los pilotos más sanguinarios del Tercer Reich, el mismo que había liderado el ataque a Bilbao tan solo un día antes.

Al parecer, no había cumplido los veinticinco, pero se comentaba que era tan bueno que podía hacer blanco en un sello de correos arrojando una china desde su avión. Según cuentan Gordon Thomas y Max Morgan-Witts en *El día en que murió Guernica*, el libro en el que se recogieron por primera vez los testimonios directos de los supervivientes y de los nazis que ejecutaron la masacre, este piloto tenía por costumbre terminar cada raid con una bomba de recuerdo. «Una señal destinada a los que estaban en tierra para demostrarles que había sido el legendario Von Moreau el que los había bombardeado», explicaban.

El pequeño Francisco vio al avión solitario de Von Moreau sobrevolar su casa «a bastante poca altura» antes de dar una vuelta sobre el pueblo y marcharse sin disparar un solo tiro. Él no lo sabía, pero era la maniobra que anunciaba la tormenta de bombas que se iba a producir pocos minutos después, y que las autoridades republicanas esperaban desde que oyeron la amenaza en la radio, aunque desconocieran la fecha y la hora exactas. Tenían muy presentes los ataques aéreos sufridos por Durango, Bilbao,

Marquina y otras localidades. Por eso el lendakari Aguirre ya había enviado con urgencia a un asesor, Francisco Lazcano, para asumir la defensa de Guernica por encima de su alcalde, José de Labauria.

Francisco, Luis y Andone

Además de García San Román, en el pueblo vivían también Luis Iriondo, que tenía entonces catorce años, y Andone Bidaguren, de nueve. Son tres de los 235 supervivientes registrados en el Centro de Investigación por la Paz Gernika Gogoratuz, sobre una población que contaba con cinco mil vecinos en aquel momento. Andone se había mudado con tres años a un caserío del barrio de Olesko, a menos de un kilómetro del ayuntamiento. Desde el comienzo de la guerra, todos los días iban a comer allí los *gudaris*, como se conoce a los soldados del Gobierno vasco, a los que oyó decir en más de una ocasión que iban a «bombardear Guernica algún lunes de mercadillo». Quizá al sospechar que si se producía el ataque iría dirigido contra las mayores concentraciones de gente, el 26 de abril acudieron muchas menos personas de lo habitual a dicho mercado y lo retiraron a toda prisa unas horas antes de la llegada de la Legión Cóndor. El regidor, además, había suspendido el partido de pelota que estaba programado para esa misma tarde.

Como las clases del colegio se habían suspendido, Iriondo trabajaba de botones en el Banco de Bilbao para llevar algo de dinero a casa. Durante los meses anteriores, había oído muchas veces a su padre comentar lo que ocurría en el frente y lamentar la muerte de algunos jóvenes del pueblo que habían sido reclutados. Se había acostumbrado a ir al refugio casi a diario cuando sonaban las alarmas. «Sin embargo, al ver que nunca sucedía nada y que todo eran falsas alarmas, llegó un momento en que dejamos de hacerles caso», comenta Iriondo, a los noventa años, desde su actual casa en Guernica.

De repente, después de aquella pasada inicial, Moreau sobrevoló el puente de Rentería, que era el objetivo inicial para cortar las carreteras, y decidió soltar las primeras bombas en el centro del pueblo, en la plaza de la Estación, antes de desaparecer a toda velocidad. Eran alrededor de las cuatro y media de la tarde. Von Richthofen regresó al hotel Frontón y, de manera escueta, anunció a su equipo que «el ataque está en marcha». Después telegrafió la orden a Burgos y, a continuación, él y su ayudante Hans Asmus se dirigieron en coche al monte Oiz para seguir con sus propios ojos la ofensiva desde algún mirador.

A dos de los hermanos de Bidaguren, de siete y ocho años, este primer ataque les pilló cerca de su caserío jugando al fútbol. Al principio se quedaron paralizados, sin saber qué hacer, y luego echaron a correr hacia casa. Así lo recuerda este superviviente:

> Cuando los vio entrar, mi padre les gritó con todas sus fuerzas: «¡No salgáis, si nos tienen que matar, nos quedamos aquí muertos!». Pero mis dos hermanos y yo, una vez reunidos, estábamos tan nerviosos que no le hicimos caso y nos liamos a correr hacia el campo. No miramos ni una sola vez hacia atrás, hasta que llegamos a una ría que había a las afueras de Guernica y nos metimos los tres juntos dentro del agua. Pensábamos que así no nos vería nadie y nos quedamos quietos, con el agua hasta la cintura, durante las cuatro horas que duró el ataque. ¡No podíamos ni hablar del miedo que teníamos!

El refugio de Astra-Unceta

En la localidad había una gran cantidad de comerciantes que habían llegado desde las zonas rurales para el mercadillo, además de cientos de milicianos huidos del frente de Bilbao. Para todos ellos, Guernica se convirtió en un auténtico infierno. «Fue la peor experiencia de mi vida», asegura García San Román, a quien su padre le había advertido de que, si sonaban las sirenas, corriera al refugio que había en la fábrica de armas Astra-Unceta. Era uno de los siete que había en el pueblo y se encontraba a trescientos metros de su casa. Se trataba del único que había sido construido por iniciativa privada, en concreto por un franquista que, curiosamente, suministraba material al Gobierno republicano. Su padre le ordenó también que, mientras huía, se tapara la boca con un pañuelo y mordiera un palo para evitar que las explosiones le «reventaran la boca». Como era de esperar, se le olvidó en medio del caos que produjo la primera ristra de bombas, sobre todo cuando vio a la gente gritar y salir corriendo de los refugios para ayudar a los heridos.

Cuando cesó este primer ataque, los vecinos pensaron que todo había terminado, pero lo cierto es que lo peor aún estaba por llegar. «Enseguida vinieron tres aviones más, después otros tres y así sucesivamente», añade Andone Bidaguren. Los bombarderos se turnaban y las pausas entre una oleada y otra eran muy cortas. «Arrojaban los obuses y volvían a Vitoria a reponer su arsenal, de manera que se cruzaban con los que habían ido a recargarse», explica Iriondo, que aprovechó una de las pausas para escapar del refugio en el que estaba, en la terraza del mercado. Había tanta gente dentro que pensó que iba a morir asfixiado. «Dentro el aire no me llegaba a los pulmones y las cerillas se apagaban nada más encenderlas», recuerda.

Fue imposible. No le dio tiempo ni a salir de la plaza porque volvieron a sonar las explosiones, esta vez mucho más fuertes y cada vez más cerca. En esa especie de táctica de tierra quemada desde el aire se sentía como si les estuvieran cercando igual que a ratones en una jaula. «El ruido parecía entrar por uno de los brazos de la plaza y recorría toda su extensión con un sonido largo, lúgubre, que se metía hasta dentro», subraya. Mientras, en otro refugio, Iriondo intentaba terminar la oración de «Señor mío Jesucristo», que le habían enseñado en clase para rezar en los momentos difíciles. Sin embargo, el miedo no le dejó pronunciarla entera ni una sola vez. «"Señor mío Jesús..." ¡booom!

"Señor mío Jesu..." y otra bomba. Una y otra vez. Siempre lo mismo», comenta.

Según detallan Thomas y Morgan-Witts en *El día en que murió Guernica*, «en los campos de aviación de Burgos y Vitoria se hallaba dispuesta una fuerza formada por 43 bombarderos y cazas que, entre todos, transportaron 50.000 kilogramos de bombas explosivas, *shrapnel* e incendiarias» de diez, cincuenta, doscientos cincuenta y quinientos kilos. Para soltarlas todas, las oleadas se sucedían sin parar: tres Savoia SM.79 de la Aviación Legionaria italiana, tres Heinkel He 111 de la Legión Cóndor y dieciocho Junkers Ju 52 también de la Legión Cóndor. Y así una y otra vez, mientras otros cinco cazas italianos Fiat CR.32 y dieciséis alemanes, tanto Messerschmitt Bf 109 como Heinkel He 51, ametrallaban a todo el que se movía por sus calles.

Los muertos

Era, sin duda, un arsenal desproporcionado habida cuenta del objetivo inicial que los nazis se habían planteado: destruir el puente de piedra de Rentería, que tenía solo veintidós metros de largo y nueve de ancho. Al final este no sufrió un solo rasguño, mientras que en el pueblo de Guernica murieron entre doscientas cincuenta y trescientas personas, según el consenso aproximado de la mayoría de los últimos estudios.

En cualquier caso, nunca hubo un acuerdo en el cómputo. De hecho, algunos periódicos franceses elevaron la cantidad hasta los tres mil. La cifra oficial del Gobierno vasco fue de 1.645 asesinados y 889 heridos. El historiador Hugh Thomas estimó que las víctimas mortales ascendían a entre cien y mil seiscientas, pero estableció que lo más probable es que fueran unas mil. Mientras, Josep Maria Solé i Sabaté y Joan Villaroya, basándose en las valoraciones realizadas por Castro Uriarte, arquitecto municipal de Guernica y responsable del servicio contraincendios en 1937, afirmaron que la cifra se situaba entre los doscientos cincuenta y trescientos ya mencionados.

Estos dos últimos historiadores señalan, además, que no hubo más muertos porque después del primer bombardeo la gente huyó al monte, como hicieron Bidaguren y sus dos hermanos, que permanecieron en la ría hasta que anocheció y las bombas dejaron de caer. «De todas formas, no parecía de noche, porque toda Guernica estaba envuelta en llamas y era como si hubiera amanecido», apunta a sus ochenta y cinco años sobre aquel momento en las afueras del municipio. Allí se encontró a una buena congregación de vecinos llorando y preguntándose qué les habría ocurrido a sus familiares. No podían volver a sus hogares para comprobarlo, pues estos estaban todos envueltos en llamas.

Los testigos describieron aquella escena en términos apocalípticos. Familias enteras enterradas entre las ruinas de sus casas o aplastadas en los refugios. Vacas y ovejas ardieron por el fósforo blanco, mientras otras brincaban enloquecidas entre las viviendas de madera y ladrillo hasta caer muertas. Iriondo se acuerda de Perico, el burro de su familia, que era muy querido entre los niños del pueblo y que falleció al derrumbarse la cuadra cuando intentaba soltarse. Su padre hizo intentos desesperados por rescatarlo, pero fue imposible. García San Román, por su parte, salió del refugio de la fábrica con su madre a las cinco horas. En ese momento, su hermano mayor, de nueve años, señaló varios cuerpos sin vida sobre el suelo. «¡Mamá, mira cómo están!», exclamó. Ella trató de engañarle: «No te preocupes, hijo mío, están durmiendo». Ni siquiera se les ocurrió ir a ver cómo había quedado su vivienda; sabían que había desaparecido.

Andone recuerda como, al día siguiente del bombardeo, los mandos del ejército franquista ordenaron a todos los que tuvieran carro y vacas que recorrieran las calles de Guernica para revolver los escombros y retirar todos los cadáveres que pudieran. Su padre y su hermano de catorce años se encontraron, por desgracia, entre los elegidos:

> Tuvieron que ir durante varios días a recoger muertos, tanto los que estaban enteros como los que estaban hechos pedazos, que eran la mayoría. Una cabeza por aquí y un brazo por allá, que tenían que meter en cajas de madera y llevárselos al cementerio. Después venían a casa a comer y no podían ni tragarse la comida, por lo que daban de comer al ganado y volvían al pueblo a recoger más cuerpos. No eran personas, los pobres regresaban siempre aturdidos.

Los doscientos cincuenta o trescientos muertos representaban algo más del 5 por ciento de la población de la localidad. A esto habría que añadir los 271 edificios que fueron destruidos, las tres cuartas partes del municipio. Tal y como escribió al día siguiente Von Richthofen en su informe:

> Guernica, villa de 5.000 habitantes, ha sido literalmente asolada. Las bombas de 250 kilos derribaron un buen número de viviendas y destruyeron las cañerías. Las bombas incendiarias, después, tuvieron tiempo de desplegar su eficacia, ya que las casas estaban construidas con cubiertas de teja, galerías de madera y entramado del mismo material. Gracias a ello, fueron completamente aniquiladas. Aún se ven hoyos de bombas totalmente increíbles. Ha sido un completo éxito.

Cuando por fin dejaron de llover las bombas en Guernica, a eso de las nueve de la noche, el pequeño Luis salió de entre los sacos del refugio del mercado y echó a correr desesperado entre las llamas y la nube de humo que cubría el cielo en busca de su amigo Cipri. Sabía que se encontraba en otro refugio que había en la carretera de Lumo, desde donde «Guernica parecía una hoguera». «Al llegar al refugio vi que había un *gudari* con un fusil haciendo guardia en la puerta. Detrás de él, me pareció ver un montón de cadáveres, pero cuando me acerqué para verlo mejor, me detuvieron. Ni siquiera se me pasó por la cabeza que Cipri pudiera estar ahí..., pero meses después me enteré de que su cuerpo era uno de ellos», apunta.

Exhausto y triste, sin saber muy bien qué hacer, subió a la cima de una pequeña montaña desde la que se veía Guernica entera, con un amigo al que se había encontrado: «Allí, sentados en la hierba, contemplamos cómo ardía nuestro pueblo. La casa donde vivía Eloy, que estaba junto a la mía, era una de las más grandes. De repente, las paredes de esta se desplomaron y produjeron una gran humareda. Este dijo sin emoción alguna: "Allí están mi abuela y mi tía, una sorda y la otra paralítica"». Después se quedaron en aquel lugar un rato largo sin decirse nada, fumándose el primer cigarrillo de su vida, antes de regresar a la localidad en busca de sus familias.

El Batallón Lincoln: los brigadistas utilizados como carne de cañón frente a soldados expertos

Manuel P. Villatoro

El 27 de febrero de 1937 fue un día negro para las Brigadas Internacionales. Aquella jornada, lluviosa según las crónicas, unos quinientos chavales que no llegaban a la veintena se lanzaron al asalto contra las fuerzas nacionales en la batalla del Jarama. Al caer el sol, más de un centenar yacían inertes sobre un campo al que llamaron Red River Valley. «Ese lugar lo conocemos muy bien, porque allí es donde consumimos nuestra juventud», escribió, años después, el poeta y veterano de la unidad Edwin Rolfe. Los soldados eran estadounidenses y pertenecían a la mal llamada Brigada Lincoln, una unidad que ha protagonizado desde canciones tradicionales hasta películas.

Lo cierto es que este contingente, un batallón en realidad, no tiene desperdicio histórico, pues estaba formado en esencia por estadounidenses que aportaban más coraje que experiencia. «Los brigadistas franceses, alemanes, italianos o polacos eran hombres maduros; soldados que habían luchado en las batallas de la Gran Guerra. Pero ellos, esos jovencísimos norteamericanos que vinieron a España a luchar y a morir, supieron ver con claridad lo que pasaba a pesar de las mentiras de la prensa y se anticiparon a los acontecimientos. Sus muertes, provocadas por falta de armas, que no por falta de valor, fueron especialmente amargas», añadía Rolfe. Llevaba razón, pues fueron utilizados como carne de cañón por unos mandos que, en muchos casos, veían a las Brigadas Internacionales como soldados prescindibles.

Desde el otro lado del océano

El germen del Batallón Lincoln brotó en las Navidades estadounidenses de 1936. Por entonces las noticias de que una guerra había comenzado en España habían cruzado el Atlántico y llegado de forma irremediable hasta Norteamérica gracias a la prensa.

«La Guerra Civil es una de las mejor documentadas por la prensa de la época. Hay que tener en cuenta que las cámaras se hicieron más ligeras y eso permitió que se sacaran muchas más fotografías. Así que una señora norteamericana podía ver perfectamente la imagen de un niño muerto en unos bombardeos en España. Por ello, la contienda tuvo una repercusión enorme en Estados Unidos», explica a *ABC* Marina Garde, directora ejecutiva de ALBA (Abraham Lincoln Brigade Archives), una organización sin ánimo de lucro con fin educativo creada por antiguos miembros de esta unidad en los años setenta.

En palabras de Garde, el comienzo de la guerra movilizó a una parte de la sociedad estadounidense, que veía en el ejército franquista un avance del fascismo en Europa. El resultado fue que se comenzó a enviar desde el otro lado del Atlántico ayuda de todo tipo a la Segunda República, desde material médico hasta dinero.

«Muchos famosos quisieron recaudar fondos e influir en el Gobierno para enviar material y hombres, pero este se negó porque los tratados internacionales lo impedían. Un artista llegó a hacer esculturas y venderlas para enviar dinero a la República», añade la experta. Además de toda esta ayuda clandestina, y como era de esperar, también se fue formando una pequeña unidad de voluntarios deseosos de cruzar el océano, armarse y combatir contra el contingente que, desde Marruecos, había atravesado el estrecho de Gibraltar para llegar a la península ibérica. Eran hombres —a la postre, los miembros del Batallón Lincoln— que carecían en su gran mayoría de entrenamiento militar y que solo portaban consigo sus ideas. «Había gente ligada al Partido Comunista, obreros, universitarios, trabajadores industriales... De todo un poco. Eran personas que políticamente estaban muy involucradas con sus ideas y que, en las cartas que enviaron después desde el frente, ya aventuraban el comienzo de una Segunda Guerra Mundial», añade Garde.

Además, y como bien señala Fernando Vera Jiménez en su extenso artículo «Cubanos en la guerra civil española. La presencia de voluntarios en las Brigadas Internacionales y el Ejército Popular de la República», también había en aquella agrupación una «nutrida representación de cubanos» que ha pasado de puntillas por los libros. La mayoría eran exiliados políticos o emigrantes que habían viajado a Estados Unidos por problemas económicos.

Anthony L. Geist, quien entrevistó a algunos supervivientes del Batallón Lincoln para su artículo «Los brigadistas norteamericanos y la experiencia de Seattle», tiene su particular visión de por qué se decidieron a viajar hasta España: «Al preguntarles, casi todos responden que la Gran Depresión les había sensibilizado ante las condiciones sociales y las injusticias en su propio país y había abocado a gran número de norteamericanos hacia ideologías radicales. Ofrecieron la vida porque tenían que "arrimar el hombro" y "sencillamente es lo que había que hacer"».

Nace la Lincoln

Ese grupo pasó a la acción y partió del puerto de Nueva York el 5 de enero de 1937 a bordo del buque francés Champlain. Sin embargo, no entró en España cruzando las fronteras marítimas de la península, pues permanecían cerradas por motivos políticos, sino amarrando primero en el puerto de El Havre, en el norte de Francia, y viajando después hasta el centro de la región.

Al final, siguieron la ruta habitual de los voluntarios, desde París hasta Perpiñán y, de allí, a Figueras. Tras pisar el sur de Francia cruzaron los Pirineos a pie o en tren y llegaron a Barcelona, desde donde iniciaron la última parte de su trayecto, la que les llevaría hasta Villanueva de la Jara (Cuenca). Allí fue donde se unieron a la XV Brigada Internacional, que nació de manera oficial el 31 de enero de ese año. Estaba formada, en su mayoría, por soldados británicos y canadienses.

«La XV quedó constituida con los batallones Lincoln, Six Février, Dimitrov y British. El Lincoln recibió este nombre en honor del presidente estadounidense emancipador de los esclavos», explica César Vidal en su obra *Las Brigadas Internacionales*. Lo llamaron así, además, por seguir la consigna del Partido Comunista de Estados Unidos, el cual buscaba «aprovechar los símbolos patrios» para insuflar con ellos ánimo a sus combatientes.

La unidad fue puesta a las órdenes de James Harris y del comisario Samuel Stemberg, ambos estadounidenses. El Batallón Lincoln, en el que quedaron encuadrados también combatientes irlandeses, se dividía en dos compañías de infantería y una de ametralladoras pesadas, la Tom Mooney. Esta fue la estructura de una unidad por la que, durante tres años, pasaron más de 2.800 voluntarios americanos y que vio morir a un tercio de ellos. El grupo, además, tuvo una gran peculiaridad para la época: en él combatieron mano a mano negros y blancos e incluso llegó a tener mandos de personas de color, algo que no sucedió en la Segunda Guerra Mundial.

El batallón, que se caracterizó en principio por su falta de disciplina, se movilizó, además, sin haber recibido entrenamiento militar. «Al entrar en batalla muchos no habían disparado ni un solo tiro con su fusil. No habían practicado. Tan solo hubo algunos a los que les dejaron disparar un peine (cinco cartuchos) para que vieran cómo se hacía», explica a *ABC* Luis Martínez, estudioso de la batalla del Jarama y activo guía de grupos por los restos que dejó. Garde está de acuerdo: «No tenían la menor idea de lucha armada. Les movía la pasión de su causa». Con todo, este factor no fue exclusivo del Lincoln, pues a la mayoría de las Brigadas Internacionales les sucedía lo mismo. Fue algo que, a la larga, dio la ventaja al bando franquista.

La gran mentira

En aquellos tiempos, a principios de 1937, el Lincoln nació como un batallón; a saber, una unidad de entre cuatrocientos y quinientos soldados que dependía de una brigada, formada por entre tres mil y tres mil quinientos hombres. Sin embargo, con el tiempo ha pasado a ser conocida como la Brigada Lincoln. ¿Cómo es posible? Tal y como afirma Garde, por una mala asociación de los estadounidenses: «Se puede afirmar que fue un acuerdo tácito y no escrito favorecido porque, después de la Guerra Civil, los norteamericanos empezaron a decir que todos aquellos que volvían del frente pertenecían a la Brigada Lincoln, pero la realidad es que fue un batallón».

Martínez opina lo mismo y considera que este es uno de los grandes errores históricos que persiguen a los norteamericanos. «El Lincoln jamás fue una brigada. Hablar de brigada es hacerlo de una unidad compuesta por una serie de batallones con sus servicios, intendencia... Es hacer referencia a un grupo de entre tres mil y tres mil quinientos soldados. Ellos constituyeron un batallón de entre cuatrocientas y quinientas personas que formaba parte de la XV Brigada Internacional», determina.

Mientras el Lincoln se formaba y quedaba encuadrado en la XV Brigada Internacional, en las afueras de Madrid, la ciudad de mayor importancia moral para el Gobierno republicano, se vivía uno de los momentos más determinantes de la guerra. Y es que, tras varios intentos fallidos de tomar la capital, el ejército franquista decidió iniciar una gran ofensiva desde el este con el objetivo de conquistar la carretera de Valencia.

El día 6 comenzó la ofensiva general y se logró arrebatar a los republicanos una gran franja de territorio. Poco después fueron tomados los puentes del Pindoque y de San Martín de la Vega, determinantes para el avance sublevado. Una vez conquistadas ambas posiciones, la infantería y la caballería pudieron cruzarlos. Esto permitió al bando franquista conquistar, al sur, el cerro del Pingarrón, una posición clave para defender los pasos. No obstante, a partir de los días posteriores su progreso se detuvo debido a la movilización de refuerzos por parte del ejército gubernamental, entre ellos los míticos carros de combate T-26 del soviético Dmitri Pávlov.

Al final, tras varias jornadas de duros enfrentamientos, y después de que el frente se estabilizara, el 17 los oficiales defensores decidieron pasar a la acción. Así, en pocas horas organizaron un contraataque lo bastante poderoso como para recuperar el territorio perdido y poner en jaque a los hombres de Franco. Fue en ese momento cuando el Batallón Lincoln entró en combate. Los anglosajones fueron trasladados en la noche del día 16 desde Chinchón hasta las cercanías del Pingarrón. «Quedaron enmarcados en el flanco izquierdo de la defensa. Desde el principio sufrieron bajas, ya que, la misma noche en que se incorporaron, se les ordenó cavar trincheras en un cerro ubicado en el cruce de Morata y San Martín. Como carecían de palas y equipo, las terminaron haciendo con sus cascos y con las bayonetas. A la mañana siguiente, los nacionales les vieron y les bombardearon de forma insistente», añade Martínez.

Aquel fue el principio de su calvario en un combate que casi había terminado y en la que ningún bando consiguió nada. Este primer golpe a la moral del batallón se sumó al que había sufrido poco antes de llegar al campo de batalla, cuando tres camiones que transportaban soldados norteamericanos de la unidad se perdieron y, tras ir a parar a territorio franquista, fueron ametrallados.

Tras estar varias horas al abrigo de unas trincheras ubicadas cerca del Pingarrón, y después de que a varios combatientes les diese un ataque de pánico por su falta de experiencia, nuestros protagonistas recibieron la orden de tomar el cerro. Y vaya si lo consiguieron. «El 19 de febrero, las fuerzas republicanas lograron hacerse temporalmente con el Pingarrón, pero el contraataque de las tropas moras, que perdieron un 80 por ciento de sus efectivos, los desalojó de allí», señala Vidal.

La situación volvió a quedar como al principio, y empeoró todavía más para el Batallón Lincoln cuando a la posición franquista llegaron los Regulares de Ceuta y una unidad de caballería desmontada como refuerzo. Al fin y al cabo, los nacionales sabían que una buena parte de sus defensas se vendrían abajo si caía aquella colina, por lo que no estaban dispuestos a perderla.

Una matanza

El 23 de febrero el Batallón Lincoln recibió la orden de tomar el Pingarrón costase las vidas que costase, ello a pesar de que los nacionales habían reforzado las posiciones con varias ametralladoras pesadas y de que el terreno que había entre su campamento y la ladera de la colina era una planicie totalmente virgen de setos, árboles o cualquier accidente orográfico que les permitiese protegerse del fuego enemigo. Fueron enviados, en definitiva, a un campo de tiro en el que serían, sin duda, aniquilados por las tropas franquistas.

La explicación de que se utilizara a medio millar de soldados como patos de feria es sencilla: las Brigadas Internacionales fueron empleadas por los mandos republicanos, muchos soviéticos, como fuerzas de choque a pesar de que carecían de entrenamiento y experiencia militar. Era una labor que, hasta entonces, había asumido la legión. Así lo explica el historiador e hispanista Michael Alpert:

La idea de que eran el equivalente de la legión, es decir, unas unidades de choque, no es defendible. No obstante, en el primer año de guerra, se les trataba como si en realidad tuvieran la capacidad y el armamento militar de la legión. En efecto, el decreto que les daba este estatus preciso reza: «En sustitución del tercio de extranjeros se crearán las Brigadas Internacionales como unidades del ejército de la República». La consecuencia fueron enormes pérdidas entre los milicianos, obligando al mando a reconstruir brigadas enteras.

El resultado de los tres ataques sucesivos fue el esperado: más de un centenar de bajas entre muertos y heridos. «Fue un escándalo. Ese ataque no tenía sentido porque el Pingarrón estaba ocupado y no tenían apoyo aéreo, a pesar de que se lo habían prometido. Fueron utilizados como carne de cañón, lo mismo que las Brigadas Internacionales en general», destaca Martínez. Garde opina lo mismo y suscribe el término empleado por este estudioso. Para ella, fue una verdadera carnicería.

El golpe moral para el Batallón Lincoln fue tal que, al recibir la orden de asaltar la posición por cuarta vez, sus miembros se sublevaron. En cierto modo era previsible.. Según explica el historiador Antony Beevor, su comandante les había ordenado lanzar un ataque tras otro hasta perder unos ciento veinte hombres. Así que, cuando insistió en su idea, los estadounidenses casi lincharon a este curioso personaje. Fue una conmoción, pues se negaron a volver al combate y solo regresaron a primera línea cuando les permitieron elegir a su propio comandante.

Entre altibajos prosiguieron las operaciones, pero el Pingarrón no cayó bajo las bayonetas republicanas. Al final, tras ser retirados del frente cuatro meses después, tuvieron que lamentar 120 fallecidos y 175 heridos; 295 bajas de un total de 500 hombres.

Otras batallas

Las batallas en las que participaron nuestros protagonistas se cuentan por decenas. Entre las más famosas se halla la de Brunete, acaecida entre el 6 y el 26 de julio de 1937. En este ataque de distracción para reducir la presión franquista en el norte, la unidad perdió a ciento sesenta hombres en apenas tres jornadas. Los expertos definen su actuación como valerosa y dolorosa a la par. Además, tuvieron que sufrir durante días el bombardeo de la Legión Cóndor. Los daños padecidos por los batallones Lincoln y Washington fueron tan grandes que acabaron fusionados en uno solo.

Sus hombres también participaron en la batalla de Belchite, acaecida entre el 24 de agosto y el 6 de septiembre del mismo año. Fue la continuación natural de Brunete. Tras observar la falta de eficacia del ataque de distracción lanzado en la operación previa, los mandos republicanos planearon una nueva ofensiva con el mismo objetivo sobre esta urbe de Zaragoza. El Batallón Lincoln, en acciones de combate previas a la contienda, luchó en Quinto y luego en las calles de Belchite durante cuatro días. El resultado fue dantesco, más de doscientas cincuenta bajas.

En adelante sus combates se diluyeron un poco en el tiempo. Tal y como explica Patricia McDermott, de la Universidad de Leeds, en su artículo «Por tierras de Castilla y Aragón. El réquiem de Ernest Hemingway por los brigadistas republicanos enterrados en España», su siguiente actuación de importancia tuvo lugar al norte de Teruel. «El 15 de febrero, los del Lincoln organizaron un ataque de diversión en Segura de Baños, tomando el monte Pedrigossa, para replegarse el día 19 al sureste de la ciudad y defenderla en batalla». Les fue mejor.

Su última batalla de importancia fue la que buscaba ser la ofensiva definitiva de la Guerra Civil y en la que la República se lo jugó todo, la del Ebro. Los mandos lanzaron un gigantesco golpe de mano sobre el río para tratar de expulsar a los nacionales. En principio lograron hacer retroceder al enemigo, pero no tardaron en verse obligados a volver a sus posiciones iniciales. Tras resistir el bombardeo de la aviación franquista y la artillería, las Brigadas Internacionales fueron licenciadas por Negrín, quien consideraba que, de esta forma, lograría que las potencias que apoyaban a Franco (Alemania e Italia) retiraran también su ayuda. No fue así.

La entrevista perdida a Franco durante la guerra en la que insinuó que reinstauraría la monarquía

Israel Viana

El 18 de julio de 1937 se conmemoró en Sevilla el primer aniversario del «alzamiento nacional», como lo bautizaron las autoridades franquistas. Se celebró de una manera un tanto exagerada si tenemos en cuenta que la guerra no había superado todavía su ecuador. Pero como la capital andaluza había sido la primera ciudad española en la que el golpe había triunfado, y habida cuenta de que el *Boletín Oficial del Estado* acababa de declarar fiesta nacional ese mismo día, los sublevados no desaprovecharon la ocasión de rendirle un sentido homenaje, incluso, a Queipo de Llano.

En aquel momento *ABC* era ya un periódico dividido entre la edición madrileña, que había sido incautada por el Gobierno republicano tras el fracaso de la sublevación en el cuartel de la Montaña, y la de Sevilla, que quedó en manos de los franquistas bajo la dirección de Juan Ignacio Luca de Tena, hijo del fundador del diario. Fueron los responsables de esta última quienes aprovecharon para publicar un número extraordinario, el 10.649, en el que incluyeron textos firmados por el general Antonio Aranda, protagonista del sitio de Toledo, y el escritor José María Pemán, entre otros.

Por encima de estos artículos, sin embargo, aquel número incluía uno de los documentos más importantes de la época, la primera entrevista concedida por Franco desde el comienzo de la guerra. En ella no solo analizaba lo que, a su juicio, habían sido los primeros 365 días del conflicto, sino que también anunciaba lo que iban a ser —o pretendía que fueran— los cuarenta años siguientes de la historia de España. «Sería cándido e inútil que yo intentara describir ahora su figura, popularizada en miles de retratos, pero ¿cómo es el general por dentro? Esa cuestión es mucho más interesante», comenzaba la mencionada «interviú», firmada por el marqués Luca de Tena.

«Una hora con el Generalísimo»

Sobra decir que no apareció en el *ABC* republicano, puesto que ambas ediciones eran independientes. De hecho, en algunos momentos de la guerra esta no era más que un cuadernillo de cuatro páginas, sin imágenes, del que apenas se distribuían diez mil ejemplares, mientras que el *ABC* nacional contaba con más de treinta y con amplias fotografías. De hecho, se imprimieron nada menos que veinticinco mil ejemplares de este número especial, con el objetivo de que fueran repartidos, también, entre los soldados del bando nacional. Estaba claro que en Sevilla se habían quedado con los medios y el dinero de esta cabecera.

La edición llevaba a Franco en la portada con una gran fotografía de rodillas para arriba, en la que miraba con media sonrisa hacia un lado, mientras sujetaba un bastón y unos guantes con las manos entrelazadas a la altura de la cintura. El titular, bien grande y en la parte superior, anunciaba: «Una hora con el Generalísimo». Y, en el amplio subtítulo, las principales ideas esbozadas por el futuro Caudillo a modo de esquema:

> El movimiento nacional no es una sublevación militar. Al ejército no le es lícito sublevarse contra un partido, pero tiene el

deber de defender a la patria en peligro de muerte. Madrid es la ciudad sacrificada por los rusos. En Asturias, 30.000 bajas rojas. El futuro Gobierno. El pasado y el futuro español. Justicia social compatible con las posibilidades económicas. Desaparición de la lucha de clases. España y el Vaticano. Ejemplaridad de la aristocracia. Unas fotografías que no son de Guernica...

Lo más interesante fue, sin duda, cuando Franco analizó la posibilidad de restablecer la monarquía de los Borbones; una opción que muchos de sus generales defendieron con energía, hasta el punto de enfrentarse con el dictador al finalizar la Guerra Civil. Nombres como Tella, Aranda, Varela, Galarza, Solchaga y Ponte, entre otros, se atrevieron a presionar y trabajar en la sombra para desplazarle del poder, ya que ponían en cuestión su opción del mando único. Querían restablecer a la familia real, ese «modo de gobierno genuinamente español que hizo la grandeza de nuestra patria», tal y como le explicaban al Caudillo en una carta fechada en septiembre de 1943.

La monarquía, «una posibilidad»

Las respuestas de Franco que hacían referencia a esta cuestión en la entrevista de *ABC* fueron las siguientes:

> Juan Ignacio Luca de Tena: Mi General, sus reiteradas apelaciones al «pasado español», a la España de los Reyes Católicos, a la posibilidad de restaurar en España «el régimen secular que forjó la unidad y la grandeza» han sido apasionadamente comentadas. ¿Me permite preguntarle si encierran una promesa a lo que muchos ansiamos, por creer que de ellos depende la futura tranquilidad y el bienestar de España?
>
> El general hace una pequeña pausa antes de responder. Lo veo meditar sus palabras. Y, al fin, dice:
>
> Franco: Encierran lo que expresan literalmente. He habla-

do, en efecto, de una posibilidad. Añadiré que esta posibilidad necesariamente ha de estar sujeta a las circunstancias del momento y del ambiente. Sobre este tema mis preferencias son conocidas desde muy antiguo, pero ahora no cabe pensar más que en terminar la guerra. Luego habrá que liquidarla, después construir un Estado sobre bases firmes... Entretanto, yo no puedo ser un poder interino.

Juan Ignacio Luca de Tena: Muy interesante, mi general...

Franco: Si el momento de la Restauración llegara, la nueva monarquía tendría que ser, desde luego, muy distinta de la que cayó el 14 de abril de 1931. Distinta en el contenido y hasta en la persona que la encarne, aunque nos duela a muchos, pero hay que atenerse a la realidad. Sería, si el momento llega, un nuevo lazo de unión entre el nuevo estilo e ímpetu de las juventudes que están luchando y las glorias tradicionales de España.

Juan Ignacio Luca de Tena: ¿Es cierto, mi general, que el príncipe don Juan le ha escrito no hace mucho, solicitando venir a luchar al lado de sus compatriotas?

Franco: Exacto. Don Juan de Borbón, de cuyo talento, discreción y simpatía tengo el más alto concepto, ya intentó aproximarse al frente a primeros de agosto, pero hubo que rogarle que saliera de España por razones fácilmente comprensibles. Posteriormente me ha escrito alegando su carrera de marino, comenzada en España y terminada en Inglaterra. Solicitaba de mí un mando en un barco de guerra, acorde con su graduación, y se comprometía, para evitar posibles conflictos, a no desembarcar nunca ni recibir a bordo ninguna visita. Pero yo no puedo acceder a sus deseos. Mi responsabilidad es muy grande y tengo el deber de no poner en peligro una vida que algún día puede sernos preciosa. Debe tener en cuenta, además, que actualmente hay dos bandos de españoles en guerra, uno de los cuales está influido por tenebrosos poderes internacionales y esclavizado por el látigo de los rusos. Pero ya los echaremos del todo, y cuando en España no queden más que españoles, si alguna vez en la cumbre del Estado vuelve a haber un rey, tendría que venir con el carácter de pacificador y no debe contarse en el número de los vencedores.

El rey que nunca llegó

Esta entrevista tuvo lugar tres meses después de que concluyera la batalla de Guadalajara y de que se iniciara la ofensiva del norte con el ataque de los franquistas a la franja del Cantábrico. Pocas semanas antes, los republicanos habían perdido Bilbao sin que el Gobierno del socialista Juan Negrín, instalado en Valencia, hubiera podido hacer nada. El 6 de julio de 1937 Franco había iniciado la batalla de Brunete, mientras Madrid resistía las embestidas de los nacionales. Así andaban las cosas cuando el general gallego planteó en *ABC* todas estas ideas, que, tras su victoria en 1939, nada tuvieron que ver con las que puso en práctica.

Esa fue la razón de que algunos generales monárquicos plantearan la posibilidad de sublevarse contra el dictador en los primeros años de la posguerra. La política totalitaria que estaba desarrollando no era la que les había prometido. La citada misiva de septiembre de 1943 se presentó como una de las primeras acciones que pusieron a prueba al nuevo régimen. Quienes la suscribían llegaron incluso a formar un comité encabezado por el letrado del Consejo de Estado Eugenio Vegas Latapié, encargado de tantear a todos aquellos militares que suponía que estarían dispuestos a pelear por la restauración del rey. Uno de los principales fue Antonio Aranda, a quien el historiador Paul Preston calificó como «el más enérgico y vocinglero de los conspiradores». Franco tuvo que actuar con la dureza y la urgencia necesarias para neutralizar rápidamente sus intenciones.

El famoso Alfredo Kindelán, pionero y creador de la fuerza aérea española, fue uno de los que tuvo claro que el poder civil y militar acumulado por Franco durante la guerra, en parte con su ayuda, debería haber acabado al terminar esta. Creía que había que dar paso a don Juan de Borbón, pero el dictador ya había dejado claro en la entrevista que, si la monarquía llegaba, debería ser encarnada por otro miembro de la familia real que no fuera él. Sin embargo, no se produjo ni una cosa ni la otra, pues el nuevo jefe de Estado consiguió salirse con la suya actuando con dureza contra todos los integrantes de cada reunión secreta de la que tenía constancia; hubo destierros, degradaciones, encarcelamientos y envíos directos a la reserva, sin importar las hazañas que estos hubieran logrado a su servicio.

Lo que nunca te contaron de Brunete, la batalla en la que se forjó la leyenda de Líster

MANUEL P. VILLATORO

Dolor, valentía y una cantidad ingente de víctimas. Con estos términos se podría definir la batalla de Brunete, un choque de fuerzas en el que, desde el 6 de julio de 1937, las tropas de la República se enfrentaron al ejército de Franco en las afueras de Madrid. Aquel caluroso verano, la capital española quedó consternada ante las casi cuarenta mil bajas que se produjeron, una cifra que, a la postre, convertiría este enfrentamiento en uno de los más cruentos de la Guerra Civil. Sin embargo, también se vivieron grandes actos de arrojo y valor por parte de soldados de ambos bandos. Y es que, durante casi un mes, miles y miles de combatientes soportaron unas penosas condiciones de vida mientras trataban de obviar el temor a que una bomba cayera sobre su cabeza.

Eran tiempos de guerra y duros combates, pues los nacionales buscaban con ferocidad tomar Madrid, el símbolo de la resistencia gubernamental y el faro que guiaba al resto de las regiones. «En esta etapa habría que hablar de una situación relativamente favorable para la República en el Frente del Centro, ya que primero rechazaron a las fuerzas del ejército de Franco en el asalto frontal a Madrid y, después, en las tres grandes batallas que acontecieron en torno a la ciudad», explican en declaraciones a *ABC* Ernesto Viñas y Ángel Rodríguez, miembros del grupo Brunete en la Memoria e investigadores de todos los sucesos relacionados con la batalla. Al final, tras varios ataques frustrados, los sublevados decidieron sitiar la urbe y dedicar sus esfuerzos a la conquista del norte. La capital podía esperar...

Ataque de distracción

Con el paso de los días, y como los mandos republicanos temían, la fuerte presión de las bien entrenadas tropas sublevadas terminó por minar la cordillera Cantábrica, desde donde se pidió ayuda a Madrid. En la práctica, solo se podía optar por una operación de distracción: atacar en un escenario que no es aquel al que se pretende ayudar para obligar al enemigo a desplazar sus fuerzas. Tras largas deliberaciones, y ante la urgencia de ayudar a sus compañeros, los mandos accedieron. Sin embargo, en un principio no hubo consenso sobre el lugar en el que llevar a cabo la ofensiva. Se barajaron los escenarios de Extremadura con el objetivo de cortar en dos el territorio enemigo, pero eso implicaba desplazar muchos kilómetros a las tropas y se habría perdido el factor sorpresa.

Al final, los altos mandos republicanos tomaron una decisión más conservadora: iniciar una gran ofensiva en las afueras de la capital. Aquello les garantizaba, entre otras cosas, poder retirarse a un lugar seguro si algo fallaba. El ejército de la República buscaba dos cosas: por un lado, aliviar al Frente del Norte; por otro, a escala táctica, despejar el entorno de Madrid de la presión del ejército franquista alejando veinte kilómetros el frente de la ciudad.

Una vez decidido el lugar en el que se llevaría a cabo el asalto, se estableció que la operación consistiría en dos ataques que se lanzarían de forma simultánea. El primero, a cargo de los cuerpos de ejército V y XVIII, buscaría romper las líneas franquistas en Brunete partiendo desde un sector ubicado entre Valdemorillo y Villanueva del Pardillo, a unos treinta kilómetros de Madrid. La segunda acometida, al frente de la cual se encontraba el Cuerpo de Ejército de Vallecas, pretendía golpear a las tropas de Franco desde Usera. La finalidad era que ambas tenazas avanzaran por la retaguardia enemiga y, tras recorrer unos diez kilómetros, se encontraran en torno a Alcorcón, un pueblo situado a trece kilómetros de la ciudad. Este movimiento dejaría cercado al enemigo y permitiría a los republicanos cortar sus suministros.

Sin embargo, el plan era más que arriesgado, pues frente a ellos se hallaba un ejército curtido en mil batallas. «En el bando franquista la mayoría de sus oficiales eran gente capacitada, personas que habían hecho su vida profesional en el ejército y que, además, venían en muchos casos del Ejército del Norte de África, o sea, que tenían una experiencia bélica reciente. No eran como los mandos peninsulares, que estaban más acostumbrados a una vida de cuartel, sino que habían tenido una experiencia militar directa y en primera línea en el Rif», añade Viñas.

Poner en práctica este plan de forma efectiva obligó a la República a movilizar un gran contingente. Las cifras lo corroboran: por parte gubernamental participaron, sumando el Ejército de Maniobra y el Ejército de Vallecas, entre ochenta mil y ochenta y cinco mil combatientes. A su vez, los oficiales tuvieron bajo su mando más de un centenar de vehículos blindados y unos doscientos cincuenta aviones entre cazas y bombarderos. Para terminar, también se ordenó desplazar doscientas piezas de artillería con las que bombardear el frente franquista. En cambio, los defensores contaban al inicio de la ofensiva con unos pocos batallones de infantería que, con el paso de las jornadas, aumentaron hasta sumar unos sesenta mil hombres.

El sangriento asalto inicial

Tras la organización del operativo y el traslado de las tropas, los mandos dieron la orden de comenzar la batalla en la noche del 5 al 6 de julio. Con el fusil entre las manos y varias granadas en los correajes, las tropas republicanas partieron bajo la protección de la luna. Todo estaba listo, y tenían a su favor el factor sorpresa. No obstante, antes que el grueso del ejército ya había marchado la 11.ª División, al mando de un antiguo cantero reconvertido en oficial, Enrique Líster. Esta unidad, al amparo de la oscuridad, consiguió atravesar varias posiciones franquistas sin ser vista y alcanzar uno de los primeros objetivos de la operación en una hora.

«Las tropas de Líster hicieron diez kilómetros de noche por campo enemigo sin ser descubiertas, se plantaron ante Brunete y lo tomaron», explica Viñas. Una vez conquistado este pueblo, a cuyos defensores se cogió por sorpresa, empezó el avance masivo. Sin embargo, lo que había sido un comienzo abrumador se tornó en desesperación cuando las tropas republicanas fueron frenadas en masa. El ataque por sorpresa quedó ralentizado y no se pudo llegar hasta Alcorcón. «En Villanueva de la Cañada las defensas, que estaban formadas por un batallón de setecientos hombres, resistieron durante doce horas. Este pueblo cayó a las nueve de la noche del 6 de julio. También hubo una posición en la sierra, llamada los Llanos, que, defendida por un batallón, aguantó hasta el 8. Villanueva del Pardillo empezó a ser asaltada el día 9 para caer el 11», determinan los expertos.

Tras varios combates, la férrea defensa franquista consiguió estancar el avance de los miles de soldados republicanos. Para los defensores fue desesperante resistir en cada pueblo, pero los soldados nacionales estaban rodeados y sabían que solo saldrían de allí muertos o hechos prisioneros. La situación de los republicanos tampoco era mejor, pues atacaban desde campo abierto y sin un lugar donde protegerse o desde una posición fortificada. Además, les urgía acabar con la resistencia del ejército de Franco para poder continuar con la ofensiva.

Al poco tiempo, todo se complicó. La unidad de Líster fue abandonada a su suerte por los mandos republicanos, que prefirieron tomar todas las posiciones que encontraban a ayudar a la 11.ª División. Por su parte, el oficial se atrincheró y se dispuso a resistir a ultranza ante la imposibilidad de avanzar hasta los siguientes pueblos, Boadilla del Monte o Sevilla la Nueva. Este suceso fue crucial, pues, aunque se logró cruzar Brunete, la operación se retrasó demasiado para los intereses de la República.

Así lo explican los historiadores: «Falló que no se reforzó a Líster en el momento clave. El mando republicano, que estaba al mando de Miaja, consideró que era más importante dejar tomadas las posiciones de retaguardia que avanzar con el enemigo embolsado a sus espaldas. Miaja pareció sentir una especie de timidez operativa, lo que impidió avanzar a la vanguardia. Además, al no conseguirse la ruptura por parte del Cuerpo de Ejército de Vallecas, a las pocas horas de haber iniciado la ofensiva se había comprometido el objetivo máximo, que era encontrarse en un punto cercano a Alcorcón, cerca del actual barrio de La Fortuna».

Resistencia franquista

La suerte del Ejército de Maniobra cambió el día 12, cuando los mandos adoptaron una estrategia defensiva. Tras casi una semana de avances limitados, la extenuación había vencido a los asaltantes, que renunciaron también a tomar dos posiciones de gran importancia táctica, los vértices Mosquito y Romanillos. De esta forma, los mandos daban por finalizada la fase ofensiva hasta nueva orden.

Todo lo contrario sucedía en el bando franquista, que, tras defenderse hasta la extenuación, comenzó a recibir refuerzos desde el exterior. «Llegaron a juntarse cinco divisiones del ejército de Franco: la Provisional del Guadarrama, la número 13, la 150 y las dos brigadas de Navarra, todas formadas por militares de carrera acostumbrados a dirigir grandes unidades. Seguramente lo hicieron bien, pues primero frenaron a los republicanos, después les aplicaron un desgaste muy serio y terminaron por pasar a la contraofensiva», añade Viñas.

Además, la supremacía aérea que habían tenido los republicanos terminó con la llegada de la Legión Cóndor. Si hasta entonces sus cazas Polikarpov I-16 e I-15 habían sido los reyes indiscutibles del cielo madrileño, a partir de entonces fue el Messerschmitt Bf 109 alemán —un aparato superior en velocidad y techo de vuelo— el que lo dominó. Las fuerzas aéreas de ambos bandos entablaron aquellos días fuertes combates que también sufrieron los soldados, temerosos ante el fuego continuo que los cazas abrían sobre ellos.

La situación comenzó a ser desesperada también para los heridos que, atrapados en las infectas trincheras, no podían ser evacuados debido al incesante fuego enemigo. También el agotamiento comenzaba a mellar a los dos bandos, pues dormir se volvía imposible ante la caída constante de bombas. «Pasada la primera semana de superioridad republicana, la alianza con Mussolini y Hitler le dio a Franco superioridad material, pues dispuso de más suministros, más artillería y pudo reponer las bajas. A la República esto le resultaba más difícil, pues los envíos soviéticos tenían que pasar por el Mediterráneo y saltarse el bloqueo o pasar por Francia, cuya frontera tan pronto se abría como se cerraba», sentencia Viñas.

La contraofensiva final

Tras varias jornadas, el 18 de julio fue el día en que los mandos nacionales decidieron pasar al ataque. Para ello, planearon una contraofensiva que protagonizaron las brigadas de Navarra, recién transferidas desde el norte por Franco al observar que sus líneas en el centro podían verse atravesadas. Sin embargo, y a pesar del ímpetu de unas tropas ansiosas por recuperar el terreno perdido y devolver el golpe a sus enemigos, este primer contraataque fue detenido por el fuego combinado de varias unidades republicanas.

Todo cambió el día 22 de julio, jornada en la que los franquistas, decididos a poner fin a una batalla que ahora se les presentaba favorable, asaltaron varias posiciones del entorno del Guadarrama. Esta vez los soldados del bando gubernamental tuvieron que retirarse. Lo hicieron combatiendo y dejando atrás a cientos de muertos y una parte de las posiciones que, a costa de tanta sangre, habían conquistado en los primeros días. El repliegue, ordenado hasta el entorno de Brunete, se tornó en caos cuando perdieron el cementerio bajo las bombas de la Legión Cóndor.

Sin Brunete en manos republicanas, Franco recuperó el pueblo. Los nacionales no siguieron avanzando y dieron por buena la conquista del territorio. Las viviendas mostraban un aspecto desolador tras veinte días de intensos combates. La guerra había llamado a su puerta para llevarse consigo miles de jóvenes.

Una vez acabada la contienda, quedaba, por desgracia, el trabajo más difícil, contabilizar las bajas. Aquel aciago 27 de julio, el bando republicano perdió, entre heridos, desaparecidos y capturados, a casi veinte mil hombres. Por su parte, los franquistas sumaron un total de dieciséis mil bajas. Pero, sin duda, en esta batalla quien más perdió fue España, que vio fallecer a casi siete mil de sus hijos. Fue difícil atribuir la victoria a un bando. Por un lado, los soldados gubernamentales consiguieron retrasar la ofensiva del norte algo más de un mes y alejar el frente de batalla unos kilómetros de Madrid, mientras que, por otro, se logró hacer huir al enemigo y retomar Brunete.

Diablo Rojo: vida y muerte de la superestrella de los cazas republicanos que estremecía a la Legión Cóndor

Manuel P. Villatoro

Narran las crónicas de la época que el piloto republicano Jesús García Herguido, que acabó sus días encuadrado en la 2.ª Patrulla de la escuadrilla al mando del soviético Pável Richagov, era una verdadera estrella del bando gubernamental. Su contemporáneo Joan J. Maluquer, autor de *L'aviació de Catalunya els primers mesos de la Guerra Civil*, le definió como un aviador extraordinario que siempre volaba muy bajo para animar, con sus gritos, a los milicianos que combatían en tierra contra las tropas nacionales. Sus proezas aeronáuticas le permitieron ser conocido por el gran público. Asimismo, le valieron el apodo de Diablo Rojo y un sinfín de entrevistas y reseñas en la prensa de la época. Era, en definitiva, un verdadero as de los cazas.

Toda aquella fama no evitó que cayera presa de un aeroplano de la Legión Cóndor durante un combate en el frente de Madrid. La tragedia para las fuerzas aéreas de la República española aconteció el 6 de enero de 1937, como bien explicó su compañero Andrés García Lacalle en *Mitos y verdades. La aviación de caza en la guerra española*: «En la otra escuadrilla rusa se mató o fue derribado mi amigo y compañero Jesús García Herguido, quien se acababa de incorporar llamado por mí». En esta obra el comandante señaló, además, que la catástrofe se produjo después de que acabara con un Heinkel nazi. «Como el avión iba tan pegado al Heinkel, no le dio tiempo de sacarlo del pronunciado picado y se estrelló a continuación».

Primeros años

Pero vayamos por partes. En el libro *Ases de la República. Pilotos de la aviación republicana en la guerra civil española*, se explica que Herguido vino al mundo en Velilla de Medinaceli (Soria) el 18 de enero de 1904. Desde el principio de su vida estuvo ligado a los motores y a los engranajes, aunque no de aviones, pues ejerció como mecánico en una empresa de coches y, poco después, en otra de ferrocarriles de Alcázar de San Juan. En 1925, cuando sumaba ya más de veinte veranos a sus espaldas, ingresó en la Escuela de Mecánicos de Aviación Militar de Cuatro Vientos, ubicada en Madrid. El año siguiente obtuvo su esperado título. Acababa de dar sus primeros pasos en el mundo de los combates aéreos, aunque todavía le quedaba mucho por recorrer.

Allá por 1928 acometió la que sería su gran aventura lejos de los campos de batalla. En la época de los grandes raids de personajes como Ramón Franco, Herguido formó parte de la comitiva de tres Breguet XIX que viajaron hasta Jerusalén el 28 de mayo. Solo llegó a su destino uno de los aeroplanos, aquel en el que viajaba nuestro protagonista, entonces cabo mecánico, junto con el capitán Luis Roa. Poco después emprendieron el regreso a España, adonde llegaron con el deber cumplido el 11 de junio. Así explicó el inicio de esta gesta aérea el diario *ABC* en su edición del 19 de mayo de 1928:

> En el aeródromo de Cuatro Vientos se elevaron ayer por la mañana tres aparatos que van a Jerusalén, en varias etapas, para

> sumarse a la peregrinación española que, presidida por el obispo de Madrid-Alcalá, ha salido de la capital con el fin de visitar los Santos Lugares: actualmente se halla en camino. Como jefe de la escuadrilla figura el comandante don Luis Riaño, que vuela en uno de los aparatos, del que es piloto el capitán don Juan Aboal; el segundo avión es conducido por el capitán don Luis Roa, que lleva como mecánico a don Luis García Herguido, y el tercer aparato va pilotado por el teniente don Jesús Montesinos, con el mecánico Faustino Pérez. Se trata de tres aviones de serie, conseguidos en Getafe y con motor fabricado en Barcelona, sesquiplanos y del tipo Breguet.

Tras este viaje, Herguido obtuvo el título de piloto militar en 1930. A partir de entonces, y hasta que empezó la guerra, estuvo destinado en Barcelona, donde ascendió a sargento. Al comienzo de las hostilidades se hallaba en el aeródromo de El Prat de Llobregat. Desde allí, y a lomos de un Breguet XIX, llevó a cabo varios bombardeos sobre cuarteles sublevados en la Ciudad Condal. También destacó en misiones de escolta. A la postre, eso sí, pasó a luchar en un Nieuport 52, el aparato que, por entonces, formaba la columna vertebral del ejército gubernamental.

En acción

El 4 de agosto, nuestro protagonista combatió por primera vez contra un aeroplano del bando nacional. La lucha fue entre el Nieuport 52 de Herguido y un Breguet XIX a los mandos de un piloto que había despegado de Zaragoza. En *Ases de la República* se recoge el parte oficial de aquella lucha: «A última hora de esta tarde cuatro aviones fascistas intentaron atacar las avanzadas de La Zaida. Un avión de caza de las fuerzas de la República, pilotado por el oficial señor Herguido, que en aquellos momentos regresaba a su base, entabló combate, derribando a uno de ellos envuelto en llamas». El Diablo Rojo, al ver que el resto de los enemigos huían, los persiguió «hasta que los perdió de vista». A la vuelta, ametralló de paso varias concentraciones de tropas contrarias.

Ese día, Herguido cometió una de sus travesuras, como solían decir sus compañeros. El Diablo Rojo ametralló el aeródromo alzado de Huesca, aterrizó luego con su aparato... ¡y saludó con el puño en alto a sus enemigos antes de salir de allí de nuevo! Su correría fue descrita, poco después, en un parte oficial de Barcelona: «Sigue el avance hacia Huesca. Un avión leal llegó a aterrizar en el campo enemigo. Volvió a despegar sin ser hostilizado». Con este currículum, en el que figuraban multitud de bombardeos a posiciones nacionales, no parece raro que se ganara a pulso su apodo y que la prensa le dedicara un hueco privilegiado.

A través de sus amigos y de los medios de comunicación de entonces, es posible realizar un retrato robot de nuestro protagonista, como bien explica Lluís Corominas en su amplio y documentado artículo «El Hispano-Nieuport 52 en la guerra civil española». El aviador Rodolfo Robles, por ejemplo, dejó escrito de él que «había sido uno de los primeros, desde el 19 de julio, en luchar contra la rebelión desde el aire en Barcelona». Sin embargo, es Maluquer el que se deshace en elogios hacia él. Este piloto se topó en Sariñena (Huesca) con Herguido y pronto descubrió con sorpresa que solía volar muy bajo para insuflar ánimo en sus compañeros. «¡Adelante, adelante!», gritaba una y otra vez. También hizo hincapié en que su maniobra favorita era cargar, en picado, contra las masas de infantería enemiga. No tardó en hacer otro tanto con bombas de doce kilos, como harían luego los Stuka germanos en la misma contienda.

En el día a día solía estar rodeado de niños. Al menos, según desveló el propio Maluquer:

> Sus proezas aeronáuticas le dieron a conocerse al gran público, pues frecuentemente los diarios y revistas publicaban ar-

tículos explicando sus vuelos y anécdotas de su vida en el campamento. Se le veía por el aeródromo con unos pantalones caqui como única vestimenta que se confundía con el moreno de su piel quemada por el sol, llevando un gran sombrero jipi en el cual lucía con orgullo su estrella de alférez. En esos momentos hubiera sido difícil reconocer al mismo que con el caza Nieuport se había ganado el sobrenombre de Diablo Rojo. El gran amor por los niños era una de las características de Herguido. En el aeródromo siempre estaba rodeado de chavales, pues continuamente había gran número de ellos que no sabíamos de dónde venían. Tanto podía ser de Albalatillo como del mismo Sariñena.

Abatido

El propio Maluquer señaló que, meses después, Herguido fue trasladado al frente de Madrid. En noviembre de 1936 lucía los galones de teniente. Ya en la capital, fue integrado en la 2.ª Patrulla de la escuadrilla de cazas dirigida por el ruso Pável Richagov, una unidad cuyo caballo de batalla era el mítico Polikarpov I-15. Este aparato, un monoplaza apodado Chato por su escaso morro, contaba con una gran velocidad para la época y era capaz de derribar a los Heinkel germanos que habían llegado con la Legión Cóndor. A la larga, estos aeroplanos fueron aquellos en los que en mayor número volaron los pilotos republicanos, unas 450 unidades en total. Curiosamente, se convirtieron pronto en la imagen de las fuerzas aéreas gubernamentales por su característica silueta.

El 17 de diciembre Herguido fue herido en la pierna durante un combate aéreo, pero logró aterrizar sin problemas y regresar al frente. El 6 de enero de 1937 recibió órdenes de despegar de Madrid y enfrentarse a los Heinkel alemanes, las bestias negras de la aviación republicana. Cayó derribado, como explicó Lacalle en sus memorias, en las que parece haber disparidades en cuanto a la fecha del combate.

En la otra escuadrilla rusa se mató o fue abatido dos o tres días después que Ferran Roig, mi amigo y compañero Jesús García Herguido, el cual se había incorporado llamado por mí. Debía ser aproximadamente el 11 o 12 de noviembre, según me informó el comisario. Herguido derribó un Heinkel, que se estrelló prácticamente en el mismo campo de Barajas; pero como que el avión de Herguido iba muy pegado al Heinkel, no le dio tiempo a hacerlo salir del pronunciado picado y se estrelló a continuación.

Así se gestó la independencia de Asturias en plena guerra con su propia moneda, presidente y ministros

Israel Viana

Se han publicado muchos ensayos y artículos en la prensa sobre los intentos fallidos de proclamar el Estado catalán durante la Segunda República. Sus protagonistas, Francesc Macià y Lluís Companys, son considerados en la actualidad figuras de gran relevancia histórica. Sobre todo este último, tras morir fusilado nada más terminar la Guerra Civil en el foso de Santa Eulalia del castillo de Montjuïc, en la primera fase de la represión franquista. También se ha escrito sobre la declaración nacionalista anterior, impulsada por José García Viñas y Paul Brousse en la Primera República de 1873. Y, por supuesto, se han vertido ríos de tinta sobre los movimientos independentistas de Cataluña y el País Vasco en el siglo XXI.

Sin embargo, hubo una declaración de independencia de la que se ha hablado muy poco y que es mucho menos conocida, a pesar de que llegó más lejos que cualquiera de las anteriores. Se produjo durante la guerra, en medio de la ofensiva de los sublevados que arrasó todo el norte de España entre la primavera y el otoño de 1937 y que, según todos los militares que participaron en ella, fue decisiva para la victoria final de Franco. De hecho, los investigadores de ambos bandos coinciden en que las conquistas de Vizcaya, Santander y Asturias modificaron para siempre el equilibrio de fuerzas que se había establecido en julio de 1936.

Fue en medio de todo este caos y violencia, poco después de los bombardeos de ciudades del norte como Zaragoza, Valladolid, Bilbao, Durango y, por supuesto, Guernica, cuando Asturias se declaró independiente. La proclamación se produjo el martes 24 de agosto de 1937 y enfureció tanto al Gobierno republicano, situado entonces en Valencia, como al franquista, en Burgos. La medida fue impulsada por el Consejo Interprovincial de Asturias y León, una especie de autoridad regional en la que estaban representados varios partidos de izquierda —como el PSOE, el PCE e Izquierda Republicana— y una serie de sindicatos afines de la talla de la UGT, la CNT o la FAI.

Todos ellos decidieron asumir el poder de su comunidad en contra de la legalidad del Gobierno de Madrid y de las órdenes del entonces presidente comunista Juan Negrín. Lo primero que hicieron fue cambiarse el nombre por el de Consejo Soberano de Asturias y León y establecer su capital en Gijón. La noticia, que puede calificarse de insólita en la historia del país, cayó como un jarro de agua fría en aquella España en guerra. Esa quizá sea la razón de que pasara desapercibida, pues había cosas más importantes de las que ocuparse en aquellos momentos en los que Franco avanzaba inexorablemente por el norte y las ciudades caían una detrás de otra.

La prensa

La noticia no fue dada por la edición madrileña de *ABC*, en manos de la República, hasta tres días después. Tan solo le dedicaron un pequeño breve en la página 4 que explicaba lo acontecido con unas pocas líneas, pues era un duro golpe para la reputación del Gobierno que había que ocultar.

> Ante la situación creada por la guerra en el norte, el Consejo Interprovincial de Asturias y León ha celebrado una reunión extraordinaria, en la que ha acordado constituir un consejo soberano de gobierno en todo el territorio de su jurisdicción, quedando íntegramente sometidos a él todos los organismos civiles y militares que funcionen en lo sucesivo. El consejo sigue reunido en sesión permanente.

Otros diarios como *La Libertad* o *Nosotros* hicieron lo propio en artículos titulados «La lucha en el norte», en los que se informaba sobre el contexto en el que se había producido la declaración de independencia. «A las tres de la tarde de ayer, nueve aparatos facciosos sobrevolaron Gijón y arrojaron treinta bombas sobre el barrio de La Guía. Causaron algunos destrozos, seis muertos y diez heridos. Más tarde lanzaron otros artefactos en la parroquia de Somió».

El rechazo de la República

La razón esgrimida por los independentistas, presididos por el socialista Belarmino Tomás, fue la imposibilidad de comunicarse desde el Principado con el Gobierno republicano instalado en Valencia. La región estaba dividida y en su mayor parte rodeada por el ejército de Franco. Aun así, la noticia sacó de sus casillas al ministro de Defensa, Indalecio Prieto, tal y como escribió el presidente de la República, Manuel Azaña, en sus memorias: «Está muy indignado y dolido por la disparatada conducta de los asturianos».

Él mismo montó en cólera y convocó de inmediato al improvisado presidente asturiano, que se negó a acudir. Asimismo, le hizo llegar una carta en la que le advertía de «la sorpresa y el disgusto» que había provocado entre la mayoría de los diputados el comunicado que Tomás había hecho público, poco después, sin consultar con el Gobierno central. En él amenazaba con fusilar a todos los presos políticos franquistas en su poder si los rebeldes continuaban bombardeando Gijón.

Belarmino seguía convencido de que esta eventual independencia era lo mejor para Asturias en aquellos momentos críticos. Desde hacía tiempo, este territorio, el País Vasco y Santander estaban rodeados por las tropas de Franco; incluso por mar, desde cuyos buques bombardeaban sin descanso la costa. Además, el apoyo de la República casi había desaparecido, puesto que esta estaba volcada en la defensa del Mediterráneo y Madrid. El Gobierno central daba por perdido el Frente del Norte; de ahí que algunos historiadores, como Gabriel Jackson, calificaran el conflicto en aquel rincón de España como «la guerra separada».

Por si fuera poco, la colaboración militar entre las tres comunidades del norte era escasa. Cuando se la prestaban era siempre entre reproches, solo por mandato del Ejecutivo central republicano. No había en la costa septentrional la unidad necesaria entre los vascos, los santanderinos y los asturianos para hacer frente a Franco. Eran tres ejércitos independientes; todos del mismo bando, por supuesto, pero cada uno combatiendo por su lado. Eso hacía difícil defenderse frente a los nacionales, lo que hizo que Bilbao cayera a mediados de junio de 1937. Dos meses después, el País Vasco entero ya estaba en manos del enemigo. Santander fue la penúltima batalla de aquella campaña y se libró en solo doce días. El Principado quedó como el único reducto del Cantábrico.

La soberanía decretada por Belarmino Tomás fue motivo de muchos disgustos entre las autoridades de la República, pues aún tenían recientes las declaraciones realizadas por Companys y Macià en Cataluña tan solo tres y seis años antes, respectivamente. Al nuevo presidente asturiano no le importó. Hizo oídos sordos a las llamadas de atención y siguió adelante con sus planes. Su independencia no se quedó en un gesto simbólico y de simple resistencia ante la incapacidad del Gobierno de Madrid para hacer frente al avance rebelde, sino que fue más allá.

Los ministerios

Tras fijar la capital en Gijón, creó una serie de comisiones que funcionaban como ministerios, todos ellos dirigidos por los miembros de los mencionados partidos y sindicatos. No eran pocos, pues estaban los departamentos de Guerra, Interior, Obras Públicas, Hacienda, Industria, Comunicaciones, Asistencia Social, Agricultura, Sanidad, Instrucción Pública, Marina y Pesca.

Indalecio Prieto no se atrevió a intervenir por temor a que un nuevo desacato a sus órdenes por parte de los separatistas diese mayor importancia a la declaración, que solo parecía justificada por el nerviosismo de los asturianos ante la rápida caída de Santander y las sucesivas deserciones de militares en su bando. Sus sospechas estaban justificadas, puesto que, en el transcurso de la guerra, los nacionales habían hecho trescientos mil prisioneros entre las filas republicanas, de los cuales cuarenta mil se pasaron al bando franquista para combatir contra sus antiguos camaradas. Y, de ellos, veinte mil lo hicieron en la campaña del norte.

Con vía libre para construir y organizar el nuevo Estado, la siguiente orden que dio el nuevo Gobierno fue prohibir la salida de ninguna persona del territorio asturiano, ni siquiera con las bombas cayendo. Según recoge el historiador Octavio Cabezas en su biografía de Indalecio Prieto, la expresión que utilizó Tomás fue: «De aquí no sale ni Dios». Siguió haciendo caso omiso a lo que se le ordenaba desde Valencia o Madrid, administrando él mismo la escasez de alimentos y armas y controlando el aumento de refugiados procedentes del País Vasco y Santander.

El consejo ejerció el poder en Asturias durante 57 días, casi dos meses en los que promulgó 52 edictos, muchos de ellos sobre cuestiones de índole económica o de seguridad ciudadana. Celebró 51 juicios que se saldaron con 17 penas de muerte, de las cuales, al final, solo se ejecutaron 3. También organizó la vida diaria y decretó el cierre de cafés, restaurantes, bares y tabernas.

Estableció el toque de queda a las 22.00 y extendió el estado de sitio a toda la región. Prohibió la posesión de armas y aparatos de radio y el traslado por carretera sin el correspondiente permiso.

Por si fuera poco, algunos de sus consejeros iniciaron contactos con organismos como la Sociedad de Naciones, asumiendo competencias propias de países reconocidos internacionalmente. Pero lo que más llama la atención es que emitió sellos de correos y su propia moneda; en concreto, los billetes conocidos como «belarminos», que iban firmados por el autoproclamado presidente. El nivel de autogobierno era tan alto que el hispanista Hugh Thomas lo calificó como la «República de Asturias».

En su libro *Grandes traidores a España*, Jesús Ángel Rojo explica que no era la primera vez que Tomás y sus camaradas eran desleales a un Gobierno de la República. El socialista había sido uno de los líderes de la revolución de 1934 en Asturias, donde murieron cerca de dos mil personas durante los enfrentamientos con las autoridades y el ejército español. Por ello se le condenó a muerte, aunque más tarde fue amnistiado. Según el historiador, parecía evidente que el dirigente aprovecharía la coyuntura política en algún momento de la guerra para su beneficio personal.

Durante aquellos dos meses de independencia, los ministros republicanos oscilaban entre el estupor y la indignación a cada paso que daba o medida que implementaba. En una clara muestra de desprecio, en Madrid denominaron a aquel Gobierno como el «Gobiernín», un apelativo promovido al parecer por el propio presidente Azaña, que veía aquella proclamación como el primer paso de una insurrección mucho mayor. Criticaba con contundencia la supuesta ansia de poder de Belarmino, a quien consideraba una amenaza secesionista para la República, a pesar de los informes que este le había enviado durante el mes de septiembre de 1937.

El remitido el día 2, en el que exponía la situación que le había llevado a tomar la decisión, era de un realismo atroz:

> Nuestros soldados forman un ejército en derrota y carente de moral. Somos una retaguardia resignada ante los avances del enemigo y convencida de su impotencia para impedir que continúe el bloqueo que nos priva de cualquier aprovisionamiento. Solo nos espera un panorama inmediato de hambre. Con estos factores puede que, en un plazo de horas, se produzca el desmoronamiento total.

Este se produjo el 20 de octubre, con la ciudad a punto de caer en manos de Franco. Ese mismo día celebraron su última reunión. En el acta se recogía el pesimismo del coronel Adolfo Prada: «No es posible resistir más». Este propuso concentrar todas las tropas posibles en los puertos de Avilés, Candás y Gijón para que fueran trasladadas a un lugar más seguro, «a ser posible hoy, puesto que mañana será tarde». Belarmino Tomás y el resto de los miembros de su Gobierno abandonaron la ciudad en barcos de pesca, en una dura travesía hasta las costas francesas. Al final de la guerra, todos se dispersaron por diferentes países. El presidente del «Gobiernín» se instaló en México y se ganó la vida vendiendo alpargatas.

De Dachau a Burgos: el cruel nazi que ayudó a Franco a construir su primer campo de concentración

Manuel P. Villatoro

Paul Winzer era un nazi de libro. Sentía un apego insano por la conspiración, era inmune al sufrimiento ajeno y defendía a ultranza las diferencias raciales. Adolf Hitler podría haber colgado su fotografía de una pared de la Kehlsteinhaus bajo un cartel que rezara EMPLEADO DEL MES si este diplomático hubiera lucido pelo rubio y ojos azules, pero no era el caso. El arquitecto de uno de los campos de concentración más famosos del franquismo tenía cierta apariencia judía. Nariz afilada, pelo moreno... Los historiadores afirman que siempre vestía impoluto y que su mirada era gélida e inexpresiva.

Lo suyo, sin embargo, no eran los grandes salones ni los desfiles opulentos. Winzer, a quien sus superiores en Alemania definían como «un hombre muy peligroso» del que era mejor «mantenerse alejado», prefería moverse entre las sombras. Estaba versado en el arte del espionaje, un joven sin oficio ni beneficio al que su capacidad para manipular y sus dotes para el castellano le llevaron a convertirse en uno de los hombres más temibles de la Gestapo en el Madrid del régimen. Pero también era un especialista en represión que entrenó a la policía franquista al final de la Guerra Civil bajo la falsa identidad de un agregado de seguridad de la embajada alemana.

Experto en campos

Vayan por delante los datos biográficos. Winzer nació el 24 de junio de 1908 y no tardó en matricularse en Derecho en las universidades de Breslau y Berlín. Por más que lo intentó, no logró terminar la carrera. Nuestro protagonista pasó los primeros años de su vida adulta sin oficio ni beneficio. Al menos, hasta que el Partido Nazi entró en su vida. «Winzer, alias Walter Mosig, se había afiliado en 1932 al NSDAP y en 1933 se unió a las filas de las SS», afirma a *ABC* Eric Frattini, que ha investigado la figura de este personaje para uno de sus muchos libros de investigación.

Como otros tantos, Winzer vio en el partido de la esvástica un salvavidas al que asirse y una luz que seguir. Una vez dentro de las SS, las unidades más ideologizadas del futuro Tercer Reich, se dirigió al que sería su primer destino. «Fue enviado al Departamento de Planificación de Campos. Participó durante un tiempo en la creación de Dachau, a trece kilómetros de Múnich. Trabajó bajo las órdenes de Theodor Eicke, quien se ocupó de la organización y planificación del centro», añade Frattini. Su superior, conocido a la postre por la brutalidad demostrada con los reos judíos, había sido nombrado inspector de los centros de reclusión nazis y comandante de las Totenkopfverbände por el mismo Heinrich Himmler. Era, en la práctica, uno de los subordinados directos de Reinhard Heydrich.

Durante esta primera etapa de su vida, Winzer aprendió junto a Eicke el sistema de organización y logística de los centros de reclusión del nazismo. Aquel macabro dúo se convirtió en una suerte de rompehielos, una pareja de pioneros que pusieron la primera piedra de la Solución Final. No en vano, y en

Antonio Vidal de joven (imagen cedida por Ángela Martín).

Tumba donde se escondió Antonio Vidal poco después de intentar asesinar a Franco el 12 de julio de 1936. Se puede ver su nombre inscrito en la parte inferior izquierda: «A. Vidal i Arabí» (imagen cedida por Ángela Martín).

Antonio Vidal, de mayor, en Estados Unidos. Ya se había cambiado el nombre por el de Martín Herrera de Mendoza y había formado una nueva familia (imagen cedida por Ángela Martín).

El cadáver de José Calvo Sotelo, en la puerta del depósito del cementerio, en Madrid, poco después de haber sido asesinado el 13 de julio de 1936 (archivo de *ABC*).

Aspecto del patio del cuartel de la Montaña la mañana del 19 de julio de 1936, después de que los republicanos hubieran frustrado el golpe de Estado en Madrid. Sobre el suelo quedaron decenas de cadáveres (archivo de *ABC*).

DIARIO ILUSTRADO. AÑO VIGESIMO NOVENO 10 CTS. NUMERO

ABC

DIARIO ILUSTRADO. AÑO VIGESIMO NOVENO 10 CTS. NUMERO

EN LA CARTERA, EL DECRETO

Por fin, después de varios días de infructuosas gestiones, se ha constituido nuevo Gobierno, que preside el Sr. Martínez Barrios. El primer Consejo de ministros se celebró ayer mañana en Palacio. Al salir, el jefe del Gobierno anunció que, por acuerdo unánime del Consejo, había sometido a la firma del presidente de la República el decreto de disolución de las Cortes y de convocatoria de las nuevas elecciones. Estas se verificarán el domingo 19 de noviembre. En la cartera, el decreto. Sí; en ésa que lleva bajo el brazo el señor Martínez Barrios va el famosísimo y temido documento. Para muchos el sueño ha terminado. ¡A despertar, señores! (Foto Díaz Casariego.)

Portada de *ABC* protagonizada por Diego Martínez Barrio, el presidente que intentó frenar el alzamiento con una ronda de llamadas a los generales golpistas. No tuvo éxito. Esta edición, sin embargo, es del 10 de octubre de 1933, tres años antes del comienzo de la guerra, durante la salida de un consejo de ministros en el que se acordó celebrar unas nuevas elecciones generales (archivo de *ABC*).

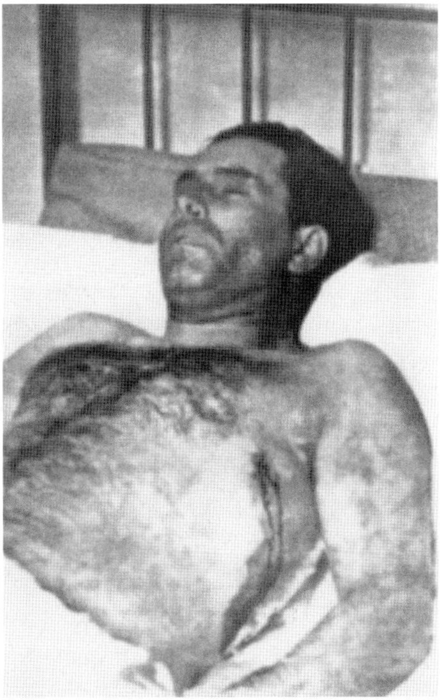

Cadáver de Buenaventura Durruti tras recibir un disparo en la Ciudad Universitaria el 19 de noviembre de 1936. Murió durante la madrugada del día 20 en el hotel Ritz, transformado en el Hospital de las Milicias Confederadas de Cataluña (desconocido).

Santiago Carrillo dando un discurso a las Juventudes Socialistas Unificadas, en 1936, con veintiún años de edad (Martín Santos Yubero, archivo de *ABC*).

El escritor y director de cine francés André Malraux filma a Max Aub durante el rodaje en España de *L'espoir, sierra de Teruel*, en los años de la Guerra Civil (archivo de *ABC*).

Billete de cincuenta céntimos creado durante la independencia de Asturias en 1937. Son los conocidos como «belarminos», en referencia a Belarmino Tomás, presidente del Consejo Soberano de Asturias y León (desconocido).

Marcial Lafuente Estefanía, durante la entrevista con *Blanco y Negro* en 1978 (archivo de *ABC*).

Portada de una de las novelas de Marcial Lafuente Estefanía, *Sociedad de indeseables*, publicada en los años setenta por la colección Centauro de la editorial Bruguera (desconocido).

Postal del hotel Florida en la década de 1930 (desconocido).

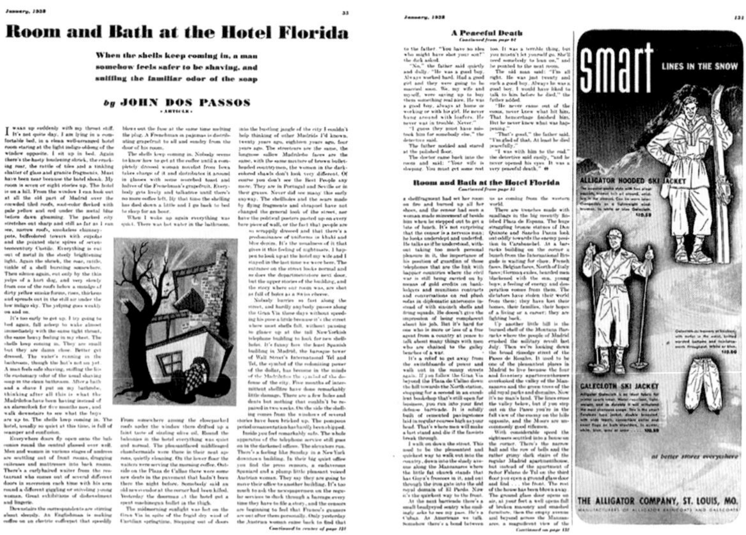

January, 1938 33

Room and Bath at the Hotel Florida

When the shells keep coming in, a man somehow feels safer to be shaving, and sniffing the familiar odor of the soap

by JOHN DOS PASSOS

January, 1938 131

A Peaceful Death

Continued from page 61

Room and Bath at the Hotel Florida

«Habitación con baño en el hotel Florida», crónica del corresponsal estadounidense John Dos Passos que fue publicada en enero de 1938 en la revista *Esquire* (desconocido).

Retrato de Juan Negrín realizado en 1930 (archivo de *ABC*).

Imagen de Harold E. Dahl, el piloto militar estadounidense que se alistó como mercenario de la aviación republicana a finales de 1936, junto a su novia Edith Rogers, que le envió una carta a Franco rogándole que no lo fusilara (Archivo Militar del Ejército del Aire).

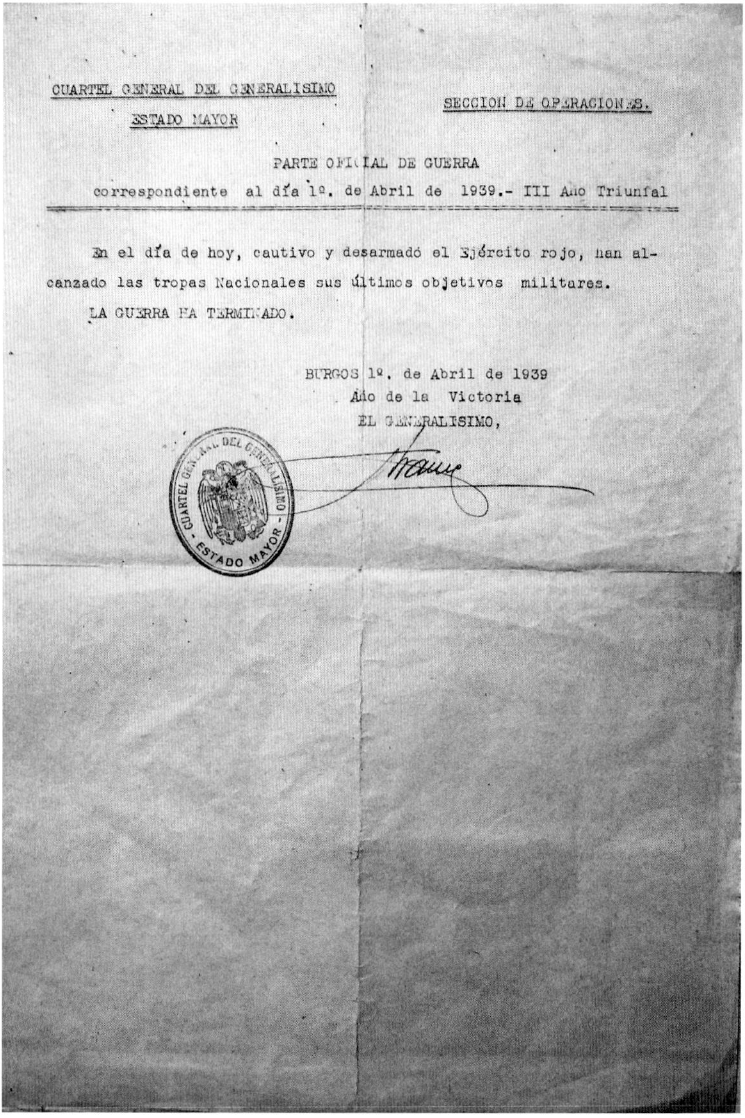
CUARTEL GENERAL DEL GENERALISIMO

ESTADO MAYOR

SECCION DE OPERACIONES.

PARTE OFICIAL DE GUERRA

correspondiente al día 1º. de Abril de 1939.- III Año Triunfal

En el día de hoy, cautivo y desarmado el Ejército rojo, han alcanzado las tropas Nacionales sus últimos objetivos militares.

LA GUERRA HA TERMINADO.

BURGOS 1º. de Abril de 1939

Año de la Victoria

EL GENERALISIMO,

CUARTEL GENERAL DEL GENERALISIMO - ESTADO MAYOR

Franco

Último parte de la Guerra Civil, con la firma original de Franco y el sello del Cuartel General del Generalísimo - Estado Mayor todavía intacto. «La guerra ha terminado», informa (archivo de *ABC*).

El escritor y periodista Diego San José durante la Segunda República. Fue detenido y condenado a muerte al final de la guerra, y pasó por varias cárceles españolas hasta que fue liberado por Millán-Astray (imagen cedida por la familia de Diego San José).

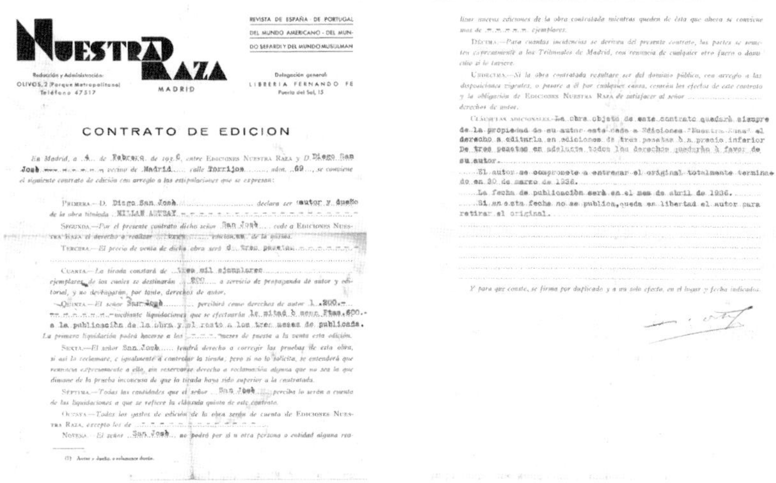

NUESTRA RAZA

REVISTA DE ESPAÑA · DE PORTUGAL
DEL MUNDO AMERICANO · DEL MUNDO SEFARDI Y DEL MUNDO MUSULMAN

Redacción y Administración:
OLIVOS, 2 (Parque Metropolitano)
Teléfono 47517

MADRID

Delegación general:
LIBRERIA FERNANDO FE
Puerta del Sol, 15

CONTRATO DE EDICION

En Madrid, a 4 de Febrero de 1936, entre Ediciones Nuestra Raza y D. Diego San José, vecino de Madrid, calle Torrijos, núm. 69, se conviene el siguiente contrato de edición con arreglo a las estipulaciones que se expresan:

Primera.—D. Diego San José declara ser autor y dueño de la obra titulada MILLAN ASTRAY

Segunda.—Por el presente contrato dicho señor San José cede a Ediciones Nuestra Raza el derecho a realizar tres ediciones de la misma.

Tercera.—El precio de venta de dicha obra será de tres pesetas

Cuarta.—La tirada constará de tres mil ejemplares ejemplares, de los cuales se destinarán 200 a servicio de propaganda de autor y editorial, y no devengarán, por tanto, derechos de autor.

Quinta.—El señor San José percibirá como derechos de autor 1.200.- mediante liquidaciones que se efectuarán la mitad ò sean Ptas. 600.- a la publicaciòn de la obra y el resto a los tres meses de publicada.

La primera liquidación podrá hacerse a los meses de puesta a la venta esta edición.

Sexta.—El señor San José tendrá derecho a corregir las pruebas de esta obra, si así lo reclamare, e igualmente a controlar la tirada; pero si no lo solicita, se entenderá que renuncia expresamente a ello, sin reservarse derecho a reclamación alguna que no sea la que dimane de la prueba inconcusa de que la tirada haya sido superior a la contratada.

Séptima.—Todas las cantidades que el señor San José perciba lo serán a cuenta de las liquidaciones a que se refiere la cláusula quinta de este contrato.

Octava.—Todos los gastos de edición de la obra serán de cuenta de Ediciones Nuestra Raza, excepto los de

Novena.—El señor San José no podrá por sí u otra persona o entidad alguna realizar nuevas ediciones de la obra contratada mientras queden de ésta que ahora se conviene mas de ejemplares.

Décima.—Para cuantas incidencias se deriven del presente contrato, las partes se someten expresamente a los Tribunales de Madrid, con renuncia de cualquier otro fuero o domicilio si lo tuviere.

Undécima.—Si la obra contratada resultare ser del dominio público, con arreglo a las disposiciones vigentes, o pasare a él por cualquier causa, cesarán los efectos de este contrato y la obligación de Ediciones Nuestra Raza de satisfacer al señor derechos de autor.

Cláusulas adicionales.—La obra objeto de este contrato quedarà siempre de la propiedad de su autor esta cede a Ediciones "Nuestra Raza" el derecho a editarla en ediciones de tres pesetas ò a precio inferior De tres pesetas en adelante todos los derechos quedaràn à favor de su autor.

El autor se compromete a entregar el original totalmente terminado en 30 de marzo de 1936.

La fecha de publicaciòn serà en el mes de abril de 1936.

Si en esta fecha no se publica, queda en libertad el autor para retirar el original.

Y para que conste, se firma por duplicado y a un solo efecto, en el lugar y fecha indicados.

(1) Autor y dueño, o solamente dueño.

El contrato que Diego San José firmó con Millán-Astray para que escribiera las memorias del fundador de la legión (cedido por la familia de Diego San José).

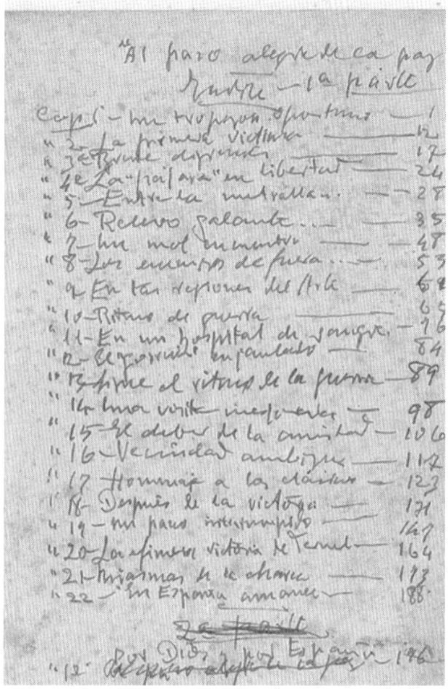

"Al paso alegre de la paz"
Índice — 1ª parte
Cap. 1 – Un tropezón oportuno — 1
" 2 – La primera víctima — 12
" 3 – [illegible] — 17
" 4 – La "pajarera" en libertad — 24
" 5 – Entre la metralla — 28
" 6 – Relevo galante — 35
" 7 – Un mal momento — 48
" 8 – Los enemigos de fuera — 53
" 9 – En las regiones del Arte — [illegible]
" 10 – Ritmos de guerra — [illegible]
" 11 – En un hospital de sangre — 76
" 12 – [illegible] — 84
" 13 – [illegible] el ritmo de la guerra — 89
" 14 – Una visita inesperada — 98
" 15 – El deber de la amistad — 106
" 16 – Vecindad ambigua — 117
" 17 – Homenaje a los clásicos — 123
" 18 – Después de la victoria — [illegible]
" 19 – Un paso interrumpido — 147
" 20 – La primera victoria de Teruel — 164
" 21 – Miasmas de la charca — 173
" 22 – En España amanece — 188
"12" Por Dios y por España — 196

Índice manuscrito original de *Por Dios y por España*, la novela de Diego San José sobre la Guerra Civil. Lleva todavía el primer título que pensó en ponerle, «Al paso alegre de la paz», sacado de uno de los versos de *Cara al sol* (cedido por la familia de Diego San José).

Una fila de gente espera a que les atiendan en un despacho de cartillas de racionamiento, en Sevilla, el 29 de marzo de 1940 (Cecilio Sánchez del Pando, archivo de *ABC*).

Entrevista a Helios Gómez publicada en la revista *Crónica* el 18 de octubre de 1936. Es uno de los pocos testimonios que se conservan de este anarquista y artista gitano que llegó a comisario político de la UGT y que organizó varias columnas en el bando republicano (Biblioteca Nacional de España).

Un gran artista revolucionario: Helios Gómez.

Los gitanos en la guerra civil.

crónica

Vicente Gil, el médico personal de Franco, junto al dictador durante unas vacaciones (imagen cedida por la familia).

Joaquín García-Morato, junto a la cola de uno de sus aviones con el distintivo de su escuadrilla, «Vista, suerte y al toro» (archivo de *ABC*).

Vicente Gil, el médico personal de Franco, de pesca junto al Caudillo (imagen cedida por la familia).

Fotografía tradicionalmente atribuida a la Motorizada.
En realidad, muestra a motoristas de varias unidades republicanas (archivo de *ABC*).

Las tropas legionarias ocupan las alturas que rodean Málaga durante una ofensiva en 1937 (archivo de *ABC*).

Frente aragonés, 1937. Enfermera miliciana de la Cruz Roja aragonesa (archivo de *ABC*).

Gonzalo Queipo de Llano, el *speaker* más famoso de la Guerra Civil, en 1936 (archivo de *ABC*).

palabras del mismo Himmler, allá por marzo de 1933 Dachau se convirtió en el «primer campo de concentración para prisioneros políticos».

Un espía en España

Aunque existe controversia sobre la fecha concreta en la que llegó a España, la versión más aceptada es que pisó nuestro país poco antes del golpe de Estado. «Bajo las órdenes de Arthur Nebe fue enviado a la Península en 1936 porque hablaba nuestro idioma», desvela Frattini. Parece que, al menos por entonces, no contaba con fuentes fiables, pues algunos autores como José María Irujo defienden que desconocía la organización de la sublevación y que se dedicaba solo a replicar rumores sin confirmar la información que enviaba a Berlín. En todo caso, lo que sí hizo fue estrechar lazos con las futuras autoridades franquistas. Desde el punto de vista oficial era un diplomático, pero la realidad era otra muy diferente.

«Winzer fue un espía durante su primera estancia en nuestro país. El propio Himmler le encargó investigar el "peligro bolchevique" español. Winzer se centró en Madrid y Barcelona, ciudad esta última donde se encontraba el 18 de julio de 1936», explica el autor. Para ser más concretos, cuando las tropas sublevadas se alzaron, este miembro del Partido Nazi controlaba de cerca a los participantes de las llamadas Olimpiadas Populares, ideadas para contraprogramar las orquestadas desde el Berlín fascista.

Una semana después, el 26 de julio, huyó de Barcelona en dirección a Italia, desde donde pudo volver a la capital del Reich, aunque no estuvo en casa mucho tiempo. «Winzer regresó a España junto con el nuevo embajador del Reich, Wilhelm Faupel. En 1939, tras la victoria de Franco, sería enviado a la embajada de Alemania en Madrid como "agregado policial" y responsable de la Gestapo en España. Cuando se inició la Segunda

Guerra Mundial en el mes de septiembre, se ocupó en España de la red de espías del Sicherheitsdienst, el servicio de inteligencia de las SS a las órdenes directas de Walter Schellenberg. Casi una treintena de agentes nazis circulaban por España bajo sus órdenes», completa Frattini.

Un campo de concentración español

Pero sí hubo un hecho que le granjeó a este espía un hueco en los libros de historia: el diseño y la creación de uno de los primeros campos de concentración levantados por el franquismo en España. Todo ocurrió durante su segunda visita a nuestro país, una vez comenzada ya la contienda. «Ya de nuevo en Madrid, se marchó a Salamanca, donde se encontraba el cuartel general del bando nacional. Allí propuso a Franco la creación de un centro con la misma estructura que Dachau». El lugar, seleccionado por el propio Winzer, fue un extenso solar de 42.000 metros cuadrados en Miranda de Ebro, perteneciente a la empresa Sulfatos de España S. A.

La construcción del campo de concentración fue aprobada por el Gobierno de Franco durante el verano. Así lo demuestra el que el *Boletín Oficial del Estado* hiciera pública la noticia el 5 de julio de 1937. Aquella jornada, se estableció que serían levantadas cuatro de estas prisiones en Burgos. Una de ellas fue la de Miranda de Ebro. La zona se seleccionó, entre otras tantas razones, por sus privilegiadas comunicaciones ferroviarias, algo idóneo para transportar reos desde toda España. «Winzer supervisó absolutamente todos los pasos de la construcción de este centro en España, llegando incluso a pedir constante consejo a Eicke», desvela el experto. El resultado fue un lugar similar a Dachau que fue terminado en menos de dos meses.

El alemán apostó por el ahorro. Un ejemplo de ello es que la construcción del enclave se llevó a cabo con viejas carpas que un circo había almacenado en el municipio después de que el inicio de la guerra detuviera su gira por España. Además, según explica el historiador Carlos Hernández en *Los campos de concentración de Franco*, los alemanes se aseguraron durante todo el conflicto de que el centro funcionara como un reloj: «La Gestapo siempre tuvo un papel preponderante en Miranda de Ebro. Sus visitas fueron frecuentes y su interés se centraba en los prisioneros extranjeros». En principio les interesaba interrogar a los brigadistas internacionales, pero no tardaron en hacer lo propio con otros reos a los que consideraban peligrosos.

Huelga decir que la situación de los presos fue tan precaria como la de los judíos que llenaron los campos de concentración germanos cuando el Partido Nazi llegó al poder. Los barracones, elaborados con madera, apenas protegían a los reos de las inclemencias del tiempo. Y no hace falta insistir en la escasez de alimentos, higiene y agua. «El campo, que estaba preparado para mil quinientos prisioneros, en pocos meses duplicó esa cifra, con los consiguientes problemas sanitarios», añade Frattini.

Por esta cárcel llegaron a pasar unos sesenta y cinco mil prisioneros republicanos y otros quince mil extranjeros. Hombres y mujeres que eran trasladados hasta el campo en unas condiciones pésimas. «Nos metieron en vagones de mercancías. Cuarenta hombres en cada uno. Teníamos que hacer las necesidades en los platos y tirarlas por un pequeño ventanillo. Al estar las puertas cerradas, faltaba el aire y había hombres enfermos», le explicó a Hernández uno de los supervivientes del enclave.

Fin de sus días

Poco se sabe de Winzer tras la finalización de las hostilidades. En *ABC* solo se le nombra en dos ocasiones: la primera, en una pequeña noticia de 1940 en la que se le citaba como diplomático germano en España, y el 3 de septiembre de 1942 volvió a ser alumbrado por los focos de la actualidad cuando entregó, en nombre de Heinrich Himmler, medio centenar de «aparatos de radio a los muchachos acogidos en los hogares de Auxilio Social». Ese día actuaba en calidad de «representante del Reichsführer» y miembro destacado de la embajada alemana en nuestro país. Poco después se le perdió la pista.

«Tras el fin de la Segunda Guerra Mundial, existen varias versiones sobre qué fue de él. Unos dicen que aún lo vieron en la legación diplomática hasta la llegada de las autoridades inglesas que se hicieron cargo de todos los edificios alemanes», añade Frattini. Esa es la más extendida, pero las teorías se cuentan por decenas. Algunos aseguran que recibió la ayuda de Franco y se instaló en el sur de España con otra identidad. Otras fuentes creen que viajó a Portugal, donde se convirtió en asesor policial del Gobierno de Salazar. «También se baraja que murió en Francia en septiembre de 1944 al ser derribado el avión en el que volaba. Pero esto último me parece difícil de creer», explica.

Lo que sí tiene claro Eric Frattini es que, a pesar de su trabajo y de sus tristes aportaciones a la España de Franco, poco o nada tenía que ver Winzer con la famosa Ahnenerbe, la organización que llegó a nuestro país para investigar el pasado germano o la cantidad de materias primas con las que contaba el régimen. «Winzer era un espía, un policía, un miembro de la Gestapo. Estaba más ocupado en reprimir a la comunidad alemana en España que en apoyar una organización científica. Lo que sí es cierto es que tenía una gran y fluida comunicación con José Luis Arrese. Le gustaba ver cómo los grupos de Falange y el diario *Arriba* alentaban actos antisemitas en nuestro país», finaliza.

1938

Puñaladas en la República: el olvidado plan comunista para destruir a Indalecio Prieto

Manuel P. Villatoro

Los sucesivos cercos de Teruel les salieron muy caros a los dos bandos por culpa de las balas, las inclemencias climatológicas —los soldados soportaron unas temperaturas que oscilaban entre los seis y los veinte grados bajo cero— y el hambre. La denominada «batalla del frío», acaecida entre diciembre de 1937 y febrero de 1938, se cobró la escalofriante cifra de cien mil bajas, pero también una reputación: la del entonces ministro de Defensa, Indalecio Prieto.

Prieto repitió hasta la saciedad que la retirada de las tropas de la ciudad y el abandono a su suerte de la 42.ª División de Valentín González, el Campesino, se correspondía con un plan ideado para hundirle en la miseria. Los culpables, o eso dijo, eran los asesores comunistas enviados desde la Unión Soviética, con los que había mantenido un perpetuo enfrentamiento desde el inicio del conflicto. «A fin de ver la manera de asestarme el golpe final, hubo un concilio entre rusos e hispanos, "Hay que utilizar la pérdida de Teruel para liquidar a Prieto", decretó uno de los delegados del Kremlin», escribió el político en su libro *Convulsiones de España*, tras la guerra. También insistió en que todos ellos recibían órdenes de Moscú.

La batalla de Teruel

Octubre de 1937 fue clave en la contienda fratricida. Con las fuerzas republicanas todavía acomodándose a la reorganización emprendida por Largo Caballero, el bando nacional decidió intentar asediar de nuevo Madrid. Por enésima vez, Franco desplazó catorce divisiones hasta las tierras altas de Guadalajara y Soria. La respuesta del general Vicente Rojo fue no presentar batalla allí, sino organizar un ataque de distracción sobre Teruel, en el extremo este del frente franquista, donde no había un número exagerado de defensores. El objetivo consistía en obligar al enemigo a mover el grueso de sus unidades y permitir respirar a la capital.

El 15 de diciembre de 1937, doce divisiones republicanas iniciaron la embestida contra Teruel. Buscaban rodear la ciudad y conquistarla a golpe de fusil, carros de combate y aviación. La primera parte salió a la perfección y, apenas un día después, las tropas gubernamentales ya habían cortado el estrecho pasillo que unía la urbe con el resto del territorio sublevado. Tuvieron suerte, pues el 16 un temporal de viento y nieve impidió los avances. Aquel fue el primer golpe de realidad para unos soldados que no llevaban ropa de abrigo con la que combatir el frío. El 17 se cerró el cerco de forma definitiva.

La ciudad cayó el 18, aunque varios reductos del bando nacional se mantuvieron firmes durante varias jornadas más. El contraataque de Franco se comenzó a pergeñar el 21, día en que se reunió con sus oficiales y les comunicó que abandonaba Madrid para centrarse en el nuevo frente. Tras unas escaramuzas, la verdadera batalla se inició el 29, cuando las unidades alzadas lanzaron fuertes ataques contra los sitiadores. En ese momento comenzó la pesadilla para el Ejército Popular, que pasó de saborear la victoria a verse rodeado por el enemigo. Por si fuera poco, una nueva ola de frío empeoró todavía más la situación.

Valentín González fue seleccionado poco después como cabeza visible de la defensa, pero no sirvió de nada y el 20 de febrero se fraguó el desastre republicano. Esa jornada, un problema en la radio dejó sin comunicaciones al Campesino, que no pudo oír que la segunda línea de defensa recibía la orden superior de retirarse y abandonar la ciudad. Tuvo que verlo, para su asombro, desde su puesto de mando. Poco a poco el cerco se estrechó. Metro a metro, barrio a barrio. Mientras, los heridos empezaron a agolparse en las plazas. Nadie podía marcharse, pues los franquistas habían rodeado Teruel.

Así se acabó todo. Sabedor de que no recibiría refuerzos —ni siquiera los del general Enrique Líster, ubicados en las cercanías—, el Campesino ordenó a su 42.ª División que se retirara. Los heridos fueron abandonados a su suerte y el material, destruido para que no cayera en manos del enemigo. Horas después, rompió el cerco franquista y pasó a territorio republicano. El general Aranda accedió a la ciudad el 22 de febrero. La victoria era suya, aunque había costado miles de bajas y la destrucción virtual de Teruel; una urbe que, en dos meses, soportó desde bombardeos hasta la voladura de edificios por parte de un Ejército Popular que vio en los explosivos la mejor forma de desalojar los últimos núcleos de resistencia.

Complot comunista

Las consecuencias de la derrota fueron un golpe a la figura del ministro de Defensa, Indalecio Prieto, que acabó cercado y perseguido por los comunistas. La presión le hizo dimitir en marzo de 1938, tras lo cual se despachó contra su superior por afirmar que había sembrado el desánimo entre los hombres. «El presidente me acusa de pesimista y de desmoralizar con mi pesimismo a quienes me rodean, asegurando que todo el mundo sabe, por mis indiscreciones, que la guerra está perdida». Sus palabras le valieron la chanza de Jesús Hernández Tomás, cofundador del PCE, quien se burló de él bajo seudónimo en un artículo titulado «El pesimista impenitente».

En el exilio, Prieto defendió la teoría de que los comunistas y sus asesores soviéticos habían urdido un complot para acabar con él. Así lo explicó en su libro *Convulsiones de España*, en el que achacó a dos delegados del Kremlin, Gueré y Stepanov, haber recibido estas instrucciones del Gobierno de Moscú. Además, y según el político, ambos tenían órdenes de provocar la derrota en Teruel. En sus memorias se apoyó en las palabras del Campesino para corroborar sus afirmaciones:

> A comienzo de 1938 se trataba de repetir la operación con Indalecio Prieto, que, al frente del ministerio de Defensa Nacional, empezaba a hacerse insoportable para el Kremlin. Pero ¿cómo deshacerse de él? Su prestigio era grande, sobre todo después de la venturosa operación de Teruel, quizá la más venturosa de toda la guerra junto a la heroica defensa de Madrid. No podría decir en cuál de las reuniones político-militares secretas de los agentes del Kremlin se adoptó el acuerdo de sacrificar Teruel. Lo que puedo asegurar es que el maquiavélico plan fue confiado a los generales Grigorievitch y Barthe. Teniendo un gran alcance político, debió intervenir en la decisión el delegado político número uno del Kremlin.

El testimonio no tiene desperdicio. Según el Campesino, le ordenaron dejarse rodear por los enemigos y servir de cebo para que las divisiones de Líster, a su vez, pudieran atacar por la retaguardia:

> Siguiendo las órdenes recibidas, yo me dejé cercar dentro de la población con unos dieciséis mil hombres de mi división. Modesto y Líster disponían de seis brigadas y de dos batallones excelentes fuera de la ciudad. El trato hecho era que atacarían con fuerza y por sorpresa y que me liberarían con mis tropas. Pero pasaron algunos días con sus noches y nada hicieron. Habría de enterarme más tarde de que a los que se ofrecieron a socorrerme los amenazaron de muerte. Convencido de que no me llegaría ya

> ningún socorro de fuera y de que seríamos liquidados si caíamos en manos de Franco, decidí jugarme el todo por el todo y romper el cerco. Emprendimos una lucha protegidos por la oscuridad de la noche que duró cerca de cinco horas. Salvé alrededor de once mil hombres.

Al llegar a la retaguardia, mantuvo una reunión con los oficiales. «En tonos violentos exigí la liquidación de Líster, que me había abandonado miserablemente». Pero, según sus palabras, los rusos le protegieron como «a una de sus criaturas». «Era evidente que habían querido deshacerse de mí para arrojarle mi cadáver al ministro de Defensa Nacional y convertirme, además, en una bandera», asegura.

Marcial Lafuente Estefanía: el «ángel rojo» de Chamartín que se enfrentó al horror de las checas republicanas

Israel Viana

El gran Marcial Lafuente Estefanía concedió su última entrevista el 1 de marzo de 1978, seis años antes de morir. Fue publicada por la revista *Blanco y Negro* bajo el título de «Escritor famoso, hombre desconocido». Nada menos que cuatro páginas para el hombre que había vendido más de seis millones de novelas, una cifra al alcance de muy pocos autores en la historia de la literatura española y universal.

En una de las últimas preguntas, sin dar muchos detalles, respondió:

> Yo he pasado mucho miedo. El miedo que puede pasar un hombre al que le dicen a las 19.00 horas que va a ser fusilado a las 23.00. En aquellos momentos llamé a una hermana que me preguntó si llevaba el escapulario de la Virgen del Carmen y me recomendó que, ya que había luchado como un mal español, muriera como un buen cristiano.

La respuesta era un tanto enigmática, sobre todo si tenemos en cuenta la fama del personaje. En ningún momento reveló la fecha ni el lugar de aquel siniestro episodio que, según parece, estuvo a punto de llevarle a la muerte. Podría ser la Guerra Civil o la represión de los primeros meses de la dictadura, pero había nacido en 1903 —en Toledo— y podría referirse también a la guerra de Marruecos. La razón de tanto misterio era señalada por el artículo unas líneas más abajo. «El autor de los más de dos mil títulos del Oeste se ha empeñado, durante años, en no hablar sobre su vida».

Más de tres cuartos de siglo después de su debut literario con *La mascota de la pradera* (1943), *ABC* sacó a la luz una serie de testimonios que demuestran cómo Lafuente Estefanía se jugó la vida para evitar que su propio bando, el republicano, asesinara a decenas de presos durante la Guerra Civil. «Mucha gente dirá que eran prisioneros franquistas, pero no. Eran personas supuestamente desafectas con el Frente Popular, pues en aquella época se fusilaba a mucha gente por cualquier razón: por ser ricos, por envidia o por lo que sea», asegura Pedro Corral.

Una vida de silencio

El historiador vasco es el responsable del hallazgo de los documentos oficiales que demuestran toda esta labor humanitaria del novelista en favor de las personas perseguidas en Madrid entre 1936 y 1939; una faceta de su vida que no se conocía hasta hace poco y que él tampoco aireó ni siquiera durante el franquismo, a pesar de que eso podría haberle otorgado muchos reconocimientos públicos.

El hallazgo se produjo en 2019, treinta y cinco años después de la muerte del novelista. La concejala del distrito de Chamartín, Isabel Martínez-Cubells, pidió información sobre la composición de la corporación del antiguo pueblo de Chamartín de la Rosa —hoy convertido en barrio— durante el conflicto. Lo hizo después de que se conociera la pretensión del tercer teniente de alcalde, Mauricio Valiente, de rendir homenaje a los ediles que rigieron este ayuntamiento desde la etapa final de la Segunda República hasta marzo de 1939.

En la documentación solicitada, Martínez-Cubells y Corral encontraron a un tal Antonio Lafuente Estefanía como tercer teniente de alcalde y concejal de la CNT entre diciembre de 1936 y marzo de 1938. «Pensé que si era quien yo creía, el famoso escritor, aunque le falte el Marcial, seguro que los franquistas fueron a por él por ser anarquista. Entonces consulté los sumarios que existen de presos del franquismo después de la guerra y vi que aparecía en uno. Luego descubrí que, por la fecha de nacimiento y el nombre de sus padres, era el novelista», añade el investigador.

Hasta ese momento no se sabía que Marcial Lafuente Estefanía había sido concejal de la CNT durante la guerra. Faltaban todavía unos años para que se convirtiera en el autor de novelas más famoso y prolífico de España. Llegó a publicar más de dos mil seiscientos títulos ambientados en el Oeste americano que hicieron las delicias de varias generaciones desde los tristes años de la posguerra.

Según indicaba su expediente de procesamiento, también luchó como voluntario en el Ejército Popular entre el 5 de marzo de 1938 y el 28 de marzo de 1939. En esta última fecha se entregó a los franquistas en Ciudad Real. Pero nada de esto se supo durante décadas, gracias a la discreción del escritor, que jamás se planteó hacer alarde de sus heroicas acciones. «Su nombre es uno de los más populares de este país, pero, curiosamente, su popularidad no implica que sea uno de esos hombres cuya vida y milagros conoce el gran público», apuntaba *Blanco y Negro*. En ese momento, Lafuente Estefanía tenía setenta y cinco años y a nadie se le ocurrió a esas alturas de su vida profundizar en su biografía.

El sumario conservado en el archivo del Tribunal Militar Territorial Primero de Madrid, el número 36.194, estaba lleno de testimonios favorables. Lo más sorprendente es que muchos de ellos habían sido aportados por personas relacionadas con el bando franquista o supuestamente afines al golpe de Estado. A ninguno debió de importarle que Lafuente Estefanía fuera un anarquista declarado. Le dieron más valor a su actuación en contra de los asesinatos de su propio bando que a su ideología política.

Estos testigos defendían que el futuro escritor se había jugado la vida para evitar que ellos fueran enviados a las checas, esas cárceles creadas en la zona republicana para detener, interrogar, torturar o ejecutar a los sospechosos de simpatizar con el general ferrolano. En el documento, firmado por quince funcionarios del Ayuntamiento de Chamartín durante la dictadura, se destaca que siempre actuó «sin molestarles por sus ideas» y que «se distinguió por su lucha contra socialistas y comunistas».

Uno de los testimonios fue el del fiscal municipal del Juzgado de Chamartín, César Donoso Guilhou, que había sido detenido en febrero de 1937, cuando todavía no ostentaba ningún cargo. Fue conducido al ayuntamiento de la localidad y allí sus captores le anunciaron que iba a pasar la última noche de su vida. Así lo contaba la víctima:

> Lafuente se opuso enérgicamente a cualquier represalia contra mí e hizo hincapié cuando empezaron a buscar un coche para conducirme a donde fuera [...]. Dada la actitud excitadísima de los que me arrestaron, para salvar mi vida creyó oportuno no ponerme en libertad ni que estos volvieran a hacerse cargo de mí.

Está documentado que la sede del Ayuntamiento de Chamartín de la Rosa —hoy Junta Municipal de Tetuán en la calle Bravo Murillo— fue uno de los siete edificios utilizados como checa en el antiguo municipio. Otras fueron la del barrio de Las Cuarenta Fanegas, en las actuales instalaciones de la Guardia Civil en la calle Príncipe de Vergara, y la del Instituto Nebrija, donde se ubica el colegio de Nuestra Señora del Recuerdo. En ellas fueron ejecutados por las milicias del Frente Popular 53 vecinos de la localidad, cuatro de ellos mujeres. El más joven era un estudiante de dieciocho años. También fueron hallados ochenta cadáveres de personas no residentes en Chamartín, abandonados en las inmediaciones del cementerio o en la carretera de Francia.

Lafuente Estefanía se enfrentó desde su cargo, también, al alcalde del Frente Popular Eusebio Parra Ruiz. La causa fue la desaparición de otro vecino que no tenía delitos de sangre a sus espaldas. Tres meses antes, el hermano de este había presentado una instancia al Ayuntamiento para saber algo de su paradero, pero el corregidor se exculpó diciendo que había recibido órdenes de la Junta de Defensa de Madrid de entregarlo a la Dirección General de Seguridad.

Según los documentos consultados, el futuro escritor exigió la formación de una comisión de investigación y acusó a un compañero de haber ordenado su ejecución. En la transcripción hecha en el libro de actas de las sesiones puede leerse: «Lafuente dice que José Arias fue detenido y fusilado sin que se sepan las causas por las cuales se adoptó tal determinación ni la persona que lo ordenó».

A continuación apuntó a una venganza contra la víctima por haberse negado a pagar una cantidad a cambio de que el Ayuntamiento retirara una denuncia contra su finca: «El edil pregunta a la alcaldía si tiene el recibo de la entrega del prisionero, pues parece desprenderse de todo esto una inmoralidad, al cometerse un delito vituperable por la cantidad de 600 pesetas».

Después de su paso por el Ayuntamiento de Chamartín de la Rosa, Lafuente Estefanía sirvió como comisario político en la localidad toledana de Los Yébenes. Se marchó como voluntario y se trasladó allí con toda su familia antes de entregarse a los franquistas el 28 de marzo de 1939, tres días antes de que se hiciera oficial el final de la guerra.

En el sumario de su detención se encuentran otros testimonios favorables procedentes de las autoridades franquistas de dicho municipio. Su alcalde, Toribio Pedraza, señaló: «Con su influencia y oportuna intervención, ha contribuido a evitar atropellos que se querían cometer contra personas de orden y de derechas». Otra vecina declaró que «había protegido a su tercer hijo y a otros derechistas de las infinitas persecuciones». Un tal Lucas Manzano reveló, también, que Lafuente Estefanía le nombró su conductor y le escondió en su propia casa, «como si fuera su propio hijo», solo para protegerle de la amenaza de muerte que había recibido. El chófer testificó que el anarquista no se separaba de él ni durante la noche para que no se lo llevaran detenido.

El anarquista era un lector voraz. Había heredado el amor hacia la literatura de su padre, el periodista y escritor Federico Lafuente. A través de él se convirtió en un experto en el teatro clásico del Siglo de Oro. Entre 1928 y 1931 se recorrió Estados Unidos, una experiencia de la que se sirvió en el futuro para ambientar sus historias. Sin embargo, no fue hasta los meses finales de la guerra cuando le dio por empezar a redactarlas. En esa época conoció a Enrique Jardiel Poncela, quien le aconsejó que, si iba a escribir, lo hiciera solo para que la gente se divierta. «Es la única forma de ganar dinero con esto», le advirtió el dramaturgo. Y siguió su consejo el resto de su vida.

A pesar de los testimonios favorables, Lafuente Estefanía fue condenado a muerte por la dictadura. Cinco días después de acabar la contienda, salió asimismo en su defensa el alcalde franquista de Navahermosa. «Debido a su oportuna intervención no se llevaron a cabo algunos fusilamientos», aseguró el corregidor. «Este se llamaba Marcial Aguilera. Es probable que eligiera este nombre para firmar sus novelas en vez de Antonio, que era el suyo, para homenajearle», comenta Pedro Corral.

El «hotel» Ocaña

El consejo de guerra contra el escritor se celebró en Las Salesas el 31 de julio de 1941. En él se reconoció su «buen comportamiento» y su condena fue rebajada a veinte años de cárcel. Tres meses después se redujo a doce, pero no cumplió casi ninguno. En noviembre de ese mismo año todo quedó en prisión atenuada en su domicilio. Al final estuvo encarcelado dos años y medio.

En ese tiempo aprovechó para perfeccionar su estilo literario con lo que tenía a mano, un lápiz y el papel higiénico. «Empecé a escribir novelas del Oeste en 1939, cuando me ofrecieron un hospedaje gratuito en el "hotel" Ocaña de cinco estrellas. Un lugar muy curioso porque, con lo ancha que es Castilla, solo disponíamos de 30 centímetros para dormir», señalaba con sarcasmo durante la entrevista con *Blanco y Negro*, en referencia a la famosa prisión.

Fue allí donde terminó su primera obra, *La mascota de la pradera*, que publicó cuando ya se encontraba en libertad. Y de ahí al éxito absoluto sin apenas salir de su casa en Arenas de San Pedro, la localidad abulense en la que residió casi toda su vida. Miles de títulos que creó a razón de tres o cuatro al mes y que entretuvieron a millones de lectores de varias generaciones.

A pesar del indiscutible éxito de ventas, siempre le negaron un lugar en los libros de la historia de la literatura. Sin embargo, son varias las generaciones de españoles que reconocen haber aprendido a leer con sus historias, y para él eso siempre fue más importante que la gloria: «No aspiro a la Academia, pero me han leído pequeños y grandes. Lo que pasa es que a los mayores les da vergüenza reconocerlo».

El absurdo error gracias al que la República aplastó la mole acorazada de Franco

Manuel P. Villatoro

En 1938, las aguas del Mediterráneo se tiñeron de rojo a la altura del cabo de Palos, frente a las costas de Cartagena, cuando una flota franquista y otra republicana se enfrentaron en la que sería conocida como la mayor batalla naval de la Guerra Civil. Aquel 6 de marzo, y tras una serie de complicadas maniobras, la marina gubernamental logró enviar al fondo del mar al orgullo de la armada sublevada, el crucero Baleares. Junto con este gigante metálico se hundieron, además, los cuerpos de casi ochocientos de sus tripulantes. Aquel fue un duro golpe que recogió así el *ABC* de Madrid: «Las fuerzas facciosas se encuentran ahora sin una de las unidades más importantes de su ejército».

El hundimiento del Baleares, no obstante, supuso el cénit de una lucha en el mar que arrancó en 1936. Una vez dado el pistoletazo de salida a la sublevación, los ojos de Franco y del Gobierno madrileño se posaron temerosos sobre las principales bases navales españolas, pues sabían que hacerse con ellas era clave para el devenir del conflicto. Se podría decir que se las repartieron a medias. Del total, se pusieron del lado de los amotinados la de Cádiz —debido, principalmente, a la cantidad de tropas rebeldes llegadas desde África— y la de El Ferrol. En poder de la República quedaron la de Mahón, ubicada en Menorca, y la de Cartagena.

Con los buques pasó otro tanto. En alta mar, varios oficiales se alzaron y trataron de llegar a territorio franquista junto con sus barcos. Sin embargo, en muchos de estos casos sus tripulaciones se amotinaron, lograron recuperar el control de los navíos y giraron el timón de vuelta a aguas republicanas. Esto fue lo sucedido, por ejemplo, en el destructor Almirante Valdés.

Tras algunos días de desconcierto, el recuento final dio la ventaja en el mar a la República, que pudo contar a sus órdenes con cuarenta y cuatro buques bien artillados, algunos todavía en dique seco, por los veintitrés del ejército nacional, cinco de ellos por ensamblar. Con todo, y a pesar de que su flota era menor, Franco guardaba un par de ases en la manga: dos nuevos y modernos navíos que, una vez que fueran construidos, marcarían la diferencia en combate gracias a su polivalencia y a su ingente armamento. Estos eran los cruceros Canarias y Baleares.

Un coloso marino

Incluso antes de ser terminado, el segundo se convirtió pronto en uno de los buques insignia de la flota. Los diarios de la época se hicieron eco de todo el proceso de fabricación en los astilleros de la Sociedad Española de Construcción Naval de El Ferrol. Informaron del día en que se le colocó la quilla —el 15 de agosto de 1928— y, poco después, también de su botadura. *ABC* llevó esta última noticia hasta su portada a finales de abril de 1932: «La población estuvo animadísima en el evento, habiendo llegado excursionistas de todas las poblaciones de Galicia. Bastante tiempo antes del lanzamiento, cerca de 20.000 personas invadían los astilleros para presenciar el acto».

Según explicó Manuel Cervera Cabello, uno de los pocos marinos que sobrevivió al desastre de este navío, en julio de 1936 su construcción estaba aún muy atrasada. «Fue a causa de las disposiciones del Gobierno de la República, encaminadas a disminuir lo más posible los presupuestos para atenciones militares». Muchos dudaron que fuera posible terminarlo en un plazo útil para que pudiera tomar parte en la contienda, pero el trabajo fue redoblado y los tiempos acortados para lograr el objetivo.

> Se trabajó febrilmente para poner en servicio el buque, superando y venciendo la falta de piezas y material que debía proveer Inglaterra o las factorías situadas en la zona roja. El día 15 de diciembre de 1936, aunque faltaban muchas instalaciones consideradas como indispensables en otros momentos —tales como dirección de tiro, piezas de artillería, etc.—, fue entregado a la Marina de Guerra izándose la Bandera Nacional.

Este gigante del mar medía 194 metros de eslora —unos setenta menos que el Titanic— y 19,5 metros de manga. El hispanista Michael Alpert afirma que su desplazamiento era de 10.600 toneladas y su potencia, de 90.000 caballos, y podía alcanzar los 33 nudos de velocidad, algo nada desdeñable para la época. También destacaba su capacidad para cargar hasta 2.800 toneladas de petróleo, lo que le daba una autonomía de unas diez mil millas. En lo que respecta al armamento, el Baleares superaba de forma holgada a los cruceros precedentes al contar con ocho cañones de 203 milímetros, ocho de 120 y ocho de 40. Era un coloso, vaya.

Contra todo pronóstico, el navío no tuvo al final que esperar mucho tiempo para surcar las aguas. Entró en servicio en septiembre de 1936 con una dotación novata pero, en palabras de Cervera Cabello, también ilusionada:

> Eran tiempos difíciles, y por eso mismo las tripulaciones de los buques se nutrían de voluntarios de todas las provincias españolas [...]. Su adiestramiento hubiera necesitado meses enteros de constantes ejercicios y, sin embargo, bastaron pocas semanas de incansable labor y sacrificio de los profesionales para

que su comandante, el capitán de navío don Manuel de Vierna y Belando, pudiera considerar que el buque se hallaba en condiciones de salir para la zona de operaciones. Así, en este estado y con su bisoña dotación, el 18 de diciembre de 1936 salió el buque a la mar para hacer su primera singladura, dedicada a pruebas de los servicios y ejercicios de la dotación.

Al asalto

Tras el inicio de las hostilidades quedó claro que, a pesar de contar con más buques y submarinos, el Gobierno carecía de oficiales y hombres experimentados en el mar. Esto, unido al constante envío de barcos a la flota franquista por parte de Italia y Alemania, hizo que pudieran poner en aprietos a sus enemigos. En 1938 la República planeó por ello una operación con la que elevar la moral de sus hombres y dar un golpe definitivo al enemigo: atacar la bahía de Palma de Mallorca, el lugar donde se encontraba una buena parte de la flota franquista según diferentes informes.

La operación suponía un verdadero reto. En primer lugar, un pequeño grupo de lanchas torpederas rusas recién adquiridas (unos navíos de escaso tamaño y caracterizados por su velocidad, aunque también por su poca resistencia a los ataques) partiría desde su base en Portman, Cartagena, en dirección al puerto de Alicante. Allí, se encontrarían con la 1.ª Flotilla de Destructores, la cual las abastecería de combustible y las escoltaría hasta la bahía de Palma, donde, para terminar, realizarían un ataque relámpago contra los buques franquistas allí fondeados.

También se ordenó al grueso de la flota republicana, siete navíos al mando del almirante Luis González Ubieta, que cubriera el avance de la 1.ª Flotilla de Destructores y de las lanchas torpederas navegando a unos ciento veinte kilómetros del cabo de Palos. El objetivo era proteger a los asaltantes de posibles maniobras llevadas a cabo por la flota franquista.

Con el plan establecido, solo quedaba seleccionar la fecha en la que se abalanzarían sobre el enemigo. Tal y como explican Ramón y Jesús María Salas Larrazábal en *Historia general de la guerra de España*, una gran escuadra se hizo a la mar al atardecer del 5 de marzo. Estaba formada por los cruceros Libertad y Méndez Núñez, escoltados por los destructores Sánchez Barcáiztegui, Gravina, Lepanto, Almirante Antequera y Lazaga. Su misión era la de proteger a las lanchas torpederas.

Apenas una hora después de abandonar el puerto, Ubieta recibió una noticia demoledora: el mal tiempo había provocado que las lanchas tuvieran que regresar a la base. El oficial decidió continuar con la operación y ordenó mantener el rumbo a su escuadra para, de esta forma, proteger la retirada de la 1.ª Flotilla de Destructores. Además, no disponía ya de objetivos al no tener que abastecer de gasolina a las torpederas.

Extraño encuentro

Lo que no sabía Ubieta era que le aguardaba una sorpresa en el trayecto; y es que la suerte quiso que aquel día la flota nacional tuviera su propia misión. Para ser más concretos, esa misma tarde los cruceros Canarias, Baleares y Almirante Cervera habían salido de Palma con la orden de escoltar un convoy mercante desde Formentera hasta el estrecho. El itinerario se encontraba precisamente en aguas por las que, en ese momento, navegaba el grueso de la armada republicana. Así lo recuerda Cervera Cabello:

> En la tarde del sábado, 5 de marzo, a las quince horas, los altavoces retransmitieron el toque de babor y estribor de guardia. [...] Se trataba de llevar a puerto seguro un convoy de dos grandes barcos, el Umbe-Mendi y Aiskori-Mendi, que llevaban material de guerra indispensable y de vital importancia para continuar con éxito la batalla del Ebro. [...] Una vez más, la marina debía

contribuir en silencio a la victoria de sus hermanos de los otros ejércitos.

Aquella madrugada, la flota franquista navegaba cerca del cabo de Palos bajo un cielo negro que impedía discernir lo que ocurría a poca distancia de las cubiertas de los navíos. No tenían protección alguna de destructores ni de submarinos. Tan solo estaban el Baleares, el Canarias y el Almirante Cervera, que formaban filas a las órdenes del contralmirante Manuel de Vierna. Fue a las 0.38 cuando ambas armadas se divisaron. Ninguna tenía constancia de que el enemigo se hubiera hecho a la mar, por lo que el desconcierto reinó pronto entre los marineros y oficiales.

El primero en vislumbrar al contrario fue el destructor republicano Sánchez Barcáiztegui. Su capitán se sobrepuso a la sorpresa del increíble encuentro y, tras calcular que los buques franquistas se encontraban a menos de dos mil metros, ordenó lanzar contra ellos dos torpedos. No obstante, la premura provocó que los enemigos no fueran fijados de forma adecuada. Los proyectiles no dieron en el blanco.

La respuesta fue inmediata: Vierna ordenó a sus cruceros cambiar de rumbo para alejarse de la flota gubernamental. El contralmirante, con treinta años de experiencia en la marina, sabía que la potencia de fuego de sus navíos no serviría de nada durante la noche, mientras que su armada sería un blanco fácil de los torpedos enemigos.

Tras el ataque, el convoy republicano patrulló durante media hora la zona sin encontrar enemigo alguno. Ubieta, con la sensación de haber cumplido con su deber, ordenó entonces poner rumbo a Cartagena, pues su misión de dar cobertura a la 1.ª Flotilla de Destructores había sido desempeñada con éxito. «Parecía que ambas escuadras habían decidido ignorarse y marchar cada una por su lado», añaden los autores de *Historia general de la guerra de España*. Sin embargo, la suerte todavía tenía reservada una última sorpresa para las dos flotas.

Casi una hora después, a las dos de la madrugada, Vierna decidió volver al rumbo original y completar su labor de protección de los cargueros. Para ello, cambió de dirección el timón y cayó a estribor con la intención de adaptar la marcha de su flota a la de los transportes. Pero el destino quiso sobresaltarle de nuevo e hizo que vislumbrara, por segunda vez, la figura borrosa de uno de los navíos republicanos en medio de la oscuridad. Los rumbos de ambas flotas se habían vuelto a cruzar por jugarretas del destino.

Todavía incrédulo por lo extraño de la situación, Vierna prefirió adelantarse a sus enemigos y ordenó lanzar varias granadas luminosas para indicar a sus compañeros dónde se encontraban los barcos contrarios. No pudo haber cometido un error más grave, pues el Baleares se iluminó en medio de la noche y quedó a la vista del convoy republicano. El contralmirante acababa de firmar la sentencia de muerte del buque insignia de Franco.

La situación fue bien distinta para el republicano Ubieta, quien, en su marcha hacia la base, se topó de bruces con un iluminado Baleares. Casi al instante, y sin dudarlo dos veces, el almirante se dispuso a llevar al fondo del mar al moderno navío y a sus casi 1.100 tripulantes. Lo tenía todo a favor, pues el crucero presentaba un blanco excepcional para tres de sus destructores, el Sánchez, el Antequera y el Lepanto. Al instante se desató la locura y, entre las 2.17 y las 2.20 horas, lanzaron doce torpedos a una distancia de entre dos mil y tres mil metros.

Sin posibilidad de virar, el Baleares recibió el impacto de dos de los torpedos, los cuales hicieron que su casco se tambaleara y llenaron la clara noche de esquirlas y restos desvencijados del buque. Minutos después de la explosión la situación era dantesca; el crucero, anteriormente el orgullo de los franquistas, se había quedado sin luz y comenzaba a adentrarse en el mar sin remedio. Cervera Cabello recordó de esta forma el amargo final del bajel:

> En breves momentos se asignaron a cada grupo de gente y oficiales graves y difíciles misiones [...]. Se apagaron incendios en pañoles de urgencia, arrojando sus proyectiles al mar, algunos de los cuales se encontraban ya envueltos en llamas. Se destruyeron los documentos secretos. [...] Los médicos se desvivían tratando de atender a los innumerables heridos, sin más luz que la de sus linternas, más agua que la que momentáneamente quedaba en las tuberías y con el escaso medicamento existente en el puesto de urgencia. Y así transcurrieron cuatro horas (mortales), durante las cuales los compartimentos estancos, cediendo uno tras otro, hacían inclinar el buque cada vez más.

Tras el ataque, el Canarias y el Almirante Cervera decidieron abandonar el lugar a toda máquina a sabiendas de que la carga de los mercantes que escoltaban era de vital importancia para el desarrollo de la guerra en la península. Por su parte, y debido al daño que podían sufrir ante el gran armamento de los cruceros sublevados, los republicanos tocaron a retirada y no persiguieron a los derrotados. «El Baleares se hundió a las cinco de aquella mañana. Murieron 788 hombres, incluido Vierna, el jefe de Estado Mayor de la división, el segundo y el tercer comandantes, el segundo jefe de Estado Mayor y más de 25 tenientes y alféreces de navío», añade Alpert.

Rescate de supervivientes

Tras la marcha de las dos flotas parecía que los supervivientes del ataque solo podrían esperar hasta que las aguas hicieran mella en ellos y se fueran al fondo junto con los restos del crucero. En cambio, recibieron el apoyo del Boreas y el Kempenfeld, dos destructores ingleses que, tras observar la batalla, se acercaron al buque siniestrado para ayudar en las tareas de rescate. Ambos navíos lograron recoger a unos 470 supervivientes.

A las ocho de la mañana, cuando ya no quedaba del Baleares

más que un leve recuerdo, volvieron al lugar el Canarias y el Cervera ya con su misión cumplida. Pero, con las tareas de salvamento realizadas, solo pudieron enviar varios mensajes de agradecimiento a los británicos. Uno de ellos, el que remitió el Canarias al Kempenfeld, fue recogido por Cabello: «Gracias por su servicio humanitario. La flota nacional nunca olvidará la ayuda de los ingleses».

El hundimiento fue un hito en la República. Basta leer el mensaje que el Partido Socialista envió a Indalecio Prieto: «Compartiendo el júbilo que hoy experimenta todo el pueblo, le ruego transmita a la flota nuestra felicitación. Queremos saludarle a usted y reiterarle la satisfacción que siente esta Ejecutiva ante su obra, que prestigia al partido y a la patria». *The Times*, por su parte, afirmó que había sido un duro golpe para los sublevados: «La principal moraleja de la batalla del cabo de Palos es que los rebeldes no estiman a la flota republicana. Franco ha perdido la mitad de sus grandes unidades desde que empezó la guerra».

El mercado de Alicante, la mayor carnicería de la contienda: «Cuando me desperté, tenía los intestinos colgando»

Israel Viana

Juan Ortiz va todas las mañanas a leer el periódico a la misma plaza en la que, el 25 de mayo de 1938, sobrevivió al bombardeo más devastador y sanguinario de la Guerra Civil. Un ritual casi masoquista si tenemos en cuenta que tiene muy presente la imagen de sus intestinos colgando, de su hermano en el suelo medio muerto por la bomba que le cayó a pocos metros y de su padre gritándole desesperado, con las manos en alto, que corriera tan rápido como pudiera en medio de las explosiones. Ese es el último recuerdo que tiene de él, ya que pocos segundos después se convirtió en uno de los trescientos civiles que perdieron la vida en el Mercado Central de Alicante como consecuencia del ataque indiscriminado contra la población por parte de la aviación nazi.

«Se lo estoy contando a usted y parece que lo estoy viviendo ahora mismo», asegura Juan sobre una masacre que jamás tuvo la repercusión de aquella otra que los nazis perpetraron en Guernica un año antes y que se saldó con menos muertos que la de Alicante. La diferencia es que esta última no contó con una obra de Picasso que la denunciara e inmortalizara y cayó en el olvido durante los cuarenta años de dictadura. A esto se sumó la dejadez por parte de las autoridades de la democracia para esclarecer los hechos.

Así los explicaba, en 2018, el profesor Pedro Payá, coautor de *La aviación fascista y el bombardeo del 25 de mayo de Alicante*, en *elDiario.es*:

> El bando rebelde no tuvo más remedio que hablar de Guernica por la fama que adquirió el cuadro, aunque solo fuera para decir que habían sido los incendiarios republicanos los que habían arrasado la ciudad. En el caso del Mercado de Alicante no hubo imágenes ni testimonios que lo elevaran a símbolo de la barbarie del desarrollo de la técnica.

Juan era un niño de nueve años en una ciudad que permaneció alejada de los frentes al comienzo de la guerra, pero que se vio afectada por la gran cantidad de refugiados que tuvo que acoger, las sucesivas movilizaciones de quintas, el alza de los precios y las dificultades para encontrar bienes de primera necesidad. En los primeros tres meses y medio no sufrió ni un solo ataque aéreo. El primero se produjo en la madrugada del 5 de noviembre de 1936 y causó dos víctimas mortales. El culpable fue un hidroavión alemán Heinkel He 59 de la AS/88 que despegó de la base de El Atalayón, en Melilla, y soltó diez bombas. A partir de ese momento, la frecuencia aumentó.

El 28 de noviembre la aviación nazi regresó con el objetivo de arrasar los depósitos de Campsa, esta vez con dieciséis aviones Junkers Ju 52/3 que llegaron de Melilla como represalia por la ejecución del fundador de la Falange, José Antonio Primo de Rivera, en la cárcel de Alicante ocho días antes. Este ataque se llevó a cabo en varias tandas y se lo conoce como «el bombardeo de las ocho horas», en referencia a su duración. Los 160 explosivos que cayeron provocaron numerosos destrozos materiales tanto en la ciudad como en la isla de Tabarca. Al día siguiente, varios milicianos sacaron a 51 presos políticos de la misma prisión para asesinarlos en el cementerio de San Blas como venganza y sin juicio previo.

Los sótanos del mercado

A medida que aumentaban los bombardeos, la población comenzó a huir en desbandada hacia las huertas y las casas de campo que tenían en el extrarradio. Todas las tardes, Juan veía a sus amigos salir de la ciudad con sus familias para volver a la mañana siguiente a sus trabajos. A esta rutina se la bautizó como la «columna del miedo» y tenía como fin alejarse de los ataques, que solían producirse a esas horas. Nuestro protagonista no tenía ninguna parcela a la que escapar. «Mi padre, que se llamaba Baltasar, siempre nos decía a mi hermano de diez años y a mí que, cuando escucháramos las sirenas, saliéramos del colegio y fuéramos corriendo en su búsqueda para escondernos con él en los bajos del mercado, que es donde trabajaba», explica Ortiz.

Hasta aquel día, la población de Alicante se resguardaba donde podía, pues aún no había refugios. Se ocultaba en los sótanos o en los edificios más sólidos, como en el teatro Principal, bajo las bóvedas de la plaza de toros o en los mencionados bajos del mercado a los que acudía Juan junto con su padre.

A finales de 1937, el Vaticano condenó los bombardeos que se habían producido en Barcelona y Alicante, algo que no sentó muy bien a Franco. En enero de 1938, siguiendo esa misma política, el Gobierno republicano anunció que abandonaría los ataques aéreos en ciudades abiertas e intentó crear una comisión internacional, supervisada por los británicos, que vigilara que no se lanzaran ofensivas de este tipo. Al enterarse de esta iniciativa, el bando sublevado negó que hubiera bombardeos sobre la población civil y los calificó de daños colaterales.

Juan y su familia sabían muy bien que no era así, sobre todo cuando en los siguientes meses la guerra entró en uno de sus momentos más críticos. Los nacionales recuperaron Teruel y, en abril, llegaron al Mediterráneo y aumentaron los bombardeos aéreos sobre Alicante.

La población comenzó a mostrar síntomas de cansancio, a pesar de que las autoridades locales habían establecido un sistema de vigilancia y estaban construyendo refugios. Estos fueron costeados con el pago de una cuota familiar y la imposición de un impuesto extraordinario. En agosto de 1937, la ciudad ya contaba con cuarenta y uno que tenían capacidad para más de veinticuatro mil personas. A pesar de ello, durante aquel año se habían producido cinco bombardeos aéreos que habían causado cuarenta y seis muertos.

El bombardeo más letal

Cuando Alicante despertó el 28 de mayo de 1938, sus vecinos no se imaginaron que aquel día iban a sufrir la peor tragedia de la ciudad en el convulso siglo XX. Hacia las once de la mañana, nueve aviones en grupos de tres penetraron por el puerto en dirección al centro de la ciudad. «Siempre que se acercaban, sonaban antes las sirenas para que nos diera tiempo a acudir a los refugios, pero aquel día no lo hicieron. Fue un error muy grande porque avisaron cuando las bombas ya estaban cayendo», lamenta Ortiz.

Los Savoia dejaron caer aquel día unas noventa bombas en Alicante siguiendo el procedimiento habitual. Despegaban de la base en Mallorca y llegaban en poco tiempo a la ciudad para coger por sorpresa a la población, tal y como cuenta Ortiz con todo detalle:

> Cuando nuestra profesora se dio cuenta de que nos atacaban, nos dejó salir en busca de nuestras familias. Una vez fuera de la escuela, yo solo vi a un avión sobrevolando nuestras cabezas y soltando fogonazos. En ese momento, mientras corría hacia el

mercado, me percaté de que mi padre se encontraba en medio de la plaza avisándonos a gritos, gesticulando con las manos en alto, para que fuéramos corriendo hacia él. No nos dio tiempo a llegar, porque vi a uno de los Savoia italianos caer en picado y me refugié en un corralón cercano desde el que podía vigilar toda la plaza en espera del momento en que pudiera echar a correr de nuevo. Para mi sorpresa, el avión que se había precipitado contra el suelo no se estrelló. Al llegar a la altura de los edificios, levantó de repente el vuelo y soltó una bomba que le cayó encima de la cabeza a mi padre.

Se trataba de un ataque masivo, pues en esos momentos también caían bombas sobre las calles Vicente Inglada, Gerona, Ángel Pestaña (actual San Francisco), San Fernando, Pintor Agrasot y Pintor Velázquez, cuyos vecinos corrían despavoridos en busca de un lugar donde ocultarse. Lo mismo ocurría en la plaza Gabriel Miró, en las cercanías del Club de Regatas y en las inmediaciones de varios complejos militares. Para burlar los sistemas de alerta, los aviones entraban desde el mar y se precipitaban sobre las casas tierra adentro. Eso contribuyó a que la población no tuviera tiempo de resguardarse y la matanza fuera mucho mayor.

«Creo que mi hermano está vivo»

El pequeño Juan, todavía paralizado por lo que acababa de presenciar, vio como otra bomba impactaba sobre la lonja de frutas y verduras del mercado. Era la hora de mayor afluencia, por lo que se produjo una escena espantosa de muerte y confusión. En cuestión de segundos, centenares de cuerpos fueron destrozados mientras los fallecidos y los heridos yacían mezclados en medio de los escombros. Los vecinos acudieron muy rápido al auxilio de los pocos supervivientes que había. Juan continúa el relato con uno de los peores momentos que pasó:

> Una mujer cobijó a mi hermano en una pensión y no le ocurrió nada, pero a mí en el corralón me saltó la puerta encima con una nueva explosión y perdí el conocimiento. Cuando me desperté, tenía los intestinos colgando. Me los cogí como pude con las manos y salí corriendo, aunque, un segundo después, me desplomé de nuevo. Los Savoia seguían ametrallando en picado.

Lo siguiente que recuerda Juan es despertarse en el Hospital Provincial, adonde le habían trasladado en un camión junto con los muertos. «Una vez allí, mi hermano se encontró con un carabinero amigo de la familia que le preguntó qué hacía allí. Él contestó: "Mi padre está muerto, pero mi hermano creo que está vivo". Este me buscó hasta encontrarme y me llevó a la sala de curas de las mujeres. Fue mi salvación, porque si no habría muerto desangrado», reconoce.

Esta escena no es la única que se le quedó grabada. Otras muchas igual de terribles permanecen inalterables en su memoria desde aquel día:

> Vi a una niña con las piernas arrancadas que estaba abrazada al cadáver de su madre. Más tarde me enteré de que la pequeña también murió. Antes de que me dieran el alta, mi madre y mis dos hermanos venían cada día a visitarme. Los recuerdo a todos vestidos de negro, guardando el luto, pero nunca me terminaban de contar que mi padre había fallecido. Cuando les preguntaba, siempre me contestaban que estaba herido y que vendría a abrazarme en cuanto se encontrara bien.

Los muertos

Como en tantos otros bombardeos, resultó muy difícil precisar la cifra exacta de víctimas, ya que muchos heridos fallecieron en los días posteriores. Las fuentes oscilan entre los 236 muertos que contabilizó la comisión británica que visitó Alicante y los 313 que ofreció el informe del ayuntamiento franquista. *ABC* hablaba de 250 en su edición del 27 de mayo, mientras que un documento de la CNT estableció que fueron «cerca de trescientos y una infinidad de heridos». Todas estas cantidades superan a las de Guernica, donde se calcula que las víctimas mortales fueron 126. El bombardeo del Mercado de Alicante es, por lo tanto, el que más vidas se llevó de toda la Guerra Civil.

Juan no se había recuperado de las heridas cuando su madre decidió llevarse a la familia a Jaén por un tiempo. Quería alejarse del trauma que suponía caminar por sus calles. Sin embargo, cambió de opinión y regresaron a Alicante poco después. «Ella nos dijo que, si nos tenía que caer alguna bomba, que nos pillara en nuestra ciudad, así estaríamos todos juntos».

Ese supuesto estuvo a punto de ocurrir, porque la aviación franquista soltó una en el convento en el que se refugiaban, pero tuvieron la suerte de que no explotó porque se le desprendió la espoleta. Así continuaron hasta el final del conflicto, conviviendo con los cazas rebeldes y sus intensos bombardeos sobre la ciudad. El 6 de junio, por ejemplo, murieron cuarenta y dos vecinos, y el 25 otros treinta y nueve. El último ataque aéreo se produjo el 28 de marzo de 1939.

La Comisión Investigadora Británica estableció que el bombardeo había sido injustificado porque no respondía a objetivos militares:

> Las tres estaciones de la ciudad no poseen ningún depósito de material de guerra. No existen tampoco pruebas de que, en el momento de los ataques, las operaciones de importación o exportación que se realizaban fueran otras que las de carbón y víveres. Ninguna fábrica de la ciudad se ocupa de la producción de material de guerra. No existen tampoco en la ciudad depósitos de material de guerra ni tampoco tropas.

En una entrevista concedida al corresponsal del diario inglés *The Times* y reproducida en el *ABC* de Sevilla el 28 de junio de 1939, Franco afirmaba con rotundidad:

> El bombardeo de las poblaciones civiles por nuestros aviones no existe. Se bombardean tan solo objetivos de carácter militar. Es cierto que se producen bajas entre la población no combatiente. Son muy de lamentar, pero el Gobierno rojo, lejos de evitarlas, las procura situando aquellos objetivos militares en zonas ocupadas por la población civil. Después de todo, ellos necesitan y desean esas víctimas para su propaganda.

Los fallos que provocaron la derrota en el Ebro: la tragedia que la República quiso ocultar

Manuel P. Villatoro

La tarde del 24 de julio de 1938 fue tan calmada como de costumbre para el general Juan Yagüe. En su cuartel general de Caspe, antes de acostarse, el militar franquista se despidió con el que ya se había convertido en su latiguillo particular: «Bueno, vamos a dormir, señores, que esta noche los rojillos no parece que traten de pasar el Ebro». Sin embargo, aquella no era otra aburrida jornada de guardia a orillas del río más caudaloso de España. Dos horas después, a eso de las dos de la madrugada, su asistente le levantó entre gritos de la cama para informarle de que el ejército republicano había iniciado una ofensiva tras atravesar las aguas con barcas. El oficial respondió a voces: «¡Todo el mundo a sus puestos!».

Así arrancó la última gran acometida de la Segunda República en la Guerra Civil, la batalla del Ebro. En la práctica, un golpe de mano que buscaba aliviar la presión que ejercía el ejército nacional sobre Valencia —lo que en terminología militar se denomina un ataque de diversión— y ganar tiempo hasta que la comunidad internacional se decidiera a intervenir políticamente en la Península a favor de las tropas gubernamentales. Sin embargo, tras cuatro meses de combates los réditos fueron nulos para su arquitecto, el general Vicente Rojo. Lo único que obtuvo el entonces jefe del Estado Mayor Central fueron unas setenta y cinco mil bajas entre muertos y heridos. Lo mismo le sucedió a Francisco Franco, cuyo empecinamiento en hacer retroceder al Ejército Popular le costó sesenta y cinco mil.

Si para el bando nacional la batalla comenzó con el despertar de Yagüe, para los republicanos lo hizo con la voz ronca del comandante Alonso, el primer oficial en cruzar el río por la comarca del Bajo Ebro a las 0.15. Él fue uno de los miles de soldados que tenían como objetivo principal crear una cabeza de puente y defender a los pontoneros, encargados de tender puentes y pasarelas. La clave era la rapidez. En primer lugar, para que los tres cuerpos de ejército dirigidos por Modesto —unos cien mil hombres acompañados de carros de combate y artillería— pudiesen pasar a la orilla occidental. Aunque también para que, una vez terminada esta primera fase, el Ejército Popular avanzara a toda prisa hasta la localidad tarraconense de Gandesa, un nudo de carreteras clave.

El cruce del río, la operación militar más compleja después de un desembarco, salió a la perfección. Otro tanto pasó con el avance hacia el objetivo. En pocas horas fueron tomadas la sierra de Pàndols y la de Cavalls, determinantes ya que, gracias a ellas, se dominaba la región. La sorpresa fue tal que Franco detuvo su ataque sobre Valencia. Sin embargo, al Ejército Popular le resultó imposible conquistar su objetivo. «Gandesa no pudo ser tomada a pesar de que las vanguardias llegaron a sus inmediaciones, debido a la mala organización y a la carencia de mandos competentes», explicó el general republicano Jesús Pérez Salas en sus memorias.

Franco, como solía hacer, asió al morlaco por las astas y, en lugar de ceder el terreno perdido, se personó en el Ebro con cinco divisiones y una gran fuerza artillera para obligar a retroceder al Ejército Popular. En ese momento empezó un calvario para los republicanos que se extendió durante cuatro meses. Con el apoyo de la Legión Cóndor, encargada de destruir los puentes por los que pasaba material, golpeó el corazón de un contingente que no estaba preparado para una batalla de tan larga duración.

Varios contraataques después, el 30 de octubre, ordenó el avance frontal contra las posiciones defendidas por las tropas de Enrique Líster, que se contaban entre las mejores del enemigo. A pesar de que era un movimiento arriesgado, pues tenían la ventaja de la altura, le salió a la perfección y rompió el cerco.

En la quincena posterior, los republicanos no tuvieron más remedio que retirarse ante el empuje sublevado. El 16 todo estaba perdido y los asaltantes volvían a cruzar el río, al parecer bajo la atenta mirada de una artillería nacional que prefirió no disparar —o errar el blanco a propósito— para evitar una matanza mayor. O eso explicó la propaganda franquista. Jorge M. Reverte, en su magna *De Madrid al Ebro. Las grandes batallas de la guerra civil española*, se limita a señalar que los últimos soldados republicanos, mandados por Manuel Tagüeña, atravesaron el río por Flix sin perder material ni hombres durante el trayecto. Así terminó la contienda más larga de la lucha fratricida, aquella que supuso el principio del fin del conflicto.

Y duras críticas

Para el general Jesús Pérez Salas, crítico con la politización del Estado Mayor del Ejército Popular, aquel fue un desastre favorecido por unos mandos dubitativos que, en lugar de avanzar hacia el corazón de Alcañiz con todos los medios a su disposición, prefirieron hacerlo con extrema cautela. El oficial defendió durante toda su vida la idea de que Vicente Rojo, al frente de la operación, debería haber apostado por un ataque total. También se mostró partidario de que, en el caso de haber fallado, las divisiones republicanas se hubieran retirado al instante, antes de que llegaran más tropas nacionales, para evitar bajas inútiles. Así lo recogió en *Guerra en España. 1936 a 1939*:

> ¿Qué hubiera pasado si hubiésemos llegado a Alcañiz? La falta de audacia, tan característica en nuestro Mando Supremo, debía una vez más desaprovechar la gran oportunidad de asestar un golpe mortal al enemigo. Bastaba para ello haber empleado, en un principio, las fuerzas y elementos que se fueron quemando en una inútil e incomprensible batalla de desgaste. De no poderse haber hecho lo que indicamos, procedía la vuelta a la base de partida, una vez conseguido el primer objetivo. Se optó por el término medio y eso nos costó la guerra.

El general Vicente Rojo, en sus memorias, defendió haber avanzado con cautela una vez que se cruzó el río Ebro. La Segunda República, explicó, no buscaba obtener una victoria que aplastara al enemigo, algo imposible en aquel entonces. Por el contrario, lo que se pretendía era ganar tiempo para que la comunidad internacional enviase material de guerra al Ejército Popular en grandes cantidades. Lo que no señaló fue algo que sí recuerda Salas: que eso permitió que unas fuerzas sublevadas mucho menores en número durante los primeros días detuvieran a un gran contingente gubernamental.

> Para esperar las posibilidades de una llegada de material de guerra, más o menos cuantioso y más o menos seguro, se enterró el escaso material que poseíamos. Es probable que una vez liquidada la batalla del Ebro [y en caso de rápida retirada republicana], a su debido tiempo y con desgaste de fuerzas, el enemigo hubiera empezado su ofensiva general antes, por haber podido adelantar sus concentraciones. No es menos cierto que hubiese encontrado un adversario mucho más potente, que le hubiera obligado a necesitar más tiempo para su avance por Cataluña, suponiendo que no hubiésemos conseguido detenerlo.

Mentiras contra verdades

A pesar del descalabro y las bajas —Juan Negrín afirmó que hubo que lamentar noventa mil, mientras que el propio Rojo redujo el número a quince mil—, la Segunda República insistió en calificar la batalla del Ebro como una de las «obras cumbres» de la Guerra Civil. El mismo presidente del Gobierno de la época la definió como una «ofensiva victoriosa que ha de quedar inmortalizada en la historia». En la actualidad también se ha esgrimido que consiguió detener el avance del ejército sublevado hacia la capital, así como la victoria final.

Salas no compartió la opinión de Negrín. A pesar de que admitió que «la concepción estratégica de la batalla fue muy buena», también insistió en que la negativa de los mandos comunistas a retirarse produjo una ingente cantidad de bajas y condujo a la derrota. «La política se impuso en aquella ocasión a la estrategia, y esta fue la causa de que la guerra se perdiera mucho antes. ¿Por qué sostener aquella lucha durante cuatro meses que fueron fatales para nosotros?», completó.

Jorge M. Reverte es partidario de que la contienda terminó en tablas, ya que la victoria sobre el terreno de Franco se redujo a «recuperar en cuatro meses los 800 kilómetros cuadrados» que había perdido en un día. Para terminar, añade que, aunque el Ejército Popular ganó tiempo para favorecer la «política de resistencia del Gobierno», enterró a las mejores unidades que quedaban.

Franco opina

El balance tampoco fue bueno para Franco. Ya no solo por las bajas, sino porque el futuro dictador se obcecó en mantener, y luego recuperar, un territorio que no le ofrecía excesivas ventajas estratégicas. Con todo, supo exagerar y vender también la operación como una victoria en una entrevista que concedió a *El*

Diario Vasco un mes y medio después de que se pusiera punto final a la contienda.

> La batalla del Ebro es, de todas las que ha librado el ejército nacional en esta guerra, la más áspera y, por decirlo así, la más fea. Apoyado el enemigo en dos tramos del río, bien cubiertos sus flancos, dueño del sistema de observatorios que domina la región [...] y muy abundantemente nutridos sus batallones de armas automáticas [...], resultaba muy difícil, por no decir imposible y contraproducente, maniobrar desde el primer instante. Yo me decidí a aprovechar la coyuntura que me ofrecían las circunstancias. Es cierto que las unidades marxistas tenían a su favor algunas ventajas de orden táctico, pero, al mismo tiempo, estaban sometidas a la desventaja de encontrarse de espaldas a un río inmediato.

Franco coincidió con Salas en su lectura de las repercusiones de la batalla. Según sus palabras, la ingente cantidad de artillería desplegada por los nacionales hizo que cayeran cuatro soldados republicanos por cada uno de los sublevados. Nada que ver con la opinión del Gobierno de la República. Además, según confirmó el futuro dictador, el desgaste al que sometió a los enemigos hizo que «el ejército marxista de Cataluña saliera del Ebro casi deshecho», lo que, a la larga, condenó a Barcelona y a Cataluña:

> Toda la decantada combatividad de los marxistas, que no fue tanta como se ha llegado a decir, se acabó en muy pocos días. ¡Combatividad! ¿Qué podían hacer unos hombres con un río a la espalda, y con las ametralladoras de los comisarios políticos listas para fusilarlos si intentaban replegarse?

Alcohol, bombas, putas y crónicas de guerra: la delirante vida de los corresponsales en el hotel Florida

Israel Viana

En enero de 1938, la revista estadounidense *Esquire* publicaba una de las crónicas de su corresponsal en España, John Dos Passos. El célebre escritor norteamericano la tituló «Habitación con baño en el hotel Florida», y en ella quiso hacer honor al destartalado establecimiento de la plaza de Callao, en Madrid, que se hizo famoso por acoger a la mayoría de los corresponsales que cubrieron la exótica guerra civil de la República española contra el fascismo.

El autor de *Manhattan Transfer* (1925) ocupó uno de sus doscientos dormitorios y compartió pasillo con otros reporteros históricos como Henry Buckley, de *The Daily Telegraph*; Martha Gellhorn, enviada de la revista *Collier's*; Herbert Matthews, de *The New York Times*; Mijaíl Koltsov, del diario *Pravda*, y O'Dowd Gallagher, del *Daily Express*, por citar solo a algunos. A este último se le considera, todavía hoy, sospechoso de haber sido espía de Stalin durante su estancia en el Florida mientras trabajaba como corresponsal. Y es que no había mejor lugar que ese para vigilar a los responsables de los artículos que iban a ocupar las portadas de los principales periódicos del mundo.

El de Dos Passos reflejaba con todo detalle lo que se sentía al estar alojado en el mencionado hotel de aquella capital de España que, desde el comienzo de la contienda, estaba siendo asediada por las tropas de Franco. Una ciudad clave que se convirtió en su obsesión y que se le resistió hasta el 28 de marzo de 1939, cuatro días antes de que el actor Fernando Fernández de Córdoba leyera el último parte de guerra a través de la radio. Así comenzaba el artículo del periodista:

> Me despierto de repente con la garganta seca. Aún no es de día. Estoy acostado en una cama cómoda, en una habitación de hotel limpia y bien dispuesta, viendo el rectángulo color añil claro de la ventana. Me siento en la cama. De nuevo, el silbido agudo y creciente, el impacto estruendoso, el golpeteo de las tejas, el tintineo con el que caen los cristales rotos y los fragmentos de granito. El obús debe de haber caído cerca porque el hotel ha temblado. Mi cuarto está en el séptimo u octavo piso. El hotel está en una colina. Desde la ventana puedo ver toda la parte antigua de Madrid por encima de los tejados que se apiñan cubiertos de tejas del color del hollín manchadas de amarillo claro y rojo, bajo el azul metálico que brilla antes del amanecer. [...]. De nuevo el chirrido, el estruendo, el crujido, las vibraciones del bombardeo sobre algún lugar. Después, otra vez el silencio, cortado solo por los débiles quejidos de un perro herido que continúan sin cesar. Es muy temprano para levantarse. Trato de volver a la cama, me duermo y me despierto casi de inmediato con la garganta igual de seca, con la misma sensación de opresión en el pecho. Los bombardeos continúan. No son muy intensos, pero están condenadamente cerca. Mejor me visto.

Los primeros corresponsales llegaron al Florida en agosto de 1936 y alguno permaneció en él hasta la llegada de Franco y el comienzo de la dictadura. Gallagher ya estaba allí antes de que acabara el primer año de contienda, a tiempo para acusar a Robert Capa de escenificar su famosa fotografía *Muerte de un republicano español.* Había sido publicada por primera vez en la revista *Vu*, el 23 de septiembre, pero no se convirtió en un símbolo mundial de la barbarie de las guerras hasta que la sacó *Life* diez meses después.

La polémica surgió, por lo tanto, en este hotel donde tantas cosas ocurrieron en aquellos tres años. En las reuniones mantenidas en el patio hasta altas horas de la madrugada, el fotógrafo aseguraba que inmortalizó al soldado republicano, con su Leica, justo en el momento en que era abatido por un franquista en una trinchera de Córdoba. Gallagher, entre copa y copa, defendía que era un montaje. Eran los tiempos en los que Capa compartía habitación con su pareja y compañera de profesión, Gerda Taro, días antes de que esta falleciera en un accidente fortuito, aplastada por un tanque en El Escorial (Madrid).

Frank Hanighen, enviado especial de *The New York Post* y huésped también del hotel, se refirió en sus artículos a todas estas tragedias sufridas por sus compañeros. Años después declaró que el tiempo que pasó con ellos en España fue tan intenso que «supuso el inicio de una nueva etapa, con mucho la más peligrosa, de la historia del reportaje periodístico». Por eso sus crónicas lidiaban con el trasiego diario del establecimiento, mientras compartían las penurias de la ciudad más bombardeada del país y la que más refugiados recibió; la misma que las autoridades republicanas se esforzaron en mantener viva con las cafeterías, los cines, los teatros y los comercios abiertos. Un intento de que todo siguiera como antes, aunque fuera a todas luces imposible.

Simpatía hacia la República

Entre los periodistas que vivían en el Florida había una especie de camaradería, basada en la simpatía que sentían por la República. La veían como el primer régimen que se enfrentaba a la amenaza mundial que representaba el fascismo de Hitler y Mussolini. Es cierto que no todos la defendían con el mismo entusiasmo, como le ocurría al corresponsal del *Daily Express* británico, Sefton Delmer, célebre por sus críticas a los comunistas y a los soviéticos y por tener su cuarto de baño repleto de botellas de vino compradas a los anarquistas. Pero incluso él llegó a escribir la siguiente confesión, con ciertas reservas, desde su habitación:

> Pese a haber sido testigo de la brutalidad y el desprecio hacia la justicia que muestran los rojos, pese a mi antipatía hacia el marxismo como un fraude demagógico, pese a esto y mucho más, me encontré con que me arrastraba la euforia de la negativa de Madrid a abandonar la lucha. Me encontré con que compartía el gozo de los reveses que los rojos infligían al bando que, sin duda, yo hubiese escogido de haber sido español y de haber tenido que elegir por fuerza entre las alternativas igualmente grotescas de Franco y Largo Caballero.

Delmer había llegado a la capital en julio de 1936, pero los que se alojaron en el Florida en la primavera de 1937, con la ciudad un poco más tranquila, albergaban un sentimiento parecido contra los golpistas. Entre ellos, Sidney Franklin, Virginia Cowles y el gran Ernest Hemingway. Un par de días después de registrarse en el hotel, este último descubrió un edificio de apartamentos demolidos en el paseo Pintor Rosales, no muy lejos de la plaza de Callao, desde el que tenía una visión privilegiada de los combates en la Casa de Campo.

El premio Nobel de Literatura bautizó a aquel bloque de viviendas medio derruido como «la vieja hacienda», pues le recordaba a la casa de su abuelo en Chicago. Dos Passos lo describió así tras su primera visita en abril de 1937:

> La puerta acristalada se abre al vacío. A tus pies, un pozo se extiende lleno de muebles destrozados y ladrillos rotos. Entonces se ve una avenida desolada y, más allá, en la otra orilla del Manzanares, se obtiene una magnífica vista del enemigo [...]. Si te sales del paseo, los moros te ven perfectamente desde las colinas de enfrente, y son tiradores excepcionalmente buenos.

En el mismo artículo retrató al autor de *Adiós a las armas* como un inconsciente que, camino de vuelta al hotel, siempre atravesaba la mencionada avenida a la vista de las líneas rebeldes. Cuenta que un día un soldado republicano le advirtió de que se ocultara si no quería ser abatido y que Hemingway le respondió a gritos y visiblemente alterado: «¡No soy un gallina!». Después, siguió andando como si las balas no fueran con él, como si creyera que era inmortal.

La tierra española

Tanto Hemingway como Dos Passos se habían juntado en el hotel madrileño para trabajar en el guion de un documental sobre la Guerra Civil titulado *La tierra española*. Sin embargo, cuando el último tuvo conocimiento de la desaparición de su amigo José Robles Pazos, todo cambió entre ellos por la diferente forma en que afrontaron el suceso. El autor de *Manhattan Transfer* fue a pedir explicaciones en todas partes, pero solo obtuvo silencio. Al final, un conocido vinculado al contraespionaje le reveló que Robles había sido ejecutado dentro de la embajada soviética a manos de los rusos, que supuestamente pertenecían al mismo bando.

Estas indagaciones irritaron a Hemingway, que pensaba que una vida, aunque arrebatada de manera injusta, no podía compararse con la titánica epopeya de la lucha contra el fascismo. Esa fue la razón de que aquella amistad cimentada durante años se rompiera para siempre. «Dos Passos sufrió no solo por el destino de su amigo, sino también por la actitud de cierta gente que se tomaba la guerra como un deporte», escribiría tiempo después Josie Herbst, otra de las corresponsales estadounidenses alojadas en el Florida, muy unida a ambos.

Muchos corresponsales ya se habían acostumbrado a las tropelías que veían a su alrededor y se habían insensibilizado. Dormían siempre bajo el estruendo de las bombas, con las paredes retumbando sin parar. «La puerta de mi cuarto está abierta, se escucha el tiroteo del frente a unas cuantas manzanas del hotel. Impactos de fusil durante toda la madrugada. Tabletea la ametralladora. Es una suerte estar tumbado en la cama en lugar de en Carabanchel o en la Ciudad Universitaria», escribió Hemingway desde la habitación 109, donde el olor de los guisos que le hacía su amigo, el torero estadounidense Franklin, se hizo famoso.

Contaban sus compañeros que era habitual oír el sonido de las teclas de su máquina mientras preparaba su siguiente artículo. Según cuenta la biógrafa de Martha Gellhorn, Caroline Moorehead, fue en ese mismo cuarto del hotel Florida donde la periodista estadounidense consumó su relación con el futuro Nobel de Literatura. Tanto es así que este la convirtió en la coprotagonista de la única obra de teatro que escribió en su vida, *La quinta columna*, en la que recreaba precisamente la vida del peculiar establecimiento. Setenta años tardó en ser estrenada en Nueva York.

El hotel no tardó mucho tiempo en convertirse en un circo permanente de alcohol y sexo del que salían, también, las mejores crónicas de la guerra. Un buen ejemplo de aquella intensidad fue la madrugada del día 22 de abril de 1937. El Florida amaneció revuelto por culpa de los obuses de la artillería franquista y el edificio entero se convirtió, de inmediato, en un laberinto caótico de gente semidesnuda que corría sin rumbo por los pasillos.

La resaca de la noche anterior se mezclaba con el miedo a que el bloque se viniera abajo. «A medida que la gente salía de sus habitaciones para buscar protección en el sótano, quedaron al descubierto toda clase de relaciones, entre ellas la de Hemingway y Gellhorn», recordaría Delmer, que calificó al establecimiento como «el más amigable, divertido y repleto de aventuras» en el que se hubiera alojado jamás.

Saint-Exupéry

Dos Passos describió aquella escena como «una gran exhibición de despeinados y lencería». De los cuartos salían decenas de prostitutas chillando. Eran los restos de una fiesta a la que había puesto fin el autor de *El principito*, Antoine de Saint-Exupéry, que había llegado al hotel pocos días antes como corresponsal de *L'Intransigeant* y que no soportaba el ruido que todas las noches se alargaba hasta altas horas de la madrugada. «Cuando el bombardeo amainó, fue como si sesenta putas salieran de una misma habitación», añadió Herbst.

A medida que avanzaba la guerra, los periodistas tuvieron que mendigar de forma cada vez más desesperada por comida y cigarrillos, tal y como les ocurría a los madrileños. La situación, además, no dejó de empeorar. Cuando la acaudalada y elegante periodista estadounidense Virginia Cowles, amiga de la familia Churchill, llegó al hotel Florida como corresponsal de la revista de viajes *Harper's Bazaar*, lo primero que hizo su amigo Sefton Delmer fue advertirla de su error por no haber traído alimentos propios. En esa misma época, Hemingway ya había afianzado su popularidad por sus inagotables reservas de panceta, huevos, café y, sobre todo, whisky y ginebra, que almacenaba en su habitación. Allí acudían los voluntarios de las Brigadas Internacionales en busca de sustento y compañía.

El escritor siempre convencía a sus invitados nocturnos de que su cuarto estaba en un «ángulo muerto» y de que, por lo tanto, era invulnerable. El miedo estaba justificado, pues todo el mundo sabía que el hotel Florida se encontraba en la línea de fuego de la artillería nacional. Lo mismo le ocurría al edificio de Telefónica, situado a pocos metros en una Gran Vía que era conocida como la «avenida de los obuses» o la «avenida del 15 y medio», en referencia al calibre de las bombas que la asolaban a diario. Delmer pudo comprobarlo, pues su cuarto sí que fue alcanzado y sus enseres quedaron hechos pedazos.

Dado que era imposible dormir por los bombardeos, los cuartos más grandes y el patio en torno al cual se había construido el hotel se convirtieron todas las noches en un punto de encuentro de los personajes más variopintos. Las meretrices nunca dejaron de frecuentarlo y Hemingway las acabó bautizando como las «putas de combate». Para Gustav Regler, escritor comunista alemán y comisario de la XII Brigada Internacional, aquello era «un burdel ruidoso».

Al igual que había hecho Saint-Exupéry, Cedric Salter se quejó de lo mismo desde el día en que se mudó allí en la primavera de 1937 como corresponsal de *The Daily Telegraph*. Así lo dejó por escrito:

> Siempre llegaba un tenue estruendo procedente de abajo, no muy distinto del que puede oírse en la jaula de los leones del zoológico poco antes de la hora de comer. Desesperado, llamé y pregunté cuál era la causa de aquel extraño ruido. Según me dijeron, eran los aviadores rusos divirtiéndose en el bar. No había duda, siempre montaban jaleo hasta el amanecer a menos que bebieran más de lo habitual. En ese caso podían caer dormidos en el suelo de la taberna a eso de las cuatro de la madrugada.

El periodista recordaba también el día en que, tras haber conseguido conciliar el sueño con la ayuda de unos algodones en los oídos, se despertó cuando una mujer desnuda abrió de golpe la puerta de su habitación y entró corriendo en el baño. Le seguía un ruso imponente en calzoncillos. Delmer coincidía con

Salter en que, «hasta las tres o las cuatro de la mañana, no se apagaban los gritos, las peleas y el flamenco».

Los esfuerzos del personal para que las cosas se mantuvieran en orden eran infructuosos. El primo de Winston Churchill, Peter Spencer, conocido por el título nobiliario de vizconde Churchill, se alojó allí en numerosas ocasiones como miembro de la Unidad de Asistencia Médica británica. Su principal recuerdo era el de la camarera que dejaba su planta perfectamente arreglada cada día, aunque «el extremo del pasillo estuviera reventado y a través de él se pudiera contemplar medio Madrid».

La última crónica del Florida

La mayor parte de los periodistas que se alojaban en el hotel Florida intentaron por todos los medios ofrecer un periodismo objetivo y sincero. El último en abandonarlo fue O'Dowd Gallagher, que esperó a que las tropas de Franco entraran en Madrid; una temeridad por la que estuvo a punto de ser fusilado, según reconoció después. Su última crónica, bajo el simple epígrafe «Martes por la noche» en referencia al 28 de marzo de 1939, narraba así el final del conflicto:

> Tras dos años y medio de asedio, hoy se ha rendido Madrid, que esta noche se encuentra ya bajo el control absoluto del general Franco. Las carreteras que llevan a Levante, todavía en manos republicanas, están atestadas de fugitivos temerosos de las represalias políticas de los nacionales. Para mucha gente, la primera noticia sobre la caída del frente de Madrid llegó a través de diez hombres que recorrían las calles en un camión gritando: «¡Franco! ¡Franco! ¡Franco!».
>
> Las mujeres salen de las casas con expresión incrédula hasta que ven a los soldados falangistas. Ríen, lloran y vuelven a sus casas corriendo para sacar la bandera monárquica, escarlata y amarilla, que han mantenido escondida durante todo el asedio.

En los balcones cuelgan manteles, cortinas y todo lo que tenga los colores de la monarquía. En las barricadas republicanas ondean banderas blancas hechas con sábanas. Esta noche resulta casi imposible moverse por la Puerta del Sol, el Piccadilly Circus de los españoles, donde los madrileños esperan al «Hombre del caballo blanco», que es como lo llaman sus partidarios desde que empezó la guerra.

Muchos hombres, con paso vacilante, cruzan los parapetos para ser recibidos con gritos de bienvenida por las tropas de Franco, las mismas con las que han intercambiado muerte todos los días de los últimos meses. Tienen lugar muchos encuentros extraños. «Ah, si eres el pequeño rojo con voz de chica que nos ha dado tanta guerra», exclama un soldado franquista al ver al pequeño Mariano Arribas, mientras le da una palmada amistosa en la espalda.

El misterio tras la trágica muerte de Ramón, el hermano republicano de Francisco Franco

Manuel P. Villatoro

El Museo del Aire de Madrid guarda celosamente la cola destrozada de un avión cuyo numeral atesora una historia tan trágica como enigmática, «IE-73». A primera vista podría parecer que no son más que los desvencijados restos de uno de los centenares de aeroplanos que se usaron en España, pero ni mucho menos. Este pequeño amasijo de hierros fue testigo del accidente que acabó con la vida de Ramón Franco —ferviente republicano en sus inicios y hermano del Caudillo— el 28 de octubre de 1938. Aquella jornada, el mismo hombre que había protagonizado el viaje del Plus Ultra, gesta que le convirtió en un héroe internacional, falleció en extrañas circunstancias cuando su hidroavión cayó al mar durante una operación de bombardeo.

Desde entonces los historiadores han especulado con las causas que hicieron que el aparato que pilotaba Ramón, un experto aviador fogueado en mil tormentas, se precipitara contra las aguas después de haber salido de Mallorca con el objetivo de bombardear Valencia. ¿Sabotaje? ¿Accidente? A escala oficial todo apunta a una casualidad. Y así se hizo saber en las páginas del diario *ABC* el 1 de noviembre de ese mismo año: «La versión más autorizada indica que el aparato cayó en posición de ala contra el mar, destrozándose totalmente. Los cuerpos de los heroicos tripulantes fueron proyectados fuera del aparato a consecuencia de la impetuosidad del choque».

También se han barajado decenas de posibilidades más. «Se ha especulado mucho sobre la muerte de Ramón: accidente, sabotaje, etc. Hoy se aventura una nueva hipótesis: pudo suicidarse ante el cariz que tomaba la Guerra Civil», explica Andrés Rueda Román en su obra *Franco, el ascenso al poder de un dictador*. El popular periodista e investigador José María Zavala deja abiertas las posibilidades en el libro *Las páginas secretas de la historia*. Lo que está claro es que el «hermanísimo» se marchó tras superar la ingente cantidad de vaivenes políticos que había protagonizado a lo largo de su carrera. Un ejemplo es que trató de bombardear el Palacio Real con el objetivo de acabar con la monarquía para, años después, declararse fiel al franquismo. Curiosos contrastes.

Héroe de la aviación

Ramón Franco Bahamonde nació en El Ferrol allá por 1896, cuatro años después que su hermano mayor, Francisco. Y lo cierto es que, ya en la infancia, no se llevaba muy bien con él porque le consideraba demasiado metódico y estirado. O, como resume el mismo Zavala en *Franco, el republicano*, porque le veía como el niño bueno de la familia. Con todo, nuestro protagonista siguió al futuro dictador en su carrera militar y recibió su primer destino en 1914. Apenas dos años después fue enviado a Marruecos, donde España trataba de pacificar el envenenado protectorado que había recibido poco antes. En tierras africanas fue donde, tal y como explica Ramón Garriga en *Ramón Franco, el hermano maldito*, se ganó el apodo de Chacal debido a su temeridad.

Ramón empezó a ser conocido entre sus compañeros por su promiscuidad —solía gastarse la soldada en los prostíbulos de la zona— y por su hiriente sentido del humor. Con todo, parece que no le interesó demasiado combatir a ras de suelo, pues en 1920 abrazó el pilotaje y se dio a las pocas bondades que, por entonces, tenía subirse a un aeroplano.

Tras obtener su licencia de aviador no lo dudó ni un segundo: debía ir como piloto de guerra a Marruecos. Ávido de peligro, en esta contienda realizó más de ciento cincuenta vuelos en dos años a los mandos de un hidroavión, los aparatos más cotizados y versátiles de aquella época. Por entonces seguía sin demostrar demasiado cariño por su hermano, al que evitaba en la zona de operaciones.

Aunque su mayor gesta todavía estaba por llegar. Mientras Francisco ascendía a pasos agigantados en el recién creado Tercio de Extranjeros, Ramón se propuso batir el récord mundial de distancia recorrida con escalas en vuelo viajando entre España y América. Y lo logró en 1926 a lomos del Plus Ultra, un Dornier Do J Wal con el que atravesó el Atlántico y llegó hasta Argentina sumando la friolera de 10.270 kilómetros. Aquella gesta, que llevó a cabo junto con el capitán Julio Ruiz de Alda, el teniente de navío Juan Manuel Durán y el mecánico Pablo Rada, le granjeó el cariño de la comunidad internacional, le convirtió en un héroe español y le hizo ganarse el favor de Alfonso XIII.

Izquierda y derecha

La gloria le duró poco a Ramón. Tras convertirse en un héroe con el Plus Ultra, fracasó dos veces al intentar dar la vuelta al mundo en aeroplano. Por si fuera poco, en los meses posteriores a su llegada a Argentina se ganó la enemistad del entonces dictador Primo de Rivera y de Alfredo Kindelán, jefe de la Aeronáutica Militar. De hecho, en 1924 fue expulsado de la aviación española tras recibir todo tipo de acusaciones por parte de sus enemigos políticos. Ya entonces el Chacal se declaraba republicano y profundamente antimonárquico. «Ramón y Paco se hallaban en las antípodas ideológicas. Mientras el primero pretendía instaurar una república por la vía revolucionaria, el segundo se mantenía fiel, como un mastín, a la Corona y al catolicismo», afirma Zavala en su obra.

A partir de ese momento, la vida de Ramón Franco fue un carrusel ideológico. En 1930, para empezar, colaboró en una fallida proclamación de la República. Lo hizo sobrevolando de forma amenazadora el Palacio Real desde el aeródromo de Cuatro Vientos para bombardearlo; un atentado que, al final, no llevó a cabo. Aquella jugada fue desastrosa, pues le valió el exilio. Cuando la monarquía fue abolida regresó a España y fue rehabilitado como militar. Poco después se presentó a las elecciones en las listas de Esquerra Republicana e incluso viajó a Estados Unidos como agregado de la embajada. Solo volvería al país tras la rebelión militar de 1936 encabezada por su hermano Francisco.

Tras el levantamiento militar de julio de 1936 todos hacían cábalas sobre si Ramón seguiría fiel a la República o si, por el contrario, se uniría a su hermano. Al final, el piloto prefirió la sangre a las ideas políticas y se dirigió a España para reunirse con Francisco. Las razones que motivaron a Ramón a cambiar de bando nunca se han aclarado, aunque entre las más creíbles está la de la muerte de su gran amigo, el falangista Julio Ruiz de Alda, a manos de varios milicianos armados en la cárcel Modelo de Madrid. Al llegar al país, el futuro dictador le esperaba con los brazos abiertos. De hecho, le nombró jefe de la Aviación Nacional en Palma de Mallorca, la misma base desde la que se dedicó a bombardear posiciones republicanas.

El último vuelo

Ramón, el mismo héroe que la sociedad había adorado por su participación en los raids españoles, acometió su último vuelo el 28 de octubre de 1938, en plena Guerra Civil. Aquella jornada el entonces teniente coronel se subió a un hidroavión Cant Z.506

con órdenes de soltar una tonelada de bombas sobre la plaza republicana de Valencia. Los historiadores coinciden en que aquel aparato era un trimotor de fabricación italiana con una particularidad: su estructura era de madera.

El diario *ABC*, en su edición sevillana del 1 de noviembre de ese mismo año, explicó así la partida del Chacal desde el aeródromo: «El aparato, en que ha hallado la muerte el glorioso tripulante del Plus Ultra, don Ramón Franco, y las otras destacadas figuras de la Aviación Nacional que le acompañaban, inició el vuelo el jueves por la tarde desde la base de Palma de Mallorca». En el mismo artículo se desvelaba, además, que le acompañaban el teniente de navío Melchor Sangro, ingeniero eléctrico que había sido expulsado del ejército en 1931 por negarse a firmar su adhesión a la República; Joaquín Domínguez, bombardero; Emilio Gómez Martí, sargento mecánico, y José Canaves Costa, cabo de radio.

Junto con Ramón partió también otro Cant Z.506, el de Rodolfo Bay, futuro piloto de Iberia y, a la postre, fundador de la aerolínea española Spantax. Los pormenores de su participación los corroboró el militar en una entrevista concedida a la revista *Mach.82* en 1999. En esta desveló que aquel día sucedió algo que a ambos pilotos les pareció más que extraño:

> La mañana del 28 de octubre, cuando Ramón Franco y yo, con las respectivas tripulaciones, nos dirigíamos al embarcadero para subir a los botes que nos llevarían a los aviones anclados en la bahía, recibimos la orden de cambiar de avión. Los pilotos solamente, no las tripulaciones, con lo que Franco subió al avión que estaba destinado para mí y yo subí en el suyo, volando yo con su tripulación y él con la mía. La orden nos extrañó muchísimo por lo inusual, y así lo comentamos.

Sobre la hora de partida existe cierta controversia. El diario *ABC*, varias jornadas después del accidente, afirmó que los Cant Z.506 habían partido de la base por la tarde. Por su parte, Bay se limita a señalar en la entrevista que fue durante la mañana del 28 de octubre. En su libro, Zavala señala que los aparatos alzaron el vuelo al filo de las seis de la mañana. Finalmente, Joaquín Bardavío desvela en su obra *El reino de Franco. Biografía de un hombre y su época* que el último vuelo de Ramón Franco comenzó a las 4.45 de la madrugada.

En lo que sí coinciden todos es en que Ramón decidió salir del puerto a pesar de las pésimas condiciones meteorológicas. Así lo corroboró Bay en la mencionada entrevista de 1999:

> Despegamos: el tiempo era malo y había nubes aisladas que pasamos. Una vez encima de las nubes, y alcanzados los cuatro mil metros, pusimos rumbo al cabo Formentor para no sobrevolar la población de Pollensa. Yo iba a la izquierda de Franco.

El diario *ABC* coincidió con esta explicación:

> Se sabe que el teniente coronel Franco, que estaba en antecedentes de la durísima marejada y de la gruesa tormenta que se venía encima, se abstuvo de ordenar ningún servicio a sus subordinados. Él decidió, como hacía siempre en estas circunstancias, emprender un vuelo de exploración y reconocimiento.

La tragedia

Todo iba bien a pesar de que se toparon con una nube considerable. De repente, Bay notó que el aeroplano de Ramón comenzó a reducir su potencia. El militar intentó seguir a la izquierda de su jefe, pero le fue imposible. Al final, tuvo que hacer uso de los flaps para mantener el control del aeroplano. Ramón perdió altitud y se metió de bruces en el cumulonimbo. En palabras del futuro piloto de Iberia, aquella fue la última vez que vio a su teniente coronel. Desesperado, trató de contactar en varias ocasiones con la tripulación del hidroavión perdido, aunque sin éxito. Tampoco sirvieron de nada las diversas pasadas que llevó a cabo sobre las aguas para intentar hallar los restos del Cant Z.506. Al final, abandonó toda esperanza y regresó a la base para explicar lo sucedido.

Así narró la tragedia el propio Bay:

> Cuando pasamos por encima de Formentor, el avión de Franco redujo mucho la velocidad y se quedó parado en el aire. Me vi imposibilitado para continuar a su lado. Intenté sacar flaps para no caerme y no pasarle, pero fue inútil. El avión de Franco se inclinó sobre el ala derecha e inició un picado que acabaría en el mar. [...] Yo regresé inmediatamente a la base para dar cuenta de lo ocurrido, abortando la misión.

El diario *ABC*, por su parte, dio la siguiente versión de lo sucedido:

> Se ha podido averiguar que, a los pocos minutos de iniciado el vuelo, se percibieron algunas llamadas telegráficas del lugar que no pudo ser localizado. Ahora se ha confirmado que se trataba del aparato del teniente coronel Franco. Minutos antes de emprender el vuelo el aparato siniestrado lo hizo otro de las mismas características de este, que regresó a poco a su base, dando cuenta del imponente temporal que impidió materialmente el vuelo. A partir de aquel momento se comenzó a temer por la suerte del hidroavión de Franco y sus ocupantes.

La búsqueda

Uno de los episodios más olvidados de la tragedia de este hidroavión fue la búsqueda que las autoridades franquistas protagonizaron en las jornadas posteriores. En palabras del diario *ABC*, lo que se hizo en primer lugar fue tratar de contactar con Ramón enviándole una infinidad de mensajes durante toda la noche.

Posteriormente, se puso en alerta a multitud de buques con la esperanza de que el hidroavión hubiese logrado amarar.

En la mañana del viernes algunos cruceros intensificaron sus trabajos ante el convencimiento de que el aparato no habría podido pasar de los alrededores de la isla. A partir de medio día amainó considerablemente la tormenta, pudiendo cooperar a la búsqueda los hidros de la base de Pollensa. Estos continuaron en tal servicio hasta el atardecer, pero no se cesó de intentar la localización del aparato o sus restos por medio de los reflectores de los barcos. Desde los primeros momentos, el Generalísimo fue informado de la desaparición del hidro que tripulaba su hermano, dándole cuenta de los trabajos que se realizaban para tratar de encontrar y salvar a los tripulantes.

El sábado prosiguió infructuosamente la operación, en la que cooperaron muchos barcos minadores. Al atardecer de este mismo día ya se dio por descontado un fatal accidente, aunque no podían todavía preverse las consecuencias. Existía la esperanza de que el hidro pudiera haberse mantenido a flote, pero como hubo un recrudecimiento del temporal y volvió otra vez la gruesa marejada, se calculó que después de cuarenta horas el hidro debía haber zozobrado. Prosiguieron los trabajos con la finalidad de encontrar los restos de la aeronave y si era posible recoger los cadáveres. Por la tarde, uno de los aparatos de exploración regresó a la base y dio cuenta de que había creído observar en la Punta de Formentor restos de un aparato.

Al amanecer del domingo, el mejor estado del mar permitió que se desplazara hacia aquel lugar el minador Vulcano, acompañado de varias lanchas para recorrer los lugares señalados y comprobar si los restos pertenecían al hidro desaparecido. A las nueve y media de la mañana una de las lanchas recogió un cadáver que flotaba sobre el mar. Se trataba del teniente Sangro. Su reloj marcaba las seis horas y cinco minutos. Momentos más tarde era encontrado también el cadáver del mecánico Gómez Martí.

Apenas una hora después, el mismo bajel encontró el cadáver del teniente coronel Franco en un estado pésimo, pues uno de sus pies había quedado fracturado debido al impacto. Por si fuera poco, su cabeza presentaba una herida en la sien izquierda en forma de circunferencia. Un agujero que, a pesar de su profundidad, no sangraba debido al agua.

En un principio, quienes hallaron el cadáver barajaron la posibilidad de que el militar se hubiese suicidado de un disparo, pero desecharon esa idea a toda velocidad, ya que, por sentido común, Ramón habría pasado sus últimos momentos de vida intentando levantar el morro del avión para evitar el impacto y no sacando una pistola. También establecieron que era inverosímil que se hubiese quitado la vida una vez en el mar, pues, viendo las condiciones en las que había quedado el aparato, era imposible que hubiese sobrevivido a aquel impacto.

Al final se estableció que la muerte había sido producto de un trágico accidente, como bien explicó el *ABC* de Sevilla:

> La versión más autorizada indica que el aparato cayó en posición de ala contra el mar, destrozándose totalmente. Los cuerpos de los heroicos tripulantes fueron proyectados fuera del aparato a consecuencia de la impetuosidad del choque. No así el cadáver del radiotelegrafista, que se supone está hundido entre los restos del hidroavión.

Bay, preguntado en la entrevista de 1999 sobre la posible causa de la muerte, no se mordió la lengua y apuntó directamente a una conspiración:

> Para mí está muy claro que fue un sabotaje. Muy bien preparado pero un sabotaje, sin duda. Es difícil demostrarlo al cabo de los años, pero no cabe duda de que el avión estaba preparado para que ocurriera lo que ocurrió.

Una última versión sobre la muerte corrió como la pólvora en los años posteriores. Tal y como desveló a *ABC* el escritor e investigador José Luis Hernández Garvi, en ella se afirmaba que una mano oscura había ubicado una bomba en el aeroplano para acabar con la vida de Ramón: «En una entrevista concedida en los años ochenta a Canal Sur, Pilar Franco hizo unas polémicas declaraciones. Frente a la cámara acusó directamente a la masonería de estar detrás del fallecimiento de Ramón». Según su relato, en aquellos lejanos días el aviador había recibido amenazas de muerte de los masones, que no le perdonaban su cambio de actitud al abandonar la sociedad secreta y renunciar a sus ideales.

Pilar corroboró, además, que su hermano estaba preparando un libro que habría llevado por título *Burla del Grado 33*, obra que contendría datos reveladores sobre las verdaderas intenciones de la masonería, lo que pondría en evidencia a sus miembros más destacados. «Ante el temor de que pudieran salir a la luz, traicionando así su pacto de silencio, habrían planeado asesinarle», explica Garvi. La entrevista no tiene desperdicio. En ella afirmó a su vez que, la mañana de su último vuelo, una inesperada llamada interrumpió la revisión que el aviador hacía siempre de su aparato. «Un soldado desconocido se presentó ante él para avisarle de que al otro lado de la línea telefónica preguntaban por él desde el cuartel general de Franco, pero nadie respondió», añade el autor español. ¿Usaron esos minutos para colocar una bomba en el aeroplano? El misterio sigue sin resolver.

Galland, el temido piloto nazi de los trescientos bombardeos contra la República que asombró a Hitler

Israel Viana

Tuvieron que pasar décadas para que en España el mundo editorial se empezara a ocupar del papel que los nazis habían desempeñado en la Guerra Civil. Se convirtió en una especie de tema tabú que era mejor no remover, sobre todo a partir de la década de 1950, cuando el régimen franquista comenzó a negociar con Estados Unidos, en secreto, su admisión en la ONU. No era recomendable convertir su colaboración con Hitler en tema de análisis si lo que querían era salir del aislamiento internacional.

Por la misma razón, era raro leer artículos en la prensa sobre alguno de los líderes nazis que habían sido acogidos por la dictadura de Franco tras la Segunda Guerra Mundial. Muchos vivían tranquilamente en la Costa del Sol, aunque lo hacían de incógnito por temor a ser reconocidos y a que Alemania reclamara su extradición. Ya habían escapado de los Juicios de Núremberg y no era cuestión de tentar a la suerte.

Hubo que esperar a la muerte de Franco y al final de la dictadura para que los medios de comunicación y las editoriales se atrevieran a abordar, aunque fuera de forma paulatina, a las figuras del ejército alemán que habían sido relevantes en el conflicto español. Una de las más destacadas, sin embargo, ha pasado prácticamente desapercibida hasta el día de hoy: Adolf Galland, uno de los aviadores más crueles de la Legión Cóndor.

Carismático y visionario

Tenemos que acudir a los historiadores extranjeros para encontrar información sobre la vida de este general. Por ejemplo, a Philip Kaplan, que en su libro *Ases de la Luftwaffe* lo definió como «el más conocido e importante de los pilotos de caza de la Segunda Guerra Mundial»; un respeto que se ganó no solo por sus asombrosas victorias, sino también por ser un visionario, un líder carismático y una figura única entre los escasísimos oficiales que se atrevieron a enfrentarse al temido Hermann Göring.

Por su parte, los historiadores Trevor Constable y Raymond Toliver destacaron en *Horrido!*, publicado en 1968, que fue el único aviador capaz de simultanear el alto mando con los vuelos de combate. «Cumplía los dos criterios básicos de los genios. Por un lado, era capaz de investigar con mayor profundidad y ver más lejos que sus contemporáneos cuando se encontraba en tierra dirigiendo una operación y, por otro, tenía la capacidad de hacer efectivo ese conocimiento de un modo práctico cuando se subía a un avión».

Esa actitud a la hora de afrontar las contiendas le granjeó muchos éxitos. En la Guerra Civil protagonizó más de trescientos ataques aéreos contra el bando republicano y no cometió ni un solo error, según el testimonio de sus compañeros y los informes de la época. En la Segunda Guerra Mundial sumó 104 victorias frente a la aviación británica y estadounidense. Su actividad era tan frenética que se empeñó en trabajar en todos los ámbitos del ejército. De hecho, destacó también como abogado de los pilotos alemanes que eran sometidos a consejos de guerra durante el Tercer Reich.

Cuando Hitler le ofreció su ayuda a Franco en 1936, Galland fue uno de los primeros aviadores que se presentó como voluntario para combatir con la Legión Cóndor. Tenía veinticuatro años y había aprendido a volar en un planeador cerca de Westerholt, la pequeña localidad de la región de Westfalia donde nació. Pronto dominó la técnica e ingresó en la escuela de Lufthansa en Brunswick. Se graduó en 1932 y, sin esperar un segundo, se incorporó a las fuerzas aéreas, que todavía se estaban recuperando de los reveses sufridos en la Primera Guerra Mundial y las sanciones impuestas en el Tratado de Versalles.

Cuando comenzó el conflicto español estaba ansioso por entrar en combate. Fue destinado a la Jagdstaffel 3, una unidad de apoyo aéreo al Ejército de Tierra. Le fue asignado uno de los lentos y obsoletos Heinkel He 51, pero ya tenía la suficiente experiencia para ser consciente de que, con un avión de esas características, sus posibilidades de victoria frente a la aviación republicana o rusa eran escasas. Por eso evitó al principio los combates directos.

Su bautismo de fuego tuvo lugar en la batalla de Brunete, durante el verano de 1937. Los republicanos gozaban de superioridad con los cazas Polikarpov I-16 e I-15 que habían incorporado. Sin embargo, todo cambió cuando Galland y sus compañeros recibieron el apoyo de un buen número de Messerschmitt Bf 109 llegados de Alemania. Eran aparatos más veloces y con una capacidad de almacenar bombas bastante mayor, lo que les permitió tomar la iniciativa.

Todo cambió el 22 de julio, cuando los franquistas asaltaron varias posiciones enemigas en el entorno del Guadarrama y los republicanos tuvieron que retirarse. Cuando Galland y el resto de los pilotos de la Legión Cóndor comenzaron a arrasar la zona con un intenso bombardeo, el repliegue se convirtió en una huida a la desesperada hacia Brunete. Los franquistas tardaron solo cinco días a partir de entonces en conquistar la localidad madrileña, a pesar de lo cual se produjeron treinta y seis mil bajas entre los dos bandos; de ellas, siete mil acabaron muertos.

El bombardeo de Gijón

Por su actuación en Brunete, a Galland se le concedió el mando de la escuadrilla III del grupo J-88, la única que siguió combatiendo con cazas Heinkel. Estos continuaban en clara desventaja con respecto a los aviones enemigos. Aun así, fue enviado en primer lugar a Gijón y Santander, y después a la batalla de Teruel.

Los ataques contra la primera ciudad se prolongaron hasta el 21 de octubre y dejaron devastados sus calles y refugios. Aquel golpe fue duro, pues se trataba de un puerto muy importante para la República que la aviación nazi convirtió en un campo de pruebas para la estrategia de destrucción masiva que pondría en marcha en la Segunda Guerra Mundial.

Algunos compañeros de Galland fallecieron en combate. A finales de 1937 se inauguró un monolito en honor a tres de estos aviadores caídos de la Legión Cóndor, Heinrich Stallamann, Rudolf Harting y Karl Uhrmeister. Y, tras la victoria de Franco, en la fachada del ayuntamiento se puso una lápida en memoria de Willi Sembach que no fue retirada hasta 1980. Las nuevas autoridades democráticas no estaban dispuestas a que se homenajeara a la aviación que había arrasado esta y otras ciudades del norte como Guernica o Durango.

Galland sobrevivió y siguió combatiendo. En esa época decidió pintar por primera vez, en el costado de su avión, el Mickey Mouse con un hacha en la mano que se convirtió en su marca distintiva. Le acompañó durante los dieciocho meses que luchó en España. Cuando Philip Kaplan le preguntó décadas después por qué escogió al ratón de Disney como mascota, respondió: «Me gusta. En realidad, siempre me ha gustado, de la misma forma que me gustan los puros, pero estos tuve que dejarlos al acabar la guerra».

Fue entonces cuando se presentó en Sevilla su sustituto, el teniente primero Werner Mölders. Él regresó a Alemania en agosto de 1938 con una serie de conocimientos que le resultaron muy valiosos en la Segunda Guerra Mundial. Así lo explicaba Kaplan:

> Durante la guerra civil española, Galland escribió una serie de informes sobre sus propias operaciones de apoyo terrestre basándose en sus más de trescientas misiones. Estos constituían una especie de manual de operaciones que atrajo la atención de la plana mayor de la Luftwaffe y fueron muy bien valorados por Johannes Jeschonnek, el general que pronto se convirtió en el jefe del Estado Mayor.

Para su desgracia, los elogios recibidos por sus informes provocaron que Galland fuera enviado por un tiempo a una oficina del Ministerio del Aire alemán, pero aquel trabajo no estaba hecho para él. Esperaba ansioso el comienzo de la Segunda Guerra Mundial para volver a entrar en acción y ponerse a prueba de nuevo. Durante la invasión de Polonia realizó cuatro misiones diarias durante veintisiete días seguidos. Hitler le ascendió a capitán y le entregó su primera condecoración importante, la Cruz de Caballero de la Cruz de Hierro de segunda clase. Comenzaba así otro periodo glorioso de su carrera.

Estaba tan seguro de la experiencia que había adquirido en España que tuvo el valor de opinar en público sobre Hermann Göring. Para Galland, su visión acerca del combate aéreo, la táctica, la estrategia y la planificación de los combates era obsoleta, pues estaba anclada en la Primera Guerra Mundial. Además, aseguró que había perdido contacto con los avances tecnológicos que se estaban produciendo en el campo militar. Lejos de sentirse ofendido, el jefe de la Luftwaffe siguió sus consejos y trató de modernizar la aviación nazi. Lo primero que hizo fue retirar a los pilotos más veteranos, los que habían combatido entre 1914 y 1918.

En la Segunda Guerra Mundial, Galland combatió en compañía de dos hermanos que también eran pilotos. Sin embargo, ambos murieron en acto de servicio y él, una vez más, sobrevivió. Aquello no le hizo temblar y siguió buscando acción. Ya no quería más operaciones de apoyo terrestre, sino pilotar los cazas de última generación de la Luftwaffe y tener mayor protagonismo en los bombardeos. Para conseguirlo, fingió un doloroso reumatismo con el objetivo de que el médico le prohibiera los vuelos en naves de cabina abierta.

Durante estos primeros meses de la contienda se cruzó con su viejo amigo de España, el teniente Mölders, que le enseñó a disparar y derribar cazas en combate aéreo. Eso le permitió lograr la primera de sus 104 victorias el 12 de mayo de 1940, en Lieja (Bélgica). En las memorias que publicó en 1955, *Los primeros y los últimos*, lo recordaba así:

> Mi primer derribo fue un juego de niños. A cinco millas al oeste de Lieja, mi compañero de vuelo y yo nos lanzamos desde una altura de 12.000 pies sobre ocho Hurricane que volaban a 3.000 pies por debajo de nosotros. Yo no estaba nervioso ni sentía una especial excitación. En cuanto tuve a uno de ellos en la mira de tiro, me dije: «¡Vamos, defiéndete!». Me acerqué más sin ser visto. «¡Alguien debería avisarle!», pensé. Disparé la primera ráfaga y fallé. Los otros siete Hurricane no hicieron ningún esfuerzo por acudir en ayuda de su compañero y huyeron. Tras un segundo ataque, el avión de mi adversario entró en barrena y perdió parte de sus alas. Lanzar otra ráfaga habría sido un despilfarro.

Galland inauguró su cuenta de derribos, que aumentó muy rápido en la batalla de Francia. Fue entonces cuando se le encomendó la dirección de la JG-26, un escuadrón de élite que se haría famoso por sus hazañas a partir de junio de 1940. Sus aviones Bf 109 de banda amarilla fueron temidos y respetados por los pilotos estadounidenses en el frente occidental. Los llamaban los Chicos de Abbeville o los Bastardos de Morro Amarillo, y con ellos derribó dos cazas enemigos en su primer día para demostrar a sus hombres el tipo de jefe que quería ser.

La angustia de volar con Galland

Lo primero que ordenó a sus pilotos fue que patrullaran a una altitud mucho menor. Algunos de ellos reconocieron años después que era estresante volar con él porque les hacía descender hasta los mil quinientos pies. A esa distancia del suelo el fuego de los aliados resultaba mortal. A pesar de ello, consideraban a Galland un jefe magnífico y le seguían adonde quisiera llevarles por peligroso que fuera.

Aquel fue el periodo más activo y letal de la JG-26 en la batalla de Inglaterra. Él mismo añadió cuarenta derribos más a su cuenta particular. Ya se había convertido en uno de los grandes ases de la Luftwaffe y en el tercer soldado nazi en recibir la Medalla con Hojas de Roble de manos de un Hitler que estaba asombrado por sus hazañas y su carisma.

El 21 de junio de 1940, Galland alcanzó los setenta derribos, aunque tuvo que saltar de su aparato al ser alcanzado por un Spitfire. En el mismo hospital, el Führer le concedió las Hojas de Roble con Espadas, un honor enorme si tenemos en cuenta que ese grado todavía no era conocido ni se le había otorgado a nadie. La condecoración llegó con una orden que no fue de su agrado: tenía que dejar de combatir, pues era un diamante que el Tercer Reich no podía permitirse el lujo de perder en batalla.

Una vez más hizo caso omiso de lo que sus superiores le pedían y, en cuanto tuvo la oportunidad, se subió de nuevo a su caza y se lanzó al aire. En enero de 1942 sumó su victoria número 94. Recibió una nueva condecoración, la de Brillantes, y con treinta años de edad se convirtió en el general más joven del ejército alemán.

Uno de los últimos gestos de Galland antes de retirarse define muy bien su fuerte personalidad y el respeto que se ganó en los más altos estamentos nazis. En 1943 Göring convocó a su despacho a todos los comandantes de la Luftwaffe. Cuando los tuvo delante, señaló furioso a todos los que se habían ganado la Cruz de Caballero y les gritó que no la merecían. Nuestro protagonista se la arrancó del cuello y se la lanzó sobre la mesa. Cuentan los presentes que el mariscal, intimidado, hizo como si no lo hubiera visto y, a partir de ese momento, moderó su discurso.

El 14 de mayo de 1945 fue capturado por el ejército estadounidense y siguió como prisionero de guerra hasta abril de 1947. Esa fue la única condena que sufrió. Su primer trabajo después del cautiverio consistió en dar una conferencia sobre tácticas de combate a pilotos británicos de la RAF, los mismos con los que poco antes había tenido que enfrentarse. Después de aquello, Galland vivió una vida tranquila a pesar de haber servido a la aviación nazi. Se casó en tres ocasiones y tuvo dos hijos. Falleció el 9 de febrero de 1996 en Remagen, Alemania.

El nazi que experimentó en España los bombardeos del terror: «El pueblo está destruido, muertos y mutilados por todas partes»

Manuel P. Villatoro

Wolfram von Richthofen fue un hombre de muy pocos claros y muchísimos oscuros. Quizá fuese la viva imagen de cómo la barbarie puede hacer avanzar la tecnología a pasos agigantados. Nazi convencido y comandante de la Legión Cóndor desde 1938, durante la Guerra Civil, logró convertir a la novata Luftwaffe en una fuerza aérea eficiente capaz de sellar el destino de Polonia durante la Segunda Guerra Mundial. Sin embargo, logró esa gesta militar tras servirse de España como un campo de pruebas y determinar la eficiencia de los bombardeos en alfombra y de precisión sobre localidades como Benassal o Guernica.

Su participación, eso sí, fue determinante para que el bando nacional obtuviera la victoria. Así lo afirmó, al menos, el mismísimo Adolf Hitler: «La gente dice que fue una intervención divina la que decidió la Guerra Civil en favor de Franco; quizá sea así, pero no fue una intervención del estilo de las de la Madre de Dios, sino la intervención del general alemán Von Richthofen y de las bombas de sus escuadrones que llovían desde el cielo». Por si fuera poco, este oficial recaudó un millón de pesetas destinado a los caídos de las familias españolas y fue condecorado en varias ocasiones por el propio Franco.

Sin embargo, y aunque pueda parecer lo contrario, la buena relación entre Von Richthofen y el futuro dictador no era más que una farsa. Así lo afirma el historiador Antony Beevor en una entrevista concedida para el laureado documental *Experimento Stuka*: «Richthofen despreciaba a los militares españoles y también al propio Franco». No le falta razón, ya que, aunque el alemán sentía un gran respeto por los soldados, no albergaba el mismo sentimiento hacia los oficiales del bando nacional.

Beevor, un peso pesado entre los historiadores de la Segunda Guerra Mundial, también define los ataques perpetrados por la Legión Cóndor como uno «de los experimentos más sanguinarios de la tecnología militar». A su vez considera que, aunque muchos de estos bombardeos han sido olvidados en nuestro país, fueron determinantes para que los pilotos de la recién creada Luftwaffe ganaran la experiencia necesaria para participar en la Segunda Guerra Mundial.

Un noble prometedor

Von Richthofen era conocido en Alemania por ser un hombre cultivado que no adolecía de valentía y al que no le importaba llevar a cabo las tareas más mundanas. Así lo demostró, por ejemplo, el 4 de septiembre de 1939, durante la invasión de Polonia. Aquella jornada, desesperado por las malas transmisiones y por no poder coordinarse con la infantería, no tuvo reparos en ponerse él mismo a los mandos de un avión y viajar al frente de batalla para dar las instrucciones sobre el terreno. «Las comunicaciones del ejército son incluso peores que las nuestras», afirmó después.

Esta y otras tantas muestras de valor ayudaron a forjar su leyenda entre los germanos y le permitieron hacerse un hueco entre los hombres favoritos de Hitler. Y ello a pesar de que el Führer no apreciaba demasiado a los militares de noble cuna como Von Richthofen, el segundo de los cuatro hijos de un barón cuyo linaje tenía casi cuatro siglos de historia. Así lo afirma Jeremy Kreuder en una biografía sobre nuestro protagonista, en la que señala que el oficial nació el 10 de octubre de 1895 en el seno de una de las familias más ricas del país al contar con 354 hectáreas de tierra dedicadas al cultivo.

Von Richthofen fue el perfecto noble germano desde su infancia. Ducho en los deportes y en los estudios, todo indicaba que su familia dirigiría sus pasos hacia el ejército. Sin embargo, sus padres siempre fueron contrarios a que siguiera este camino. Según Kreuder, eso no le impidió sentirse atraído por las ventajas que ofrecía el mundo castrense a un prometedor joven de buena cuna. Así, cuando sumaba dieciocho años, se enroló en la Academia Militar Gross Lichterfelde. Sus dotes le llevaron a dirigir, durante un breve periodo, el 4.º Regimiento de Húsares, con el que participó en la Primera Guerra Mundial.

No obstante, su aventura como oficial de caballería duró poco tiempo, lo justo para que Von Richthofen se percatara de que, en plena guerra de trincheras, los días de los jinetes estaban contados. Por ello, solicitó su traslado a la aviación, una nueva arma en la que ya empezaba a destacar su primo Manfred, el Barón Rojo. Allí se forjó un nuevo nombre como piloto. Aunque no logró las victorias de su familiar, su breve mando en los Húsares le permitió adquirir una perspectiva novedosa sobre la contienda que, años después, le ayudó a alumbrar la Luftwaffe.

Según el autor anglosajón, Wolfram emergió de la Gran Guerra con un sólido historial y una valiosa experiencia. Después destacó como aviador y compartió el interés de Manfred por el desarrollo tecnológico de aeronaves.

Técnicas revolucionarias

En 1920 colgó la chaqueta de vuelo, pero volvió a cogerla tres años después. Lo hizo, curiosamente, tras licenciarse en ingeniería. Fue en 1923 cuando, a pesar de las restricciones del Tratado de Versalles, que impedían a Alemania desarrollar una fuerza aérea de combate, Von Richthofen se valió de sus contactos personales y de las dos cruces de hierro que había ganado para empezar a hacerse un hueco entre los mandos del ejército. Ese mismo año logró ser nombrado oficial del Estado Mayor, una posición que le garantizaba tener prioridad durante la promoción de ascensos.

A partir de entonces la vida de Von Richthofen fue un carrusel de idas y venidas a lo largo de toda Europa. «Más tarde, en 1925, pasó a la URSS para realizar cursos de entrenamiento clandestinos. Continuó sus estudios universitarios, se doctoró en 1929, año en que recibió el cargo de agregado aéreo en Roma, puesto que desempeñó hasta 1932. A su regreso a Alemania, siguió progresando profesionalmente, mientras los nazis se asentaban en el poder», desvela Francisco Manuel Vargas Alonso en su artículo «La intervención alemana en el País Vasco (1936-1937)».

Durante todos estos años colaboró con el germen de la futura Luftwaffe y participó en decenas de proyectos considerados de alto secreto. Uno de los primeros consistió en investigar la fabricación en masa de aviones de combate para una futura guerra. Su obsesión era racionalizar la producción de los aeroplanos para acelerar su montaje.

Firme defensor de Hitler, fue nombrado jefe de la Oficina de Desarrollo de Aeronaves tras el ascenso de los nazis al poder y, desde ese puesto, comenzó a estructurar los mimbres de la incipiente Luftwaffe, creada a nivel oficial en 1935. Para ello, favoreció el desarrollo de bombarderos pesados capaces de asolar regiones con decenas de explosivos y fomentó el diseño de aviones que demostraron su valía durante toda la Segunda Guerra Mundial, como el Bf 109, el Bf 110, el Do 17, el He 111 o el Ju 87. Otro tanto hizo en 1936, cuando fue ascendido a teniente coronel. Por entonces se mostró también partidario de los motores a reacción.

Cuatro años después, tras el comienzo de la Guerra Civil, fue enviado a España junto con la Legión Cóndor. «Esta era la fuerza de intervención mayoritariamente aérea que la Alemania nazi envió en ayuda del general Franco», determina Álvaro Valcarce en *Lucha de sangre*. Por su parte, Xabier Irujo señala en *Gernika* que era una unidad «de tamaño reducido, muy operativa» y formada principalmente por miembros de la Luftwaffe; todo ello a pesar de que contaba con «componentes secundarios de las otras dos ramas del ejército». En palabras de Kreuder, Von Richthofen comandó el nuevo escuadrón «junto con el general de división Hugo Sperrle».

A finales de 1936, el teniente coronel Richthofen fue nombrado jefe del Estado Mayor de la Legión Cóndor. Tomó posesión del cargo en enero de 1937, aunque había llegado mucho antes al teatro de operaciones para hacer pruebas con los aeroplanos enviados desde Alemania. En palabras de Irujo, la documentación demuestra que una de sus tareas fue «experimentar nuevos métodos de guerra y desarrollar nuevas tácticas estratégicas en el campo de batalla en preparación de lo que los estrategas alemanes denominaban [...] "la próxima guerra"». A saber, la Segunda Guerra Mundial.

En menos de tres jornadas, los aviones de la Legión Cóndor protagonizaron treinta y siete misiones de bombardeo sobre las posiciones enemigas, operaciones en las que arrojaron doscientas cincuenta toneladas de explosivos. Las bajas republicanas, como el oficial nazi señaló en su diario, fueron «muy grandes entre muertos, prisioneros y heridos». En principio, los vuelos se llevaron a cabo sobre los territorios montañosos ubicados entre Legutio, Elgeta y Durango. Sin embargo, poco después se atacaron varias localidades alejadas del frente de batalla para probar una idea que nuestro protagonista venía barruntando desde que había oído hablar de su puesta en práctica por parte de la RAF británica, la de los bombardeos del terror.

Esta estrategia se materializó con la destrucción de Durango el 31 de marzo de 1937. «La localidad supuso el comienzo de los experimentos de Richthofen con los bombardeos del terror, destinados a abatir la moral de la población civil y destruir los núcleos urbanos», explica Paul Preston en su libro *El holocausto español. Odio y exterminio en la Guerra Civil y después*. El nazi llegó a decirle en una ocasión a Mola que «no hay que obviar ninguna medida capaz de destruir la moral del enemigo y es preferible hacerlo rápidamente».

Richthofen dejó claro en su diario el orgullo que suponía para él aquella estrategia que, a la postre, quedó patente en Guernica:

> Estupendos efectos del bombardeo y de los cazas [...]. Por todas partes muertos y mutilados, camiones pesados que llevaban parte de su munición, explotados. [El pueblo de] Ochandiano, muy destruido, con muchos muertos.

En *Experimento Stuka* se muestra también otra parte de su diario en la que corrobora el uso de estas bombas sobre ciudades:

> Poder arrojar por fin nuestras bombas sobre verdaderas ciudades permitirá averiguar sus efectos ya que, dado que los pueblos están muy cerca del frente y su conquista es inminente, es de suponer que podremos examinarlas.

Nazis contra Franco

Según desvela Beevor, la Legión Cóndor llevó a cabo varios de estos ataques —entre ellos, los realizados contra cuatro pueblos de Castellón mediante bombarderos tácticos— después de que en España se emitiera la Instrucción General n.º 30, una norma en la que se prohibía atacar desde el cielo los núcleos urbanos. «Richthofen no iba a seguir órdenes. Despreciaba a los militares españoles y al propio Franco». En este sentido, Beevor también los tilda de «experimentos sanguinarios».

Con todo, lo cierto es que esta idea ya había sido desvelada anteriormente. Un ejemplo de ello es que en 1979, en la revista *Hispano Americano*, ya se hizo referencia a esta curiosa relación: «La verdad es que Von Richthofen no sentía ninguna simpatía por Franco, ni por Mola, ni por Kindelán. Solía decir que no entendía cómo se podía hacer una guerra si los jefes se levantaban a las ocho de la mañana».

El genio de los submarinos de Franco que aterrorizaba a los navíos de la Segunda República

Manuel P. Villatoro

La batalla submarina en nuestra contienda fratricida no fue tan masiva como la que, a partir de 1939, libraron en la Segunda Guerra Mundial los míticos *U-Boote* germanos. Lo que no se puede negar es que sentó sus bases y convirtió las aguas de nuestro país en un banco de pruebas perfecto para las potencias internacionales. Si este enfrentamiento ha sido pasado por alto en los libros de historia a pesar de su importancia, otro tanto ha sucedido con los comandantes de los sumergibles de la Segunda República y del bando nacional; unos personajes obviados a pesar de seguir la línea marcada por los precursores de la Gran Guerra y de allanar el camino a las nuevas formas de acechar al contrario.

Sus vidas permitirían escribir una enciclopedia. En la actualidad, no obstante, toca centrar el foco sobre Rafael Fernández de Bobadilla, el comandante de submarinos que más toneladas enemigas envió al fondo de las aguas durante la Guerra Civil: 10.458, según explica su familiar Gonzalo Wandosell en su artículo «La historia de la llegada del submarino General Mola y de su primer comandante, Rafael Fernández de Bobadilla y Ragel». Aunque su marca se aleja de la de los grandes ases de la Segunda Guerra Mundial, como Otto Kretschmer (con 274.333), sí le pone a la cabeza de la nuestra. Más aún cuando tuvo menos tiempo para establecerla, pues hundió su último navío en 1938.

Inicios en África

Cuenta José Carlos Fernández Fernández en un artículo escrito para la Real Academia de la Historia que Rafael vino al mundo en Cádiz en 1901. Ya con quince primaveras ingresó en la Escuela Naval Militar, donde, tras graduarse, ascendió poco a poco en el escalafón y se curtió en buques como el Reina Regente o el acorazado España. Es innegable que su vida viró hacia el mar desde un principio, aunque tuvo que esperar para disparar su primera bala. El repunte de las hostilidades en la guerra de Marruecos tras el alzamiento de las cabilas rifeñas le permitió entrar en batalla en el que fue su primer combate de envergadura. Corría el año 1922 y, desde la cubierta del cañonero María de Molina, colaboró en el bombardeo de las posiciones enemigas en el norte de África.

Apenas doce meses después comenzó su andadura bajo los mares. En 1923 participó en el curso de la Escuela de Submarinos de Cartagena. Ese mismo año tuvo su primer contacto con los que iban a ser sus caballos de batalla cuando fue destinado al vetusto submarino A-3, uno de los primeros modelos que nuestro país adquirió antes de hacerse con dos clases más modernas (la B y la C). «Como unidades de guerra tenían posiblemente bastantes limitaciones dado su reducido desplazamiento de 265 toneladas en superficie y solo dos tubos lanzatorpedos. Para ser utilizados como buques-escuela se prestaban admirablemente», explica Manuel Ramírez Gabarrús en su libro *El arma submarina española*.

En 1925 fue llamado al acorazado Jaime I, con el que participó en el famoso desembarco de Alhucemas, el primero de este tipo en el mundo en el que colaboraron de forma coordinada los ejércitos de Tierra, Mar y Aire. Pero su destino siempre estuvo bajo la línea de flotación de los navíos de superficie, y al poco tiempo volvió a prestar servicio en los sumergibles tipo A. Allí se curtió a pasos agigantados. Así fue como, tras apenas cinco años, fue nombrado oficial de la Flotilla de Submarinos de Ferrol. Poco después se familiarizó también con el flamante C-3, y en 1935 fue destinado a la Jefatura del Estado Mayor de la misma unidad.

Misión reservada

En julio de 1936, Fernández de Bobadilla se unió a los sublevados y les ayudó a controlar la base naval de Cádiz. Su participación, clave en estos primeros compases de la guerra, permitió al bando sublevado proteger el traslado de sus tropas desde África hasta la península. Así lo confirma Wandosell, quien también especifica que, poco después, Franco se valió de nuestro protagonista para acometer una misión secreta. Al parecer, el último día de octubre recibió una llamada desde Salamanca en la que le ordenaron estar el 1 de noviembre en Tetuán para partir a un puerto desconocido de Italia.

La tarea era peligrosa, pero necesaria para que el bando nacional pudiese plantar cara a la cuantiosa flota de la República. A eso de la medianoche, a Fernández de Bobadilla se le encomendó la tarea de viajar de incógnito en un buque de guerra italiano (el Pigafetta) con destino a Cerdeña. Allí, sus órdenes eran recoger una docena de submarinos que la Italia fascista pretendía vender a Franco. Aquellas naves podían dar un vuelco a la guerra en los mares, ya que, según corroboró el mismo oficial, contaban con unas características mejores que las de los clase B y C del enemigo.

Sin embargo, los planes cambiaron cuando la flota inglesa apareció en la zona. Con un tratado de no intervención internacional en ciernes, Italia reculó y rechazó la venta para no tener problemas con Gran Bretaña y Francia, entonces las mayores potencias militares de Europa. No obstante, el alto mando de la Regia Marina propuso a los alzados una forma mucho más sucinta de colaborar en sus intereses: golpear, en secreto y desde sus propios puertos, el vital tráfico mercante que arribaba de forma periódica para sustentar a los ejércitos republicanos.

Secretos contra la República

Así comenzó la participación de los llamados sumergibles «legionarios» italianos en el bando nacional y, de paso, también una nueva táctica para estrangular al enemigo: acabar con los navíos que llevaban armas y vituallas hasta la Península, en lugar de intentar hundir solo sus buques de guerra; técnica que, años después, replicarían los *U-Boote* en la Segunda Guerra Mundial.

Las instrucciones italianas fueron, en palabras de Wandosell, sumamente estrictas: «Los submarinos saldrían de noche de la base para evitar la vigilancia aérea o naval. Navegarían sin luces de situación ni ninguna otra visible. Atacarían a los mercantes que estuviesen a menos de tres millas de la costa con o sin luces». Debían intervenir de tal forma que diera la impresión de que los bajeles republicanos se habían hundido por haber entrado en contacto con una mina o debido a una explosión interna. Por último, se llegó al acuerdo de que en cada uno de los submarinos viajaría un oficial español —entre ellos, Fernández de Bobadilla— para familiarizarse con el funcionamiento de la nave y sus pormenores.

Entre noviembre y marzo, Fernández de Bobadilla participó en infinidad de misiones a bordo de los submarinos italianos, operaciones en las que aprendió multitud de lecciones, como el funcionamiento sobre el terreno de estos buques o la importancia de acabar con el tráfico mercante para estrangular al enemigo. Además, tuvo un primer contacto con los llamados «ataques en manada» contra grupos de bajeles contrarios y vio con sus propios ojos lo importante que era aterrorizar al adversario para que su flota se viese obligada a permanecer en puerto (en este caso, los de Barcelona, Alicante y Cartagena); secretos todos ellos que se le grabaron a fuego en la memoria y que, a la postre, utilizaría en su favor.

Llega el Mola

Pero no solo de ayuda vive la armada, y a partir de julio de 1936, Franco se esforzó por hacerse con algunos submarinos en propiedad. La adquisición de estas naves ha sido explicada de forma pormenorizada por Dionisio García Flórez en la documentada obra *Submarinos*. Según este autor, fue el 29 de abril de 1937 cuando la marina nacional consiguió que sus aliados italianos le hicieran entrega de dos sumergibles. Los alzados, a los que en principio se exigió una cantidad de dinero desorbitada, consiguieron al final reducir el coste a treinta y cuatro millones de liras, una suma alta para la época, pero necesaria para cumplir sus deseos.

El resultado fue la llegada a la isla balear de Cabrera de dos submarinos de la clase Archimede; en secreto, eso sí, pues su adquisición a Italia violaba todos los tratados impuestos tras la Primera Guerra Mundial. Estas naves eran prototipos de la marina italiana que destacaban por su capacidad para permanecer en alta mar durante un largo periodo y por que contaban con un armamento envidiable para la época; uno que superaba a los de la Segunda República. La primera, la Archimede, fue rebautizada como General Mola, mientras que la segunda, la Torricelli, como General Sanjurjo.

Fernández de Bobadilla fue nombrado, como tanto deseaba, comandante de su propio sumergible, del General Mola para ser más exactos. Así, se cumplieron los deseos de un oficial que clamaba desde hacía meses por la presencia de estas naves en la marina sublevada. «Los submarinos pueden ser de eficacia resolutiva cuando —mandados por comandantes españoles o, al menos, pudiendo exhibir nuestra bandera— obedezcan directamente órdenes de nuestro Gobierno. También cuando puedan operar sin necesidad de sumergirse y, si tienen que hacerlo, sea obedeciendo a razones tácticas y no a imposiciones políticas», escribió.

El Mola partió hacia su primera misión, el 13 de mayo de 1937, con nuestro protagonista como comandante. Así comenzaron una serie de hundimientos de mercantes que, a la postre, llevarían a Fernández de Bobadilla al estrellato en lo que al arma submarina se refiere. Según García Flórez, fue el 29 de ese mismo mes cuando mandó al fondo del mar a la goleta Granada, de cuatrocientas toneladas y cargada de armas destinadas a la República. El método fue sencillo: la interceptó, ordenó a su tripulación que abandonara el navío y la destruyó a golpe de cañón de cubierta. Y otro tanto hizo dos semanas después con el Rápido, lleno hasta los topes de armamento.

El golpe más destacado fue el ataque al mercante Cabo de Palos el 25 de junio de 1937. Aquella jornada, Bobadilla lanzó un torpedo a setecientos metros contra este navío de más de seis mil toneladas para evitar que la carga que portaba —armas, sal y amoniaco— llegara a manos del bando gubernamental. A su vez, el capitán también participó en múltiples y peligrosas misiones de patrulla. «En muchas operaciones pasaron un mal rato. Tuvieron que maniobrar entre campos de minas o aguantar varias horas, frente a Barcelona, el ataque con cargas de profundidad de dos destructores republicanos. Por suerte, las bombas de estos cayeron demasiado lejos», añade Wandosell en su artículo.

El mismo autor recuerda que el último hundimiento de Fernández de Bobadilla al frente del General Mola se produjo el 11 de enero de 1938. El objetivo fue un buque contrabandista holandés cargado de armas. La tarea no era sencilla debido a que el bando nacional tenía órdenes de no atacar bajeles extranjeros para evitar un conflicto internacional. El comandante lo consiguió disparando un solo torpedo desde una gran distancia. Funcionó y el país creyó que había chocado con una mina. Poco después nuestro protagonista fue relevado del mando, aunque, para entonces, se había llevado al fondo de las aguas 10.458 toneladas en poco más de un año de servicio. Aquello le valió la Medalla Militar Individual.

Franco, Churchill, Negrín y Stalin: las olvidadas negociaciones secretas que pudieron acabar con la guerra desde 1936

Israel Viana

Se ha escrito mucho sobre el final de la guerra aquel 1 de abril de 1939. El actor Fernando Fernández de Córdoba leyó en la radio el último parte a las diez y media de la noche y dio por concluida una de las etapas más trágicas de la historia de España. Los expertos todavía no se han puesto de acuerdo respecto al número de muertos que provocó. Algunos cálculos sitúan la cifra en cuatrocientos mil. El investigador Ramón Salas, que luchó junto a los sublevados, habló de seiscientos veinticinco mil. Muchos prestigiosos hispanistas han defendido durante años que se llegó al millón, mientras que los últimos estudios lo reducen a trescientos mil en ambos bandos.

Sin embargo, poco han trascendido las negociaciones secretas que se llevaron a cabo desde el mismo golpe de Estado para alcanzar la paz y evitar todo este sufrimiento. Nos referimos a las conversaciones en las que participaron tanto las principales potencias del mundo como los republicanos y los franquistas. Es muy difícil imaginarse ahora qué habría ocurrido si alguna de ellas hubiera tenido éxito y cuántos muertos se habrían evitado.

Quizá España nunca hubiera sufrido las matanzas de Guernica, Alicante, Durango y otras localidades. Pero ¿qué ocurrió entonces para que fracasaran?

La primera oportunidad surgió por iniciativa del ministro uruguayo de Asuntos Exteriores en agosto de 1936. Según cuenta Antonio Marquina en su artículo «Planes internacionales de mediación durante la Guerra Civil», José Espalter les preguntó a la mayoría de los presidentes del continente americano si estarían dispuestos a iniciar una mediación conjunta para poner fin a las hostilidades. En el caso de llegar a un acuerdo entre ellos, se lo comunicarían primero al Gobierno republicano y, si este daba el visto bueno, se dirigirían después a Franco para que comenzaran las conversaciones. Por desgracia no tuvo mucho recorrido. Argentina, Brasil, México, Panamá y Estados Unidos consideraron que no era el momento más oportuno. Solo aceptaron Chile, Cuba y Perú, pero con muchas reservas.

A principios de diciembre de 1936, el Gobierno francés puso en marcha otro plan que entregó a su homólogo británico. Proponía un acercamiento a la Unión Soviética, Alemania, Italia y Portugal para intentar que todos juntos mediaran entre los dos bandos «en cuanto se presentara un momento favorable». Esta propuesta tuvo una buena acogida y llegó más lejos de lo que sus impulsores podían imaginarse. Estaban convencidos de que, como la guerra no iba bien para Franco en los primeros compases, Hitler y Mussolini podrían ver con agrado que esta se acabara cuanto antes. Así no quedarían en evidencia después de haber enviado a España sus primeros contingentes de apoyo. Y, si fracasaban, la semilla para una futura negociación ya estaría plantada.

Un referéndum sobre la guerra

En el borrador de aquel principio de acuerdo quedaba claro que la participación de estas potencias implicaba subordinar todas las decisiones políticas al interés supremo de la paz. Todas debían renunciar a sus intereses y trabajar de manera conjunta para solventar la mala situación política y económica que vivía España. Por último, se pondría fin al conflicto mediante un referéndum en el que el pueblo expresara libremente su voluntad.

El único reparo lo puso el ministro de Asuntos Exteriores británico, Anthony Eden, que consideraba imprescindible la participación de Estados Unidos para que la negociación llegara a buen puerto. La URSS no tuvo ningún problema en este sentido. Alemania e Italia se comprometieron a estudiar la propuesta, aunque dejaron claro que tenían dudas sobre ella. Esa fue la razón de que, al final, no enviaran ninguna respuesta y el intento cayera en el olvido.

A comienzos de 1937 surgieron otras oportunidades. Francia propuso negociar el cese de las hostilidades mediante el compromiso de los dos bandos para que se celebraran elecciones generales. Las últimas habían tenido lugar en febrero del año anterior con la victoria del Frente Popular y provocaron un aumento de la tensión social y política en los meses siguientes. Esa fue la razón de que esta opción no convenciera a ninguno de los países implicados, que veían como en ese momento se estaba desarrollando en el Jarama una de las batallas más cruentas de la guerra. No era el momento de soluciones democráticas.

Gran Bretaña dio un paso adelante y propuso dividir España en dos territorios que serían gestionados por un Gobierno de centro. Este contaría con el apoyo de un contingente militar extranjero para mantener la estabilidad y sofocar cualquier intento de sublevación hasta que las aguas volvieran a su cauce. También se planteó la posibilidad de conseguir un armisticio por tiempo limitado en el sector de Madrid. El objetivo era evacuar a la población y evitar que se produjeran más víctimas civiles en la capital. La medida permitiría dar un tiempo extra a los dos bandos para pensar, junto con sus aliados, una forma más eficaz de alcanzar la paz.

Esta proposición estaba en la línea de las iniciativas impulsadas por el ministro de Justicia republicano, Salvador Madariaga, que sostenía que la mediación política debía llegar después de una intervención humanitaria. La idea era que este armisticio en el centro del país se extendiera después a otras comunidades y, por último, a toda España. Sin embargo, una cosa era lo que pensasen las potencias extranjeras y otra lo que ambos bandos estuvieran dispuestos a cumplir, por lo que las dudas terminaron por frustrar todos los planes.

Winston Churchill y el Vaticano

A mediados de abril de 1937, Winston Churchill planteó una nueva vía basada en la formación de un Gobierno de coalición moderado. El entonces parlamentario inglés y futuro primer ministro era consciente de que ninguno de los bandos consideraría esta propuesta, pero pensaba que, quizá, sí la apoyarían las potencias extranjeras. El Gobierno británico ordenó entonces a sus embajadores que sondearan la opinión de Francia, Alemania, Italia y la Unión Soviética sobre un armisticio temporal para que pudiera ponerse en marcha la retirada de los voluntarios que habían viajado a España desde sus países.

El papa Pío XI accedió a intervenir en la operación, pero las respuestas de todas las potencias fueron negativas. Estaban convencidas de que las hostilidades debían continuar porque creían que sacaban beneficio de ello. Así lo explica Antonio Marquina en su artículo:

> En el caso de una guerra civil internacionalizada como la de España el problema era más difícil, puesto que no se podía lograr la paz sin el apoyo de los aliados extranjeros. Si no existía una voluntad real de arreglar el conflicto por el hecho de que resultaba más ventajoso que continuara en base a otros intereses, independientemente de los gastos y las pérdidas, la mediación resultaba inútil.

A comienzos de 1938, tras el ataque republicano a Teruel, el ministro francés Léon Blum le manifestó al embajador británico que el conflicto terminaría en tablas. En vista de ello, ambos países deberían estar dispuestos a mediar antes de la primavera. Acordaron entonces que la iniciativa debía ser exclusiva de Gran Bretaña. Ni Alemania, ni Italia ni Rusia podían participar debido a sus compromisos militares con los bandos y a su evidente interés en que la guerra se alargara. En esta ocasión, sin embargo, fueron los franquistas y los republicanos quienes declinaron la propuesta. Según declararon, no confiaban en el enemigo a pesar de que eran conscientes de que el pueblo estaba exhausto por las bombas.

Gran Bretaña volvió a hacer un llamamiento a la paz en julio de ese mismo año. En esta ocasión quiso atender, única y exclusivamente, a razones humanitarias y cristianas. El presidente de la República, Manuel Azaña, recogió el guante y pronunció un discurso conciliador que se refería al honor español y que terminaba con las palabras «piedad y perdón». Franco, sin embargo, se mostró inflexible. La victoria en la batalla de Teruel le había dado mucha confianza y solo esperaba dar la estocada final en el Ebro.

El beneficio de la guerra

Aunque la guerra parecía la crónica de una muerte anunciada durante esta última batalla, se produjeron nuevos intentos de negociación. El primero fue impulsado por el entonces presidente del Consejo de Ministros republicano, Juan Negrín, con el apoyo de los comunistas y una parte de los socialistas. Quedó plasmado en un documento conocido como los Trece puntos, en los que dejaba abierta la posibilidad a una mediación internacional si se cumplían.

Entre ellos se encontraban algunos de difícil asunción por parte de los sublevados. Por ejemplo, que se estableciera una república democrática, que se otorgaran poderes a los gobiernos de Cataluña y el País Vasco, que se instaurara una sólida legislación social capaz de garantizar los derechos de los trabajadores y que se creara un ejército al servicio del pueblo. Como era de esperar, Franco los rechazó todos, pues sabía que pronto ganaría la guerra y podría imponer las condiciones que le diera la gana.

Negrín también era consciente, pero no le importaba. Su único objetivo era ganar tiempo hasta que estallara la Segunda Guerra Mundial, para lograr el apoyo militar de los aliados. El presidente comunista no consideraba en ningún momento la rendición. Solo le valía ganar, aunque le fuera la vida en ello. Sin embargo, se presentaron dos nuevos problemas. Por un lado, la oposición que se había creado dentro de su propio bando y que representaba a la mayor parte de los mandos militares, incluidos los generales Rojo y Miaja. Por otro, la Unión Soviética, que interpretó aquellos Trece puntos como una señal de debilidad y empezó a reducir la ayuda.

La segunda propuesta fue presentada por el Consejo de Defensa, el organismo que asumió el papel de Gobierno provisional de la República tras el golpe de Estado del coronel Casado contra Negrín. Su responsable fue el general Miaja con el apoyo de una coalición de socialistas y anarquistas. Su principal argumento era el cansancio acumulado por los españoles durante los más de treinta meses de conflicto, y en su caso no era un farol. Quería terminar con aquel infierno cuanto antes. Por eso fue bautizada como la Paz Honrosa, pues solo buscaba que se respetara la vida de los soldados republicanos y garantías para todos aquellos que quisieran exiliarse. Sin embargo, resultó un tanto ingenua a esas alturas y jamás logró la aprobación de Franco.

La última propuesta para acabar con el conflicto fue la presentada por el cuartel general de Franco y estaba basada en su posición de fuerza. Era evidente que la República iba a desplomarse de un momento a otro, y el Caudillo solicitó la entrega ordenada de todas las ciudades para restablecer los servicios públicos. Era una rendición muy poco maquillada que acabó con las famosas palabras de Fernández de Córdoba, el 1 de abril de 1939, y la consiguiente represión. «En el día de hoy, cautivo y desarmado el Ejército Rojo, han alcanzado las tropas nacionales sus últimos objetivos militares. La guerra ha terminado».

1939

La dramática última sesión de las Cortes republicanas en los establos del castillo de Figueras en 1939: «Ha sucedido lo inevitable, hemos perdido»

Israel Viana

Pocos minutos antes de las diez y media de la noche del 1 de febrero de 1939, sesenta y dos diputados muertos de frío que alumbraban como podían las cuadras subterráneas del castillo de San Fernando, en Figueras, celebraban la última sesión de las Cortes republicanas. La escena era dramática, pues consistía en poco más que la amarga constatación pública de que todo había terminado. La hora y el lugar respondían a la necesidad de protegerse de los virulentos bombardeos de la aviación franquista, que por entonces dominaba ya a su antojo el cielo del norte de Cataluña.

Los parlamentarios allí escondidos, a diez metros de profundidad, eran solo una pequeña parte de los 473 que habían formado el Congreso en las elecciones de febrero de 1936. En concreto, el 13 por ciento, de los cuales muy pocos volverían a pisar suelo español después de aquella reunión. Entre ellos se hallaba Margarita Nelken, la primera diputada de la historia de España —junto con Victoria Kent y Clara Campoamor— y la única mujer que consiguió las tres actas parlamentarias durante el tiempo que duró la Segunda República. Pero faltaban los que se habían sumado al golpe de Estado de Franco, los que se habían marchado al exilio, los que habían muerto en el frente y los asesinados por la represión de ambos bandos. De estos últimos, algunos sin haberse alzado en armas.

Ni siquiera en Cádiz, durante la guerra de la Independencia contra Napoleón un siglo antes, habían tenido las Cortes españolas un marco tan pintoresco, extraño y secreto: los establos bajo tierra de una colosal fortaleza de cinco kilómetros de perímetro rodeada de un foso gigantesco. El fortín había sido construido durante el reinado de Fernando VI en el siglo XVIII y estaba enclavado en la comarca gerundense del Ampurdán, en una colina de 140 metros de altitud donde antiguamente se alzaba el convento de los capuchinos de San Roque. Un complejo que en el pasado había servido de cárcel, fortaleza militar y hasta de residencia real.

El día de la sesión, en el lado izquierdo de la amplia habitación donde se iban a reunir los diputados, se levantaron un estrado y una tribuna improvisada para Diego Martínez Barrio, presidente del Congreso de los Diputados desde abril de 1936. El suelo pedregoso estaba cubierto por varias alfombras rojas y raídas que subrayaban el carácter agónico de lo que estaba a punto de acontecer. Era la última vez que se iba a desplegar la bandera republicana sobre un Parlamento español, y todos parecían saberlo cuando sonó el mazo en el estrado y comenzaron a leerse los nombres de los presentes, que respondieron disciplinadamente al grito de «¡sí!» según los iban citando.

La rápida agonía

La hora de comienzo no se había hecho pública por temor a un ataque de los bombarderos nacionales. Era obvio que, tras el triunfo en la batalla del Ebro, Franco daba por segura su victoria final. El 23 de diciembre de 1938, después de rechazar la propuesta del Gobierno del Frente Popular de celebrar una tregua en Navidad, había iniciado su ofensiva sobre Cataluña con una superioridad aplastante. El futuro dictador contaba con trescientos cincuenta mil hombres y medios de transporte suficientes como para relevar a sus tropas cada dos días, mientras que la República solo disponía de noventa mil soldados muy mal equipados. No es de extrañar que su camino hacia la conquista final de Barcelona fuera casi un paseo.

En las primeras jornadas de enero de 1939, el Ejército Popular había perdido ya una cuarta parte de sus efectivos. Además, no contaba con reservas suficientes para sustituirlos. El 21, esa proporción de bajas aumentó hasta la mitad en lo que era una agonía desesperante. Los nacionales no les dieron ningún respiro. Franco había dejado claro que no quería que los republicanos tuvieran la más mínima oportunidad de reagruparse. Eran material y numéricamente superiores y ya tenían los accesos abiertos para penetrar en la Ciudad Condal, así que no estaba dispuesto a hacer ninguna concesión a la moribunda República.

En una situación como aquella, apenas una semana antes de la mencionada última sesión de las Cortes, se dispararon los rumores entre los combatientes republicanos de que podría producirse una invasión de los franceses. Eso podría darles la oportunidad de mantener Cataluña como último bastión hasta que comenzara la Segunda Guerra Mundial. Los mandos del Ejército Popular estaban dispuestos a continuar resistiendo para evitar la caída de Barcelona, una ciudad importante desde el punto de vista militar. En primer lugar, por sus buenas comunicaciones con el extranjero y, en segundo lugar, por los arsenales de armas que tenía guardados en muchas de sus fábricas, parques, depósitos y cuarteles. Al final, nada de aquello fue posible.

Una vez ocupadas todas las posiciones de las montañas que rodeaban a la ciudad y al puerto, las tropas del general Yagüe entraron en Barcelona sin efectuar un solo disparo a primeras horas de la mañana del 26 de enero. Los republicanos ya huían a toda prisa de la ciudad mientras la aviación franquista bombardeaba las carreteras que conducían a la frontera con Francia; en total, trescientos mil soldados mezclados con doscientos mil refugiados. Las gestiones de la Liga de los Derechos del Hombre y de la Cruz Roja para evitar aquella aniquilación no dieron resultado. Franco no estaba dispuesto a dejar escapar ni a una mínima parte del ejército al que acababa de derrotar.

La Ciudad Condal estaba perdida y sus calles, vacías, mientras una avalancha humana se dirigía a los pueblos más cercanos a Francia, a pesar de que el Gobierno de París había cerrado la frontera para los soldados. Tan solo se permitió la entrada de ciento setenta mil mujeres y niños y sesenta mil paisanos. Eso no impidió que el presidente del Consejo de Ministros, Juan Negrín, se dirigiera a los españoles en un discurso radiado, el 28 de enero, para dar esperanzas a los suyos e intentar convencerles de que la guerra aún no estaba perdida. Solo faltaban cuatro días para la sesión parlamentaria de Figueras cuando *ABC* publicó su intervención bajo el siguiente titular: «El doctor Negrín explica al país el momento actual».

Estas fueron sus palabras exactas, que no tuvieron una gran acogida a juzgar por los miles de españoles que corrieron hacia el exilio:

> Españoles, ha sucedido lo inevitable: hemos perdido Barcelona. Busca el enemigo que esa pérdida signifique el derrumbamiento de nuestros frentes, el desplome de nuestra retaguardia, para conseguir rápidamente nuestro aplastamiento definitivo, pero no lo logrará. En nuestras manos está evitarlo y lo evitaremos. Los momentos presentes son los más duros y graves de

nuestra lucha. Con entereza y serenidad, los resolveremos, pero precisa que todos, absolutamente todos, conserven su sangre fría y el ánimo, y que dupliquen sus esfuerzos y se pongan a las órdenes del Gobierno con disciplina y abnegación.

Los vacilantes, los desanimados y los decaídos son los mejores colaboradores del enemigo. De ellos se valen los agentes rebeldes e invasores para sembrar el desconcierto, engendrar el pánico y producir un caos que sería la ruina de todos. Que cada ciudadano español se sienta responsable de la garantía del orden, un instrumento de la voluntad del pueblo para elevar el entusiasmo por la lucha. El Gobierno necesita de la ayuda de todos y la exige.

La última sesión

Una vez llegado el día de la última sesión, los parlamentarios parecían exhaustos en la oscuridad de las cuadras, pero no desanimados del todo. Era como si esas palabras de Negrín les hubieran dado la esperanza de que todavía se podía producir un milagro. El presidente del Congreso, Martínez Barrio, fue el primero en subir al improvisado estrado. «Ojalá vosotros, señores diputados, que con vuestra presencia estáis escribiendo una página de honor, sepáis ponerle con nuestros acuerdos la rúbrica que merece y ansía la conciencia general de nuestro país, llenando las esperanzas que han de convertirse en gloriosas realidades para el futuro de la patria española», manifestó. Luego le cedió el turno al presidente del Gobierno, entre los vítores de sus camaradas, que retumbaron en el alto techo abovedado.

Caminó Negrín hacia la tribuna, acechado por las miradas inquietas y expectantes de sus colegas. Iba sin afeitar, con el ceño fruncido y el rostro cansado de las pocas horas que había dormido en las últimas semanas. Solo su impecable traje marrón daba una falsa apariencia de tranquilidad. Su sombrero de ala ancha y su abrigo negro colgaban del banco. Comenzó entonces su largo discurso, en el que maquilló la trágica realidad de lo que ocurría, a pesar de que sabía que la guerra estaba perdida. Aun así, expresó su deseo de seguir combatiendo y hasta obtuvo el voto de confianza de los presentes. Fue un acto con cierto cinismo, ya que había pactado con Stalin, tiempo atrás, la desaparición del sistema democrático para instalar una dictadura de partido único a la que llamarían Unión de Repúblicas Ibéricas Soviéticas o Unión de Repúblicas Socialistas Ibéricas.

Así comenzó su intervención el presidente del Consejo de Ministros:

> Señores diputados, se reúne hoy la Cámara en un severo ambiente de guerra. Después de unos días de angustia en que la catástrofe quería cernirse sobre nosotros, se ha serenado la atmósfera, se han tranquilizado los espíritus, se ha atenazado el pavor, se han reducido los límites de una batalla perdida que el alocamiento colectivo, estimulado y maniobrado certeramente por el enemigo, pudo haber convertido en desastre definitivo. ¡Cuántas lecciones provechosas podemos sacar de los sucesos aún vivos y calientes! [...]. Durante unos días, hay que decir la verdad, una oleada de pánico ha estado a punto de asfixiar nuestra retaguardia, contaminar nuestro ejército y descomponer todo el aparato del Gobierno, pero seamos justos, ni el orden ni la autoridad se han visto en peligro.

Fuera del castillo se oían las bombas franquistas cayendo sobre Figueras. Dentro, las luces del improvisado Congreso se apagaron y se encendieron varias veces. El presidente Negrín se sobresaltó y tuvo que detener su discurso en numerosas ocasiones. En uno de esos silencios, cogió aire y continuó justificándose:

> Ha habido desorganización y descoyuntamiento, no desorden. Ha habido inconexión e interferencia entre los eslabones de la cadena jerárquica en la Administración del Estado, pero ni

caos ni indisciplina. Ha habido incomunicación entre el Gobierno y los ciudadanos, con todas las consecuencias funestas y perturbadoras que ello conlleva, pero no ha fallado la autoridad moral y efectiva del Estado allí donde existía el instrumento para hacer llegar sus mandatos.

Pánico, sí, con el consiguiente barullo y atolondramiento. Fomento del pánico por parte del enemigo, también, logrando con sus agentes una perturbación y un desorden organizado. Pero no ha habido nada, a pesar de las provocaciones del enemigo, que se asemejara a una revuelta, amotinamiento o sublevación contra la autoridad del Gobierno. Al contrario, se anhelaba la protección, la tutela, la guía y la dirección del Gobierno. ¿Cuáles son los motivos del pánico? En primer término, la repulsa de nuestra población civil a caer bajo la dominación facciosa.

«Este sitio es una tumba»

En su obra *Guerra y vicisitudes de los españoles*, el diputado Julián Zugazagoitia destacó el sufrimiento y la emoción con que vivió él mismo el discurso del presidente en aquellas horas finales:

> Le oí como a un confesante público, obstinado en publicar su único pecado: el orgullo de ser español y de amar a su patria. A trompicones, sin método, con una frase directa y nada literaria, nos enseñó a pronunciar, en la comunión de angustias de aquella noche, las tres sílabas de la palabra que le tenía subyugado: España. Sonaba a rumor de mieses en Castilla, a soleá torero, a jarcias zurradas por las rachas del Cantábrico, a jota de segador, a andadura de merinos por Extremadura, a zorcico de piloto, a estremecimiento de chopos en las orillas del Duero, a sardana de payés, a frotamiento de cepas riojanas, a folía de tabaquero...

Al lado de Negrín, en un segundo plano, se encontraba su amigo Herbert L. Matthews, el famoso corresponsal estadounidense de *The New York Times*, que seguía atento el discurso. Más allá, Keith Scott-Watson, del *Daily Herald*, y Henry Buckley, de *The Times*, ambos llegados desde Londres. Cuentan algunas crónicas que este último susurró al oído de su colega ruso Iliá Ehrenburg, enviado del diario *Izvestia*, la siguiente premonición: «Este sitio es como una tumba». A lo que este replicó: «Amigo mío, esta no es solo la tumba de la República española, sino también de la democracia europea».

La sesión se disolvió mientras los diputados y demás asistentes se despedían en la oscuridad del patio de armas del castillo. Sabían que nunca más volverían a reunirse en España y solo pensaban ya en salvar su vida. A los pocos minutos aparecieron varios coches haciendo señales con los faros. La frontera de Francia estaba a menos de veinte kilómetros de allí y tenían que sacarlos de España cuanto antes.

El tesoro del castillo

Dos días después, mientras los aviones de Franco continuaban bombardeando Figueras, un convoy de veinte camiones salía del castillo rumbo también a Francia. Ocultos bajo sus toldos viajaban cientos de cuadros del Museo del Prado que, desde 1937, se habían guardado en las dependencias de la histórica fortaleza. Obras de Velázquez, Goya, El Greco, Tiziano y otros seiscientos genios más. En total, 1.842 cajas. Otras muchas se quedaron allí. Cuenta Virgilio Botella Pastor en *Entre memorias. Las finanzas del Gobierno republicano español en el exilio* que los republicanos no pudieron evacuar a tiempo todo el tesoro «por un error de cálculo del propio Negrín, lo que privó al Gobierno de una importante fuente de financiación en el exilio».

El general Juan Modesto ordenó al hermano de este, Ovidio Botella Pastor, jefe de ingenieros del V Cuerpo de Ejército, hacer estallar el material explosivo que estaba almacenado en un ala del castillo. Seguía la táctica republicana de abandonar sus posiciones destruyendo los puntos estratégicos y los depósitos de armas. En su testimonio, este soldado confesó desconocer qué pasó con aquel tesoro, pues ignoraba en qué parte de la fortaleza se encontraba oculto. Tenía la certeza de que «había quedado íntegro y sepultado entre las ruinas después de la voladura», pero no podía probarlo. Manuel Chamoso, uno de los agentes franquistas del Servicio de Recuperación del Patrimonio Artístico, asegura que la explosión no alcanzó «a destruir más que una pequeña parte de las obras». Al final de la guerra se recuperaron algunas de ellas, como el célebre *Cristo de Lepanto* de la catedral de Barcelona.

Las Cortes republicanas no se volverían a reunir hasta seis años después, el 10 de enero de 1945, en el Club France de la Ciudad de México. Esta sesión estuvo presidida de nuevo por Martínez Barrio, y a ella asistieron 72 diputados. Leyeron los nombres de otros 51 compañeros que se adherían al acto, a pesar de no poder estar presentes, y de 127 más que habían fallecido desde julio de 1936. Manuel Azaña encabezaba la lista por cuestiones de dignidad y le seguían el resto de los parlamentarios por orden alfabético, hasta terminar en Julián Zugazagoitia. También recogieron los nombres de los que habían sido asesinados en los dos bandos.

El gran disparate de Largo Caballero e Indalecio Prieto que condenó al Ejército Popular

Manuel P. Villatoro

Indalecio Prieto fue un personaje de muchos claros y otros tantos oscuros. Tras el estallido de la contienda fratricida, el político del PSOE se convirtió en el hombre del momento dentro de la Segunda República; o, como escribió su colega italiano Pietro Nenni, en «el animador» y el «coordinador de la acción gubernativa». Antes, este ovetense de frente amplia ya había predicho el estallido de la sublevación: «Las señales son harto claras en la designación de mandos militares y las cosas se preparan para un golpe de Estado». Y eso sin contar que había colaborado tanto en la revuelta de Asturias contra el Gobierno de Lerroux como en la formación del Frente Popular.

Considerado como el máximo exponente de las posiciones centristas del PSOE, como bien hizo saber a partir de 1935 en una serie de artículos en los que reivindicó el «derecho a opinar» sobre la deriva del partido, a Prieto no se le puede negar su implicación con el país. Así lo demuestran su fomento de las obras públicas o los proyectos hidrográficos españoles antes del comienzo de las hostilidades. Para la mayoría de los autores fue un moderado al que su empatía le hizo condenar los asesinatos perpetrados al comienzo de la Guerra Civil en la cárcel Modelo de Madrid por los sindicatos extremistas que se decían leales al Frente Popular. «La brutalidad de lo que aquí acaba de ocurrir significa, nada menos, que hemos perdido la guerra», señaló entonces.

Se podría decir, en definitiva, que Prieto fue un personaje que huyó de los extremismos de cualquier tipo en todos los cargos que ocupó, entre ellos, los de ministro de Marina y Aire con Largo Caballero y de Defensa durante 1936 y 1938. En los mismos, revivió la maltrecha armada y consiguió adecuar las fuerzas aéreas republicanas a las necesidades de la época. Pero el gran error que cometió fue su defensa a ultranza de la politización del ejército de la Segunda República y su control por parte de los partidos a través de la figura de los comisarios.

Así lo confirmó en un artículo publicado el 1 de enero de 1939 en *Ímpetu. Revista de Carabineros* bajo el título «El ejército republicano tiene que ser compacto y homogéneo. Junto a los mandos es preciso situar el responsable político». El texto defiende la fundación del Comisariado General de Guerra. La institución, nacida al calor de los consejeros de la Unión Soviética, se convirtió en un medio para que los altos mandos comunistas se apoderaran de las fuerzas armadas y convirtieran las trincheras en campos de propaganda. Al menos, según confirmaron altos oficiales republicanos.

Comisarios políticos

A escala oficial, esta institución fue instaurada el 15 de octubre de 1936 por el entonces ministro de la Guerra, Largo Caballero. Ese día, el político confirmó su fundación y sus objetivos. Los principales eran «ejercer un control de índole político-social sobre los soldados, milicianos y demás fuerzas armadas al servicio de la República», así como lograr una «coordinación entre los mandos militares y las masas combatientes, encaminada al mejor aprovechamiento de la eficiencia de las citadas fuerzas». Todo ello durante una primera etapa en la que las milicias políticas se habían transformado en unidades protagonistas dentro de los contingentes de la República.

En el resto de las disposiciones, hasta un total de seis, Largo Caballero establecía también que la «acción de este Comisariado se extenderá a todo el territorio sometido al gobierno legítimo de la nación y tendrá su natural campo de desarrollo en las diversas divisiones, brigadas, regimientos, batallones, columnas, combatientes y unidades armadas de cualquier índole». Es decir, a todo el ejército, con el objetivo de «ejercer sobre la masa de soldados constante influencia, a fin de que en ningún instante se pierda la noción de cuál es el espíritu que debe animar a la totalidad de los combatientes en favor de la libertad». Ello, según se exponía, sin entrar en pugna con la absoluta necesidad de prestigiar la autoridad de los mandos militares.

El empujón definitivo a este organismo se le dio el 14 de abril de 1937, cuando el mismo Largo Caballero publicó una nueva orden en la que admitió la eficacia de esta institución y reorganizó en parte su estructura para otorgarle mayor importancia: «El Comisariado General de Guerra es un organismo de carácter político-social, cuyas directrices generales no podrán en manera alguna apartarse —en tanto duren las presentes circunstancias— de la necesidad de robustecer y afirmar en las unidades armadas del ejército cuanto signifique anhelo defensivo de las instituciones legales y de la existencia de España como país libre». En dicha orden insistió, eso sí, en que estaba supeditada al ejército.

Aunque sobre el papel esta institución estaba sometida a los altos mandos, oficiales como el propio Pérez Salas confirmaron que el recelo que había hacia el ejército le entregó en bandeja el poder. La división de partidos que existía en el seno de la República provocó, además, que cada comisario intentara atraer hacia su tendencia política a los combatientes de otras facciones. Era algo que no sucedía en la URSS, donde tanto el Estado como sus subordinados eran comunistas. «En nuestra guerra, a todos los defectos del Comisariado vino a sumarse la lucha política en los frentes, convirtiendo las trincheras en campos de propaganda».

Salas acabó desencantado con los partidos que formaban el Frente Popular por haber permitido la fundación de esta institución. Según repitió hasta la saciedad, el Comisariado no tardó en ser copado por políticos comunistas que, para empezar, solo «trataban de aumentar los efectivos de su partido mediante una continua propaganda». También cargó contra ellos porque «empleaban cuantos medios tenían a su alcance, desde la promesa de futuros ascensos hasta la amenaza de fusilamientos alegando delitos no cometidos» en su favor. Ello sin olvidar que, a pesar de no disponer de formación ni criterio castrense, se permitían el lujo de influir de forma directa en las decisiones que se tomaban sobre el campo de batalla. Tenían potestad para ello, pues debían firmar las órdenes de mando.

Prieto, a favor

En la revista *Ímpetu*, Prieto se mostró como uno de los grandes defensores del Comisariado General de Guerra. Según sus palabras, era un organismo clave para ejercer la función de policía política y evitar que el ejército profesional, mirado con lupa desde el levantamiento de julio, traicionase al Gobierno.

> Los ejércitos de la revolución, de todas las revoluciones que han merecido el nombre de tales, han conocido periodos de absoluta y desbordante ingenuidad, de verdadera inocencia. Tropas inflamadas de ideal, de su ideal, difícilmente comprenden que no pueda ser compartido por todo el mundo. El impulso inicial de todo ejército revolucionario, su alta tensión espiritual, hace que se descuiden funciones de policía política sencillamente esenciales. Cuanto antes se apliquen las medidas precautorias que la especial significación y el peculiar carácter de la guerra civil im-

> ponen, y más enérgicamente que en cualquier otro sitio en el frente de batalla, más reducidas quedarán las posibilidades de sabotaje del trabajo militar.

Prieto también se refirió a los líderes de la Revolución rusa, hombres que se habían visto obligados a instaurar esta policía política para complementar a los mandos: «La Revolución rusa, la concreción definitiva que adoptó bajo los bolcheviques, hubo de afrontar el mismo problema. Para hacer la guerra se necesita el especialista militar, pero este no tiene siempre la formación política adecuada». Para él, el ejército pecaba de «justamente lo contrario».

A lo largo de los siguientes párrafos, Prieto confirmaba que «aquel que no se ha sumado al alzamiento» merecía ya su respeto y era digno de confianza. «Son varios los especialistas militares, los que de las armas han hecho una profesión, que desde el primer momento las empuñaron resueltamente en defensa del pueblo y se han dejado la vida en el empeño», continuaba. Y lo mismo refería de los que, a pesar de no declararse republicanos, socialistas o comunistas, se habían mantenido «fieles al deber» de defender a la República. «Todos ellos merecen igualmente nuestro reconocimiento y nuestra gratitud», sentenciaba.

Sin embargo, escribía, era «imprescindible el control político de nuestras fuerzas militares y la vigilancia directa e inteligente del trabajo desarrollado por nuestros especialistas castrenses».

> El comisario político que los sóviets colocaban junto al mando no ha respondido nunca a deseos vejatorios, sino a necesidades de salud pública. La incorporación al ejército de hombres civiles encargados de esta misión de control solo puede inquietarle al que lleva larvada en la conciencia la traición. Por el contrario, al jefe fiel y abnegado, la proximidad de alguien que perciba la dificultad de conseguir un objetivo [...] ha de servirle de

garantía y de refrendo a la actividad que desarrolla. En el momento en que vivimos, estimamos indispensable que el poder público sitúe, junto a los mandos militares, hombres civiles con facultades para corregir en el acto un defectuoso trabajo en el frente.

La eterna polémica del coronel Casado: esa «alimaña» republicana que quiso negociar la rendición con Franco

Israel Viana

Al general Manuel Matallana le sorprendió la llamada de Segismundo Casado en el cuartel general de Elda. El teléfono sonó a altas horas de la madrugada del 6 de marzo de 1939. Nada más descolgar, el coronel le comunicó que se había sublevado y que Juan Negrín ya no era presidente. Él ocuparía su puesto en adelante. Fue un jarro de agua fría en medio de la noche. Se acababa de producir un golpe de Estado dentro del bando republicano que muchos camaradas interpretaron como una sucia traición a la causa antifascista cuando la guerra ya estaba decidida. El coronel buscaba negociar la paz con Franco para librar a los suyos de una brutal represión, que los muertos no siguieran aumentando y que el exilio se produjera de la manera más pacífica posible.

Cuando Casado asestó su golpe, sabía que Negrín ya solo contaba con el apoyo de los soviéticos y del Partido Comunista. Era evidente que no tenía ninguna posibilidad de darle la vuelta al conflicto, pero el presidente no quería darse por enterado. Parecía dispuesto a alargar la agonía costase lo que costase. Por eso, cuando se percató de que Matallana se encontraba al teléfono con el coronel conspirador, se lo arrancó de las manos para hablar personalmente con él. «¡Queda usted destituido!», le gritó sin ni siquiera saludar. Su interlocutor le respondió con toda tranquilidad: «Mire usted, Negrín, eso ya no importa. Ustedes ya no son Gobierno, ni tienen fuerza ni prestigio para sostenerse. Menos aún para detenernos. La suerte está echada, ya no retrocedo».

La conjura se había comenzado a gestar hacía un mes, pero la izquierda llevaba mucho más tiempo desintegrándose. En mayo de 1937 ya existían en el seno del bando republicano dos facciones bien diferenciadas. La primera apostaba por la paz y el armisticio con Franco, encabezada por el entonces presidente de la República Manuel Azaña y apoyada por los partidos Izquierda Republicana y Unión Republicana, además de por un sector del PSOE y los nacionalistas catalanes y vascos. La segunda, liderada por Negrín, nombrado presidente del Consejo de Ministros dos años antes, era partidaria de continuar con la guerra junto con los comunistas y la otra parte de los socialistas.

Es cierto que Negrín había aplastado a los franquistas en la batalla de Teruel, pero luego había cometido el error de lanzar la ofensiva en el Ebro. El enfrentamiento más largo y dramático de la contienda acabó en un estrepitoso fracaso para la República. La capacidad del presidente comenzó a ser puesta en entredicho por algunos sectores de su bando que creían que había dejado morir a miles de soldados, sin justificación alguna, y perdido una parte importante del armamento, que ya no podría ser utilizado para defender Cataluña del avance de Franco. La única esperanza parecía ahora depositada en que estallara la guerra en Europa y los aliados llegaran en su auxilio, pero eso nunca ocurrió.

La mañana del 6 de marzo de 1939, pocas horas después de la llamada de Casado, tres aviones partían rumbo a Francia con el último Gobierno constitucional de la República. La edición sevillana de *ABC* informaba de que «la zona roja se ha sublevado contra Negrín y este huye a Toulouse acompañado de Álvarez del Vayo». Dos días después, este mismo diario añadía: «Según dicen los rojos de Miaja y Casado, han derrotado completamente a los rojos de Negrín y Stalin». La noticia buscaba subrayar el hecho de que los republicanos estaban combatiendo entre ellos.

Desde entonces se han escrito cientos de libros y artículos sobre el insólito golpe de Estado y su protagonista. En ellos se han barajado las más diversas teorías. El coronel llegó a ser calificado de infiltrado de Franco y espía de Gran Bretaña. Para la dirigente comunista Dolores Ibárruri, la Pasionaria, «es difícil imaginarse a una alimaña más cobarde y escurridiza que él». El general Vicente Rojo dejó escrito lo siguiente: «Casado es un hombre de frases, no sirve ni ha servido nunca al pueblo. Es el militar más político y más avieso y medroso de cuantos profesionales servían a la República». El mismo Santiago Carrillo cargó contra él poco antes de morir en 2012. Le acusó de «traidor» y reconoció que, al enterarse de su rebelión, se pasó varios días llorando. Contaba el histórico secretario general del Partido Comunista que él mismo dejó de hablarle a su padre durante décadas por haber secundado la sublevación.

El vicesecretario general del PSOE entre 1932 y 1939, Juan Simeón Vidarte, plasmó en sus memorias una opinión parecida sobre Casado:

> La situación internacional, cada día más enardecida, hacía adivinar el inevitable choque entre Alemania y Occidente. La República podría salvarse si no se rendía. A Negrín, en sus cálculos, no le falló más que el tiempo y la sublevación de Casado. Este sí fue un hombre de Inglaterra, pero no de nuestros amigos, que

> teníamos allí muchos, sino de nuestros adversarios [...]. La sedición casadista se equipara, históricamente, a la de los sublevados del 18 de julio, con todas las salvedades que la presencia en ella de Besteiro me obligan a señalar.

La sublevación triunfó a pesar de las críticas. Los comunistas intentaron frenarla mediante una revuelta en Madrid que duró dos días. Por un momento pareció que podría triunfar y que la tormenta iba a amainar, pero solo fue un espejismo. Las brigadas del IV Cuerpo de Ejército al mando del anarquista Cipriano Mera, la unidad más importante que tenían los casadistas, se movilizaron desde el frente de Guadalajara hacia la capital y el desánimo pronto cundió entre los que se resistían al cambio de Gobierno.

Rendición sin garantías

Los comunistas pronto supieron que Casado había triunfado en toda España y que Madrid era el único sitio donde todavía combatían. La población había contemplado horrorizada como, en los últimos meses, los republicanos se mataban entre sí. El enfrentamiento se prolongó durante toda la mañana del 12 de marzo. La cifra de muertos nunca ha estado del todo clara. Algunos historiadores han contabilizado varios centenares, otros más de dos mil y no pocos se acercan a los veinte mil. Toda una masacre entre aliados que muchos consideran la causa principal de que la República perdiera la guerra.

Una vez sofocada la resistencia de Madrid, los cerebros de la conjura —entre los que también estaba el socialista Julián Besteiro— continuaron con sus planes de negociar la paz con Franco. El único Gobierno republicano era en aquellos momentos el recién formado Consejo Nacional de Defensa de Casado, que ya mantenía conversaciones con los representantes de los rebeldes desde hacía semanas. Las condiciones que ponía el coronel eran muy ambiciosas: que la rendición estuviera libre de represalias, que el nuevo régimen distinguiera entre los delitos comunes y los políticos, que se respetara la vida de los perdedores, que se amnistiara a los militares y que se estableciera un plazo de veinticinco días para que quien quisiera se marchara al exilio sin correr peligro.

El historiador Ángel Sánchez Crespo explicó aquel proceso en la revista *Clío*:

> El coronel Casado comunicó al Gobierno de Franco, el 12 de marzo, que él mismo y el general Matallana querían acudir a Burgos a negociar los términos de la paz, partiendo de las llamadas Concesiones del Generalísimo. Mientras, Besteiro se dirigía por radio a los madrileños para explicarles lo que había hecho hasta entonces el Consejo Nacional de Defensa. Al día siguiente llegó la respuesta del Caudillo, en la que decía que no estaba dispuesto a que acudieran allí los mandos superiores enemigos. Ninguna de las reuniones que se mantuvieron consiguieron otra cosa que no fuera la rendición incondicional, sin recibir a cambio garantías suficientes de que se cumplieran sus famosas concesiones.

El 22 de marzo, el nuevo Gobierno republicano comprendió la situación, aceptó la rendición incondicional y ordenó a los gobernadores civiles que preparasen la evacuación. Cuatro días después, el futuro dictador ordenaba la ofensiva general en todos los frentes. Había dado por concluidas las negociaciones y sus tropas avanzaban por Extremadura sin encontrar resistencia alguna. En apenas unas horas ocuparon Almadén (Ciudad Real) y otras localidades de Toledo. También acabaron con la última resistencia en la provincia de Alicante, en cuyos muelles había tenido lugar un intento de huida desesperado por parte de ciento cincuenta mil personas. Muchas de ellas fueron detenidas.

Cuando se tuvo noticia del final de la guerra, Franco se encontraba en el palacio de los Muguiro, en Burgos, aquejado de una gripe. Estaba tan débil que no había salido de la cama. Su ayudante de campo, José Martínez Maza, entró en la habitación para comunicarle la esperada noticia. Este respondió con un escueto «Muchas gracias».

La huida de Casado

De los miembros del Consejo de Defensa, solo Besteiro permaneció en su despacho. Fue detenido y enviado a la cárcel de Carmona, en Sevilla, donde murió el 27 de septiembre de 1940. Casado se trasladó a Valencia cuatro días antes de que el enemigo entrara en Madrid. En un último intento por salvar el prestigio de su golpe de Estado, el coronel emitió un mensaje radiofónico en el que declaró que nadie tenía que poner en duda la buena fe de los vencedores. «Hemos obtenido una paz decente y honrosa, en las mejores condiciones posibles, sin efusión de sangre», subrayó.

Desde el puerto de Gandía, el jefe de los conspiradores huyó en un buque británico hacia Marsella. Se marchó después a Gran Bretaña, donde estuvo exiliado, sin poder reunirse con su familia, hasta 1951. Ese año partió hacia Venezuela y, más tarde, a Colombia. Regresó a España en 1961, y se le juzgó en un consejo de guerra por el delito de rebelión del que, posteriormente, fue absuelto.

Cuando logró la libertad, intentó que se le reconociera el grado militar que había obtenido antes de la Guerra Civil y que se le permitiera reingresar en el ejército. El régimen rechazó su petición por haber servido de manera voluntaria a la causa republicana. Casado tampoco gozó de simpatías entre los exiliados por haberse sublevado contra Negrín y por su negativa durante la contienda a adherirse a algunos de los partidos del antiguo Frente Popular.

El coronel murió en 1968 de un ataque al corazón, en Madrid, a los setenta y cinco años. Pocos llegaron a enterarse. No hubo periodistas en su entierro, aunque sí un buen número de representantes de las dos Españas. Solo en unos pocos periódicos apareció una breve referencia, y *ABC* fue el único que publicó su esquela. A juicio de Paul Preston, «Casado se comportó con Franco como si no tuviera nada con lo que negociar. Pareció olvidar el hecho de que este estaba obsesionado con la capital de España, el símbolo mismo de la resistencia, donde había fracasado en 1936».

En los primeros años de la posguerra, el político y presidente del Real Madrid durante la República Rafael Sánchez-Guerra dejó escritas estas palabras sobre el coronel golpista a modo de epitafio:

> Tal vez dentro de unos cuantos años, cuando se serenen los ánimos, cuando se aquieten las pasiones, cuando en España sea posible la convivencia, se le rendirá a Casado, por derechas y por izquierdas, el tributo de admiración y de gratitud a que se ha hecho acreedor. Él ha querido poner fin al conflicto de un modo pacífico y digno y no lo ha logrado por la intransigencia y la soberbia de los vencedores. Pero España entera, de un modo especial la retaguardia y la población madrileñas, le debe el ahorro de muchos momentos de angustia que aún le aguardaban.

La bronca entre el lendakari y Negrín por las riquezas olvidadas de la República

Manuel P. Villatoro

Los meses finales de la Guerra Civil fueron un verdadero calvario para Juan Negrín. Durante el camino de espinas que supuso la derrota, el último presidente del Consejo de Ministros de la República no pudo hacer más que intentar apagar los incendios que, día sí y noche también, prendían en el seno del Gobierno. En su biografía sobre este personaje, el historiador e hispanista Gabriel Jackson afirma que tuvo que hacer frente a las divisiones que existían en el PSOE, a la dependencia militar de los comunistas, a las pretensiones de los nacionalismos interiores y, por descontado, al imparable avance del bando franquista. Aunque los problemas le hicieron dudar de su criterio político y socavaron su ánimo, lo cierto es que se mantuvo estoico e hizo frente a las dificultades.

En mitad de este clima de desasosiego y desesperación, allá por marzo de 1939 Negrín tuvo que afrontar una de sus pruebas más duras: la petición de dinero que el lendakari en el exilio José Antonio Aguirre, del Partido Nacionalista Vasco, le realizó por carta. Conocedor, según decía, de que la Unión Soviética había pagado a la República unas seiscientas mil libras esterlinas como liquidación de la venta de los barcos de la compañía transatlántica que habían quedado en los puertos rusos, exigió su parte; una elevada cantidad para «el sostenimiento de la población vasca evacuada» y en concepto de «devolución de anticipos hechos al Gobierno de la República».

El resultado fue el enfado de un Negrín más que sobrepasado. Al final, tras una trifulca en la que la reivindicación de los nacionalismos vasco y catalán terminó de colmar la paciencia del socialista, todo quedó en nada. Ni un billete salió de la maltrecha cartera del Gobierno republicano.

Primeros encontronazos

El 23 de marzo, poco antes de la conquista de Madrid, comenzó la batalla de misivas. Fue entonces cuando un Aguirre en el exilio envió una carta a su amigo Negrín en la que incluía un «escrito oficial con el que dar estado a la demanda que verbalmente le anticipé». El tono era cordial, pues el lendakari sabía que, esa misma jornada, el presidente debía reunirse para deliberar sobre la rendición de la capital. «Estoy a su entera disposición, por si cree usted oportuno un cambio de impresiones. O, mejor aún, que lo celebren los señores Francisco Méndez Aspe y Eliodoro de la Torre. Como titulares de las autoridades de Hacienda de la República y Euskadi, están mejor enterados de esos asuntos». Al texto principal unió la mencionada petición de dinero:

> Tengo el honor de elevar a manos de vuestra excelencia los adjuntos estados relativos a las operaciones en moneda extranjera que se hallan pendientes entre el Gobierno de la República y el de Euskadi. Por el primero de dichos documentos, cerrado el 31 de diciembre de 1938, se establece la existencia de anticipos hechos por el Gobierno vasco [...] en moneda extranjera por un total de 626.795 libras esterlinas. [...] Por el segundo, se fija

> un total de 1.458.246,80 francos [...] el importe de los gastos que nos ha producido la evacuación de Cataluña a territorio francés. [...] Por último, señalamos los gastos de Asistencia Social, correspondientes al corriente mes de marzo, los cuales sobre un total de francos 2.775.500 representan por persona y día una cifra que no excede de 6,15 francos.

Según explicó el historiador Javier Rubio en su artículo «Negrín y Aguirre a la greña», el objetivo de Aguirre estaba claro: relajar la asfixia que empezaban a sufrir las arcas del Gobierno autonómico en el exilio a costa de la también dolorida economía central. Los tintes nacionalistas eran evidentes. En la práctica, el político aumentó la tensión al rubricar el documento como «Presidente del Gobierno de Euskadi» y no hacer constar el cargo de su interlocutor, al que solo citó por su nombre y su apellido.

No resulta difícil intuir cómo se tomó el doctor aquella misiva. Con todo, accedió a que su ministro de Hacienda y Economía se reuniera con su homólogo del Gobierno vasco. El encuentro se planeó para el 24 de marzo; cuanto antes mejor. En palabras de Rubio, lo que se vivió ese día fue una «larga y tensa entrevista» en la que el delegado de Negrín insistió en que la República no disponía ya ni de una mínima parte de aquella ingente cantidad.

Su colega venía cargado de argumentos y no tardó en replicar. En pocos minutos le explicó que sabía de la existencia de seiscientas mil libras esterlinas pagadas por el Gobierno soviético a Negrín en concepto de la venta de una serie de buques de la compañía transatlántica amarrados en Rusia. Méndez no negó aquello, aunque respondió que la cantidad no había sido abonada todavía por los soviéticos.

El ministro de Hacienda de Negrín fue tajante: el PNV no recibiría ni una peseta más que el resto de los españoles. Por entonces, el Gobierno estaba pergeñando la creación del Servicio de Evacuación de Refugiados Españoles (SERE), un organismo que se materializaría a finales de ese mismo mes y que tendría varias atribuciones, como la organización de los embarques de exiliados a Sudamérica y el control del dinero que se entregaba a estos, algo que corrobora el catedrático de Historia Contemporánea Abdón Mateos. Por si la reunión no hubiese sido lo bastante tensa, Negrín movió ficha y envió una carta a Aguirre en la que daba a entender, de forma deliberada, que no había recibido la misiva del día 23:

> Mi querido amigo:
>
> Es nuestro deseo construir rápidamente una Junta de Refugiados españoles en la que estén representadas todas las tendencias políticas y sindicales de las organizaciones republicanas leales. Para que tal deseo se convierta inmediatamente en realidad, agradeceré a usted se sirva manifestarse antes del día 29 sobre los nombres de las dos personas de partidos vascos no pertenecientes al Frente Popular Nacional que hayan de formar parte de dicha junta. Con este motivo, me es grato enviarle un afectuoso saludo.

Tenso rifirrafe

La guerra estaba servida. Aguirre no respondió a Negrín, pero la desesperación le pudo y, el 28 de marzo, envió una nueva y extensa carta al presidente. En ella adjuntaba los dos nombres que el político pedía para la mencionada junta e incluía, a su vez, algunas advertencias. Entre las mismas, afirmaba que el Gobierno vasco y el catalán eran, en la práctica, los únicos legítimos. Eso significa que se atribuía más importancia y legalidad que la propia República.

> En la última conversación que sostuvo conmigo en presencia del presidente Companys nos presentó el proyecto del consejo, añadiendo los nombres de los presidentes de las Cortes y de los

> países autónomos. Rechacé este proyecto porque entendí que tenía más bien un carácter político, o podía tenerlo, pero me encuentro con que ya no es una Junta de este estilo. [...] Se trata de una junta de emigración, constituida por todos los partidos políticos y organizaciones sindicales. Se nota inmediatamente la ausencia de los Gobiernos de Euskadi y Cataluña. Advierto a usted que, puestos a hablar de legitimidades, son, probablemente, lo único legítimo que existe. Los vascos y los catalanes somos una realidad.

Por descontado, también cargaba contra Negrín por haber obviado sus reclamaciones económicas:

> El Gobierno de Euskadi ha presentado una cuenta de reclamaciones firmada por mí. Yo deseo conocer su contestación. En estos momentos, y permítame que se lo diga crudamente, necesitamos ya conocer cuál es la situación de aquellos bienes que, siendo de todos, han de ser para todos, o repartidos en la proporción correspondiente, o administrados en forma que todos tengamos satisfacción. Nuestra conducta dependerá extraordinariamente de estas naturales satisfacciones que esperamos obtener. Lleva ya [...] el señor Torre tres días detrás del señor Méndez Aspe y esto no está bien. Nosotros hemos realizado una labor que ha prestigiado no solo a nuestra causa, sino también a la de la República. Es natural que queramos sostener el prestigio y, sobre todo, a las gentes que tanto han sufrido por nosotros. Perdone usted los conceptos que transcribo. Son claros y precisos como siempre han sido los que yo le he expuesto a usted [...]. Su dureza es solo comparable a la lealtad con la que hablo.

Por enésima vez, el lendakari no hizo referencia en la carta al cargo de Negrín. Aunque eso fue lo de menos. En el texto cargaba contra el doctor al inferir, ni más ni menos, que se había apropiado de bienes «que eran de todos» y que se negaba a repartirlos. La respuesta fue rauda, aunque también meticulosa y medida. El presidente de la República era cauteloso cuando hacía falta y sagaz en los asuntos de altura. El día 31 le hizo llegar un escrito con varias diferencias; la primera, que ya no se refería a él como presidente del Gobierno vasco, sino como «don José Antonio de Aguirre». A su vez, le exigió al lendakari una ingente cantidad de documentos que acreditaran que aquella deuda era real.

> Como contestación al escrito de vuestra excelencia de fecha 23 del actual tengo el honor de significar que, para poder enjuiciar con conocimiento de causa el problema que en aquel se plantea, estimo de necesidad ineludible la aportación de los antecedentes y juicios que a continuación se expresan. Lo hago partiendo de la base de que el dominio de la administración financiera, la política de divisas, oro, plata, joyas y valores, así como el comercio exterior corresponden íntegramente a la Hacienda de la República.

La lista incluía la friolera de ocho documentos, entre ellos la «justificación detallada de los ingresos que ha obtenido el Gobierno vasco durante el periodo comprendido entre el 18 de julio de 1936 y el 18 de julio de 1937», pero también «las inversiones realizadas por el Gobierno de Euskadi en favor de la población vasca evacuada en el extranjero y organismos y delegaciones mantenidas hasta el 31 de enero de 1939, con su costo».

En palabras de Negrín, los mencionados informes eran básicos para que la Hacienda gubernamental obrara con equidad «no solo con la población vasca, sino también con el resto de los ciudadanos españoles evacuados dentro de las posibilidades de la República española». Sin conocer estos datos le resultaría imposible saber si su decisión era injusta para el resto de los refugiados. Por último, hizo referencia a que no se sufragarían los gastos que el PNV hubiera realizado sin autorización superior. Dejó claro, en definitiva, que era él quien debía pedirle cuentas.

Aguirre no respondió. Fue en este punto donde terminaron

sus pretensiones. Sin embargo, Negrín no olvidó la afrenta y, cuando el 1 de abril fue ratificado en su cargo, escribió un último mensaje al lendakari. A nivel oficial, lo hizo en respuesta a la misiva del 28 que había obviado:

> El afecto y aprecio que le profeso me han ayudado a vencer los escrúpulos que sentía en responder a su carta. Yo esperaba que, espontáneamente, rectificara el tono y contenido de la misma, que usted, con un eufemismo modesto, califica de «crudo» y que yo preferiría imaginarme que no son de su inspiración propia. Tan pronto reciba su respuesta someteré la cuestión a examen del Gobierno y, si así lo estimáramos, de los miembros de la Diputación Permanente y de los Partidos, para que tengan el debido informe sobre nuestra resolución.

El mercenario republicano y la vedete: el romance que enfureció a Franco y cautivó a Hollywood

Israel Viana

Las dos cartas manuscritas que sacaron a la luz la siguiente historia se encontraban guardadas y olvidadas, desde 1937, en un pequeño cajón del Archivo Militar del Ejército del Aire en Villaviciosa de Odón. Nunca llegaron a su destino. Fueron halladas de manera fortuita, ocho décadas después, en medio de una pila de antiguos informes de consejos de guerra contra pilotos republicanos apresados en la contienda. La primera comenzaba así:

> Mi amada querida:
>
> Por fin tengo la oportunidad de escribirte. Lo he intentado varias veces, pero no me lo han consentido hasta hoy. Dios mío, ojalá sepas ahora dónde me encuentro y que estoy vivo. Me he agarrado a cada oportunidad para mandarte estas palabras, pero no sé si has llegado a saber de mí. En la noche del 12 de julio, el capitán en cuyas manos caí prisionero me dio permiso para redactarlas y me dijo que las echaría por correo al día siguiente por la mañana. Es decir, el día 13.

Estaba firmada por Harold E. Dahl, un piloto militar estadounidense procedente de Sidney —un pequeño pueblo a doscientos cincuenta kilómetros de Nueva York—, que se había alistado como mercenario de la aviación republicana a finales de 1936. Tenía veintisiete años y muy pocas esperanzas de cumplir más, pues se encontraba en la Prisión Provincial de Salamanca a la espera de un juicio en el que, con toda probabilidad, sería condenado a muerte. «Estoy hundido por el giro que han dado las cosas para nosotros», lamentaba en la segunda misiva, fechada cuatro días después.

La destinataria era Edith Rogers, una cantante de vodevil con la que se había casado pocos días antes de volar hasta Valencia para recibir la instrucción necesaria y comenzar a combatir. Ella misma le había acompañado en los primeros días de su aventura, pero pronto se dio cuenta de que no soportaba vivir bajo la amenaza de las bombas y se marchó a la localidad francesa de Cannes. Allí le esperaría hasta que todo se acabara y él hubiera ganado el dinero suficiente para que ambos empezaran desde cero una vida digna.

No se imaginaba la horrible sorpresa que les tenía guardada el destino y que, a raíz de ella, iba a protagonizar la gran historia de amor de la Guerra Civil; un romance que fue recogido por los principales periódicos del mundo, que tuvo una enorme repercusión en Europa y Estados Unidos, que puso en apuros al mismo Franco y que, incluso, cautivó al famoso director de cine Billy Wilder hasta el punto de llevarle a escribir el guion de una de las películas más famosas de Hollywood en aquella época, *Adelante, mi amor* (1940).

El derribo

«Solo Dios sabe que estábamos empezando a vivir, por lo que no debíamos haber arriesgado tanto. Quiero decir que yo no debería haber hecho esto. Dios te bendiga. Sé que procuraste sacarme de estos jaleos, pero yo deseaba empezar una nueva vida de una manera económicamente decente. Te quiero tanto, querida, que si por un casual consigo salir vivo con mi pelliza de este jaleo, puedes estar segura de que terminaré de darte preocupaciones», insistía Dahl en su segunda carta, escrita solo trece días después de que su avión Chato hubiera sido derribado en la batalla de Brunete.

El enfrentamiento se produjo el 12 de julio de 1937. Todo había comenzado bien para el estadounidense, que salió ileso del primer intercambio de disparos. Pilotaba uno de los cuarenta y seis cazas biplano que Stalin había enviado desde la URSS en 1936. Fue la última vez que Dahl pilotó uno de esos aparatos. En una de sus piruetas se percató de que varios enemigos se habían situado a su cola y le tenían a tiro. Intentó zafarse, pero no lo consiguió. Su avión fue alcanzado por el fuego de las ametralladoras y cayó en picado a más de setecientos kilómetros por hora.

Al intentar remontar el vuelo, perdió el control de la aeronave porque las balas habían arrancado la mayor parte del entelado de las alas. Fue entonces cuando tuvo que saltar en paracaídas a trescientos metros de altitud mientras su nave se estrellaba contra el suelo. Fue el segundo derribo que sufrió durante la guerra española, y las dos veces salió indemne. En esta última, sin embargo, tuvo la mala suerte de ser arrestado por los franquistas nada más poner los pies en tierra.

Lo primero que hizo Dahl nada más llegar a la prisión fue escribir la primera carta. Como él mismo le explicaba, no pudo enviársela porque no fue capaz de conseguir un sello. A los cuatro días le escribió la segunda con la intención de mandarlas juntas. El carcelero le prometió que se las echaría al buzón, pero le engañó. Ninguna de las dos misivas, redactadas con la precipitación y desesperación propias del momento, salieron jamás de España. La censura franquista las requisó y, con el tiempo, pasaron a mejor vida en el mencionado archivo del Ministerio de Defensa.

El hallazgo

En la primavera de 2019 las encontró por casualidad el historiador Pedro Corral durante una de sus esporádicas visitas a Villaviciosa de Odón, pues le gusta perderse en los miles de documentos de la Guerra Civil que alberga. Le impresionaron tanto que escribió una novela a partir de ellas, *Con plomo en las alas*, en que Dahl y Rogers son los personajes principales. Así recuerda el momento en que las leyó por primera vez:

> Fue un hallazgo inesperado e impresionante. En uno de los expedientes había un primer interrogatorio a Harold. Luego, otro ante el juez. Después me encontré con varios folios que incluían diversas indagaciones sobre el caso y, entre las páginas 41 y 45, las dos cartas manuscritas en inglés y requisadas por los sublevados. También se incluía una traducción jurada de ambas por si aportaban alguna información valiosa al juicio.

Rogers no tuvo noticias de su esposo hasta que el caso comenzó a aparecer en los periódicos. Dahl era consciente de que así sucedería, pues se lo había advertido en la correspondencia: «Han venido a verme varios hombres y mujeres de la prensa. Tal vez alguno de ellos te haya escrito para informarte de dónde me encuentro y comunicarte que estoy vivo. Por ahora, rechaza a todos los que te hayan pedido una entrevista. No les digas nada. Probablemente te molestarán, pero por ahora no les cuentes nada».

Para Corral, esta advertencia no era el reflejo de la desconfianza que el piloto sentía hacia los periódicos, sino una prueba de que no estaba muy comprometido con la causa republicana. En lo que pensaba en ese momento era en vender la historia en su país, si es que conseguía regresar con vida. «Era un personaje curioso que solo vino a España a ganar todo el dinero que pudiera derribando aviones italianos y alemanes. No sabía por qué luchaban unos y otros, pero tampoco le importaba. De todas formas, no hay que olvidar que fue capaz de jugarse la vida por ello y no es fácil. No es algo que todo el mundo se atrevería a hacer», subraya.

Mil dólares por avión

Harold era un buscavidas. Varios meses antes de probar fortuna en España, había tenido que huir a México porque en Estados Unidos estaba en busca y captura después de pagar deudas de juego con cheques sin fondos. Fue en su nuevo destino donde negoció su contrato como piloto del Gobierno de Francisco Largo Caballero y donde conoció a Rogers, que estaba de gira. Desde allí volaron juntos a Valencia. «Cuando empecé a curiosear, descubrí que formó parte de una patrulla americana de las fuerzas aéreas de la República compuesta solo por mercenarios. Es decir, pilotos contratados de diferentes países por un sueldo de mil quinientos dólares al mes, a los que sumaban otros mil dólares más de recompensa por cada avión derribado», detalla Corral.

El dinero era la cuestión que más le preocupaba; una obsesión, incluso, en aquellos momentos en que la muerte le miraba de cerca. La segunda carta que le escribió a su querida Edith estaba dedicada, casi en su totalidad, a recordarle lo que la República le debía por los servicios prestados: «Si puedes cobrarlo todo, son 6.500 dólares en total. Una razón para que te apresures en solicitarlo es que creo que la guerra va a terminar pronto y deberíamos tenerlo en nuestro poder cuanto antes», avisaba.

Se equivocó en su predicción. El conflicto no finalizó hasta dos años después, un tiempo en el que su vida pendió de un hilo. Las revistas y los periódicos de medio mundo comenzaron a llenar sus páginas con el romance entre el mercenario y la vedete. Ella aprovechó el tirón para impulsar su carrera y realizar una larga gira por toda Europa con la excusa de pedir su liberación. También reclamó a las autoridades estadounidenses que no le abandonaran a su suerte y ejercieran presión sobre el bando franquista. Rogers se convirtió en una especie de estrella que era presentada en la prensa como la «esposa heroína del año», mientras que en los anuncios de sus actuaciones era descrita como «la valiente y adorable rubia que desafió al fascismo en defensa de la democracia».

La carta a Franco

Aquello irritó a Franco, que veía como aquella historia de amor estaba menoscabando su imagen. No estaba dispuesto a permitirlo. Por un lado, tenía que mostrarse fuerte y no ceder ante una presión internacional que era cada vez mayor. Por otro, no podía condenar a muerte a un piloto cuya fama crecía a pasos agigantados. Aquello habría socavado su crédito, todavía más, en América y en muchos de los países del Viejo Continente. «El general gallego puso a trabajar a toda la maquinaria de su Gobierno para darle la vuelta a aquella situación y convertir a la pareja en el centro de una campaña de publicidad en su favor, que estaría dirigida a la Casa Blanca y a la opinión pública estadounidenses», subraya Corral.

Ese cambio de postura del futuro dictador se produjo después de que varios periódicos filtraran la carta que la artista se atrevió a enviar a Franco en septiembre de 1937. En ella le pedía que tuviera clemencia con su esposo y que no lo enviara al paredón. Algunos historiadores aseguran que incluyó una fotografía suya con un sugerente vestido de noche; otros, que aparecía en biquini. Rogers confirmó que había mandado la imagen, pero no que fuera en bañador. Más tarde, la revista *Life* publicó el supuesto retrato con un traje de fiesta, pero nunca quedó del todo claro si era el que incluyó en la misiva.

Lo que sí llegó hasta nosotros fueron las palabras que le dedicó:

> Mi esposo no es comunista, ni siquiera de izquierdas. Estábamos recién casados. No encontraba trabajo con el que mantenerme con dignidad y aceptó volar para la República por un sueldo. Solo llevamos casados ocho meses. No tengo a otra persona en el mundo. Sé que usted es un hombre valeroso y de gran corazón. Le doy mi palabra de que Harold no luchará de nuevo contra usted si tiene la compasión de liberarlo y enviármelo. Ahora que la victoria está a su alcance, la vida de un piloto norteamericano no puede significar mucho para usted. Yo fui actriz durante varios años, pero ahora he encontrado la felicidad a su lado. No la destruya. Por favor, responda a mi carta a fin de que sepa qué hacer y si puedo albergar esperanzas.

Todo este episodio reportó a la mujer de Dahl más fama y numerosos contratos artísticos. Dicen que también conmocionó al futuro dictador, cuya (supuesta) escueta respuesta difundieron algunos medios de comunicación extranjeros. Estos, sin embargo, solo destacaron la despedida nada protocolaria que le dedicó el general ferrolano: «Su seguro servidor que besa sus pies». No era habitual que una figura militar de su alcance respondiera de manera tan cariñosa y seductora a una desconocida. En su libro *Una historia de la Guerra Civil que no va a gustar a nadie*, Juan Eslava Galán aseguró que quien contestó a la vedete fue, en realidad, Millán-Astray. Associated Press, por el contrario, informó en la época que fue Franco quien dictó y firmó la misiva.

La liberación

En cualquier caso, parece ser que la campaña surtió efecto y el piloto fue puesto en libertad el 22 de febrero de 1940 por expreso deseo del Caudillo. «Se celebró el juicio, pero fue un espectáculo. Franco juntó a siete pilotos de diferentes nacionalidades e, inmediatamente después de condenarlos a muerte, indultó a los tres rusos y a Harold haciendo mucha propaganda sobre su magnanimidad. Pregonó a los cuatro vientos que había perdonado la vida a varios mercenarios a pesar de que habían venido a su país a matar españoles», señala Pedro Corral.

Poco después de regresar a Estados Unidos, el gran Billy Wilder entregó el guion de su película con un título muy romántico, *Adelante, mi amor*. Al final fue dirigida por Mitchell Leisen y protagonizada por Ray Milland y Claudette Colbert. El argumento se situaba en 1939 y contaba la historia de Tom Martin, un estadounidense que había luchado con los republicanos en la Guerra Civil y que, tras ser capturado, esperaba el día de su ejecución. Se trataba de una adaptación milimétrica de lo que Harold E. Dahl había vivido en la realidad. El único cambio que el realizador se permitió fue el del personaje que hacía las veces de Edith Rogers. En el filme no era una vedete, sino una reportera que buscaba una exclusiva y que, tras conocer al piloto en la prisión de Salamanca, decidió ofrecerle su ayuda para escapar.

Para el historiador madrileño, Dahl fue uno de esos personajes *outsiders* que te dan una perspectiva de la guerra muy diferente de la que suele mostrarse en la prensa y la televisión. «Durante los más de ochenta años trascurridos, en España siempre hemos puesto etiquetas muy simples y maniqueas a todos los combatientes, como si todo lo que ocurrió en el conflicto fuera blanco o negro. No podemos desechar los miles de tonos grises que había en figuras como la de Harold, que aportaba una perspectiva insólita y mucho más interesante», concluye.

La familia de García-Morato desvela el lado más íntimo del piloto franquista que causaba pavor a la República

Manuel P. Villatoro e Israel Viana

Los datos son, en ocasiones, testigos mudos de las proezas de un personaje histórico. Y los de Joaquín García-Morato, uno de los aviadores del bando nacional más recordados y laureados, sorprenden. Cuando dejó este mundo había acumulado 1.012 horas de vuelo, 144 combates y 40 enemigos derribados. Fue un as para sus compañeros y una pesadilla para el ejército republicano. Sin embargo, el primer recuerdo que evoca de él su hija María José, nacida en 1930, no es una batalla. «Un día, durante la guerra, vino a visitarnos. Me cogió en brazos y me subió para arriba». Aunque se marchó para seguir luchando, aquella noche el piloto no se fue del todo. «Yo no sabía cómo olía el tabaco rubio y me encantó dormir oliendo tan rico porque papá había dejado esa fragancia en la ropa al cogerme».

A sus más de noventa años, María José García-Morato Gálvez es vivaracha y emana vitalidad. Frente a un té bien caliente escudriña los recuerdos de su padre. Busca anécdotas en lo profundo de la memoria y deja escapar alguna risa sincera cuando las encuentra. «El párroco de la unidad siempre nos decía que era muy buena persona, buen cristiano y alegre», desvela. «Socarrón», «guasón»... Los adjetivos se multiplican, y con ello bosqueja la imagen de un hombre alejado de las intrigas propias de la época. Tiene clara una cosa: no puede conversar sobre las batallas en las que participó el piloto. Pero no porque no quiera. «En casa nunca nos hablaron de guerra, de muertos ni de dinero», insiste. Lo que sí repetían su madre y sus hermanas en el conflicto era una cosa: «Papá está por todas partes».

A su lado se halla su hija Miren, nieta del aviador al que Franco definió como un hombre generoso y audaz. El recuerdo del «abuelito» sigue muy vivo en la familia. «Uno de mis sobrinos, su bisnieto, hizo un trabajo sobre él para el colegio», explica la joven. Es normal, pues han heredado una infinidad de piezas históricas relacionadas con García-Morato. «Tenemos una vitrina en casa que alberga muchos objetos vinculados con él. Cartas personales que mandó, poemas que le hicieron tras su muerte, fotos...», añade. Entre los documentos guardan una misiva en la que don Juan de Borbón le daba ánimos para batallar en los cielos y un emotivo escrito que el piloto hizo llegar a su madre para tranquilizarla: «Respecto a cómo lo pasan los niños, no te preocupes, que peor lo pasan otros aquí en el frente. Allí siempre están en paz».

Un hombre alegre

García-Morato, melillense nacido en 1904, se convirtió en piloto militar a sus veintiuna primaveras. «El haber tenido ocasión de efectuar mi primer vuelo estando en Melilla destinado como oficial me despertó el deseo de ingresar en esta arma, que posteriormente me había de proporcionar tan buenas ocasiones de fomentar lo que ya en mi vida era un vicio», dejó escrito el aviador en sus memorias. Desde el principio, combatir en los cielos le granjeó todo tipo de éxitos; la mayoría durante el conflicto de Marruecos, en el que obtuvo infinidad de condecoraciones, como la Cruz de María Cristina o la Medalla de Sufrimientos por la Patria.

En 1929 contrajo matrimonio con María del Carmen. «Era castaña, de Málaga y la imagen viva de cuanto yo había soñado», escribió. Con ella tuvo cinco hijos. La primera fue María José, a la que dedica unas líneas en sus memorias: «A la mayor nunca me he sentido capaz de tratarla. Con un carácter absolutamente similar al mío, me dominó desde el principio completamente. Nunca dudó en contradecirme cuando decía o hacía algo con lo que yo no estaba de acuerdo». Gálvez, por su parte, admite tener contados recuerdos de él, ya que sumaba apenas seis años cuando empezó la Guerra Civil y, a partir de entonces, se reunieron poco. Aunque los que atesora se aferran a la memoria.

María José no se olvida de un trauma familiar que fue una puñalada para su padre: «Éramos tres hermanas cuando nació un chico. Mamá decía que para él supuso una gran felicidad, que le encantó el chiquillo, pero a los trece meses se murió». A pesar de ello, García-Morato jamás perdió la pasión por volar. «Para él era más que una profesión, era también su *hobby*. Le gustaba y le divertía. De hecho, no se suele decir, pero adoraba la acrobacia aérea. Antes de la guerra fue campeón de Europa de este tipo de vuelo», confirma Miren. En una pausa, su nieta recuerda una curiosa anécdota del melillense: «Dicen que, en una ocasión, cuando era alférez, intentó despegar con un caballo. Se dio un trastazo tremendo y estuvo varias semanas en el hospital, pero acababa de entrar en la academia y era un aventurero».

Días de sangre

A García-Morato, el inicio de la guerra le cazó al otro lado del canal de la Mancha. «Estaba en Inglaterra cuando comenzó todo. El motivo del viaje era ayudar a un amigo que se quería comprar un avión», explica su nieta. ¿Por qué se unió a los sublevados? Miren lo tiene claro: «Era católico, al igual que toda su familia y la de su mujer. Había vivido barbaridades como la quema de conventos de Málaga, y ese anticlericalismo no le gustaba nada. Lo mismo sucedía con la deriva comunista de la Segunda República». Según un artículo publicado en la revista *Blanco y Negro* en los años sesenta, ese sentimiento hizo que se decidiera a regresar a España y participar en la formación de la Escuadrilla Legionaria italiana y la aviación nacional.

A partir de entonces comenzaron sus logros. En los tres primeros meses de la contienda derribó a quince enemigos, marca que ningún piloto igualó durante el conflicto. Un claro ejemplo de su arrojo se pudo ver el 3 de enero de 1937, cuando abatió en solitario dos bimotores Tupolev SB-2. Sin embargo, su batalla más famosa, la que le granjeó la Cruz Laureada de San Fernando, acaeció el 18 de febrero de 1937. Aquel día los tres integrantes de su Escuadrilla Azul despegaron, junto con una veintena de italianos, para dar cobertura a un grupo de bombarderos alemanes. Al poco se toparon con un nutrido grupo de enemigos. Sus aliados extranjeros se negaron a luchar, pero él se lanzó con sus compañeros al combate con tanto ahínco que la Aviación Legionaria no tuvo más remedio que acompañarle.

Hasta tal punto se convirtió en una leyenda que entre los pilotos republicanos se generalizó el siguiente latiguillo a modo de despedida: «Suerte, y que no te encuentre el grupo de Morato». Tampoco era extraño oír el lema de su unidad en los aeródromos de uno y otro bando. «En los periódicos de entonces siempre se repetía que era "Suerte, vista y al toro", pero en realidad era "Vista, suerte y al toro". Es un fallo que se ha extendido», confirma María José. Fuera como fuese, el origen de la frase no tiene desperdicio. «Un novato pretendía unirse a su escuadrilla y él no quería más pilotos. Como insistía, le dijo que solo entraría cuando descubriese el lema, pero la verdad es que no había. El jovencito no paraba de preguntar y uno de los miembros, harto, se inventó este y se lo dijo. A mi abuelo le encantó y le admitió», añade Miren.

Aunque en su casa nunca se habló de combates, tras la guerra algunos de los compañeros de García-Morato sí que le contaron a María José sus peripecias. Gracias a ellos averiguó, por ejemplo, que separaba las «peleas de perros» —batallas aéreas— de las discrepancias personales. «En una ocasión derribó a un aviador republicano. Este consiguió saltar en paracaídas. Sabemos que voló a su alrededor para que nadie le disparara mientras caía. Una cosa era el avión y otra diferente, la persona», desvela Miren.

Más famosa fue la vez en que el as de Franco solicitó a Ignacio Hidalgo de Cisneros, jefe de la fuerza aérea gubernamental, que le devolviese el cuerpo sin vida de su cuñado, el también piloto Carlos Haya. García-Morato escribió una sentida carta al oficial tras saber que el aviador se había estrellado en territorio republicano. Ambas conocen ese documento, al igual que otros tantos. «Somos amigos de la familia Hidalgo de Cisneros», remata la nieta. El melillense no obtuvo jamás respuesta a pesar de que, como recuerdan María José y Miren, la misiva era respetuosa.

Bajo las bombas

Más que como el as de los cazas, que también, María José prefiere acordarse de su padre como ese hombre tierno que no tuvo más remedio que enviarla, junto con su madre y sus hermanas, lejos de la contienda. «Yo era muy chica cuando vino la guerra. Recuerdo que nos llevaron a Gibraltar. Allí estuvimos ocho meses. Cuando volvimos a Málaga nos metieron en un convento de monjas». En alguna ocasión oyó el retumbar de los explosivos, aunque no era lo habitual: «El edificio tenía la bandera francesa en la azotea y los republicanos no lo bombardeaban ni lo ametrallaban». Ella apenas se enteraba de lo que pasaba, lo que le daba cierta tranquilidad. «Mamá sí leía los periódicos y estaba angustiadísima, pero disimulaba para que no sufriéramos. Nos sacaba de paseo para entretenernos», completa María José.

De vez en cuando, durante aquellos días escondidas, las hermanas recibían la visita de su padre. Para ellas era una verdadera fiesta, pero debían andarse con cuidado por miedo a los republicanos. «En una ocasión fue a verlas al colegio. Preguntó por las hijas de García-Morato y le dijeron que allí no estaban. Él se quedó pensativo y corrigió: "¿Y las nietas del doctor Gálvez?". Era su suegro. Habían sido inscritas así por seguridad», confirma Miren. María José, por su parte, recuerda el momento en que las llevaron a Algeciras desde Gibraltar. «Era de noche. Un hombre nos subió a una barquita y nos encontramos con él». Joaquín ocupaba su tiempo libre en esos viajes, aunque también en descansar en Aranda de Duero. «Uno de la escuadrilla tenía una finca allí. Papá llenaba allí el avión de leche, mantequilla y huevos», añade.

Para la familia de María José, Joaquín siempre será aquel chico extrovertido y ligón al que todos sus compañeros querían. «Tenía bastante éxito con las mujeres. El páter de la escuadrilla le repetía una y otra vez a mi abuela que les visitara porque le daba como un poco de miedo que se le acercaran tantas chicas», apunta Miren. Pero también era ese hombre que tenía su puntito supersticioso. «Hay una curiosidad sobre él que se conoce muy poco. Solía volar con un pajarito. Llevaba una jaula en el avión porque estaba convencido de que le daba suerte», completa.

García-Morato apenas vivió el final de la guerra. Falleció tras la contienda, el 4 de abril de 1939. Ese día, el capitán de infantería encontró la muerte mientras participaba en el rodaje de una película para la Legión Cóndor. «Estaban registrando cómo funcionaban los aviones alemanes, preparando la Segunda Guerra Mundial», explica Miren. Despegó a lomos de un Fiat para simular un combate aéreo junto con un Messerschmitt Bf 109 alemán y un Rata soviético. Después de una hora de acrobacias, la aeronave impactó contra el suelo al tomar tierra. El aparato se estrelló de panza. «Estábamos en el colegio y, de repente, vimos muchos aviones con coronas y cintitas de colores. No sabíamos lo que era eso. Era en honor de mi padre, que lo traían muerto», señala María José.

Tras el accidente, la hija de García-Morato recuerda que les llevaron los objetos de Joaquín a su casa. «Cuando trajeron la maletita de la ropa de papá, Conchi, mi hermana, que era más chica, se puso un guante y dijo: "Mamá, aquí hay un palito". Era un dedo de papá, que se había quedado dentro del guante», afirma. A pesar de que para ella fue un golpe terrible, prefiere centrarse en el cariño que sentía hacia él. Fue enterrado en principio en el cementerio de San Miguel (Málaga). Sin embargo, desde 1971 sus restos se hallan en la capilla de la Misericordia de la iglesia del Carmen, en el barrio de El Perchel.

La feroz carta de Carrillo en la que renegó de su padre tras la guerra: «Yo soy comunista y tú un traidor»

Israel Viana

«Cuando pides ponerte en comunicación conmigo olvidas que yo soy comunista y tú un hombre que ha traicionado a su clase, que ha vendido a su pueblo. Entre un comunista y un traidor no puede haber relaciones de ningún género. Tú has quedado ya del otro lado de las trincheras», le escribía Santiago Carrillo a su padre, el 15 de mayo de 1939. Quince días más tarde la carta fue reproducida en algunos medios de la Internacional Comunista, como *La Correspondance Internationale* y *Jeunesses du Monde*. Para ellos era una muestra de la fidelidad y el amor que todos los militantes debían tener hacia el partido, por encima de la propia familia.

En ese momento, Carrillo tenía veinticuatro años y su padre, Wenceslao, cuarenta y nueve. La política les había unido antes de que se instaurara la Segunda República y ahora les había separado, como insistía el futuro secretario general del Partido Comunista de España (PCE) en la misiva: «No, Wenceslao, entre tú y yo no puede haber relaciones. Ya no tenemos nada en común, y yo me esforzaré toda mi vida, con la fidelidad a mi partido, a mi clase y a la causa del socialismo, en demostrar que entre tú y yo, a pesar de llevar el mismo apellido, no hay nada en común».

Antes de aquel incidente, los Carrillo eran una familia cálida y afectuosa, impregnada por un acusado sentido de la lucha de clases. En sus memorias Santiago asegura que sus padres y sus seis hermanos siempre fueron muy importantes para él, por lo que es difícil explicarse la ferocidad con la que repudió a Wenceslao en 1939; sobre todo si tenemos en cuenta que para él había sido un ejemplo a seguir desde los tiempos en que trabajaba como metalúrgico en la fábrica Orueta y era un destacado sindicalista y miembro del Partido Socialista. También cuando se trasladó a Madrid en 1923 para desempeñar el cargo de redactor en el diario *El Socialista* y accedió, más tarde, a la dirección de la UGT.

La cárcel

Wenceslao puso siempre un gran empeño en que su hijo siguiera sus pasos en la política. Parecía no importarle que ello le llevara a la cárcel, como le había ocurrido a él durante la huelga revolucionaria de agosto de 1917. Santiago reconocería más tarde que el recuerdo más temprano que guardaba de su padre era ver como la Guardia Civil se lo llevaba cada cierto tiempo de la casa familiar en Avilés. Aquello le marcó y en 1930, cuando tenía solo quince años, también empezó a colaborar como periodista en *El Socialista*. Se hizo cargo de la información parlamentaria en la Segunda República, codeándose con otros grandes de la profesión como Víctor de la Serna, del diario *Informaciones*, Manuel Azaña, de *El Sol*, y Wenceslao Fernández Flórez, de *ABC*.

Con dieciocho años, Santiago ya defendía en discursos su vertiente más radical en el Partido Socialista. Llegó a ser juzgado en 1933 por uno de sus artículos e ingresó en prisión, junto con su padre, por participar en la revolución de 1934. Wenceslao y él compartieron celda, unidos por la política. Cuando recobraron la libertad dos años después gracias a la amnistía del Frente Popular, el joven Carrillo fue nombrado consejero de Orden Público de la Junta de Defensa de Madrid. Ese mismo día ingresó en el PCE y comenzaron las matanzas de Paracuellos de Jarama de las que fue responsabilizado a lo largo de su vida.

Pero fue al final de la contienda cuando el hijo dejó de hablarle al padre, después de aquella llamada del coronel Segismundo Casado al presidente Juan Negrín, en la madrugada del 5 al 6 de marzo de 1939, para comunicarle que se había sublevado contra él; un golpe de Estado contra los soviéticos y el Partido Comunista, del que Santiago Carrillo era ya un miembro destacado. Como tal, defendía la vía de continuar combatiendo contra los sublevados, al contrario que su padre, cercano a la postura de Azaña y el resto de los conspiradores de negociar con Franco una paz digna.

Cuando se produjo la conjura, Carrillo se encontraba ya en Francia junto con otros miembros del Politburó. En una entrevista de 1974, afirmó que quiso volver a España, pero que los soviéticos se lo impidieron porque no querían que terminara luchando contra su propio padre. En ese momento se enteró de que la junta anticomunista de Casado incluía a su padre como consejero de Orden Público, el mismo cargo que él había desempeñado en 1936, pero con una misión muy diferente: perseguir a comunistas como su hijo.

«Mi amor al gran Stalin»

En aquella misma entrevista, Carrillo reconoció que la noticia de la participación de su padre en el golpe de Estado le afectó más que la muerte de su madre, acaecida pocos días antes. Así lo contaba en sus *Memorias*:

> Recuerdo que me eché a llorar como un crío, como no lo había hecho desde niño y como no lo haría más en mi vida. ¿Cómo pudo hacer eso mi padre? Había estado siempre muy orgulloso de él y no podía entenderlo. Sabía que estaba contra Negrín y contra el PCE, pero llegar a aquello, a participar en la junta del golpe de Estado que iba a entregar inermes a Franco a los defensores de la República era algo que sobrepasaba mi entendimiento. ¡Mi padre junto con Besteiro, que había sido desde hacía muchos años una de sus bestias negras!

Así se lo hizo saber también a Wenceslao en la mencionada carta de 1939:

> Por vuestra traición, la República española ha sido batida, pero la lucha no ha terminado. Por el esfuerzo del pueblo, Franco caerá, los obreros y campesinos, unidos a todos los demócratas con el Partido Comunista a la cabeza, restaurarán de nuevo la República popular, pero jamás, ni bajo la dominación fascista ni después de nuestra victoria, olvidarán vuestra infame traición.

No ocultaba tampoco su amor a la dictadura soviética:

> Cada día me siento más orgulloso de ser un soldado en las filas de la Gran Internacional Comunista, que tú y tus cómplices odiáis tanto, y que ha sabido mantener en todo el mundo la bandera de la solidaridad con el pueblo español. Mientras, tus amigos del extranjero, los dirigentes de la II Internacional, hacían cuanto podían para acogotarnos y para trabajar contra la unidad y contra la URSS, utilizando el mismo lema que Hitler y Mussolini: «La lucha contra el comunismo». Cada día es mayor mi amor a la Unión Soviética y al gran Stalin, a los que vosotros odiáis y calumniáis precisamente porque han ayudado a España de una manera constante. El odio de vuestra cuadrilla caballerista-trotskista a los comunistas, la URSS y Stalin es una prueba más del formidable papel jugado por estos en la lucha del pueblo español por su libertad.

Algunos compañeros de Santiago Carrillo en el PCE estaban convencidos de que aquella misiva no era del todo sincera. El hecho de que hubiera sido publicada, en vez de mantenerla como una mera correspondencia privada, demostraba que su principal motivación era demostrar su ortodoxia estalinista a través de un feroz ataque contra su propio padre. «La carta iba más dirigida, en realidad, a sus superiores que a Wenceslao. Sin el menor indicio de tristeza o melancolía, el texto era una mezcla de comprensible indignación por las consecuencias del golpe de Casado y de retórica estalinista absurdamente exagerada», explicó Paul Preston en *El zorro rojo*, la biografía que escribió sobre el dirigente comunista.

Uno de los compañeros de piso de Carrillo a las afueras de París, cuando vivía en la clandestinidad, era el camarada Manuel Tagüeña, cuya opinión al respecto era muy parecida a la del historiador británico:

> Entre Santiago y yo nunca hubo confianza y menos amistad. Siempre lo había considerado dispuesto a subordinarlo todo a sus ambiciones políticas. En aquel momento, acababa de renegar públicamente de su padre. Por mucho aire espartano que quisiera dar al gesto, nadie dudaba de que lo había hecho para presentarse ante la dirección del PCE como militante íntegro y capaz de sacrificar a su propia familia en beneficio de la causa.

La respuesta

Cuando Wenceslao leyó la carta varias semanas después, le costó creer que la hubiera redactado su hijo. Por eso le respondió con otra misiva, fechada el 2 de julio de 1939, en la que no se dirigía a Santiago, sino a la persona que él consideraba que había escrito la primera misiva a través de él. La llamaba de manera sarcástica «señor Stalin». Era su forma de insinuar que había sido dictada por Dolores Ibárruri y el que había sido ministro comunista de Instrucción Pública, Jesús Hernández. Reconocía que aquella «puñalada» le había «llegado al corazón» y, por último, le hablaba directamente al dictador ruso:

> Yo, señor Stalin, había educado a mi hijo en el amor a la libertad, pero ustedes me lo han convertido a la esclavitud. Como le sigo queriendo, a pesar de tan monstruosa carta, procuraré, con el ejemplo, que vuelva al lugar del que no debiera haber salido nunca.

Sin embargo, Carrillo no regresó. Durante los siguientes veinte años no le dirigió la palabra a su padre. El reencuentro se produjo en Bélgica, el país al que Wenceslao se había mudado con el apoyo del sindicato de metalúrgicos y su secretario general, Artur Galli. Había ingresado en una clínica que este último había fundado en Charleroi, y en la que el líder socialista pasó sus últimos años de vida. Según explicó Santiago tiempo después, fue a visitarle como respuesta a la estrategia de «reconciliación nacional» desarrollada por el PCE en 1956. A raíz de esta, Ibárruri le sugirió que sería políticamente beneficioso que se reconciliara con él.

Nada más verse y abrazarse, Wenceslao le dijo: «Por lo que a mí respecta, siempre has sido mi hijo». Las aguas volvieron a su cauce y Santiago le presentó a su mujer y a sus hijos. Poco después, se lo llevó a vivir con ellos a su casa de París. Así explicaba el episodio en una entrevista con *El Periódico* en 2002:

> Mi padre y yo recuperamos la amistad hacia 1956 o 1957. Algunos me han criticado por romper con él, me han llamado «hijo desalmado». Las cosas en 1939 eran muy claras. Mi padre participó en el golpe de Casado que dejó en manos de Franco a muchos de mis mejores amigos y camaradas. Era un momento en el que tuve que optar entre los que luchaban por las mismas ideas o por quien era mi padre. Si tuviera que hacerlo hoy no escribiría una carta con tanta fraseología como entonces, pero

> tendría un contenido semejante. Después, en 1956, cuando elaboramos la política de reconciliación nacional, la Pasionaria me preguntó: «¿No crees que si estamos propugnando la reconciliación deberías empezar por tu padre?». Era algo que estaba pensando, así que me marché a Bélgica, donde él estaba enfermo. Nos vimos. El encuentro fue emocionante. Me dijo: «No tienes que explicarme nada». Él comprendía lo que había hecho.

Cuando Wenceslao falleció en Charleroi, en 1963, su hijo se presentó en el entierro para sorpresa de todos los presentes. Fueron miles los socialistas españoles exiliados que desfilaron junto a su tumba. «Todos íbamos con camisa roja, pantalón azul y botas de trabajo. Dimos el pésame a todos los miembros de la familia, menos a Carrillo, que impertérrito estuvo con la mano tendida mientras pasábamos todos por delante de él», recordaba el socialista asturiano Manuel Villa.

Miedo, locura y muerte durante la colosal huida de republicanos hacia Francia

MANUEL P. VILLATORO

Pertenecer al selecto grupo de la clase política tenía sus ventajas incluso en los últimos estertores de la guerra. El 5 de febrero de 1939, poco después de la entrada de Franco en Barcelona, el todavía presidente Manuel Azaña cruzó la frontera. Lo hizo junto con una comitiva formada, entre otras ilustres personalidades, por su mujer, el hermano de esta (Cipriano de Rivas Cherif) y otros tantos representantes de su gabinete. Salieron desde La Vajol, con el enemigo a menos de veinte kilómetros de su posición, como escribió su cuñado en sus memorias:

> Durante la noche estuvimos oyendo el paso de los camiones que, apresuradamente y tan a última hora, pasaban a Francia con destino a Ginebra, donde serían depositados los cuadros de El Prado. Por la tarde salieron los coches por la carretera general, obstruida hasta entonces. [...] De madrugada emprendimos el viaje en otros coches. No era muy numerosa la comitiva. Echamos pie a tierra en el primer atasco del auto en que iba Martínez Barrio con su señora y su cuñada. Nos acompañó Negrín hasta el primer pueblo francés. Pasamos la frontera todavía de noche,

> advertido el puesto de carabineros de que no ofreciera el menor reparo a quienes hubieran de pasar a la hora que nosotros lo hicimos.

Para ellos fue tan sencillo que la hermana de Cherif no se percató de que habían llegado a tierras galas. Les esperaba una casa que, si bien tuvieron que abandonar ante las persecuciones de la Gestapo durante la Segunda Guerra Mundial, al menos les ofreció techo, calor y cobijo durante algunos meses; una buena situación opuesta a la de los miles y miles de exiliados que, según explica a *ABC* la periodista e investigadora Evelyn Mesquida, huyeron desesperados en dirección a Francia cuando Franco puso punto final a la guerra. Como mínimo trescientos mil, aunque es probable que más de medio millón según otros expertos.

Los que más sufrieron fueron los antiguos soldados republicanos, a quienes el Gobierno galo no abrió las fronteras hasta el 5 de febrero de 1939. Antes, entre el 27 y el 28 de enero, se había permitido el acceso a mujeres, niños y ancianos debido a la inmensa marea humana que clamaba a las puertas de Francia. «La llamaron la Retirada. Nunca se había visto algo tan enorme. Fue un evento tan espectacular que todos los diarios de la época se hicieron eco de ello», sentencia la autora. A aquellos refugiados no les esperaba una acogedora vivienda al otro lado, sino la reclusión en campos de concentración plagados de hambre, frío e insectos.

Sin opciones

Todo comenzó a principios de enero, mes en el que una Segunda República a la defensiva perseguía todavía una intervención internacional que pusiera orden en la Península. El sueño se terminó a finales de mes, cuando Manuel Azaña recibió la nueva de la llegada a Barcelona de Franco y el general Vicente Rojo aconsejó un cese total de las hostilidades para evitar más bajas. Parte del Gobierno se mostró contrario a ello. Con ese negro panorama, el presidente, su familia y su séquito pusieron rumbo a la frontera norte de España. Según él mismo confirmó, solo había una realidad: «Hemos perdido la guerra, hemos sido vencidos y no nos queda más que sacar las consecuencias».

Para mayor desgracia de la República, la prensa ya había hecho público que Francia, nación vecina y destino lógico hacia el que partirían los exiliados republicanos en busca de cobijo, prefería mantenerse al margen de la Guerra Civil. El país había confirmado que cumpliría a rajatabla el pacto de no intervención firmado por las grandes potencias para evitar que la contienda se convirtiera en un nuevo enfrentamiento a escala mundial. Ejemplo de ello es que Édouard Daladier, presidente del Consejo de Ministros y ministro de Defensa galo, había insistido a mediados de enero en que rechazaba «la cooperación con las fuerzas hispanosoviéticas debido a que produciría una respuesta italiana inmediata». Amparándose en esta lógica, el Gobierno del país vecino cerró las fronteras el 26 de enero de 1939, tras la caída de Barcelona.

Francia no tomó a la ligera aquella decisión. Ni mucho menos. París clausuró las fronteras a los extranjeros sin papeles a sabiendas de que no tardarían en llegar una ingente cantidad de refugiados republicanos. Lo que no preveyeron es que hasta el sur de su territorio iba a arribar una auténtica marea humana. Así lo confirma Mesquida, quien especifica que se desplazaron «miles de combatientes y de civiles de todas las regiones de España, hombres, mujeres y niños de todas las condiciones, muchos de ellos gravemente heridos». «Todas las carreteras secundarias, todos los campos y todas las colinas eran un hormiguero de miles y miles de desventurados caminando hacia la frontera», escribió el corresponsal de *The New York Times*, Herbert Matthews, en una noticia del 5 de febrero.

Uno de aquellos exiliados fue Antonio de la Fuente, cuyo testimonio recogió en 2019 el diario *Libération*. Tenía nueve años cuando partió desde Puigcerdá, donde residía, hacia la frontera gala junto con su madre, su abuela, su tía y sus cuatro hermanos. Tanto su padre como su único hermano varón se quedaron en España, pues querían seguir luchando. Afirmó que durante el trayecto, y a pesar del temor, se declararon partidarios del Gobierno republicano. Él hizo el viaje en tren y no fue el único, aunque muchos otros tuvieron menos suerte y se vieron obligados a cruzar los Pirineos en vehículos desvencijados y ataviados apenas con mantas y abrigos largos.

Mesquida es todavía más cruda y afirma que «la mayoría de ellos llegaron arrastrándose bajo la lluvia y la nieve, sorteando los cadáveres y los cuerpos que aún se derrumbaban, incapaces de continuar». Aquella locura cogió por sorpresa al Gobierno galo, que entró en contacto con Franco para crear una suerte de tierra de nadie neutral entre Andorra y Portbou. Sin embargo, la respuesta fue una sonora negativa. Al final, y a sabiendas de que más de tres decenas de reporteros de todas las nacionalidades observaban con ojo crítico lo que allí sucedía, a Daladier no le quedó más remedio que abrir de nuevo las fronteras.

Entre el 27 y el 28 de enero se permitió el acceso a los civiles, y ocho días después se hizo lo mismo con el ejército. La mayor parte de los investigadores cifran en 475.000 las personas que atravesaron la frontera por los municipios de Cerbère, Le Perthus, Prats-de-Mollo y, entre otros, Bourg-Madame. De ellos, más de la mitad fueron militares. Testigos hubo a cientos, pero pocos describieron con más crudeza el suceso que Federica Montseny, la famosa sindicalista que fue ministra en la Segunda República: «¿Quién puede olvidar esas horas, ese espectáculo de las montañas llenas de gente que acampaba bajo los árboles, temblando de frío y de terror?».

Campos de concentración

El calvario no terminó con el paso de la frontera. La realidad es que los españoles no fueron recibidos con los brazos abiertos, sino como criminales. Les esperaban gendarmes y soldados coloniales armados hasta los dientes. Francia estaba muy lejos de ser la tierra de paz y prosperidad que muchos creían; más bien lo contrario. En el país habían florecido las conductas xenófobas —un decreto del 12 de noviembre de 1938 permitía el encierro de cualquier «extranjero indeseable»—; la situación económica era pésima por culpa de una crisis y el Gobierno sabía que Hitler empezaba a alzar el vuelo.

La misma Montseny dejó escrito que sus compatriotas fueron tratados como ganado. Para ella, la «suma hostilidad e indiferencia» que demostraron el Gobierno y la población gala «agravó la situación de los vencidos». No solo eso. La política también escribió que los exiliados parecían un «rebaño de parias, una inmensa legión de esclavos sin ninguno de los derechos reconocidos por el Estatuto Internacional del Derecho de Asilo a los refugiados políticos». No hubo piedad y los civiles recién llegados fueron separados de sus familias y amigos en territorio galo. A los militares les sucedió otro tanto, con la diferencia de que fueron desarmados, como bien recordó el famoso general Enrique Líster en sus memorias:

> ¡Fue para mí el momento más amargo de mi vida! Era terriblemente doloroso e injusto que combatientes curtidos en tres años de continuo pelear tuvieran que entregar sus armas para ser conducidos a campos de concentración. Y ese dolor lo aumentaba la falta de dignidad de algunos oficiales franceses que, sin esperar siquiera nuestra marcha para repartirse el botín, se abalanzaban sobre las pistolas según iban cayendo a tierra, arrancándoselas literalmente de las manos unos a otros.

Superado por los acontecimientos, el Gobierno francés se negó a abrir los campamentos militares ubicados en el sur de Francia y optó por otras soluciones. Los más suertudos fueron subidos en trenes y repartidos por los setenta departamentos en los que se dividía el país. Sin embargo, el destino de la inmensa mayoría fue una serie de campos de concentración levantados a toda prisa en las playas del sudeste del país. Según el Museo de la Historia de la Inmigración francés, algunos, como los de Argelès-sur-Mer, Le Barcarès y Saint-Cyprien, fueron edificados por los propios refugiados, y otros, como los de Vernet d'Ariège, Septfonds, Rieucros, Gurs, Bram y Agde, destacaban por ser rudimentarios. Así, hasta un total de veinte.

Las condiciones de vida en estos campos de concentración han sido descritas en infinidad de ocasiones. Más de quince mil refugiados murieron en las primeras semanas a causa del frío y las enfermedades. Miles de soldados, olvidados, fallecieron a causa de sus heridas antes siquiera de llegar a estas prisiones debido a la falta de asistencia médica. El hacinamiento tampoco ayudó: cien mil refugiados solo en Argelès y ochenta mil más en el resto del Rosellón. Así recordó aquellos días Antonio de la Fuente en su entrevista a *Libération*:

> Cuando el viento soplaba muy fuerte la arena se acumulaba en las paredes. Por la mañana, todos estábamos cubiertos de varios centímetros de arena. [...] Al principio no había baño. Era desesperante. Bebíamos agua bombeada de la orilla del mar; aunque luego encontraron soluciones, como cisternas. Mis hermanos y hermanas tuvimos la suerte de no enfermar.

Con el paso de los meses, a la mayoría se les ofreció la posibilidad de unirse al ejército. Según desvela Mesquida a *ABC*, aceptaron. «Venían del combate, tenían experiencia. Muchos se alistaron en unidades militares porque preferían eso a la humillación de verse internados en los campos de concentración, la otra gran lacra después del hambre». Muchos fueron enviados a las Compañías de Trabajadores Extranjeros. «La guerra contra Alemania hizo necesaria la mano de obra. Faltaban hombres para trabajar en la agricultura. Miles de españoles fueron llevados a la Línea Maginot», sentencia. Poco después se fundaron los Grupos de Trabajadores Extranjeros. Distinto perro, mismo collar.

Los años que siguieron fueron un infierno para los españoles. El estallido de la Segunda Guerra Mundial atrapó a muchos entre el fusil germano y la bayoneta gala. Una buena parte de los reos, sin embargo, decidieron enfrentarse al nazismo; algunos en la Resistencia y otros, en las compañías que partieron a África. Lo hicieron convencidos de que debían combatir al fascismo al que no habían podido vencer en su país y con la esperanza de poder regresar a sus hogares. Para su desgracia, ese era un sueño casi imposible.

LA POSGUERRA Y EL FRANQUISMO

Así veían los nazis a Franco tras su victoria en la guerra: «No es un héroe, sino un pequeño mequetrefe»

MANUEL P. VILLATORO

La relación entre Hitler y Franco terminó de forma abrupta. Todo fueron risas, halagos y buenas palabras por correo postal, hasta que se conocieron en persona. A partir de entonces, los «¡Querido Führer!» y los «Buenos deseos, Caudillo» se tornaron en una aversión profunda. Aunque en algo coincidieron los dos dictadores: tras la entrevista celebrada en Hendaya el 23 de octubre de 1940, con la guerra europea en ciernes, ambos salieron del vagón de tren que hizo las veces de improvisado despacho pensando que su interlocutor era un inepto que poco o nada sabía de política internacional.

Tras poner punto final a la reunión, unos cinco minutos después de las seis de la tarde, Hitler confesó en *petit comité* que Franco le había irritado sobremanera. Le molestaron su altanería y su forma de hablar «en voz baja y reposada, cuyo monótono soniquete recordaba al almuédano llamando a los fieles a la oración». El dictador español tampoco se mordió la lengua y, al bajar las escaleras del vagón, compartió con su «cuñadísimo», Ramón Serrano Suñer, las impresiones que le había causado el

Führer: «Es intolerable esta gente. Quieren que entremos en la guerra a cambio de nada. No nos podemos fiar de ellos si no contraen, en lo que firmemos, el compromiso formal, terminante, de cedernos desde ahora algunos territorios».

Amor inicial

Del amor al resquemor y, de este último, a un odio más que profundo. La turbulenta relación entre el Caudillo y el Führer no empezó con buen pie, sino con condescendencia. El 25 de julio de 1936, Hitler recibió con desprecio la petición de los emisarios franquistas de enviar aviones para trasladar al Ejército de África hasta la península. «Este no es modo de comenzar una guerra», afirmó. No obstante, desde entonces iniciaron una colaboración de lo más interesada que dejó réditos a las dos partes.

Uno recibía armamento, carros de combate, aviones, pilotos entrenados y submarinos capaces de hundir cargueros republicanos; el otro, un campo de operaciones para sus futuras batallas y, a la larga, dinero a través de empresas pantalla afincadas en la Península. Con beneficios para ambos, la amistad no tardó en estrecharse. No obstante, fue tras el final de la contienda fratricida y al comienzo de la Segunda Guerra Mundial cuando mantuvieron una correspondencia más viva. Así lo confirma el divulgador Jesús Palacios en sus obras, quien opina que, tras la caída de Francia a manos del Tercer Reich, el español se debatía entre reflotar el viejo imperio o evitar el conflicto.

Ello quedó claro en una carta escrita a principios de junio de 1940 por la pluma de Franco; misiva en la que, además de felicitar a Hitler por sus victorias en el frente galo, dejaba caer, de forma sucinta, tanto la precaria situación que vivía España como sus ansias de entrar en la Segunda Guerra Mundial:

> En el momento en que bajo su guía los ejércitos alemanes están finalizando victoriosamente la mayor batalla de la historia,

> deseo manifestarle la expresión de mi entusiasmo y admiración. También las de mi pueblo que, conmovido, contempla el glorioso desarrollo de una lucha que siente como propia. Lucha que llevará a término las esperanzas que ya alumbraron en España cuando vuestros soldados compartían con nosotros la guerra contra los mismos enemigos. Las enormes conmociones que ha padecido España nos han conducido a una situación difícil, pero no necesito asegurarle cuán grande es mi deseo de no permanecer ajeno a sus preocupaciones y cuán grande mi satisfacción de prestarle los servicios que usted considere.

No fue la única muestra de afecto de Franco hacia Hitler. A mediados de septiembre le hizo llegar un breve mensaje en el que le expresó sus saludos y su amistad, le mostró la «firme convicción en su inmediata y definitiva victoria» y le deseó la «prosperidad del gran Reich Alemán». En otras cartas, no obstante, también especificó las concesiones que debería hacer el Führer para obtener el apoyo español en el conflicto. El toma y daca estaba servido. Poco después, el germano respondió con una extensa misiva en la que exponía sus propias condiciones:

> Querido Caudillo, la guerra decide el futuro de Europa. No hay estado que pueda sustraerse a sus efectos políticos y económicos. También el futuro de España estará determinado, quizá para siglos, por el final del conflicto. La entrada de su país en la lucha al lado de las potencias del Eje debe comenzar con la expulsión de la flota inglesa de Gibraltar y la toma de la roca fortificada. Caso de que se decida a intervenir, Alemania está decidida a apoyarle tan leal e incondicionalmente como hasta la victoria final, del mismo modo que lo hizo en su guerra civil.

Letra a letra, halago a halago, fueron acercando posturas hasta plantearse la posibilidad de mantener un encuentro en persona. Así se fraguó la entrevista de Hendaya; una conferencia a la que, según la mayor parte de los historiadores, cada uno de los líderes llegó con una idea opuesta a la de su interlocutor. Franco acudió con el firme convencimiento de que Hitler le ofrecería Marruecos y parte de Argelia, más territorios en el Sáhara, Gabón y Camerún, a cambio de su ayuda. El Führer buscaba hacerse con Gibraltar, un enclave determinante para la Kriegsmarine por ser el paso natural entre el Mediterráneo y el Atlántico.

El encuentro se desarrolló durante tres horas en un vagón especial (el Erika), trasladado hasta Hendaya por el líder nazi. Ninguno dio el brazo a torcer. Hitler, sabedor de que necesitaba el apoyo de la Francia de Vichy, se negó a entregar los territorios que podía utilizar como moneda de cambio con los galos. La tensión fue en aumento hasta tal punto que el mismo Führer, airado, se puso en pie de un salto dispuesto a marcharse cuando el Caudillo le explicó que albergaba dudas sobre la victoria del Reich en Inglaterra. Según desvela Paul Preston en *Franco. Caudillo de España*, volvió a sentarse para evitar crear un conflicto internacional.

Tal y como recordó uno de los diplomáticos presentes, Hitler salió del vagón murmurando maldiciones: «Con estos tipos no hay nada que hacer». El mariscal Keitel, durante la cena posterior, confirmó que el líder nazi «estaba muy descontento con la actitud de los españoles y era partidario de terminar con las conversaciones allí mismo». Según sus palabras, el Führer «estaba muy irritado con Franco». Poco después, le dijo a Mussolini que antes que volver a pasar por eso prefería que le sacasen dos o tres muelas. El Caudillo tampoco acabó contento.

Las opiniones negativas se generalizaron por ambos bandos, aunque los germanos fueron los que más recelaron del encuentro. El secretario de Estado Ernst von Weizsäcker cargó sin paliativos contra España tras aquella jornada maratoniana: «En mi opinión, debe dejarse a España fuera del juego. Gibraltar no vale la pena. Perdiera lo que perdiese allí Inglaterra, pronto lo compensaría con las islas Canarias. Hoy día España no tiene pan ni petróleo». Menos célebres, pero más directas, fueron las palabras del popular almirante Wilhelm Canaris sobre Franco: «No es un héroe, sino un pequeño mequetrefe».

La tensión se materializó unos meses después. En 1941, Hitler envió una carta a Franco en la que le exigía que contestara sin dilaciones sobre su participación en la Segunda Guerra Mundial. El ultimátum duraba cuarenta y ocho horas:

> El combate que con grandes esfuerzos llevan a cabo hoy Alemania e Italia decide también, según mi más sagrada opinión, el destino futuro de España. Solamente en caso de nuestra victoria podrá mantenerse el actual régimen. Pero si el Eje perdiera la guerra, también quedaría excluido cualquier porvenir de una España verdaderamente nacional e independiente. [...] Nunca se han tratado, ni siquiera mencionado, fechas en la fijación de un plazo para su entrada en el conflicto, que queda en un lejano porvenir. Siempre se ha hablado de un corto periodo dentro del cual usted, Caudillo, ha creído poder llevar a cabo diversas medidas económicas en bien de su país. Ahora, en nuestras reuniones, nos hemos puesto de acuerdo en que España declare su disponibilidad a firmar el Pacto Tripartito y a entrar en la guerra.

Franco respondió con evasivas. En una nueva carta, insistió en que el destino de ambos países estaba unido y en que permanecía en deuda con el Reich desde la Guerra Civil. «Donde hemos estado siempre, seguimos estando hoy, con firme resolución e inconmovible convencimiento. Por ello no debe dudar usted de la incondicional sinceridad de mis convicciones políticas y de mi absoluto convencimiento de la comunión de nuestro destino nacional con los de Alemania e Italia», escribió. Con todo, recordó una vez más la mala situación económica que atravesaba el país.

Odio mutuo

La División Azul no consiguió que la relación entre ambos volviese a ser como en 1936. El 7 de julio de 1942, Hitler deslizó una opinión negativa sobre el Caudillo durante una cena con varios amigos. «Franco y compañía pueden considerarse muy afortunados de haber recibido en su primera guerra civil la ayuda de la Italia fascista y de la Alemania nacionalsocialista». Ese fue su comentario más sucinto. Después, señaló que el español no tenía «personalidad para enfrentarse a los problemas políticos del país» y que había asimilado «todos los amaneramientos de la realeza» tras hacerse con el poder en 1939; entre otras cosas, por aparecer ante el público bajo palio y rodeado de una pintoresca y ricamente ataviada Guardia Mora.

Otro tanto sucedió con Franco. En una entrevista concedida a *Le Figaro* en 1958, cuando fue preguntado por Hitler, respondió que «era un hombre afectado» al que «le faltaba naturalidad» y que «interpretaba una comedia». Durante el encuentro, el español admitió que se había sentido «muchísimo más cerca de Mussolini» porque era «humano y tenía inteligencia y corazón». Del Führer, por el contrario, se había separado tras Hendaya. Por último, le tildó de iluso por haber creído que la Segunda Guerra Mundial acabaría en tan solo unos meses: «No había sopesado el precio de la lucha. No tenía una noción clara de los límites de su nación. No se había preparado completa ni lógicamente. Alemania se había preparado cuidadosamente, pero para un enfrentamiento corto. No para un conflicto largo».

Cárcel y destierro de Diego San José: el cronista oculto de la Guerra Civil que cargó contra la brutalidad de ambos bandos

Israel Viana

María del Carmen San José tenía noventa y cuatro años cuando la entrevisté a principios de 2021. Antes de fallecer a las pocas semanas, todavía recordaba al detalle la trágica mañana del 10 de abril de 1939 en que la Policía Militar se presentó en su casa de Madrid, en la calle Conde de Peñalver. «Mi hermano y yo abrimos la puerta y nos preguntaron por mi padre, que se encontraba en la cama por una hernia que le iban a operar. Al salir mi madre, le informaron de que debían trasladarlo a la comisaría más cercana y no le dieron más explicaciones. ¡Fue una auténtica pesadilla!», contaba.

Antes de marcharse con Diego San José, registraron a fondo el domicilio mientras le preguntaban una y otra vez por el lugar donde tenía escondida la pistola. El escritor y periodista no entendía nada. No paraba de repetir que jamás había empuñado una, que el único delito que había cometido era «volar con una pluma». En ese momento, María del Carmen se acercó a él y le metió un trozo de pan con chocolate en el bolsillo del abrigo por si no llegaba a cenar. Al percatarse, los agentes intentaron no provocar una situación incómoda en presencia de su esposa e hijos y prometieron que estaría de vuelta en casa pocas horas después.

Solo habían pasado nueve días desde el final de la guerra y pensaban que todo había acabado, pero se equivocaban. Se iniciaba para Diego un oscuro laberinto de comisarías, interrogatorios, prisiones, auditorías, instrucciones y juicios sumarísimos que se prolongaron durante años. Un calvario que le llevó a escribir, a escondidas, una de las novelas más conmovedoras y críticas con ambos bandos sobre lo acontecido en Madrid entre 1936 y 1939. El autor la describió como «una obra más trágica que cómica», cuyo texto original permaneció oculto e inédito en la vivienda familiar hasta su publicación, en 2020, bajo el título *Por Dios y por España*.

La escribió, a mano y a máquina, en viejas cuartillas donde mezcló una serie de personajes históricos y ficticios que protagonizaban escenas inspiradas en las vivencias personales del periodista antes de su detención. Una de las primeras, por ejemplo, estaba sacada de una conversación real que Diego oyó en la calle entre dos viejos amigos. Uno llevaba «bigote a lo Hitler» y era simpatizante de Franco, mientras que la otra era una ferviente republicana conocida como Rosario la Cigarrera. El primero hablaba con tono de amenaza: «Has de saber que esto se desmorona como un azucarillo en un vaso de agua. La gente de derechas no se resigna a perder y, entre la aristocracia, el clero y el ejército, ayudados por Alemania e Italia, están volviendo las aguas a su cauce primitivo. ¡Te lo digo! Tú harías bien en estar con nosotros... no te faltaría trabajo».

Ese fue el ambiente de desconfianza y violencia que quiso reflejar el periodista en su obra; el Madrid fantasmagórico que María del Carmen también sufrió junto con su padre y que todavía era capaz de evocar, al detalle, en sus últimas semanas de vida:

> Las farolas estaban cubiertas de pintura azul oscuro y apenas dejaban pasar la luz, dando a las calles una extraña sensación de

misterio y soledad. Las ventanas y balcones tenían siempre las persianas bajadas. Me acuerdo cuando en el colegio nos decían que nos metiéramos un lápiz en la boca cuando nos pillara un bombardeo fuera de casa, para evitar que los pulmones nos reventaran. También las colas interminables en las tiendas de comestibles de mi barrio, en una de las cuales murió mucha gente al estallar un depósito de armas que había en el metro Diego de León. El ruido fue ensordecedor, como el de los aviones franquistas sobrevolando la ciudad al final de la guerra, mientras arrojaban barritas de pan envueltas en pasquines que decían: «Madrileños, rendíos, no habrá hogar sin lumbre ni español sin pan. El que no se haya manchado las manos de sangre no tiene nada que temer».

La condena a muerte

Madrid era entonces una capital convulsa donde casi todo el mundo era mirado con recelo y en la que se delataban vecinos y familiares. «Todo miserable que tenía un odio personal que vengar, una deuda pendiente o deseaba deshacerse de un rival, bien por amor o por profesión, le acusaba de fascista y se lo quitaba de en medio sin el más ligero remordimiento», apuntaba San José en su libro.

Sabía muy bien de lo que hablaba, porque él mismo acabó siendo condenado a muerte en un consejo de guerra celebrado el 5 de marzo de 1940, pocos meses después de que hubiera sido sentenciado a doce años de reclusión por «excitación a la rebelión». Nadie supo explicarle por qué el juez cambió de opinión de la noche a la mañana ni qué vengador anónimo había intercedido en el transcurso de la instrucción, en la que salieron a relucir sus artículos para periódicos republicanos como *El Liberal* o *El Heraldo de Madrid*.

«Mi padre era republicano, por supuesto, y como tal se alegró cuando se estableció la Segunda República el 14 de abril de 1931, pero no era comunista ni socialista y jamás estuvo metido en política ni afiliado a algún partido», aclaraba María del Carmen. Después continuaba su relato con los primeros días en prisión de San José:

> Cumplió la primera parte de aquella injusta condena en la cárcel de Porlier, en Madrid. Las visitas allí eran horribles. Recuerdo un día que fuimos y tuvimos que atravesar un largo pasillo con una tela metálica. Al otro lado había treinta o cuarenta presos juntos, todos gritando a la vez para intentar comunicarse con sus familiares. No se entendía nada y, a los tres minutos, sonaba un timbre que anunciaba que el tiempo se había acabado. Aquello nos dejaba a todos con la miel en los labios.

El tribunal tampoco tuvo en cuenta los testimonios en su favor de algunas de las figuras más importantes de la cultura española en aquel momento, como el poeta Manuel Machado. Ni que en el pasado nuestro protagonista hubiera intercedido en favor de Pedro Muñoz Seca para que el famoso dramaturgo no fuera asesinado en las famosas matanzas de Paracuellos. O que hubiera escondido a reconocidos falangistas en su propia casa de Conde de Peñalver para salvarlos de las checas comunistas y cenetistas. «Mi madre y yo, incluso, fuimos a la casa de Joaquín Álvarez Quintero para pedirle ayuda. Este llegó a posponer un viaje que tenía previsto a El Escorial para intentar salvar a mi padre a través de un amigo suyo muy influyente, pero no hubo suerte. Este no quiso ayudarle», añadía María del Carmen.

En palabras del escritor argentino Valentín de Pedro, «Dieguito era un pedazo de pan con ojos saltones» que no había empuñado en su vida otras armas que su intelecto y su máquina de escribir. Sus únicas batallas las libró en aquellos encuentros en el Ateneo de Madrid con Ramón María del Valle-Inclán, Pío Baroja y Ramón Pérez de Ayala. Su arresto le obligó a retirarse de la vida literaria, de las redacciones de los periódicos y de las tertulias que tanto amaba contra su voluntad.

En una de estas últimas tertulias, la que se celebraba en el famoso café El Gato Negro, cerca de la plaza de Santa Ana, conoció al general Millán-Astray. El fundador de la legión se mezclaba allí con personajes tan opuestos a él como el premio Nobel de Literatura Jacinto Benavente. Su sola presencia hacía temblar a muchos de los presentes, estuvieran metidos en política o no, pero lo que Diego nunca se imaginó fue que aquel militar cojo, manco y tuerto acabaría encariñado con él y le encargaría sus memorias; mucho menos que le acabaría salvando la vida a un republicano como él. María del Carmen todavía conservaba el contrato que ambos firmaron antes de la guerra por una biografía que nunca se publicó. Su hija ni siquiera sabe si la llegó a escribir. Si lo hizo fue, también, a escondidas.

«El general había estado en nuestra casa varias veces. Con mis hermanos y conmigo siempre fue cariñoso. A veces nos traía bombones. Se hizo muy buen amigo de mi padre y, cuando fue trasladado a la cárcel de San Simón, en Redondela, lo visitó y hasta le llevó pasteles», relataba su hija sobre unos años que se le quedaron grabados en la memoria. No se le olvidó jamás aquella calurosa mañana del 19 de julio de 1940 en la que sonó otra vez el timbre de su casa. Aún no habían puesto fecha al fusilamiento de su padre, pero toda la familia suponía que no tardarían mucho. Hacía tiempo que corrían rumores de que el exterminio de los rojos avanzaba sin piedad. Da igual que las víctimas tuvieran o no las manos manchadas de sangre.

En esta ocasión quien llamaba no era la policía, sino un hombre con uniforme de chófer que, nada más abrir la puerta, le dijo a su madre: «Señora, vengo de parte del general. Quiere verla. Por favor, dese prisa». Lo que vivió a continuación fue uno de los momentos más felices de su vida:

> Yo tenía doce años y no podía quedarme sola, así que me dijo que fuera con ella. El coche nos llevó a un palacete de la

> calle Velázquez y, al entrar, salió a recibirnos un secretario que nos dijo: «Pasen, el general tiene buenas noticias para ustedes». Cuando abrió la puerta, reconocimos a Millán-Astray sentado tras una gran mesa con dos banderas enormes detrás de él que cubrían la pared: una de España con el águila y otra de la Falange. Al vernos, se puso en pie de un salto y salió de detrás de su mesa para darle la mano a mi madre y un beso a mí. Preguntó por mis hermanos y sobre si aún vivíamos en la misma casa. Al cabo de unos segundos, soltó: «Mira, hija, aunque todavía no es oficial, te he mandado llamar para darte una buena nueva: Diego está indultado».

Ambas se echaron a llorar durante un largo rato sin poder articular palabra. Cuando se compuso, la madre le dijo: «General, no encuentro palabras para expresarle mi agradecimiento». Este respondió: «Hija mía, no llores, que me vas a hacer llorar a mí también». A continuación comentó que a él no le debían nada, sino a Franco y a otros generales como José Enrique Varela y Andrés Saliquet. Después descolgó el teléfono y preguntó con voz firme: «¿Es la cárcel de Porlier? Aquí Millán-Astray. Digan al director que prepare esta misma mañana una comunicación sin rejas de por medio para Diego San José. En un rato irán su señora y su niña a darle una buena noticia. Que mi modesto nombre no corra por la prisión». Media hora después el coche las dejó en la puerta. Se identificaron y atravesaron un largo pasillo con celdas a los lados. Al final estaba el periodista con un oficial que se marchó para dejarlos solos. «Recuerdo que nos abrazamos los tres y le dijimos a mi padre que estaba indultado... ¡Qué felicidad!».

El penal de San Simón

Diego San José se había librado de la muerte, pero su vía crucis no acabó ahí. Tuvo que soportar el destierro hasta su muerte, que se produjo en el otoño de 1962. Primero fue enviado al penal de

San Simón. «Mi Santa Elena», solía decir en referencia a la isla donde murió Napoleón. Estaba ubicado en un pequeño archipiélago de la ría de Vigo. Llegó en diciembre de 1940 y su familia se mudó a una pequeña casa de Redondela, el pequeño municipio donde se encontraba la cárcel. Querían estar cerca de él y no tener que cruzar España cada vez que quisieran visitarlo. Allí se quedaron el resto de sus vidas y allí fue donde murió María del Carmen el 5 de mayo de 2021.

En los tres años que estuvo en esa prisión padeció el mal tiempo y el hambre. Cientos de compañeros murieron delante de sus ojos. Después fue trasladado a la cárcel de Vigo y al año siguiente, el 12 de enero de 1944, un guardia le entregó un telegrama en el que le anunciaba que ya había cumplido su condena y que quedaba libre. Por fin se reunió con su familia, aunque fuera despojado de su vida anterior. Como no tenía trabajo, se pasaba las horas escribiendo en una camilla por puro placer, sin lectores a los que dirigirse. Los dueños de los diarios se mostraban reticentes a publicar los textos de según qué plumas por temor a posibles sanciones del régimen. Con el paso del tiempo le compraron algunos artículos con seudónimo, pero no ganaba con ellos el suficiente dinero para vivir y, mucho menos, para mantener a su familia. Al final se empleó como oficinista en una empresa textil.

Pasó todavía una década hasta que se atrevió a comenzar a escribir su novela sobre lo acontecido en Madrid durante la guerra. Tenía tanto miedo que nadie le vio jamás trabajar en ella, pues sabía que estaba infringiendo su libertad condicional y no quería perjudicar a su mujer y a sus hijos. No obstante, es fácil imaginarse lo que le habría ocurrido al leer la descripción que hace del golpe de Estado:

> Empezaron a desfilar por las calles más céntricas camiones de ametralladoras. El alumbrado público no cumplió sus menesteres a la espera de la anunciada visita de la aviación prestada a los traidores. Los madrileños, que no conocíamos más que de referencia los bombardeos aéreos de la pasada contienda,

> estábamos alerta. Poco después de la una, no quedaban en la calle más que los serenos y los policías. Se decía que, durante la tarde, las tropas acuarteladas en la Montaña habían recibido muchas visitas de parientes y amigos a quienes no se vio salir. Al amanecer del 18 de julio, un ligero tiroteo y el mosconeo de un avión tocaban diana en todas las alcobas, muy especialmente en Argüelles.

Durante los tres meses que tardó en escribirla, entre octubre de 1954 y enero de 1955, escondía todas las cuartillas que terminaba para que nadie las encontrara. Cuenta María del Carmen que siempre les leía todo lo que escribía, ya fueran fragmentos de piezas teatrales o poemas, pero que no recuerda una sola vez en la que les enseñara una línea de aquella obra. Ni siquiera les pidió su opinión sobre el primer título que le puso, «Al paso alegre de la paz». Estaba sacado de uno de los versos de *Cara al sol*. No tenía duda de que, si aquel cuento hubiera caído en manos de la policía, su caso se habría reabierto y le habrían impuesto la pena capital de la que ya se había librado en 1940. Solo había que ver que Franco aparecía citado como «el trágico pelele» y Queipo de Llano, como un «esquizofrénico y saltimbanqui» que daba «rebuznos» en sus largas alocuciones radiofónicas.

Uno de los hechos más insólitos de la novela es que repartía por igual contra los siniestros personajes que había en uno y otro bando, y a los cuales conoció de primera mano a pesar de simpatizar con la República. Eso le daba a la obra una equidistancia difícil de entender en lo que respecta a los responsables de los crímenes que se cometieron durante la contienda, sobre todo si tenemos en cuenta todo el sufrimiento padecido por Diego San José a lo largo de su vida por culpa de los franquistas. El editor del libro, Aníbal Salazar, refleja este aspecto a la perfección:

> San José se limita a ensartar escenas que resultan harto ilustrativas para entender que en la Guerra Civil nada fue negro o blanco, rojo o azul, sino de un gris impreciso y amargo en el que,

eso sí, centellean paradojas que hoy, cuando caminamos hacia una polarización ideológica inquietante, resultan complejas de entender. Anarquistas de la CNT que ayudaron a gentes de la Falange a escapar de las sacas; alcaldes que pusieron en riesgo su vida por defender a los lugareños del color contrario; jueces militares que, ejerciendo el sentido común, se resistieron a condenar a muerte a personas sin delitos de sangre afectos a la República; funcionarios de prisiones del Gobierno de Azaña que, antes de dejarse arrastrar por la jauría sedienta de sangre derechista, pusieron un punto de razón en mitad de la barbarie, y vecinos de ideologías enfrentadas que nunca dejaron de saludarse amablemente en las escaleras.

Así destruyó Franco a la Falange de su odiado Primo de Rivera para obtener el poder absoluto

Manuel P. Villatoro

Ni hubo cordialidad ni hubo sumisión. Aunque en ocasiones se quiere transmitir que las historias de Falange Española (FE) y de José Antonio Primo de Rivera están ligadas a Franco por la fidelidad, la realidad es muy diferente. Además de que a ambos personajes siempre les separó una relación personal nefasta, se cree que el de El Ferrol tuvo la oportunidad de evitar el fusilamiento del líder político por parte de los republicanos. Sin embargo, se negó al considerar que podría convertirse en uno de sus rivales en el poder. Esto, unido a un decreto mediante el cual el dictador restó poder al partido tras comenzar la guerra, provocó que un grupo de falangistas planeara asesinarle en 1941.

Mucho se ha hablado sobre la verdadera relación entre Franco y Primo de Rivera. Decir que se soportaban ya es aventurarse mucho. Esta pareja se conoció en 1932, cuando hicieron las veces de testigos en la boda de Ramón Serrano Suñer. Ambos se perdieron la pista hasta el 24 de septiembre de 1934, cuando José Antonio envió al futuro dictador una carta avisándole de una inminente revolución en Asturias. «Todas estas sombrías posibilidades me han llevado a romper el silencio hacia usted», afirmaba el ya líder de la organización Falange Española. El escrito no tuvo respuesta por parte de su interlocutor. Un mal comienzo.

En febrero, Primo de Rivera volvió a la carga y logró concertar una reunión con Franco. Para entonces, José Antonio era ya un líder consumado de tan solo treinta y dos años que se había hecho un hueco en la política gracias a su buena oratoria y a su lenguaje gestual. El futuro dictador era un general que todavía se mostraba dubitativo en lo que se refiere a actuar por las bravas contra la República.

Esos interrogantes fueron los que terminaron por desesperar a José Antonio, quien durante la cita perdió el poco respeto que sentía hacia el militar al considerarle evasivo y cauteloso. Así lo corroboró Serrano Suñer: «José Antonio quedó muy decepcionado y, apenas cerrada la puerta del piso tras la salida de Franco, se deshizo en sarcasmos».

La situación estalló en 1936, mientras José Antonio pasaba sus días dirigiendo la Falange desde la Prisión Provincial de Alicante después de haber sido encarcelado por posesión ilícita de armas. Allí, a Primo de Rivera le propusieron unir su nombre al de Franco en una candidatura conjunta por Cuenca. El objetivo era lograr que la derecha diera un golpe de efecto en la región y pudiese alcanzar el poder de manos de estos dos personajes tan populares.

Tal y como explica José María Zavala en *Franco con franqueza*, José Antonio encomendó a Serrano Suñer que «gestionase en el círculo próximo al general gallego su propia exclusión de la candidatura alegando sin más que no deseaba presentarse junto con el entonces comandante general de Canarias». El militar jamás le perdonaría aquella afrenta contra su persona. La tensión quedó de manifiesto cuando, en más de una ocasión, se refirió de forma despectiva al líder de la Falange como «ese muchacho» hacia el que sentía cierta necesidad de desquite. Así habló Serrano Suñer de la relación entre ambos:

Respecto a Primo de Rivera no será gran sorpresa para los bien informados decir que Franco no le tenía simpatía. Había en ello reciprocidad, pues tampoco José Antonio sentía estimación por él. Más de una vez me había sentido yo, como amigo de ambos, mortificado por la naturaleza de sus críticas. Allí, en Salamanca, me tocaba sufrir la contrapartida. A Francisco le mortificaba el culto al líder de Falange, la aureola de su inteligencia y de su valor.

Sin ayuda de Franco

Aunque en principio Primo de Rivera había sido encarcelado por tenencia ilícita de armas, su situación cambió el 17 de julio de 1936, cuando se inició el levantamiento militar. A partir de entonces, su figura quedó en el punto de mira y se le acusó de conspirar contra el Gobierno desde la prisión. El 3 de octubre fue juzgado y, al poco, condenado a la pena capital. Franco trató de liberarle en varias ocasiones, pero dejó de considerar este objetivo como prioritario y rechazó algunos intentos posteriores de salvarle.

Uno de ellos es narrado en *La pasión de José Antonio*, del mismo Zavala. Al parecer, los Aliados estaban dispuestos a colaborar con Franco para llevar a cabo un desembarco y rescatar por la fuerza a Primo de Rivera. Los que propusieron este curioso plan fueron los miembros de la Royal Navy. «Basta con que haya luz verde del lado nacional. Nos personamos en Alicante con nuestros marineros, sacamos a José Antonio y no pasa nada», corroboraron a don Juan de Borbón desde el ejército británico. El propio conde de Barcelona tanteó a algunos emisarios extranjeros para lograr su apoyo: «Yo busqué la manera de que me lo ofrecieran, pero querían luz verde y no conseguimos que nos la dieran».

Franco respondió con evasivas; un movimiento nada extraño ya que, si Primo de Rivera moría, él se garantizaba el apoyo de los quince mil militantes de la Falange, se quitaba de en medio a un gran orador y unificaba un poco más el bando nacional. A pesar de ello, de cara al exterior siempre defendió que ambos mantenían una buena relación. Un ejemplo fueron las palabras que le dedicó después de que fuera fusilado:

> José Antonio, símbolo y ejemplo de nuestra juventud; en los momentos en que te unes a la tierra que tanto amaste, cuando en el horizonte de España alborea el bello resurgir que tú soñabas, repetiré tus palabras ante el primer caído. Que Dios te dé el eterno descanso y a nosotros nos lo niegue hasta que hayamos sabido ganar para España la cosecha que siembre tu muerte. ¡José Antonio Primo de Rivera! ¡Presente!

Franco no se fía

A pesar de su ejecución, Franco nunca terminó de fiarse de la Falange. Es algo que quedó claro cuando ordenó que la organización fuese seguida de cerca y espiada por la red de información APIS, el mismo grupo que se encargaba de pasarle al dictador informes constantes de los principales grupos masones de España. De hecho, siempre solía fanfarronear afirmando que estaba «bien informado de todo cuanto se trama en las logias» y tenía «información directa de los masones». Según explica el historiador Javier Domínguez Arribas en su obra *El enemigo judeo-masónico en la propaganda franquista (1936-1945)*, el grueso de estos informes llegaron al militar entre los años cuarenta y sesenta.

En la misma obra, el experto también señala que el grupo de espías estaba formado por mujeres y que seguía de cerca a los falangistas: «Las acusaciones más graves contra la FE se encontraban en los documentos de la red APIS. En ellos, ciertas actitudes políticas habituales entre los falangistas aparecían como el resultado de consignas masónicas». En los documentos se instaba a sus seguidores a unirse a cualquier manifestación en contra del Caudillo y a saturar de «vivas y aclamaciones al Führer y a Alemania».

El sector falangista estuvo investigado durante años, al igual que sucedía con todo aquel que se declaraba partidario del rey don Juan. APIS solía pasar también informes de organizaciones «juanistas», como se hacían llamar. Una de las personas más perseguidas por Franco y sus espías fue Pilar Primo de Rivera, la hermana de José Antonio. En los documentos elaborados por el grupo se podía leer lo siguiente: «Volviendo a Pilar, otra de las cosas que la ha enfurecido es que, según dice, ayer desfilaron ante el Caudillo las Milicias Universitarias al grito de "Viva España". La palabra "viva" ella no la traga».

El decreto de unificación

Por si todo lo anterior no fuese suficiente, el 20 de abril de 1937 Franco volvió a cargar contra falangistas y carlistas. Ese día decretó que las dos organizaciones políticas quedarían unidas en un único partido llamado Falange Española Tradicionalista y de las Juntas de Ofensiva Nacional-Sindicalista (FET y de las JONS). Su objetivo era acabar con las luchas internas que había en el seno de estas corrientes y centralizar el poder bajo su persona. Así comenzaba el documento:

> Una acción de gobierno eficiente, cual cumple ser la del nuevo Estado español, nacido por otra parte bajo el signo de la unidad y la grandeza de la patria, exige supeditar a su destino común la acción individual y colectiva de todos los españoles.

La unificación no tardó en darle dolores de cabeza. Desde la Falange se alzaron voces discordantes al considerar que la unión de ambos grupos acabaría con la esencia original del partido. Uno de los mayores opositores fue Manuel Hedilla, el sucesor de José Antonio Primo de Rivera (al menos de forma oficial, ya que algunos historiadores como el hispanista Herbert Rutledge Southworth defienden que este líder estaba a favor del decreto franquista).

«La inmediata reacción de la dirección de Falange fue enviar un telegrama el 22 a sus jefes provinciales en el que, si bien se mostraba acatamiento a Franco, en realidad se contravenía la orden de este. El mensaje en cuestión se mandó firmado por Hedilla, aunque parece ser que en el original entregado a Telégrafos su firma no existía», explica Joan Maria Thomàs en su obra *El gran golpe. El «caso Hedilla» o cómo Franco se quedó con Falange*.

El telegrama, unido a las críticas vertidas por Hedilla contra la unificación y su negativa a aceptar un cargo menor, fueron las excusas perfectas para Franco. Este ordenó detener al líder de la Falange y procesarle junto con seis centenares de sus seguidores. Así, su plan de quedarse con el partido se materializó. El nuevo líder terminó condenado a muerte tras ser acusado de rebelión militar, aunque después se le conmutó la pena por la de cadena perpetua. De forma paralela nació una Falange clandestina, la Falange Autónoma, destinada a luchar contra el futuro jefe del Estado.

Objetivo: asesinar a Franco

Dos miembros de aquella nueva Falange fueron los que se reunieron a finales de marzo de 1941 para idear un plan con el que derrocar al Caudillo. Según explica el escritor y periodista Antoni Batista en su libro *Matar a Franco. Los atentados contra el dictador*, los puntales de aquella misión los pusieron Emilio Rodríguez Tarduchy y Patricio González de Canales. Estos se reunieron en la ermita de San Antonio de la Florida, en Madrid, con el objetivo de buscar la forma más efectiva de perpetrar el magnicidio.

Decidieron que lo idóneo sería asesinarle en la celebración del día de la Victoria, el 1 de abril. El plan, orquestado por el propio González, incluía a dos pequeños grupos o comandos. El primero se encargaría de despistar a su escolta, la temible Guardia Mora, mientras otro se acercaba lo suficiente a Franco como para descerrajarle varios tiros con un revólver. Sencillo pero eficaz. Además, el general estaría en plena calle y rodeado de personalidades que verían su final. Era un golpe de efecto ideal.

Los miembros del grupo organizaron una reunión en el número 40 de la calle Alberto Aguilera para votar si matar o no matar a Franco de un disparo. El resultado fue una negativa. Según arguyeron, por miedo a la posible invasión del régimen nazi y a la liquidación de su grupo.

Un puñado de lentejas con gusanos: los cadáveres del racionamiento en la España hambrienta de Franco

Israel Viana

«La situación es pavorosa, tenemos toda la provincia sin pan y sin la posibilidad ni la perspectiva de adquirirlo. Hace más de cuatro meses que no se ha repartido aceite, por no hablar de otros productos. Todos seríamos cadáveres si tuviésemos que comer de los racionamientos de la Delegación de Abastos». El informe en el que se retrataba este desolador panorama no fue escrito por una organización clandestina republicana con el objetivo de desprestigiar al nuevo régimen franquista, sino por la Jefatura de la Falange en Alicante. Estaba fechado en diciembre de 1940 y ratificaba uno de los periodos más dolorosos y difíciles de la historia reciente de España, el de la posguerra.

En ese momento, las dos Españas no tenían que ver con las que se habían matado durante la contienda. Ahora los bandos eran otros y ya no se bombardeaban: por un lado, la nueva aristocracia financiera formada por unas cuantas familias ilustres que, aupadas por Franco tras la victoria, obtuvieron grandes dividendos, títulos nobiliarios e influencia; por otro, el resto de los españoles, que veían como se agotaban los productos de primera necesidad, se hundía el empleo, se triplicaban los precios y se disparaba la desnutrición hasta niveles alarmantes.

El hambre fue un inconveniente desde el principio. La mayoría de los campos de cultivo habían sido arrasados y no podían surtir a los comercios de las ciudades. De las 750 panaderías que había en Barcelona, por ejemplo, solo funcionaban 180. En Madrid el porcentaje era peor. El país no estaba para bromas, y el 14 de mayo de 1939 la nueva administración emitió un informe en el que advirtió de la situación: «Tenemos la necesidad de asegurar el normal abastecimiento de la población e impedir que prospere cierta tendencia al acaparamiento de algunas mercancías. Por eso se aconseja la adopción, con carácter temporal, de un sistema de racionamiento para determinados productos alimenticios».

El «salvoconducto del hambre»

Cuatro días después nacieron las famosas cartillas para «26 millones de españoles o extranjeros residentes», según apuntaba la orden emitida por el Gobierno. Eran de dos tipos, familiar e individual. Contenían cupones para los diversos productos que se iban a distribuir cada semana, los cuales dependían de las existencias y, por lo tanto, cambiaban muy a menudo. El decreto del 28 de junio establecía los siguientes alimentos y cantidades diarias por persona: 400 gramos de pan, 250 de patatas, 100 de legumbres, 50 de aceite, 30 de azúcar, 125 de carne, 25 de tocino y 200 de pescado fresco.

Sobre el papel no estaba nada mal. El problema era que las entregas no se cumplían nunca. Por lo general, los españoles volvían a casa con un pellizco de pan negro, un puñado de lentejas llenas de gusanos, azúcar amarillo, un poco de chocolate terroso con sabor a algarrobas y algún que otro boniato. Era tan poco que la cartilla pronto fue bautizada como el «salvoconducto del hambre». Las familias estaban obligadas a pujar por el poco género que se ponía a la venta para completar su pobre dieta. «Se formaban colas en los comercios y los vecinos se peleaban por coger un hueco, ya que los productos que se distribuían entre la población no llegaban a los últimos. Más de dos tortas de los mayores me he llevado yo», reconoce a *ABC* Bienvenida Verdú, que tenía nueve años en 1939 y vivía en la pedanía albaceteña de Nava de Abajo.

En las grandes ciudades esas filas se formaban desde las cuatro de la mañana, aunque las tiendas abrieran a las nueve. Solían dividirse en dos, una de las cuales estaba reservada a las embarazadas. Muchas veces, las mujeres que no lo estaban lo simulaban para no arriesgarse a que los alimentos se agotaran. El resto se llevaba sillas para que la espera no fuera tan dura y, cuando alguien intentaba colarse, se desataba la tormenta en forma de puñetazos. La demanda era tan elevada que la inflación comenzó a hacer estragos. Para atajarla y controlar los precios de todos los artículos de primera necesidad, el Gobierno estableció el régimen de tasas el 4 de agosto de 1939.

Según explica Daniel Arasa en *Historias curiosas del franquismo*, en octubre de ese año la situación empeoró y las tiendas de ultramarinos y los mercados comenzaron a vaciarse, todavía más, de frutas, hortalizas, carne y pescado. Era fácil ver las estanterías desiertas y la desesperación en la cara de los clientes. A esto se sumaron, a partir de diciembre, las restricciones de determinados productos como consecuencia del inicio de la guerra en Europa tres meses antes. Ello imposibilitó compensar la carencia nacional con las importaciones del extranjero.

Se instauró entonces el plato único los jueves, una medida que obligaba a los restaurantes a servir solo el primer plato del menú ese día de la semana. El objetivo era proyectar una imagen de austeridad sobre la población y, de paso, almacenar todos los alimentos así ahorrados y enviarlos a las organizaciones benéficas para ayudar a los más desfavorecidos. Se instó a las familias a que hicieran lo propio en sus casas, pero lo cierto es que casi nadie lo cumplió. El escritor falangista José María Pemán, nada sospechoso de ser crítico con el régimen durante aquellos años, reconoció que «se comía lo mismo que cualquier otro día, pero se hacía en un entrante».

La otra España

Franco intentó lavar la mala imagen que se estaba ofreciendo de España a causa del hambre. Se esmeró sobre todo en Madrid, la ciudad más transitada y representada en los periódicos. El 17 de octubre de 1939, un día antes de instalarse en el palacio de El Pardo con su familia, el dictador ordenó retirar de las calles a los mendigos y vagabundos que las poblaban y prohibió terminantemente a los peatones que les dieran limosnas.

Eso no impidió al régimen hacer gala de su humor negro en publicaciones oficiales como *Alimentación Nacional*, una revista editada por la Comisaría General de Abastecimientos y Transportes. Gozaba de cierto tirón porque permitía a los lectores soñar con lo que no tenían y les ofrecía consejos sobre cómo cocinar siempre los mismos alimentos, pero de cien maneras distintas para engañar al estómago. Desde el primer número, que se vendió a finales de 1940 por 1,5 pesetas, incluía chistes de dudoso gusto como el de una niña que aparecía escribiendo una carta por Navidad: «Queridos Reyes Magos: este año preferiría que me regalaseis cosas para comer. Os envío la cartilla, devolvédmela con lo que podáis dejar en los zapatos».

Para Mariano Sánchez Soler, autor de *La familia Franco S. A.*, mientras que la inmensa mayoría de los españoles se morían de hambre, las grandes entidades bancarias del franquismo comenzaron a forjar su poder y su riqueza. Entre 1940 y 1952, lograron absorber a los cuarenta y siete bancos que operaban en el país en una serie de maniobras gigantescas que se realizaban bajo la protección del Caudillo. Hablamos de compañías financieras que durante años estuvieron entre las más importantes no solo de España, sino del mundo (véanse Banesto, Central, Bilbao o Vizcaya). Así lo expone el periodista:

> En un país destruido por la guerra, cuya renta nacional quedó reducida a 149.176 millones de pesetas, los bancos privados obtuvieron solo en 1942 unos beneficios de 121.482 millones. La cifra explica por sí sola quiénes eran los auténticos dueños de la España autárquica. Ya lo dijo Franco el 21 de agosto de 1942 en Lugo: «Nuestra cruzada es la única lucha en la que los ricos que fueron a la guerra salieron más ricos».

Esta nueva clase dirigente unió su destino al de la dictadura y supo transitar con soltura desde los consejos de ministros a los consejos de administración. Era un viaje de ida y vuelta en que lo público y lo privado se mezclaban en beneficio de intereses particulares. Eso generó beneficios asombrosos para unos pocos privilegiados mediante la apropiación de compañías ajenas o haciendo desaparecer a las empresas competidoras antes regentadas por republicanos. Fue en ese momento cuando se forjaron las grandes fortunas que controlaron la economía del país durante décadas.

Contra el hambre, imaginación

Mientras tanto, el panorama que dibujaban los cientos de informes que enviaban con regularidad los organismos oficiales era dramático. La degradación del nivel de vida en la década de los cuarenta fue terrible. Asegurarse la subsistencia se convirtió en una auténtica lucha diaria para el resto de los mortales; un esfuerzo extraordinario en cuanto a tiempo, recursos e imaginación. Verdú recuerda a la perfección aquella odisea:

> Estábamos tan hambrientos que mi padre tenía que ir a robar uvas por la noche. Mis hermanos y yo recogíamos hierbas en el campo, ya fueran collejas, romanzas o cardos. Mi madre las hervía luego para que nos las comiéramos como si fueran verduras. No había otra cosa. Si encontrábamos una cáscara de naranja por

> la calle nos la comíamos. En aquella época yo no conocía el plátano. Ten en cuenta que éramos ocho hermanos y lo de la cartilla ni mucho menos nos daba para vivir. Una vez al mes nos entregaban un poco de leche en polvo, un pan de maíz que se deshacía en las manos y un bacalao que por entonces era la comida de los pobres. Tampoco conocíamos la carne y no nos daban aceite. Cocinábamos todo con sebo de animal.

Los problemas de abastecimiento siguieron siendo el tema estrella de las memorias de las diputaciones provinciales, las cuales no escondían las miserias que padecían. «Es completamente imposible vivir con las cantidades que dan en el racionamiento. Además no pueden considerarse ordinarias, puesto que no es corriente la regularidad en el reparto», aseguraba un informe enviado desde Salamanca en 1942. El balance a escala nacional realizado a finales de esa misma década por la Comisaría General de Abastecimientos y Transportes era igual de negativo:

> Tan solo en 1944 y 1948 se distribuyó algo más de la mitad del aceite comprometido a precio de tasa, pero en 1941 y 1946 no llegó a un tercio. La proporción media de azúcar disponible se situó en el 40%, pero las patatas y las legumbres secas se tuvieron que comprar en el mercado negro, dado que este organismo solo suministró el 20 y el 18%, respectivamente. Las cantidades de tocino y bacalao fueron irrisorias: no llegaron al 2%.

Estraperlo

La única manera de garantizar la supervivencia seguía siendo comprar en el mercado negro si se tenía la posibilidad. A medida que avanzaba la década los precios eran cada vez más inaccesibles para la mayoría de las familias; resultaba imposible organizarse o tener una mínima previsión, porque estos variaban todos los días de una ciudad a otra. El 30 de septiembre de 1940 el Gobierno creó la Fiscalía de Tasas, una entidad que sancionaba los abusos y el acaparamiento de productos. A esta le siguió la Junta Superior de Precios en 1941, pero ninguna de las dos instituciones mejoró la situación.

El estraperlo alcanzó su nivel más alto en 1946. Fue conocido como el año del hambre. Un informe de la Cámara de Comercio de Sabadell calculó que el precio del azúcar era diez veces mayor que el establecido de manera oficial; el del pan se había multiplicado por cuatro, el del aceite por seis, el del arroz por cinco y el de las patatas por tres.

La cartilla estuvo en funcionamiento hasta abril de 1952. El consumo per cápita de carne se había duplicado para esa fecha, por lo que el Gobierno consideró que ya no era necesaria. En total fueron trece años de hambre y miseria que llevaron a muchos investigadores a defender la idea de que la Guerra Civil no acabó, en realidad, hasta el final del racionamiento. «Todavía me entran ganas de llorar cada vez que me acuerdo de esa década que siguió a la contienda», subraya Verdú.

Entre 1939 y 1942 se produjeron entre doscientas mil y seiscientas mil muertes como consecuencia de la mala alimentación o de las enfermedades derivadas de ella; se trata de un margen muy amplio, cuyo umbral inferior es el dato que ofrecen Stanley Payne en *El régimen de Franco* o Juan Díez Nicolás en «La mortalidad en la guerra civil española». Otros estudios estiman que la mortalidad asociada a la desnutrición aumentó un 250 por ciento en los años cuarenta.

Las amargas confesiones del mejor general del Ejército Popular: «La República es responsable de que se produjera la sublevación»

MANUEL P. VILLATORO

En plena Transición el general José Miguel Vega, entonces jefe del Estado Mayor del ejército, pero también antiguo oficial del bando nacional, sorprendió a su audiencia al elogiar la capacidad militar de un oficial tan controvertido como Enrique Líster. Lo hizo durante un extenso discurso en la Pascua Militar. Sin embargo, en una España que todavía se hallaba en proceso de cambio, su aseveración causó estupor en los presentes. Europa Press recogió que el teniente general Carlos Iniesta Cano, uno de los protagonistas del avance sobre Madrid en la Guerra Civil, se santiguó en su asiento «a la vista de todos». Eran otros tiempos...

La tesis de Vega contrasta con las palabras que Manuel Azaña escribió en sus memorias en 1937, cuando las unidades republicanas, milicias políticas en gran medida, eran dirigidas por una suerte de oficiales sin apenas formación militar, pero sí proclives a las doctrinas políticas de los diferentes partidos. «En las grandes unidades hay por jefes supremos gente improvisada, sin conocimientos: el Campesino, Líster, Modesto, Cipriano Mera...

Prestan buenos servicios, pero no pueden remediar su incompetencia. El único que puede leer un plano es el llamado Modesto. Los otros, además de no saber, creen no necesitarlo», escribió el presidente de la República.

¿Quién fue, pues, el oficial antes mencionado?, ¿un genio, un cantero gallego que no había hecho el servicio militar o un comisario político comunista al que la guerra no le atraía, pero que acabó convirtiéndose en un alto general? Según explica el doctor en Historia Víctor Manuel Santidrián Arias en «Enrique Líster, el antimilitarista que llegó a general», fue todo eso a la vez.

Líster representó a un tipo de oficial que la República encumbró durante la guerra fratricida: el miliciano politizado hasta el extremo que consideraba que, a través de la creencia en la ideología, se podía obtener la victoria sin contar con militares de carrera. Fue un craso error que él mismo admitió en una entrevista concedida a la periodista Sheelagh Ellwood en los años setenta; un encuentro en el que recalcó el caos que se vivió en los primeros meses de la contienda, antes de la formación del Ejército Popular, cuando las milicias tomaron las calles y las fuerzas republicanas quedaron deshechas:

> Todo eso llevó a una tremenda confusión. Había quien obedecía las órdenes y quien no las obedecía. Quien esperaba a que su partido o su organización se la confirmara. Había no solo un doble mando, sino triple o cuádruple, desde el momento en que sobre columnas y batallones mandaban formalmente los jefes militares, pero también los partidos, los sindicatos... Todos esos meses hubo caos y de eso se aprovechó el enemigo para avanzar hacia Madrid.

La entrevista constituye una fuente documental de primera mano para entender los problemas internos que provocaron la caída de la Segunda República, así como para comprender las diferencias políticas que había entre los oficiales del Ejército Popular, los mordiscos internos que se propinaban unos y otros y la pésima interpretación de la contienda que se hizo desde el Gobierno central. «No había una organización militar, había caos. Existía la conciencia y la disciplina de partido de cada uno. [...] En ese primer periodo de la guerra todo saltó hecho pedazos».

El Gobierno es culpable

El que fuera jefe de la 11.ª División y un destacado mando durante las batallas clave del conflicto insistió en que sabía que se iba a producir un golpe de Estado en 1936. Las fechas cuadran. En 1935 Líster ya había pasado por la Unión Soviética, donde había sido instruido en las artes del comisariado político y del espionaje institucional por orden del Partido Comunista. Usando como base esos conocimientos montó una gigantesca red de inteligencia con militares antifascistas que le informaban de las posibles conjuras contra el Gobierno.

> Empezamos en 1932, desde el intento de golpe de Estado de Sanjurjo. Cuando regresé de la Unión Soviética se me encomendó impulsar este trabajo y conseguí establecer enlaces y células en las principales guarniciones. Todo esto lo hacíamos en la más absoluta clandestinidad, incluso después de las elecciones de febrero de 1936. El Gobierno republicano jamás hubiera permitido que tuviéramos contacto con este tipo de militares.

¿Por qué no avisaron al Gobierno de que iba a suceder? Según explicó, porque no era su trabajo:

> Nosotros informábamos a la dirección del Partido Comunista, que continuamente criticaba la actividad de los fascistas: en las sesiones del Parlamento, en conversaciones con los minis-

tros y en la prensa. Sin embargo, el Gobierno de Casares Quiroga no tomó ninguna medida eficaz contra la conspiración.

A pesar de que sabían que se cocía a fuego lento una revuelta, Líster confirmó que no hicieron nada por evitarlo. Un craso error que, según sus palabras, provocó la caída total del orden constitucional y del ejército tras el alzamiento. «Hay que tener en cuenta una cuestión que los historiadores, por lo general, no advierten: con la sublevación del 18 de julio, en España se hundió definitivamente la República de 1931, con todas sus fuerzas armadas y su seguridad». Con amargura, el general comunista recordó que en el bando nacional conservaron «la organización militar, la policía, sus fuerzas de 40.000 hombres marroquíes y gran parte del aparato estatal». Para él, solo había unos culpables:

> La República cayó víctima de sus propios errores. No había cumplido la misión que tenía. Los políticos de los diferentes gobiernos republicanos no hicieron lo que habían escrito en la Constitución. Dejaron intacto el ejército con sus mandos fascistas, la tierra en manos de los terratenientes y el poder de la Iglesia. No tomaron ninguna medida de las que correspondían a una república de tipo burgués. Ellos tienen una tremenda responsabilidad en que se haya producido la sublevación.

Según Líster, la República había intentado ser democrática y popular en sus orígenes. Quiso dar «la tierra a los campesinos» y «abrió las escuelas y universidades a los hijos de los trabajadores». Sin embargo, cuando estalló la guerra cometió errores imperdonables como dinamitar los cimientos del ejército profesional, algo que permitió que las tropas nacionales avanzaran hasta Madrid sin oposición alguna. «En ese momento, frente a unas unidades organizadas mandadas por sus mandos naturales, no había unas fuerzas armadas por nuestra parte», añadió el militar. Aquello condenó también al Gobierno:

Tuvimos un periodo en el que los que luchaban militarmente por nuestra parte eran soldados, oficiales, guardias de asalto, guardias civiles y algunos guardias nacionales, de carabineros y milicianos. Estaban encuadrados en columnas, divisiones y batallones, pero no había realmente una unidad. El ejército, como tal, desapareció de la circulación. En las fuerzas de orden público pasó lo mismo: todo se disolvió.

Cada uno su guerra

Fue entonces cuando, en palabras de Líster, los partidos políticos organizaron sus milicias. Varias, sobre la base de antiguas unidades que habían hecho las veces de guardia pretoriana de los caciques locales durante la República. «En esa situación, mi Quinto Regimiento apareció como la primera unidad verdadera. Tenía, desde todos los puntos de vista, una estructura militar real». El problema era que cada uno de esos grupos respondía solo ante sus líderes ideológicos. Bien poca relevancia tenían el Ministerio de la Guerra y el Estado Mayor. No había una dirección común.

En mitad de aquella bicefalia entre ejército y milicias, los líderes políticos con más capacidad de unir bajo su mando a un puñado de hombres gracias a su labia fueron los que dirigieron muchas unidades. Líster fue uno de ellos. En el cuartel de infantería Wad-Ras n.º 1, por ejemplo, organizó una columna mixta con los miembros del partido y los soldados que se ofrecieron a seguirle. Con ellos viajó hasta la sierra de Guadarrama. «Se iba así. Los más audaces o de más prestigio cogían el mando, los soldados los elegían. A mí, por ejemplo, me eligieron teniente en una asamblea de mandos», desveló el oficial. De nada valía haber cursado una carrera militar. De hecho, en muchas ocasiones significaba ser expulsado, pues no había confianza en el ejército. En palabras del comunista, ese mismo caos se respiraba en el frente:

Unas columnas se sostenían y otras se deshacían al chocar con el enemigo. En el primer periodo de la guerra estaban los que combatían de día y luego por la noche cogían los coches y volvían a Madrid. En Madrid estaban abiertas las tabernas, las casas de putas. Al día siguiente, unos se iban otra vez al frente y otros se quedaban en Madrid.

Las duras críticas del general republicano Vicente Rojo contra la bandera tricolor: «No representaba a todo el país, dividió a España»

ISRAEL VIANA

Por insólito que parezca, la siguiente crítica fue escrita por Vicente Rojo, uno de los más fervientes y aguerridos defensores de la República: «El cambio de bandera realizado por el régimen que se instauró en abril de 1931 constituyó un grave error porque no nació del pueblo, sino de una minoría sectaria». El general valenciano estaba convencido de que aquella cuestión fue «uno de los motivos que de forma estúpida dividieron y dividen a los españoles, pues tiene su origen en la conducta mezquina y partidaria de nuestros políticos». El artículo, sin embargo, jamás llegó a ser publicado. Permaneció oculto hasta 2014.

El texto fue hallado por el abogado Javier Nart entre los documentos conservados por la familia del militar, que se encuentran almacenados desde hace años en el Archivo Histórico Nacional. Entre ellos localizó también mucha de la correspondencia privada mantenida por el general Rojo con algunas de las figuras más importantes de la historia del siglo XX. Sin embargo, en ninguna de las cartas e informes se mostraba tan duro como en este artículo que redactó para ser publicado en la revista que él mismo fundó en Buenos Aires, *Pensamiento Español.*

La publicación nació como un proyecto editorial destinado a recoger las opiniones de los republicanos en el exilio y, sobre todo, a favorecer la reconciliación de los españoles que habían estado divididos durante la guerra. Se desconocen las razones por las que Vicente Rojo decidió que no viera la luz. Es probable que no quisiera levantar ampollas en atención al espíritu pacificador y moderado de la revista. Estaba claro que una figura tan importante como él en la lucha antifranquista haría mucho daño con sus críticas a la bandera tricolor y su menosprecio a la ignorancia que, según él, demostraron muchos políticos y compañeros del ejército sobre la realidad histórica de España.

Así lo explicaba el general en su artículo:

> El pueblo no anhelaba incorporar a la bandera el color morado de Castilla. No podía quererlo porque la masa del pueblo español ignoraba que el morado fuese el color de Castilla [...]. Los republicanos de la Primera República quisieron introducir su enseña partidaria y crearon la bandera llamada republicana, pero esta no llegó a tener estado oficial y tampoco se popularizó. Nació, según contó su último presidente, Emilio Castelar, en la Universidad de Barcelona, fundiendo tres colores de tres facultades. No pudo, pues, tener un origen más arbitrario. Por eso no llegó a ser jamás una bandera oficial, nacional o popular. Los primeros republicanos, más sensatos que los segundos, no impusieron el cambio.

El mejor estratega militar

Rojo se consideraba con todo el derecho de criticar al régimen por el que había luchado y por el que se encontraba ahora en el exilio, sobre todo si tenemos en cuenta que había sido el responsable de la complicada defensa de Madrid durante el golpe de

Estado y los primeros meses de la Guerra Civil. Fue una tarea que desempeñó con éxito. No hay que olvidar que era la plaza más importante del país y la que se convirtió en la obsesión de Franco. Por eso todavía hoy muchos investigadores le consideran el «mejor estratega militar del bando republicano».

También fue el general que logró la única gran victoria de los perdedores, la conquista de Teruel, y consiguió retrasar el desastre final en las batallas de Belchite, Brunete y el Ebro. Su prestigio en el bando enemigo era tan elevado que el día de su muerte, en 1966, llegó a ser halagado por *El Alcázar*, un periódico editado por los excombatientes franquistas. El historiador Jorge Martínez Reverte describía a Rojo en *ABC* como «un militar al que no le gustaban nada los desórdenes». Esa fue la razón que le llevó a mantener el borrador de su artículo entre otro montón de viejos documentos.

El general había llegado a Argentina con su familia, procedente de Francia, en agosto de 1939. Había cruzado el Atlántico a bordo del Alcántara, el mismo buque en el que viajaba José Ortega y Gasset. Rojo ya llevaba su texto encima, puesto que estaba fechado en abril de ese mismo año. Lo escribió, por lo tanto, en Vernet-les-Bains, la pequeña ciudad gala, ubicada muy cerca de la frontera con España, donde estuvo viviendo unos meses al acabar la guerra.

Republicano, católico y conservador

Como si de un experto vexilólogo se tratara, Vicente Rojo continuó desarrollando sus argumentos contra la bandera tricolor y criticó el desconocimiento de los republicanos al censurar la enseña anterior por creer que pertenecía a la familia real.

> La bandera rojigualda que teníamos los españoles no era monárquica, sino nacional. La enseña de los Borbones era blanca, mientras que la de los reyes consistía en un guion morado.

> Por su parte, la bicolor como bandera de todo el país fue creada por las Cortes españolas en plena efusión del liberalismo, el constitucionalismo y la democracia. Para diseñarla se tomaron algunos de los colores que la Marina de Guerra venía usando de forma tradicional, los cuales habían dado tono a los guiones reales de los Reyes Católicos, en referencia al rojo, y de Carlos I, al amarillo. Estos eran también los de la enseña tradicional de Aragón, Cataluña y Valencia.

El general republicano daba tres razones por las que imponer a los españoles la enseña roja, amarilla y morada fue un auténtico disparate:

> Primero, porque no respondía a una aspiración nacional, ni siquiera popular. La bandera republicana era desconocida por la inmensa mayoría de los españoles. Segundo, porque se reemplazó una bandera que representaba a todo el país por una enseña partidaria, por lo que dividía a España. Y tercero, porque no era necesario y, consecuentemente, tan solo podía producir complicaciones, tal y como sucedió.

Esta opinión no era la que cabría esperar del hombre que, en octubre de 1936, fue ascendido a teniente coronel y designado jefe del Estado Mayor de las Fuerzas de Defensa comandadas por el famoso general Miaja. Tampoco de un militar que había sido condecorado, poco antes, con la Placa Laureada de Madrid por su actuación durante la conquista de Teruel. Era la máxima distinción que uno podía recibir dentro del ejército republicano, y, de hecho, solo fue otorgada en siete ocasiones durante la contienda.

A pesar de ello, Rojo no era un general muy común. Según muchos historiadores, se trataba de una figura histórica de gran complejidad para los estándares de la época: hubiera sido capaz de dar la vida por la República, pero era un católico y conservador declarado; una posición que no era nada fácil en unos años en los que el clero fue víctima de la represión.

Una personalidad insólita

Vicente Rojo rompió con muchos de los tópicos que se crearon alrededor del ejército sin cuestionar nunca su lealtad a la República. Su nieto, José Andrés Rojo, destacó la extraordinaria e inusual personalidad de su abuelo en una entrevista concedida a *ABC* en 2006, con motivo de la publicación de su libro *Vicente Rojo. Retrato de un general republicano*:

> Un militar de carrera tenía necesariamente que ser franquista. Un católico practicante también debía serlo. Lo mismo ocurría con un hombre de ideas conservadoras, como mi abuelo, que se suponía que tenía que ser seguidor de Franco, al igual que un patriota español. Sin embargo, dentro del ejército convivían muchas familias. Unas, digamos, más chapadas a la antigua, para las que los soldados eran los salvadores de la patria y estaban legitimados para intervenir en política con las armas. Otras, más modernas, que consideraban que el ejército era una institución que dependía del poder civil y que su cometido no era gobernar. Entre estos últimos se encontraba mi abuelo.

El general valenciano era un español orgulloso de serlo, en cuyo artículo no solo reflejó sus sentimientos contra la enseña tricolor, sino también su profundo conocimiento de la realidad del país.

> La tricolor no era inconmovible, ni imperdurable ni eterna, porque nació de una minoría. No crearon un símbolo nacional, sino uno de lucha partidaria que hacía prevalecer las ideas de la República por encima de las de nación y patria. Hoy los españoles están divididos en torno a dos enseñas, y ese es el fruto que ha generado aquel error [...]. La injusticia de las persecuciones, por lo tanto, nada tiene que ver con los colores de la bandera de España. Algunos se apoderaron del grito de «¡viva España!» y se colgaron en un sitio bien visible el crucifijo para proceder en

> nombre de Dios, pero no por eso los españoles debemos dejar de gritar «¡viva España!». Los que sean católicos o sean protestantes tampoco deben renegar de la moral cristiana.

Cuando Rojo explicaba que ya existía un símbolo nacional, se refería a la bandera establecida por Carlos III en 1785 para la marina de guerra. La misma que, en 1843, fue adoptada como única para todo el ejército en virtud de un real decreto de Isabel II y que, con alguna pequeña variación, es considerada hoy la oficial con los colores rojo y gualda. Tal y como indicó el académico y militar Hugo O'Donnell en el acto con motivo del 175 aniversario del nacimiento de la enseña, celebrado en 2018, con esta decisión «la reina quiso hacer un gesto a la reconciliación de España»; una opinión que también compartía el general republicano.

El historiador Luis Sorando Muzás coincide en la actualidad con Vicente Rojo. En un artículo publicado en la *Revista de Historia Militar* destacó el acierto de que «se le diera el nombre de "nacional" a esta bandera naval, en vez de "real" [como hicieron en 1931 los republicanos para poder eliminarla], pues en aquella época el concepto de nación, tal y como lo concebimos hoy, aún no existía». Ese es el enfoque que le dio a su artículo el fiel y crítico general republicano mientras huía de España. Sabía que, a partir de 1843, la enseña rojigualda se hizo tan popular que pronto empezó a aparecer de manera espontánea en los balcones, los tendidos taurinos, los abanicos y los atuendos hasta hoy. Tan solo desapareció durante los cinco años de la Segunda República con la imposición de la tricolor.

Corazón de vaca: la extraña enfermedad que mató a Azaña mientras los nazis intentaban cazarle

Manuel P. Villatoro

Lo suyo fue un presentimiento, casi como si conociera de antemano el triste final que le deparaba el destino. Poco después de que la guerra sacudiera a un país en declive, el que fuera uno de los políticos más reconocibles de la República se subió a un estrado valenciano indignado por los acontecimientos. Aunque no hubiera querido, su figura siempre le delataba ante el público: perfil abultado, traje de anchas hechuras, gafillas redondas típicas de la época y calvicie marcada, aunque llevada con mucha gracia. Aquel día, voz grave y pausada mediante, el presidente pronunció una frase que no podía ser más premonitoria: «Se me romperá el corazón y nadie sabrá nunca cuánto sufrí por la libertad de España».

Años después, en 1940, un doctor francés confirmó que el ya expresidente padecía una extraña enfermedad cardiaca. Para entonces ya tenía problemas de movilidad y de respiración, lo que le había hecho cambiar las cuestas por el terreno llano en sus recurrentes paseos en el exilio. «La dilatación era tremenda. El espacio que ocupaba el corazón en la caja torácica era desproporcionadísimo y anormal», confirmó su cuñado, Cipriano de

Rivas Cherif, en su libro *Retrato de un desconocido*. La victoria de Azaña fue predecir por qué abandonaría este mundo. El mismo médico galo que le atendió en su agonía se asombró al saberlo: «Pues no hay diagnóstico mejor que ese. Porque lo que tiene no es otra cosa sino que se le ha roto el corazón».

Cherif, presente en la triste escena mientras el expresidente era auscultado, redondeó el diagnóstico con un halago tan popular como apropiado para la ocasión. Insistió en que lo que tenía en realidad Azaña era un corazón que no le cabía en el pecho y que eso acabaría con su vida. Era sincero: «Se sonrió el médico al oírme repetir lo que los españoles decimos del hombre generoso». El galeno cerró el momento con una respuesta seca: «Muy justa expresión, porque cuando a uno no le cabe el corazón en el pecho, no puede vivir».

A partir de entonces comenzó la triste agonía del político. En pocas jornadas quedó relegado a la horizontalidad del colchón, sin poder apenas andar o hablar. Le cansaba hasta subir unos pocos escalones. No le ayudó tampoco verse obligado a cambiar de residencia al ser perseguido por la Gestapo y algunos miembros de la Falange. Como explicó Luis Ignacio Rodríguez Taboada, embajador de México en Francia y uno de los pocos que mantuvieron el contacto con Azaña por entonces, pasó sus últimos días animado mientras aquellos que le rodeaban le leían en voz alta pasajes del *Quijote* o *El coloquio de los perros*. Así, hasta que su vida se apagó a principios de noviembre de 1940.

A la carrera

Meses antes de todo aquello, fue en Perelada (Gerona) donde Azaña recibió la mala nueva: Barcelona había caído. Y, con ella, la última esperanza de la República. El general Vicente Rojo confirmó a finales de enero que no había nada que hacer y aconsejó un cese total de las hostilidades para evitar más bajas. Parte del Gobierno se opuso. Con ese negro panorama, el presidente, su familia y su séquito pusieron rumbo hacia la frontera norte de España. Según él mismo confirmó, solo había una realidad: «Hemos perdido la guerra, hemos sido vencidos y no nos queda más que sacar las consecuencias».

El caos era total. Todavía en territorio republicano, Juan Negrín instó al presidente a marcharse del país e instalarse en la embajada de España en Francia, una idea que no fue bien recibida por Azaña. «Amigo Negrín, saldré de Cataluña cuando usted quiera, pero cuando salga lo haré definitivamente. Conviene que usted sepa que si voy no pienso instalarme en la embajada. Me trasladaré a casa de mi cuñado, en Collonges-sous-Salève, y allí permaneceré». Al final, el camino al destierro comenzó la mañana del 5 de febrero, a eso de las seis de la madrugada. El frío helaba los huesos de quienes iban en un convoy de varios vehículos en uno de los cuales se podía distinguir al mismo Cherif.

Poco después, el presidente se instaló en una casa situada a trescientos metros de la frontera francosuiza, junto con los hermanos Rivas Cherif. Fue la primera de las muchas en las que residió durante un exilio que, a pesar de ser breve, le llevó por Collonges y Pyla-sur-Mer (Burdeos). El temor fue su principal acompañante en el periplo; el miedo a ser cazado cual animal herido.

Corazón de vaca

Así pasaron los meses hasta que llegó febrero de 1940. Azaña, que residía en Pyla-sur-Mer, llevaba tiempo achacoso. Se notaba con dolores y molestias en el pecho tras una gripe y su cansancio iba en aumento. Debió de ver cerca a la Parca, pues, a pesar de que en principio se negaba a ser visitado por un médico, terminó aceptando la propuesta de su cuñado y permitió que le auscultaran. El elegido para ello fue el doctor Monod, de una familia que Cherif calificó como «ilustre en Francia» y «muy particularmente en la historia».

> El expresidente accedió como excusándose de que le hubiéramos llamado para una cosa tan sin importancia a su parecer. No sé bien si en el fondo de su ánimo sentía una preocupación que quisiera ahuyentar desentendiéndose de sus propios dolores y molestias. La que más me alarmaba era la que decía que tenía en la parte alta del pecho, casi en la garganta, cada vez que, sentado en una butaca, se apoyaba en el respaldo.

Tras examinar al paciente, Monod corroboró a Cherif que padecía una extraña dolencia, una «lesión del corazón muy importante, de años, sin duda». Aunque le instó a ver a otros especialistas para corroborarla, no quiso que la familia se hiciese ilusiones y le explicó que «aquella primera investigación era lo suficientemente segura para afirmar que la aorta y el corazón estaban dilatadísimos». No había solución. Tan solo con descanso constante y reposo se podían paliar el dolor y los síntomas.

> Doctor: ¿No habían ustedes advertido hasta ahora ningún síntoma alarmante?
>
> Cherif: Únicamente aquellos últimos días, el semblante descompuesto que nos hizo llamarle [...]. Hasta hace poco hizo vida normal, incluso reanudando conmigo sus largos paseos de antaño. Nos íbamos a pie los diez kilómetros que separaban nuestra casa del casco de la población de Arcachón. Sí, se cansaba un poco, pero no era de extrañar tras el mucho tiempo que pasábamos así. Cierto que prefería los caminos llanos a la subida del monte, pero tampoco me extrañó, por ser una comodidad que yo compartía.

Azaña visitó en las jornadas siguientes a dos médicos más que confirmaron el diagnóstico. A sabiendas de lo que sucedía, Cherif se percató de que los síntomas eran obvios: se cansaba al subir escaleras, se fatigaba al caminar... A partir de entonces, el cuñado se esforzó por esconder la gravedad de la situación. Estaba convencido de que, de enterarse, la pena acabaría con él, pues era un hombre sensible en extremo. Así pasó sus últimos meses el defensor de la República, engañado cual niño y arropado por unos seres queridos cuya máxima era evitarle el disgusto de saber que estaba condenado a la muerte.

La realidad, no obstante, es que el enfermo era tan impresionable como perspicaz y pronto se percató de que algo no andaba bien en su cuerpo. La última pista se la dio un especialista amigo del doctor Monod, el mismo sujeto que se sonrió cuando le dijeron que el corazón no le cabía en el pecho a Azaña, y que Cherif no identifica en ningún caso con nombres y apellidos:

> Tenía lo que los médicos franceses llaman «*cœur de bœuf*» y los españoles «corazón de vaca». La dilatación era tremenda. Según le auscultaban los primeros días, había ya podido observar que el espacio que ocupaba el corazón en la caja torácica era desproporcional al normal según las mediciones del doctor.

Cherif describe de forma pormenorizada cómo pasó Azaña los siguientes meses, de febrero a noviembre, antes de su muerte. Superó las jornadas «sentado en un sillón por el día y recostado en la cama por la noche», pues tumbarse le generaba grandes molestias. La enfermedad se complicó con dificultades renales «que suelen llevar aparejadas la aortitis y la dilatación cardiaca» y con pleuresía (la inflamación de la piel que recubre los pulmones). Problemas en el habla, delirios, imposibilidad de leer por sí mismo y hasta varios amagos de ataques cerebrales completaron esta extensa lista de síntomas, todos ellos angustiosos para su familia. Así lo explicó su cuñado:

> Un día se ha sentido morir. Cuando se ha dado cuenta de que mi hermana Adelaida, que alterna en velarle con su mujer, ha acudido a las inyecciones que se guardan en el cajoncito de un mueble próximo a su butaca, se ha incorporado un punto para preguntarle si se ha fijado bien. Quiere saber si son las de aceite de alcanforado. Ve venir la muerte, pero cara a cara, sin miedo,

> sin rendirse. Cumple con su deber hasta el último momento y el vivir de un hombre es vivir hasta que Dios lo quiera.

En mitad de esa agonía, allá por junio, Azaña tuvo que ser evacuado en ambulancia y llevado hasta Montauban después de que se confirmara que los nazis y los franquistas le buscaban. Se salvó, pues su casa fue asaltada. En su nueva residencia continuó su particular y última lucha contra su nuevo enemigo, la enfermedad. A veces parecía superarla y conseguía levantarse de la cama para dar un paseo ayudado por un bastón. En otras ocasiones, el agotamiento le superaba y desplazar un único brazo para beber le resultaba una tarea imposible. Poco a poco, su corazón, ese «corazón de vaca» que decían los médicos, acabó con él.

El momento crítico llegó el 2 de noviembre, cuando el capitán mexicano Antonio Haro Oliva, miembro de su séquito, informó a sus allegados de que a Azaña le quedaba poco tiempo en este mundo. Así recuerda Rodríguez Taboada la conversación con este militar:

> HARO: Tengo la pena de informarle de que el señor Azaña está agonizando. Anoche le repitió un ataque y está privado de conocimiento.
>
> TABOADA: ¿Qué dice el médico?
>
> HARO: Que el caso está perdido. Necesita venirse usted inmediatamente. Cualquier demora le impedirá alcanzarlo con vida.

Falleció en la noche del 3 al 4 de noviembre en Montauban. «Despuntaba el alba cuando se quebró su vida. Cuatro horas cincuenta y tres minutos marcaron el punto final de una radiante existencia entregada por entero al servicio de la democracia del mundo», explicó Taboada.

El sufrimiento menospreciado de los gitanos en la «guerra de los payos»: «Ningún bando respetó a nuestros muertos»

Israel Viana

«Los gitanos son víctimas en España de una injusticia tradicional», denunciaba Helios Gómez sobre la discriminación que sufría su pueblo en una entrevista realizada en la residencia de la Alianza de Intelectuales Antifascistas de Madrid. Fue publicada por la revista *Crónica* el 18 de octubre de 1936 y es uno de los pocos testimonios que se conservan de este anarquista y artista romaní que llegó a comisario político de la UGT y organizó varias columnas en el bando republicano. En ese momento se encontraba recuperándose de las heridas que le habían producido unas esquirlas de metralla en un enfrentamiento contra los franquistas en la capital.

Si tenemos en cuenta lo poco que los historiadores se han interesado por la participación de los gitanos en la guerra, esta entrevista es una joya. Ocupaba una página completa, algo no muy habitual en la prensa de la época, que incluía un retrato fotográfico del protagonista con la cara llena de gasas y dos dibujos realizados por él. Sin embargo, lo más insólito es que, con sus respuestas, Gómez intentaba echar por tierra la idea de que la comunidad romaní vivía aislada del conflicto, como si fuera un enfrentamiento entre seres de otro mundo ajeno al suyo:

> Esta guerra es la justificación y reivindicación de mi pueblo. En Sevilla, los gitanos de la Cava, del Pagés del Corro y del Puerto Camaronero estuvieron diez días batiéndose a la desesperada contra Queipo de Llano. En Barcelona, los de Sans, la barriada de mayor significación proletaria, fueron los primeros que se movilizaron con escopetas de caza, viejos pistolones y navajas para detener a las fuerzas sublevadas del cuartel de Pedralbes. Luego he visto a los gitanos batirse como héroes en el frente de Aragón, en Bujaraloz y en Pina. Muchos vinieron con la columna de Alberto Bayo a Mallorca y desembarcaron en Puerto Cristo. En la isla también los había organizados en una centuria del Partido Socialista Unificado de Cataluña (PSUC) que pelearon como leones en un parapeto que se llamó de la Muerte. Y ahora mismo se está formando una columna de caballería en la que los primeros inscritos son gitanos.

No se encuentran muchos más testimonios de representantes del pueblo romaní en los periódicos publicados entre 1936 y 1939; menos aún, con un titular tan explícito como el que encabezaba el encuentro con este miliciano: «Los gitanos en la Guerra Civil». En esos años, la prensa no se ocupaba de ellos, salvo para relacionarlos con episodios delictivos y describirlos, de manera despectiva, como «andariegos», «indocumentados» y «de alegre discurrir», cuyos hijos «nacen en los caminos».

El interés no aumentó con el paso del tiempo. En las últimas dos décadas, tan solo un par de estudios han intentado averiguar cómo vivieron, sufrieron y lucharon los romaníes. Uno de ellos fue el publicado por Eusebio González Padilla en 2009, *El pueblo gitano en la Guerra Civil y la posguerra. Andalucía Oriental.* «Cuando consulté la bibliografía para enterarme de lo que se había escrito sobre el tema, me di cuenta de que no había absolutamente nada. La materia que iba a abordar era tan original que me costó mucho hacerlo», explica el autor a *ABC* sobre el complicado trabajo de documentación.

Como experto en la evolución de la comunidad gitana e investigador del grupo Historia del Tiempo Presente de la Universidad de Almería, González Padilla era consciente de que la intervención del pueblo romaní en otros conflictos pasados tampoco había sido muy estudiada. Sin embargo, este caso le resultó especialmente singular, ya que se trataba de un conflicto más o menos reciente sobre el que se habían publicado una cantidad ingente de libros, tesis, novelas, artículos o películas.

El Pelé

La consecuencia es que son muy pocos los gitanos víctimas del conflicto cuyo recuerdo ha permanecido vivo hasta hoy. El más famoso es Ceferino Giménez Malla, alias el Pelé, un humilde comerciante que fue detenido por un grupo de republicanos en Barbastro. Su delito: salir en defensa de un joven sacerdote que estaba siendo golpeado y arrastrado por las calles de la localidad oscense en dirección a la cárcel. Su fe en Dios era tan profunda que no pudo permanecer indiferente ante toda aquella violencia gratuita.

El Pelé tuvo la mala suerte de que los atacantes le encontraron un rosario en el bolsillo. Lo llevaba consigo desde hacía muchos años, cuando empezó a frecuentar la iglesia y recorrer los pueblos del norte de España como vendedor ambulante. Quienes le trataron le describían como un hombre honrado al que acudían tanto los payos como los gitanos para que les ayudara a solucionar sus conflictos. Aseguran que gran parte del dinero que ganó después, como tratante de mulas, lo puso a disposición de los más pobres.

Los milicianos no tuvieron en cuenta nada de su pasado y le condenaron a muerte por acudir en auxilio del sacerdote. Le ofrecieron el indulto si renunciaba a sus creencias religiosas y entregaba su rosario, pero su fe era más grande y prefirió permanecer en prisión y afrontar el martirio. El 8 de agosto de 1936 lo despertaron en medio de la madrugada y lo trasladaron desde su celda hasta las tapias del cementerio de Barbastro. Allí fue fusilado con su amuleto en la mano mientras gritaba: «¡Viva Cristo Rey!». La sinrazón de la guerra ponía fin a una vida de entrega al prójimo por la que el papa Juan Pablo II le convirtió, en 1997, en el único gitano beatificado de la historia de la Iglesia.

José Palma León

El 17 de octubre de 1937, el diario *La Voz* se hacía eco de otra triste historia protagonizada por un miembro de esta comunidad. «Aquel gitano que iba a la Olimpiada de Barcelona en un aro y se quedó en la trinchera», anunciaba el titular. La víctima era José Palma León, un joven herrero sevillano que, un año antes, había construido un sencillo y extraño medio de transporte dentro del cual estaba atravesando aquella España en guerra.

Su destino era la competición deportiva anunciada por los comunistas en la Ciudad Condal, como réplica a los Juegos Olímpicos que Hitler había organizado en Berlín. Cuando hizo parada en la capital, Palma León ya era relativamente famoso en todo el país. La prensa republicana se refería a él como Oselito y lo convirtió en un pequeño símbolo de libertad frente al fascismo; sobre todo el día en que cayó muerto en el frente de la sierra de Madrid, con solo veinte años.

Así contaba el artículo sus últimos días de vida:

> La Olimpiada Popular no llegó a celebrarse y Oselito, con su afán de justicia, se enroló en los primeros grupos de milicianos que subieron a la sierra para oponerse a la perfecta artillería extranjera de los enemigos del pueblo. Por los caminos iba y venía con su aro y su fusil, entreteniendo los descansos de sus compañeros y defendiendo las posiciones con disparos certeros y ra-

biosos. Desde entonces siempre estuvo en los lugares de mayor peligro. Ahora nos ha llegado la noticia de su fallecimiento. Como buen fatalista que era, diría que siempre tuvo la impronta de esa muerte escrita en la palma de la mano. La muerte por defender la libertad de sus hermanos.

Huir de la guerra

Los historiadores coinciden en que estos ejemplos son excepciones y en que la mayoría de los gitanos vivieron la guerra como un conflicto en el que no quisieron verse involucrados. Es cierto que eso mismo les ocurrió a muchos otros millones de españoles. La diferencia es que los primeros eran fieles a su estilo de vida nómada y sobrevivían del comercio al margen del gran conglomerado de ideologías, partidos políticos, sindicatos y organizaciones que convivían en el país durante aquellos años.

La antropóloga Teresa San Román, que ha estudiado la situación de estas comunidades en los últimos cuarenta años, apoya esta misma tesis en su ensayo *La diferencia inquietante*. Como prueba de su planteamiento recoge el siguiente testimonio de un anciano gitano que le explicó el espíritu con el que él había afrontado el golpe de Estado y la guerra. Lo hizo manteniendo en el anonimato su nombre y el de su familiar, como si el miedo a una represalia todavía estuviera presente:

> Si ganaban los que *aluego* ganaron, nos iban a hinchar a palos y nos iban a echar de todas partes. Si quedaban los otros, nos iban a matar trabajando en cualquier mina de por ahí. Hasta nos quitarían a nuestros hijos, como nos decían. Ni unos ni otros respetaban nuestras cosas, ni siquiera a nuestros muertos. Así es que el tío X y yo, que íbamos siempre juntos, le cambiábamos la banderilla al burro según pasábamos por aquí o por allí.

Este tipo de testimonios hacen del compromiso político de Helios Gómez una rareza. Por eso ha llegado hasta nuestros días como la figura más representativa de la lucha de los gitanos contra el fascismo. Un compromiso que adquirió desde muy joven, cuando se unió al movimiento anarcosindicalista andaluz y empezó a trabajar para una gran variedad de periódicos afines escribiendo artículos e ilustrando otros reportajes con sus dibujos. En la década de 1930 se embarcó en un viaje por todo el continente europeo durante el que enarboló la bandera de su raza y, poco antes de la sublevación, se afilió al Partido Comunista.

«El estallido le sorprendió en Barcelona. La primera ametralladora que se tomó a los facciosos en la calle de Caspe estuvo en sus manos. Luchó en los barrios de la Ciudad Condal y en los campos de Aragón. Cuando el capitán Alberto Bayo se marchó a Ibiza y a Mallorca, Helios se fue de comisario político de la columna Baleares y actuó en todas las operaciones», detallaba la revista *Crónica*. En la misma entrevista, Gómez defendía que la situación de su pueblo cambiaría a raíz de la contienda: «De esta guerra civil, que alumbrará tantas cosas magníficas en España, también ha de salir la reivindicación de los gitanos y su integración total a la vida».

Poco después de publicarse, Gómez se fue a luchar a Andalucía, donde fue elogiado por sus superiores y compañeros. También combatió en la batalla cordobesa de El Carpio, en la que escribió su episodio más siniestro al matar a un capitán de su propio ejército por haberles aplicado a él y a sus compañeros una medida disciplinaria desproporcionada. A raíz de ello tuvo que huir para evitar las represalias. Después fue expulsado del PSUC y regresó al bando anarquista como miliciano de la 26.ª División, la antigua Columna Durruti, con la que pasó a Francia en 1939.

Para González Padilla, el hecho de que la experiencia de Helios Gómez sea una excepción no significa que el resto de los gitanos no entraran en combate. Como les ocurría a la mayoría de los españoles, no era algo que se pudiera elegir. Te tocaba empuñar el fusil a favor del bando que dominara el pueblo en el que vivías aunque no quisieras. Muchos se emplearon como artilleros y llegaron a ser cabos y sargentos en ambos ejércitos. Hay varios condecorados entre los franquistas y los republicanos, pero eso no cambia cómo el historiador ve su situación general:

> Los gitanos fueron los actores olvidados e invisibles de la guerra. También lo fueron después, porque todo el mundo quedó catalogado entre los perdedores y ganadores, pero ellos siguieron siendo nómadas. Quedaron diezmados y, en muchas ocasiones, fueron incluso desalojados de las cuevas en las que vivían al estar asociados a la delincuencia. En especial sufrieron las leyes contra la guerrilla, ya que vivían en los caminos como comerciantes dedicados al estraperlo, vendiendo sus artículos de un lado a otro, y eran continuamente tiroteados bajo la sospecha de que iban a abastecer a los grupos disidentes.

La discriminación

La misma opinión sostiene Dolores Fernández, presidenta de la Asociación de Mujeres Gitanas ROMI y coautora junto con Padilla de *El pueblo gitano en la Guerra Civil y la posguerra*: «En la mayor parte de las ocasiones hemos soportado todos estos temporales bélicos con el agravante del racismo, lo que no hacía más que añadir sufrimiento al sufrimiento que ya padecíamos». La investigadora aclara que ese rechazo no procedía solo del bando franquista. Ella misma ha documentado episodios en el sector republicano, como aquel en el que los miembros más veteranos, radicales y respetados de la Colectividad Campesina Adelante, una organización anarquista de Lérida, propusieron la expulsión de los gitanos.

En su libro *El corto verano de la anarquía*, el escritor alemán

Hans Magnus Enzensberger recogía una escena que reflejaba muy bien esa discriminación. Se produjo en la columna de Buenaventura Durruti:

> Mientras la columna avanzaba hacia Aragón, encontró en el camino un campamento al aire libre de gitanos. Era inquietante porque a estas familias no les preocupaba lo más mínimo la posición del frente y pasaban de un lado a otro cuando les venía en gana. Eso no excluía la posibilidad de que pudieran ser utilizados como espías a favor de Franco. Durruti reflexionó sobre este problema y fue a verlos. Una vez los tuvo delante, les dijo: «Para empezar, señores, os cambiaréis y os vestiréis como nosotros». Los gitanos no estaban precisamente entusiasmados. «¡Sacaos esos trapos! Llevaréis la misma ropa que llevan los obreros».
>
> Los gitanos notaron que Durruti no estaba para bromas y se cambiaron sin chistar. Eso no fue todo, porque prosiguió: «Ahora que lleváis ropas de trabajador también podéis trabajar». En ese momento vino el llanto y el rechinar de dientes. Entonces les explicó: «Los campesinos del lugar han fundado una colectividad y han decidido construir un camino para que su pueblo pueda comunicarse con la carretera principal. Aquí tenéis vuestras palas y picos, ¡vamos!». No les quedaba otra alternativa. De vez en cuando, Durruti venía a ver cómo seguía el trabajo. Se alegró mucho de haber logrado que los gitanos usaran las manos. «Allí está el señor Durruti», susurraban estos con su acento andaluz y, a continuación, levantaban la mano con el saludo antifascista.

Más solidarios que los comunistas

En octubre de 1936, el mismo mes en que se publicó la entrevista a Helios Gómez, *Mundo Gráfico* justificaba su olvido e invisibilidad aludiendo al hecho de que los gitanos eran «enemigos de los papeles oficiales». González Padilla sostiene que tampoco inscribían a sus hijos en los registros y que les ponían nombres de mujer para que no les movilizaran. «Por eso hay tantos que se llaman Trinidad o Consuelo en aquella época», apunta. Afirma que, si tenían que identificarse con alguien, lo hacían con el bando de la izquierda, pero «un porcentaje muy alto de ellos no sabía en realidad lo que era la República».

Según el historiador David Martín, el pueblo gitano se caracterizaba por un gran sentimiento apátrida, que era «superior al de la mayoría de los anarquistas». Rechazaban las políticas impuestas por el Estado, pero tenían «un sentido de comunidad y solidaridad más fuerte que el de la mayoría de los comunistas». Por último, recuerda la enorme fe católica que profesaban y asegura que lo hacían «con mucho más sentimiento que los franquistas».

Todos estos investigadores coinciden en que, con excepción de los ejemplos citados, el pueblo romaní consideraba que la Guerra Civil era una «guerra de payos». En el documental *Yo me acuerdo*, dirigido en 2001 por José Manuel Fandos y Javier Estella, se recoge el testimonio de un superviviente gitano de la contienda que plasma a la perfección esta idea:

> Vi cómo fusilaban a tres, y también vi a toda la gente del barrio reunirse para celebrarlo como si fuera una fiesta o una corrida de toros. Entonces maldije mil veces, porque en otras ocasiones me preguntaba: «¿Por qué mi madre me parió gitano?, ¿por qué no podía haber nacido yo como un payo más, con sus casas y sus cosas adecuadas?». Sin embargo, después de lo que acababa de ver, me dije: «¡Bendita sea mi madre que me parió gitano!». Porque entre nosotros eso no existe. Ayer se saludaban y se abrazaban y hoy se odian y se matan. ¿Por qué hay tanta saña entre el mundo payo?

La rara obsesión de Franco por la mano amputada del cadáver de santa Teresa: «Dormía con ella»

Manuel P. Villatoro

No es un secreto que Franco se veía como un mesías; el hombre elegido para protagonizar una suerte de cruzada contra lo que llamaba las «hordas rojas de la Segunda República». Según avanzó la Guerra Civil, interiorizó su propia fantasía y, cuando el conflicto tocó a su fin en 1939, el deje dulce de atisbarse como un profeta le llevó a salir bajo palio a los eventos públicos, algo que causaba sonrojo a Adolf Hitler. La religión, para el militar, era casi una obsesión.

No sorprende que Franco sintiera un cariño especial hacia las reliquias de santos, costumbre que compartía con Felipe II, al que también veía como un maestro cuya luz debía seguir. Entre los muchos objetos religiosos que mantuvo junto a su persona destacan el antebrazo derecho de san Francisco Javier o el manto de la Virgen del Pilar. Pero si hubo uno que brilló con luz propia por encima del resto, ese fue la mano incorrupta de santa Teresa; un fragmento de su cuerpo que, como bien recogió *ABC* en 1975, les fue entregado a las carmelitas poco después de su muerte.

El origen de esta reliquia lo explicó también *ABC* en un reportaje dedicado a la muerte de santa Teresa y publicado por Carlos Rico-Abello en 1982. La noticia incidía en las bondades de una mujer que dejó este mundo en octubre de 1582 tras dedicar su vida a desvivirse por los demás. «Ha corrido toda España santa Teresa de Ahumada. Ha llegado hasta Andalucía fundando conventos. Ha atravesado la nevada sierra de Guadarrama en crueles invernadas. Ha estado a punto de perecer ahogada en el difícil paso de una torrentera burgalesa. ¡Ha sufrido mucho Teresa, porque ha amado mucho! Y, sin embargo, ha gozado mucho más cuando pudo sufrir».

Señalaba el autor que la sorpresa cundió entre las monjas cuando, un año después de su entierro, durante la que sería su primera exhumación, se percataron de que el cuerpo de la fallecida no se había corrompido ni un ápice. También recalcó que ese mismo día se decidió desmembrar parte del cadáver: «Algunas partes de su anatomía fueron lamentablemente mutiladas con celo y fervor mal entendido: la mano izquierda, desarticulada y arrancada por orden del padre provincial, un 4 de julio de 1583». Nueve meses después, «un dedo, el meñique de esa mano, que le cortó el padre Gracián de la Madre de Dios para que le acompañara en su cautiverio».

Aquello abrió la caja de los truenos e inició la triste tendencia a arrancar trozos de su cuerpo como reliquias. Un ejemplo es que, el 25 de noviembre de 1585, durante el traslado de los restos al convento de San José (Ávila), ocurrió otro tanto. «Aún se hará la mutilación del mismo brazo. Esta disección fue efectuada con un cuchillo». No tardó en pasar lo mismo. «Luego, el cuerpo fue desmenuzado: el pie derecho y la mandíbula superior están en Roma; la mano izquierda en Lisboa; la mano derecha, el ojo izquierdo, dedos y trozos de cuerpo, esparcidos por España. Su brazo derecho y el corazón, en los relicarios de Alba y Tormes... Y lo demás sigue incorrupto».

Sorpresa para Franco

Casi cuatro siglos después de que el cadáver de santa Teresa fuese dividido en pequeñas reliquias y repartido por media Europa, Franco halló uno de los trozos incorruptos. Según publicó *ABC* en 1975, el entonces general se topó con él después de que sus tropas tomasen Málaga el 7 de febrero de 1937: «Esta reliquia fue recuperada del botín de un marxista que intentaba sacarla de la ciudad el mismo día de la entrada en la capital del ejército nacional». Al parecer, la mano en cuestión era la que había sido cortada al cadáver de santa Teresa y enviada a Portugal, desde donde había sido llevada, a su vez, a un convento local.

La reliquia, guardada en un guantelete de plata adornado de valiosas joyas, fue encontrada en la valija del comandante republicano de Málaga, coronel José Eduardo Villalba, mientras intentaba escapar de la urbe. Según narraba el periodista de *ABC* Francisco Garrido en 1976, había permanecido en un convento de Ronda hasta que «en agosto de 1936, elementos del comité republicano la requisaron sin que se sepa cómo llegó a manos del susodicho coronel Villalba». El resto es historia.

Franco solicitó su cesión temporal a las religiosas carmelitas de Ronda, la orden que había sido la encargada de custodiar las diferentes partes del cuerpo. Estas aceptaron. Así, a partir de la guerra el brazo de santa Teresa acompañó al general en todos sus periplos a lo largo y ancho de España, y ello para su gran regocijo, tal y como quedó patente en una serie de misivas que el militar Francisco Salgado y el obispo Balbino Santos se intercambiaron una vez que finalizó la contienda. «El primero declara que el Generalísimo sentía una especial devoción por la gran santa española y el segundo afirma que accede muy gustoso al vehemente deseo del Caudillo para que conserve junto a él esta reliquia mientras sea el jefe del Estado», explicaba *ABC* en 1941.

La prensa de la época no tuvo reparos en publicar hasta dónde llegaba la obsesión de Franco por esta curiosa reliquia. Según dejó patente *ABC* en 1975, «el Generalísimo solía llevarla consigo en sus viajes y la guardaba en un lugar destacado de su residencia sobre un pequeño altar, de donde era trasladada a veces a su propio dormitorio». Esas noches dormía bajo su visión. «En ocasiones rezaba ante ella y el día de Santa Teresa era trasladada a la capilla de El Pardo, donde recibía culto especial», añadía el diario. Se dio incluso la coincidencia de que Madrid fue liberado por el ejército nacional un 28 de marzo, y santa Teresa nació también un 28 de marzo. Un hecho que hizo sonreír al dictador.

Orgulloso de su tesoro

Lo llamativo es que, durante su etapa como jefe del Estado, Franco no escondió en ningún momento que mantenía en su poder la reliquia. Un ejemplo fue la entrevista que el dictador concedió a *ABC* en 1961. A lo largo de la conversación con Luis Losada, y tras señalar que sus pasatiempos favoritos eran pintar y pescar, explicó que tenía «una profunda religiosidad que trasciende a toda su vida». El Caudillo hizo también hincapié en que su fervor por el catolicismo podía ser corroborado por «un hecho poco conocido», la devoción por la mano incorrupta. Así lo explicó Losada en su extenso artículo: «Desde el año 1937, cuando viaja y pernocta fuera de su residencia habitual, lleva consigo la reliquia de la mano de santa Teresa. Esta fue hallada en la maleta de un general [sic] rojo y las monjas carmelitas la han cedido en depósito al jefe del Estado».

Mientras permaneció en su poder —ya fuera en su dormitorio o en el relicario—, Franco solía ceder la mano de santa Teresa a la Iglesia varias veces a lo largo del año para que fuera venerada en procesiones y misas. Una de esas ocasiones quedó recogida en 1939 bajo el titular «Reliquia de santa Teresa que figurará en la procesión del Carmen». En el mismo artículo se especificaba que la esposa del Generalísimo había entregado el objeto a las carmelitas de Burgos para que figurara en la procesión de Nuestra Señora del Carmen, que saldría «el domingo por las calles de la ciudad». Aunque, eso sí, siempre era devuelta de nuevo a El Pardo tras el evento.

La mano de santa Teresa no fue la única reliquia adorada por Franco. El 15 de mayo de 1949, la prensa publicó que el jefe del Estado, acompañado de su esposa y su hija, habían recibido en El Pardo la reliquia de Francisco Javier. «Es la mano y el antebrazo derecho del santo, encerrados en una caja con tapa de cristal», explicaba *ABC*. El objeto, cedido por el Papa, permaneció en palacio hasta que acompañó a una delegación española a Japón. «En el oratorio del palacio la reliquia fue depositada al lado de la mano de santa Teresa, que allí se conserva. El padre Caballero rezó una oración para la conversión de los infieles y dio a besar la reliquia».

Cuando la mano de santa Teresa fue devuelta a las carmelitas, este diario recogió el acto:

> Doña Carmen y su hija han sido recibidas a mediodía de hoy en el Palacio Arzobispal por el cardenal primado, monseñor González Martín. A su llegada fueron cumplimentadas por el vicario general del Arzobispado, don Rafael Palmero Ramos. Eran portadoras de la mano izquierda de santa Teresa. La señora entregó la sagrada reliquia al cardenal con el ruego de que la hiciese llegar a la comunidad de las carmelitas. Un documento de recepción dejó constancia del suceso.

Entre la locura y el destierro: los «generales malditos» de Franco que quisieron tumbar la dictadura nada más rendirse la República

ISRAEL VIANA

El reportaje de la revista *Blanco y Negro* fue tan revelador y controvertido que, un mes después de su publicación en diciembre de 1979, todavía llegaban a la redacción cartas al director en las que los lectores ofrecían sus puntos de vista sobre lo sucedido. Lo firmaba el periodista Vicente Alejandro Guillamón y se centraba en la conspiración promovida por un grupo de generales monárquicos contra Franco, al que criticaban por haber acumulado todo el poder y no haber restaurado la corona nada más acabar la guerra.

El artículo se titulaba «Los generales malditos del franquismo» y ocupaba nada menos que cinco páginas. En el subtítulo se explicaba:

> Franco, aunque gozó de plenos poderes casi desde el primer momento de la contienda gracias al apoyo de Kindelán, no consolidó su poder personal hasta que le «echaron una manita» los maquis y el bloqueo internacional. Mientras tanto, tuvo numerosos problemas para someter a los «varones de la guerra» que se

> habían sublevado junto a él contra la República. El Caudillo reaccionó casi siempre muy a la gallega, toreando con habilidad y astucia a quienes le minaban el terreno, pero llegado el caso no dudó en aplicar serios correctivos a los más díscolos o levantiscos.

En la parte superior del texto había un pequeño encabezado que resumía el destino de dos de ellos: «El general Heli Rolando Tella fue expulsado del ejército y murió olvidado y loco. Antonio Aranda, héroe de Oviedo, fue acusado de masón y condenado al ostracismo». Un destino muy parecido corrieron sus colaboradores, a los que el Caudillo tuvo que enfrentarse en una especie de guerra fría interna. Eso tal vez explique el hecho de que, de los setenta generales del bando franquista en activo en 1936, solo seis habían ocupado algún puesto de mando a partir de 1940, según apunta el historiador Miguel Alonso Baquer en su ensayo *Franco y sus generales*.

Una vez terminada la Guerra Civil, los monárquicos empezaron a moverse para desplazar al Caudillo y restablecer la corona en la persona de don Juan de Borbón. Para conseguirlo eran conscientes de que necesitaban la colaboración de los militares, que eran los únicos que podían ponerle las cosas difíciles al dictador. El principal animador de estas actividades fue, ya incluso durante la Segunda República, Eugenio Vegas Latapié, un abogado del Estado y editor que lanzaba sus consignas desde la revista *Acción Española* y que, con el paso del tiempo, acabó convirtiéndose en el secretario político del mencionado aspirante a convertirse en rey, el conde de Barcelona.

Sondear a los generales

La conspiración no empezó a tomar cuerpo hasta 1942. En el mes de marzo se formó un comité compuesto por José María de Areilza, Pedro Sainz Rodríguez, el duque del Infantado, el marqués de la Eliseda, el conde de Fontanar, el coronel Troncoso y

Vegas Latapié. Este último fue el encargado de sondear la opinión de los generales para obtener su apoyo en favor de la deseada restauración. «De todos modos, las conversaciones con los jefes militares se mantenían en un tono de medias tintas, lo que hacía muy difícil que pudieran desembocar en un plan de acción concreto», aclaraba Guillamón.

El plan consideraba, entre otras alternativas, la posibilidad de que los nazis ocupasen la península, pues ya se había iniciado la Segunda Guerra Mundial. Eso permitiría la creación de un Gobierno monárquico en el exilio presidido por el general Aranda, «el más enérgico y vocinglero de los conspiradores», según lo describió Paul Preston.

La primera reunión se celebró en junio de 1942. Aunque se tomaron todas las precauciones para que se mantuviera en secreto, llegó a oídos de Franco, que decidió actuar con energía. Dispuso el confinamiento inmediato de Vegas Latapié, a pesar de haber sido consejero nacional de Falange Española Tradicionalista (FET) y de las Juntas de Ofensiva Nacional-Sindicalista (JONS) durante la guerra. También ordenó que se apartara y se detuviera a Sainz Rodríguez, ministro de Educación en el primer Gobierno franquista. Ambos, sin embargo, consiguieron huir antes de ser detenidos. El primero permaneció un mes oculto en Barcelona y logró pasar a Lausana, en Suiza, para convertirse en el secretario de don Juan. El segundo se refugió en Portugal.

En noviembre de 1942, antes de que se produjera el desembarco de los aliados en el norte de África, el *Journal de Genève* publicó unas declaraciones del conde de Barcelona que son consideradas el primer manifiesto público en contra de Franco: «No soy el jefe de ninguna conspiración. Soy el depositario de un tesoro político secular: la monarquía española [...]. Mi suprema ambición es la de ser el rey de una España en la que todos los ciudadanos, definitivamente reconciliados, puedan vivir en común».

Se trataba de una declaración valiente por parte de don Juan, sobre todo si tenemos en cuenta que se oponían, de manera contundente, al proyecto que el dictador había diseñado después de una guerra que había costado la vida a medio millón de personas; un proyecto de país basado en la victoria militar y en la división de los españoles entre vencedores y vencidos.

La comida en el Nuevo Club

El coronel Juan Antonio Ansaldo se pasaba los días imaginando planes de lo más inverosímiles para derribar a Franco y restablecer la monarquía. Por eso fue invitado a la comida que se celebró, en el exclusivo Nuevo Club de Madrid, a principios de marzo de 1943. Asistieron el marqués de la Eliseda, el de Quintanar, el de Villaurrutia y el profesor Alfonso García Valdecasas. Esta nueva reunión clandestina fue contada por *ABC* en el polémico reportaje:

> En la comida, Ansaldo propuso que Kindelán se apoderase de la Capitanía General de Cataluña, de la que había sido destituido unos meses antes, con el fin de facilitar el desembarco de los aliados en el puerto de Rosas (Gerona). A ella se supone que seguiría la mencionada restauración. Franco debió enterarse una vez más y mandó al coronel a un destino forzoso que el locuaz aviador se negó a cumplir con el pretexto de estar enfermo. En vista de su negativa, se le expulsó del Ejército del Aire y le impusieron seis meses de arresto en Cádiz, aunque también huyó antes de ser detenido.

Otro grupo de veintisiete procuradores en Cortes suscribió una «moción respetuosa» en el verano de ese año. Estaba promovida por Juan Ventosa, exdiputado de la Lliga de Cambó, que le pedía al Caudillo que restableciera una monarquía católica tradicional. La respuesta no se hizo esperar: destituyó a todos los que habían obtenido su cargo por su condición de consejeros nacionales del Movimiento.

Los sediciosos no se amedrentaron y continuaron ejerciendo una gran presión. En septiembre de 1943 le enviaron otra carta colectiva que el general José Enrique Varela se encargó de entregar en mano al dictador. En ella le exponían, con respeto y dejando claro que no querían «arrogarse la representación de la colectividad armada», que había llegado la ocasión de «no demorar más el retorno de aquellos modos de gobierno genuinamente españoles, que hicieron la grandeza de nuestra patria y de los que se desvió para imitar otras modas extranjeras».

Entre los firmantes se encontraba el general Kindelán, promotor de la iniciativa. A ella estuvieron a punto de sumarse dos ministros que, en el último momento, se echaron atrás para no poner en peligro su cargo. Para solventar este nuevo problema, el Caudillo recibió uno a uno a los que sí habían suscrito la carta y les dijo que tendría en cuenta sus peticiones. Era su forma más educada de quitárselos de encima, pues no les expuso jamás sus conclusiones ni volvió a hablar del tema con ellos.

Las «vagas promesas» de Franco

Don Juan publicó unas nuevas declaraciones contra Franco el 28 de enero de 1944. En ellas era evidente que el enfrentamiento entre ambos era ya abierto, pues el conde de Barcelona sabía que el dictador no podía aplicarle ninguna medida disciplinaria estando en el exilio. La crítica fue publicada por el diario argentino *La Prensa* después de una entrevista y supuso la ruptura de la correspondencia que mantenían desde hacía dos años.

> Franco solo me ha dado vagas promesas de restauración, sometidas a condiciones inadmisibles para el ideal monárquico. Yo no me puedo identificar, como fui invitado a hacerlo, con los postulados totalitarios de la Falange ni prestarme a que la monarquía restaurada aparezca como coronación o remate de la estructura creada por el régimen actual.

La presión fue en aumento. En marzo de 1944 circuló por Madrid otra misiva dirigida a Juan de Borbón, firmada por más de medio centenar de catedráticos universitarios, en la que proclamaban su convicción de que España necesitaba restaurar la monarquía y que él fuera el rey. «Esta es nuestra esperanza de un régimen estable, de autoridad, de derecho y de paz, que permita a España restañar sus heridas y realizar sus aspiraciones en el futuro concierto de los pueblos», explicaban.

A pesar de los intentos, el dictador logró consolidar su régimen sin dejar de responder con virulencia a aquellos que consideraba más vulnerables o peligrosos. De estos militares «malditos», el que salió peor parado fue el general Tella, que fue apartado del ejército bajo acusaciones que nunca llegaron a ser probadas. Su esposa llegó a escribir a la mujer del Caudillo, Carmen Polo, para exponerle la situación en la que había quedado su familia, pero no le respondió. También se dirigió por escrito al obispo de Madrid-Alcalá, Leopoldo Eijo y Garay, al que Franco respetaba mucho, y tan solo recibió una contestación muy fría y breve en la que le anunciaba que no podía hacer nada.

Guillamón describía a este militar en su artículo como «un monárquico hasta las cachas que, durante un tiempo, fue ayudante del infante don Carlos de Borbón, abuelo materno del rey don Juan Carlos». A continuación detallaba su destino desdichado: «Su hoja de servicios y su expediente personal desaparecieron de los archivos en los que deberían estar. También retiraron su retrato de la sala de los generales laureados del Museo del Ejército y ahora se encuentra abandonado en un sótano. Apartado del ejército en 1943 y olvidado, murió años después completamente loco», aseguraba.

El general Aranda

El caso de Antonio Aranda es más conocido porque fue el protagonista de una de las grandes gestas del bando nacional en la guerra, la defensa de Oviedo. Por ella recibió la Cruz Laureada de San Fernando, pero no le sirvió de nada. Pronto cayó en desgracia por su decisión de liberar a cientos de republicanos cuando fue nombrado capitán general de Valencia. Al año siguiente se le destinó a la recién creada Escuela Superior del Ejército, y en 1942 fue acusado de masón y conspirador.

A raíz de ello Franco ordenó su arresto, aunque fue liberado poco después por su condición de héroe. «La supuesta pertenencia de mi padre a la masonería era una calumnia enorme, como la de su republicanismo. Tuvo que soportar una investigación a fondo que, naturalmente, no consiguió demostrar nada en orden a esa acusación», aseguró la hija en una entrevista concedida en 1976.

Después de su puesta en libertad, el general fue retirado de manera progresiva de los escalafones de poder, hasta que en 1949 pasó a la reserva por una ley especial bautizada como la Ley Aranda. La decisión la tomó el dictador, como consecuencia de las reiteradas peticiones que aquel le hacía de que renunciase a su cargo y le devolviese la corona a don Juan.

Kindelán

El conspirador de conspiradores fue, sin duda, Alfredo Kindelán, quien en sus memorias describió de la siguiente forma la personalidad del Caudillo durante aquellos años: «Podías sentir el vértigo en él por todo. Como los escaladores que han subido más de lo que pueden, se sentía mareado por haber alcanzado aquella altura con unas habilidades tan limitadas». Este pionero que creó las fuerzas aéreas españolas tuvo siempre claro que el poder civil y militar acumulado por Franco durante la guerra era excesivo. Lo más curioso es que fue él quien le ayudó a conseguirlo con la idea equivocada de que, una vez terminada la contienda, el general gallego daría paso a la monarquía. Se equivocó.

Cuando Franco se resistió a dejar el poder, ambos chocaron

de tal manera que nombró ministro del Aire a Juan Yagüe, un general del Ejército de Tierra. Aquello causó estupor entre la clase política. Kindelán pagó su fervor monárquico y el odio que se había ganado de Ramón Serrano Suñer, cuñado y brazo derecho del Caudillo. Desde ese momento la estrella del aviador empezó a palidecer, y en 1945 fue retirado y deportado a Garachico (Tenerife) después de atacar al jefe de Estado en un polémico discurso a favor de la monarquía.

Kindelán se vio libre en ese momento para dedicarse a sus conspiraciones. Cuando en 1946 se dio a conocer el llamado Manifiesto de Lausana, en el que se produjo la ruptura definitiva de la corona con la dictadura, Franco señaló al aviador como el cabecilla y fue encarcelado en el castillo de San Marcial, en el municipio de Cerdañola del Vallés (Barcelona). En ese momento tenía sesenta y seis años, por lo que el Caudillo cambió de opinión y le envió al exilio a las islas Canarias. Para completar sus exiguos ingresos se dedicó a escribir libros que eran boicoteados una y otra vez por el régimen. Fue en esa época cuando fue elegido presidente del Consejo Privado de don Juan, en cuyo cargo permaneció hasta tres años antes de morir, en 1962.

Juan Bautista Sánchez González

La sombra de Kindelán fue tan alargada que, durante años, se habló de él en los mentideros políticos españoles, al igual que del también conspirador y capitán general de Cataluña, Juan Bautista Sánchez González; este último con mayor justificación porque había muerto cinco años antes, en extrañas circunstancias, durante unas sencillas maniobras. Su funeral en Barcelona se convirtió en una gigantesca manifestación de duelo que propagó el rumor de que había sido envenenado porque iba a sublevarse contra el Caudillo.

En 1973, *ABC* entrevistó a su hijo y le preguntó por esta hipótesis.

—¿Cómo murió el general?

—Indudablemente, de un ataque al corazón. Es posible que influyera en ello alguno de los muchos disgustos que tuvo por su adhesión a la causa monárquica, pero no hubo envenenamiento. Estoy completamente seguro. Si hubiese tenido la menor duda, mis hermanos y yo, que también somos militares, nos habríamos echado al monte.

El héroe de las fuerzas especiales del ejército republicano que adiestró a Fidel Castro y al Che

Manuel P. Villatoro

Alberto Bayo Giroud vivió a una velocidad de vértigo. Dedicado desde su adolescencia al mundo militar, entre sus primeras batallas se cuentan los combates que el ejército español mantuvo contra los rifeños en el norte de África. Y eso solo para empezar. También surcó los cielos como piloto cuando la aviación peninsular alzaba por primera vez el vuelo y estuvo a las órdenes del controvertido Lluís Companys antes de su intentona golpista. Sin embargo, lo más llamativo de su currículum es que se convirtió en un instructor de guerrilleros durante la Guerra Civil y que, cuando ya rozaba la ancianidad, entrenó a Fidel Castro, al Che Guevara y a sus barbudos para derrocar a Fulgencio Batista.

Resulta sorprendente que parte de la historia de este personaje haya caído hoy en el olvido en España y sea en Cuba donde más se le recuerda. En parte tiene sentido, pues el mismo Castro se refirió a él como el Maestro y el Che Guevara le definió como «un gladiador que no se resigna a ser viejo». Para ellos fue un profesor que instruyó a sus hombres en el arte del combate paramilitar. Aunque en la práctica solo les dio un curso de seis meses antes de que iniciaran la revolución, en uno de sus muchos libros este controvertido español se mostró orgulloso de haber colaborado con el hombre que se aferró a la poltrona en La Habana durante toda su vida: «Sí, yo he entrenado personalmente a los líderes guerrilleros».

Primeros años

El académico Emilio Montero Herrero afirma, en un artículo elaborado para la Real Academia de la Historia, que Bayo nació en el Puerto Príncipe español (Haití) el 27 de marzo de 1892, unos siete años antes de que el imperio se resquebrajara con la pérdida de las colonias. Hijo de un coronel de artillería, se marchó junto con su familia a Barcelona primero, y a Estados Unidos después, para formarse. Su andadura en la vida castrense se inició a las quince primaveras y fue fulgurante. La tenacidad le llevó al Regimiento Gran Canaria, a la Academia de Infantería de Toledo y al Regimiento 55 de Gerona.

El primer gran paso lo dio en 1916, cuando siguió el camino de su hermano y viajó hasta Madrid para convertirse en piloto de la novísima aviación militar. En los siguientes años formó parte de otras unidades hasta que, después de que el conflicto en el Rif se recrudeciera, fue enviado al norte de África para ayudar a sofocar la revuelta provocada por las cabilas locales. Desconocía que se adentraba en la boca del lobo y en una de las contiendas más duras de España.

Entre las gestas más desconocidas de Bayo se hallan las que llevó a cabo en el territorio rifeño como miembro de la legión desde 1924. En esta unidad, formada para combatir en primera línea, llegó a estar a las órdenes de Franco, su némesis años después. El futuro oficial republicano, como otros tantos de sus colegas que se mantuvieron leales al Gobierno, luchó en África y dirigió una compañía durante dos años. Esquivó las desgracias hasta 1925, cuando fue herido de gravedad y se vio obligado a guardar cama durante doce meses para recuperarse del todo.

A lo largo de ese tiempo no estuvo mano sobre mano y se dedicó a hacer avanzar la aeronáutica patria. De África salió con la Cruz al Mérito Militar de 1.ª Clase con Distintivo Rojo y, después de pasar por infinidad de unidades más, también con la Cruz de María Cristina. No obstante, lo más importante para su futuro fue que aprendió las técnicas de la guerrilla rifeña. Poco después se encaminó a Barcelona, donde se convirtió en ayudante del general Domingo Batet; el encargado, en octubre de 1934, de sofocar la revuelta independentista contra el Gobierno republicano.

Maestro guerrillero

Al comienzo de la Guerra Civil, Bayo recibió el encargo de dirigir la invasión anfibia de Mallorca e Ibiza, donde había triunfado el golpe. Que no era un don nadie para el Gobierno lo demuestra que liderara en esta operación a seis mil hombres, un crucero, un acorazado, varios hidroaviones y otras unidades menores. «En agosto encabezó la expedición. Conquistó Ibiza y Formentera, pero falló en Mallorca por culpa de los bombardeos italianos», explica a *ABC* el investigador Alfonso López García, experto en las guerrillas durante el conflicto. Mucho se ha especulado sobre su participación en estos desembarcos. La mayor parte de los expertos confirman que cumplió su tarea a la perfección, pero que el Gobierno republicano le abandonó a su suerte a causa de diferencias políticas.

Durante la contienda nuestro protagonista se destacó como un ferviente seguidor de las tácticas que había aprendido en África. Ejemplo de ello es que editó un manual, el famoso *Ciento cincuenta preguntas a un guerrillero*, para usarlo durante su etapa como profesor de la escuela de guerrilleros de Benimámet, en Valencia, a partir de 1937. «El centro ayudó a profesionalizar a estos combatientes mediante formación en orientación, explosivos o medicina», completa el experto. Bayo, a pesar de no combatir tras las líneas enemigas, se especializó en el arte de dar golpes de mano contra los puntos más débiles del bando nacional; algo que ya habían hecho los españoles cuando el ejército francés de Napoleón Bonaparte invadió el corazón de la Península.

Con su ayuda, estos comandos cobraron importancia en la Guerra Civil. Durante el enfrentamiento, y por primera vez en la historia, la guerrilla formó parte de un cuerpo de ejército —el XIV— gracias a su gran efectividad a la hora de desmoralizar al enemigo. Es cierto que Bayo sabía, al igual que la República, que aquellos hombres no podrían cambiar el signo del conflicto, pero estaba convencido de que sí tenían la capacidad de causar mucho daño mediante acciones fulgurantes tras las líneas enemigas. Que Franco tomara la decisión de formar unidades similares dio cuenta de la importancia que tuvieron.

Lo que sí hizo Bayo durante la guerra fueron labores de contraespionaje en el sur de Francia, además de participar en la batalla de Brunete. Sus acciones le valieron, al final de la contienda, el grado de teniente coronel, como bien explica López García:

> La realidad es que, aunque su participación en el conflicto fue limitada, los guerrilleros tuvieron una importancia posterior brutal. Su inspiración sirvió a Gran Bretaña y a Estados Unidos para crear sus cuerpos especiales de acción, los comandos. Además, cuando regresaron a Norteamérica, los miembros de la Brigada Lincoln fueron reclutados para fundar la OSS, el germen de la CIA. Se podría decir que la influencia de estas unidades se vio a largo plazo.

Todo aquel conocimiento no impidió que la República fuera derrotada por el bando nacional y que este oficial tuviera que exiliarse en México en 1939. Allí empezó, en 1947, su labor de asesor en materia de guerra de guerrillas. Su primer trabajo fue ejercer de consejero de asuntos estratégicos de la Legión del Caribe, fundada en Guatemala por políticos locales, sumamente numerosa y cuyo objetivo era derrocar los regímenes de Trujillo en la República Dominicana y de Somoza en Nicaragua. Así fue como comenzó a convertirse en un auténtico maestro de lo paramilitar.

Con Fidel y el Che

Cuando superaba la sesentena, Alberto Bayo ya había escrito varios libros sobre la guerra de guerrillas y su participación en el conflicto español. Era un profesor asentado en su área. Su fama no pasó inadvertida para Fidel Castro. Según explica Reginaldo Ustáriz, el gran biógrafo de Ernesto Guevara, fue en 1955 cuando aquel joven revolucionario que planeaba dar un golpe de Estado contra el Gobierno de Batista leyó la obra del español y le propuso entrenar a sus inexpertos hombres. El objetivo: convertir un ejército de aficionados en una fuerza irregular, pero capaz de luchar cara a cara contra el ejército profesional de Cuba.

Castro se trasladó a toda velocidad a México, donde Bayo regentaba una tienda de muebles, y usó toda su maña con la oratoria para convencerle de que le ayudara. La conversación que ambos mantuvieron aquel día no tiene desperdicio:

> —Mi general, vengo a pedir su colaboración para derribar al ejército de Fulgencio Batista.
>
> —¿Con cuántos hombres cuenta?
>
> —En este momento tengo pocos hombres, pero en breve desembarcará en Cuba aproximadamente un centenar de expedicionarios.
>
> —Siento mucho no poder aceptar, soy instructor de la Escuela Militar de Aviación de esta ciudad; fuera de eso, tengo una fábrica de muebles que requiere de mi concurso.
>
> —¡Usted es cubano! Tiene el deber absoluto de ayudar a su pueblo a derribar al tirano sanguinario, corrupto y ladrón.

El futuro líder cubano estuvo acertado. Durante aquella conversación introdujo referencias veladas al odio que sentía hacia Franco para hacerse con la confianza de Bayo. Y así hasta que le ganó para la causa. En uno de sus libros posteriores, el español confesó que, a pesar de que acometía una labor que parecía casi imposible, sintió cierto magnetismo por Castro, del que quedó «intoxicado»:

> Aquel joven estaba contándome que esperaba derrotar a Batista en un futuro desembarque que estaba planeando efectuar con muchos hombres, «cuando yo los tenga», y con barcos, «cuando tenga dinero para comprarlos». Porque, en el momento en que hablaba conmigo, él no tenía hombres ni dinero... ¿No era una cosa graciosa? ¿No era una jugarreta de niños? Lo que él estaba pidiéndome era mi compromiso para enseñar tácticas de guerrilla a sus futuros soldados cuando él los hubiese reclutado y cuando hubiese conseguido el dinero necesario para alimentarlos, vestirlos y equiparlos, y para comprar barcos para transportarlos hasta Cuba. «¿Qué asunto es ese?», pensé. «Este joven desea mover montañas con una mano». Pero ¿qué me costaba agradarlo? «¡Sí!», le dije.

Durante los siguientes seis meses, Bayo entrenó a los guerrilleros de Castro; entre ellos, al Che Guevara. Les enseñó, como bien explicó, a abandonar hábitos como darse una buena ducha, comer varias veces al día o lavarse los dientes; para él, tanto el cepillo como el dentífrico eran dos objetos de lujo. A su vez, les mostró las normas básicas para internarse tras las líneas enemigas y acechar a un ejército profesional mucho más numeroso. Así lo explicó el español en su obra:

> Recuerden que la guerrilla nunca invita al enemigo a combatir, todo buen guerrillero debe atacar por sorpresa en escaramuzas y emboscadas. Cuando los soldados carguen para repeler el ataque, los guerrilleros deben desaparecer.

Cuando triunfó la Revolución cubana, se deshizo en elogios hacia sus pupilos.

> El corazón me saltaba en el pecho, mis alumnos aprendieron tan bien las lecciones que ahora Fidel puede enseñarme a mí. Quiero ver al Che Guevara, a Camilo, a Raulito a fin de que me digan cómo se las arreglaron para aprender a pelear en las ciudades porque, lo confieso, yo no les enseñé eso.

El cariño fue mutuo. Castro, además de darle varios puestos en la administración, siempre le mostró una gran devoción. Por su parte, el Che escribió sobre él lo siguiente:

> Para mí constituye un honor el poner estas líneas a los recuerdos de un gladiador que no se resigna a ser viejo. Del general Bayo, Quijote moderno, que solo teme de la muerte el que no le deje ver su patria liberada, puedo decir que es mi maestro.

La lucha a muerte en el frente, desde los ojos de los últimos combatientes vivos: «Todas las noches salíamos a cazar enemigos con bombas de mano»

ISRAEL VIANA

Cuando comenzó la guerra, Gaspar Viana tenía diecisiete años y vivía en una pequeña aldea de agricultores de Guadalajara, Peralveche, «donde no había ni rojos ni fascistas». En aquel momento eran ciento cincuenta vecinos; en la actualidad quedan menos de un tercio. «Nunca sabíamos lo que pasaba en Madrid, donde ya habían matado a Calvo Sotelo, quemado varios conventos y se había sublevado el general Fanjul en el cuartel de la Montaña. Pero al pueblo no llegaba la prensa ni nada y solo nos enterábamos de lo que pasaba allí», recuerda este alcarreño sobre la tensión que vivía España a mediados de julio de 1936.

Prueba de aquella desconexión de los pueblos con la capital es cómo se enteró su familia de la instauración del régimen republicano a principios de la década. «Yo acababa de cumplir trece años y venía de sembrar la avena con mi padre. Íbamos en el carro con la mula y, al pasar por una de las calles del pueblo, le preguntó a una vecina: "Irene, ¿qué son esos trapos que has puesto en la ventana?". Y ella contestó a gritos: "¡Cirilo, es la bandera de la República, que se ha implantado en España!"». La guerra, sin embargo, iba a ser diferente y pronto les resultó imposible abstraerse de ella para continuar con su tranquila y esforzada vida de labranza.

No había transcurrido ni una semana desde que Franco se sumó al golpe de Estado cuando comenzaron a llegar a Peralveche los primeros milicianos de la Federación Anarquista Ibérica (FAI). Buscaban voluntarios para ir al frente. «A mi padre le requisaron una yegua y varias cabezas de ganado», cuenta Viana. Con una memoria prodigiosa a pesar de estar acercándose a la centuria, recuerda con detalle el día en que el secretario del pueblo —encargado de velar por el cumplimiento de la ley— llamó a todos los jóvenes para anunciarles que la guerra había comenzado. «Muchachos, quedan en activo los de la quinta del 36, pero dentro de cuatro días habrá más movilizaciones. Más vale que os hagáis voluntarios, porque así tendréis más ventajas y podréis ascender pronto».

De Peralveche salieron unos veinte jóvenes, entre los que Gaspar no se encontraba de momento, pues le faltaba un año para ser mayor de edad. Su hermano Roque, sí. Fue enviado al frente de Pozuelo de Alarcón y él se quedó trabajando el campo con su padre hasta enero de 1938. En el pueblo fue testigo de como la violencia llegaba a aquel pequeño rincón del mundo. Se le quedó grabado el día en que vio al cura huir disfrazado de segador. O el asesinato del párroco de Salmerón:

> Estaba escondido en un molino cerca de mi casa, pero lo encontraron y se lo llevaron de nuevo a Salmerón. Allí le pasearon desnudo con una cuerda atada a sus partes mientras la banda municipal tocaba detrás de él. Después lo subieron de nuevo a Peralveche y, en la entrada, le pegaron cuatro tiros y le cortaron las orejas. Por último, recorrieron las calles mostrándoselas a todos los vecinos y gritando: «¿Tenéis a algún fascista que os moleste? Porque mirad lo que le hemos hecho a este cuervo».

Los años de la memoria

Aunque los primeros años del siglo XXI en España pueden ser calificados como los de la memoria histórica, lo cierto es que la herida que esta guerra dejó en Gaspar y otros supervivientes permaneció abierta toda la vida. El silencio que se instaló en muchas familias durante la dictadura, a la hora de hablar o revivir pasajes de la contienda, no hizo que cicatrizara. En la década de 1990, coincidiendo con el sexagésimo aniversario del inicio del conflicto, surgieron las primeras voces que pedían el reconocimiento de las víctimas del franquismo. En 2000 se excavó la primera fosa común, pero los recuerdos seguían ahí marcados a fuego.

Esa primera fosa fue la conocida como «Los trece de Priaranza», ubicada en esta localidad de El Bierzo, en León. Allí se identificó al abuelo del periodista Emilio Silva a partir de su ADN; un acontecimiento que le impulsó a cofundar la Asociación para la Recuperación de la Memoria Histórica (ARMH). «Lo mataron a tiros junto a otras trece personas y lo abandonaron en una cuneta, a la entrada del pueblo. Todas sus honras fúnebres consistieron en un agujero y unas paladas de tierra», escribió ese mismo año 2000.

Carlos Sala, Julián Alberquilla y el mismo Gaspar Viana tuvieron más suerte y salieron con vida, aunque fuera con el trauma a sus espaldas. Son los tres últimos soldados supervivientes de la guerra, cuya generación ha ido desapareciendo poco a poco con el paso del tiempo.

Frente de Teruel

El de Peralveche fue movilizado por el bando republicano en enero de 1938 y enviado al frente de Teruel. No se avergüenza al reconocer que se pasó la guerra corriendo de un lado para otro para evitar entrar en batalla:

> Solo pensaba en salvarme, nada más. No me interesaba la política. Lo único que quería era salvar la *pellica*, y lo cierto es que estoy vivo de milagro. Todo era un desastre. Nos ordenaban hacer asaltos por sorpresa para tomar posiciones, pero siempre nos perdíamos. Recuerdo una vez en Cubla, Teruel, que un teniente nos hizo brincar a veinte soldados a una zona llena de nacionales desde la que veían perfectamente nuestros movimientos. Él se quedó atrás y murieron la mitad de los que iban conmigo. Yo mismo tuve que saltar por encima del cadáver de un cabo valenciano al que una bala le entró por un ojo y le salió por detrás justo delante de mí. Todo ello sin sanitarios, ni camillas ni nada. El que caía allí, allí se quedaba.

Carlos Sala, que nació en Madrid el mismo año que Gaspar, en 1918, sí que era consciente de que algo grave pasaba en los meses previos a la guerra. El estado de alarma que se vivía en la capital era perceptible incluso para un simple jardinero como él, que nunca se había afiliado a un partido ni acudía a manifestaciones. «Existía la misma división que ahora, con un tercio de la población de derechas, otro de izquierdas y el resto al que todo aquello no le importaba nada. Como a mí, que lo único que quería era vivir tranquilo», asegura.

Por eso el 18 de julio se echó a temblar. «La primera noticia que nos llegó es que se había sublevado la marina en Cádiz. Al día siguiente supimos que la rebelión era general y la situación se puso feísima. Pronto aparecieron coches pintarrajeados con las letras de la CNT y la UGT, con cuatro o cinco milicianos en cada uno, armados con un fusil y preguntando: "¿Dónde hay un fascista?". Si veían a alguien que creían que lo era, le pegaban un tiro y ya está. Era solo el principio, pues aquellos días en Madrid fueron espantosos», explica.

En ese momento le viene a la memoria el colegio Caldeiro, muy cerca de su casa, junto a la plaza de toros de Las Ventas: «Era una escuela de frailes que pronto se convirtió en una checa. Todas las mañanas veías a tres o cuatro muertos a los que habían juzgado allí mismo sin ninguna garantía y ejecutado al amanecer en los muros exteriores. Aquello se prolongó durante mucho tiempo».

Voluntarios y movilizados

A pesar de las escenas que presenció en aquel Madrid republicano, Carlos nunca pensó en escapar a la zona nacional para presentarse como voluntario. Nunca tuvo carnet de la UGT, la CNT ni de ningún otro partido de derechas o de izquierdas. Tampoco quería la guerra, ni dentro de un bando ni del otro: «Yo andaba agachado y calladito, procurando no salir ni llamar mucho la atención. Eso que se cuenta de que la capital se echó a la calle a luchar es una fábula. Estábamos todos cagaditos, por unas cosas o por otras. Desde luego, no fuimos héroes. Allí no había más que callar y ver qué pasaba, a ver si lo solucionaban otros. Esa fue la realidad». Al final no se libró y fue movilizado en enero de 1938.

Julián Alberquilla sí que fue voluntario. Tenía solo diecisiete años y no había cogido un arma en su vida, pero «no podía ver a Franco ni quería una dictadura», aclara. Segundos después, confiesa que lo que le impulsó a ir al frente fue que vio a todos sus amigos marcharse. Los siguió sin pensar mucho. «Estábamos en Galapagar tan tranquilos y de golpe y porrazo... ¡pum, la guerra! Fue tan salvaje lo vivido que salimos treinta jóvenes del pueblo y, en la primera batalla que libramos, en Alcorcón, solo sobrevivimos diez. Nos bajaron del camión, nos dieron un arma y a disparar», rememora. Eran los primeros días de un periplo que le llevó a La Granja, Segovia y, por último, al terrible frente del Ebro, donde permaneció cuatro meses.

Fue en Aragón donde vio morir al resto. Él fue el único de su pueblo que quedó con vida. «A unos los mataron y otros se ahogaron cuando la aviación bombardeó el puente por el que intentamos cruzar el río. Cuando vi a algunos de mis vecinos de

Galapagar destrozados por la artillería, se me pasó por la cabeza desertar, pero ya estaba en la milicia y no podía escapar. Si hubiera huido, habrían vuelto a por mí y me habrían enviado otra vez a las trincheras», explica Alberquilla.

Aquellos días fueron los peores de su vida, reconoce con la voz un poco apagada antes de empezar a hablar de nuevo:

> No recuerdo nada bueno del Ebro. No sé cómo pude salir vivo de allí. Estábamos todo el día envueltos en polvo. La guerra no paraba ni de día ni de noche y no se podía dormir con las explosiones tan cerca. Nos ordenaban salir con bombas de mano casi todas las madrugadas a cazar enemigos. Nos acercábamos a sus campamentos sin hacer ruido y nos liábamos a bombazos hasta que nos quedábamos solos. Luego te obligaban a ir al ataque siempre de frente, sin retroceder, como para morir antes. Desde que te levantabas hasta que te acostabas no había nada más que disparos y cañonazos. Fue la peor batalla de la guerra, porque en otras combatías una jornada y descansabas varias. En el Ebro no se relajaban ni los pájaros.

Las anécdotas que suman estos tres soldados darían para varios libros y alguna película de Hollywood. Todos las recuerdan como si hubieran ocurrido ayer. La Guerra Civil fue su 11-S o su 11-M. Gaspar Viana relata con todo detalle el día en que fue bombardeado por los franquistas mientras estaba escondido en un pequeño parapeto de piedras y un trozo de metralla le alcanzó «en el culo». Poco después estaba poniendo una alambrada en el madrileño cerro de la Herradura para intentar cortar el paso a los nacionales y estos le gritaron desde su trinchera: «Rojillo, no la coloques por delante, sitúala mejor por detrás que te va a hacer falta». Al día siguiente, la amenaza se concretó y su unidad sufrió una nueva matanza cuando el enemigo les sorprendió con un ataque por la espalda. Por si fuera poco, en Sarrión (Teruel) les bombardeó la misma aviación republicana pensando que eran del ejército franquista. «¡Si es que era todo un desastre!», insiste.

El desertor

Carlos Sala siempre tuvo en mente desertar del bando republicano cuando fue llamado a filas. La ocasión se le presentó en Castellón, en medio de una batalla en la que sus compañeros y él tuvieron que huir al verse rodeados:

> Saltamos de la trinchera y echamos a correr. Me di cuenta de que me había quedado el último, no sé por qué. Entonces me dije: «Aquí me quedo». Me agaché y permanecí quieto hasta que aparecieron dos legionarios muy jóvenes con el fusil listo para disparar. De repente, preguntaron: «¿Quién hay ahí?». Saqué un pañuelo y respondí. Luego me preguntaron qué había en la trinchera y dónde habían dejado el tabaco mis compañeros. Al dárselo, me dijeron que me fuera deprisa, pero sin correr, hacia donde se encontraba su teniente, con las manos levantadas en todo momento. Entonces empezó de nuevo el tiroteo y su superior me soltó de sorpresa: «No, no, quédate ahí en medio, que los que disparan son de los tuyos y no hacen daño». Y allí me dejó el muy cabrón, de pie y expuesto.

Salas se enteró de que la guerra había acabado en Nules (Castellón), cuando sus superiores le ordenaron prepararse para atacar de madrugada. Justo antes del amanecer, él y sus compañeros llegaron a la que era supuestamente la primera línea de fuego y se percató de que los soldados allí estaban dando saltos de alegría y gritando: «¡Esto se ha acabado! ¡Esto se ha acabado!». «Lo cierto es que, cuando estás metido en ese follón, llega un momento en el que piensas que ya no te pueden matar. Se te olvida. Da igual que te encuentres en medio de un bombardeo o metido en una zanja, siempre te parece que vas a salir vivo», apostilla.

La familia Alberquilla, en cambio, dio por muerto a su pequeño Julián. Acabó la guerra sin que supieran nada de él. Le habían hecho prisionero y enviado al campo de concentración de Santa Espina, en Valladolid, desde donde no pudo enviarles una carta. Allí le tomó declaración un teniente. «¿Cómo es que ha venido usted a la guerra siendo tan joven?», le preguntó. «Pues mire, cosas que se hacen. Se marcharon todos mis amigos y me fui detrás», respondió.

Poco después se acercó un mando franquista para darle la mala noticia que ya esperaba. Le habían declarado culpable del delito de rebelión militar y condenado a quince años de prisión. Horas después su destino dio un vuelco cuando fue informado, para su sorpresa, de que había sido indultado «por ser tan joven y haber hecho poco daño». «Nunca me arrepentí de lo que hice. No quería fascismo en España, quería República, pero no fue así», lamenta.

La Quinta Columna

Gaspar, por su parte, seguía empeñado en no matar y que no le mataran. En octubre de 1938 aprovechó un permiso de ocho días del ejército republicano y no regresó al frente. Prefería desertar a perder la vida. Se fue a Madrid en busca de un conocido del pueblo que se había escapado de la batalla del Jarama y que pertenecía a los «camisas viejas» de la Falange. Le habían dicho que se había enrolado en la Quinta Columna, esa red clandestina de franquistas que estaban infiltrados en el bando enemigo. El amigo le refugió en un piso de la calle Núñez de Balboa y llamó a un médico amigo para que le pusiera una inyección que le subiera la fiebre. El objetivo era que fuera evacuado al hospital de Niños Huérfanos y Raquíticos de Chamartín de la Rosa.

El día de Nochebuena, el director del centro pasó a hacerle una revisión y, al terminar, le dio una palmada en la espalda y le dijo a su enfermero: «Palacios, este chico es mala persona». Después se dirigió a él: «Cuando te pase consulta la próxima vez, Gaspar, me contestas a lo que te pregunte y a vivir». En ese momento se percató de que lo que había querido decirle era que pertenecía a la Quinta Columna. Su amigo del pueblo había intercedido para que no le devolvieran al frente en las últimas semanas de la guerra.

Fue dado de alta el 28 de marzo, justo en el momento en que se acabaron los enfrentamientos en la capital entre comunistas y franquistas. «Había tantos muertos en las aceras que podías ver a las familias recoger sus cuerpos con carritos de mano», asegura. Le ordenaron ir a tomar el control del almacén de comida de la calle Abascal y desarmar a los carabineros republicanos que allí había. La guerra había acabado. «Para eso me metí en la Quinta Columna... para salvarme y continuar vivo. Solo para eso», concluye.

Los hijos del médico de Franco desvelan las facetas más personales y desconocidas del dictador

Manuel P. Villatoro

La jornada arrancó como de costumbre para el doctor Vicente Gil. El vallisoletano, al que la sinceridad le hacía lindar en ocasiones con la rudeza verbal, se embutió en su vetusto traje y en sus zapatos habituales —jamás le gustaron las prendas opulentas ni lucir caros ropajes— y se encaminó a El Pardo. Era una mañana de 1973. Al llegar halló a su paciente «inquieto, nervioso y triste». Más que por su profesión, lo que le permitió captar su estado de ánimo fue la vida entera que había pasado junto a él. La sabiduría del amigo, más que del galeno. Pronto se resolvió el misterio...

—Vicente, ¿sabes si ha llegado ya mi hija de ese safari?

—Pues creo que sí, mi general.

—¿No ha tenido tiempo para venir a verme todavía?

—Bueno, mi general, posiblemente no haya tenido tiempo. Entre un viaje y otro disponía de un margen de muy pocas horas solo para descansar y recoger otro equipaje... Además, la relación con los hijos se hace siempre difícil. Es una vieja lección de vida.

Aquellas palabras, las de un amigo que llevaba junto a él desde la Guerra Civil, tranquilizaron en parte a Franco, aunque no lo suficiente como para que contestara. El dictador paladeó, una vez más, la soledad del poder y se encerró en sí mismo. Gil salió del despacho, pero aguardó tras la puerta; una conducta que había repetido hasta la extenuación durante las recurrentes entrevistas que se habían celebrado en su interior a lo largo de la Segunda Guerra Mundial. Con mal sabor de boca y «con el alma en vilo», buscó un «pretexto inocente» para volver a la estancia e intentar arrebatarle una mueca de felicidad al Generalísimo.

—Mi general, se me había olvidado darle esto.

En las manos llevaba el periódico *Pueblo* del día anterior, abierto por la página en la que se publicaba la quiniela que ambos solían rellenar. La misma que el médico entregaba en un despacho de la calle Princesa de forma regular, semana a semana, firmada por Francisco Cofrán mientras pedía al destino que nadie se percatase de que el dictador había invertido las sílabas de su apellido. Franco alargó la mano, recogió el diario y, enternecido por el gesto, esbozó una sucinta sonrisa que serenó al buen doctor.

—Gracias, muchas gracias, Vicente.

Gil pasó cuarenta años junto a Franco. Trató sus enfermedades, le acompañó en los momentos más tensos de su vida y, quizá lo más importante, le ofreció siempre su consejo, por muy duro que fuera o por mucho que le molestara escucharlo. Era, como recuerda a *ABC* uno de sus hijos, Vicente, «la única persona que se atrevía a decirle la verdad en una corte de aduladores». Poco le importaba que fuera sobre pesca, sobre cine —una de las grandes aficiones del galeno— o sobre política, algo que no siempre gustaba al dictador. «Según contaba él mismo, Franco le echó, de palabra, varias veces de su lado reprochándole que se limitara a ser su médico y evitara sus comentarios relacionados con la política del momento», explica su vástago, también médico.

Las también hijas de Vicente, María Jesús, Ave y Mayen, coinciden en que su padre vivió para el militar. Apenas le veían por casa y, cuando estaba, se dedicaba a ampliar sus conocimientos leyendo revistas de medicina, pues también pasaba consulta en la Seguridad Social. Todavía hoy están convencidas de que el doctor, de ideología falangista, sufrió un verdadero mazazo cuando la familia del Caudillo le apartó de sus funciones por diferencias con el marqués de Villaverde, Cristóbal Martínez-Bordiú. «Con el tiempo, y a través de un íntimo amigo de la familia, nos enteramos de que a Franco no solo se le ocultó la verdadera razón de su ausencia, sino que incluso no le contaron la verdad», explica a este diario la última.

Cuarenta años con Franco

Vicente Gil, nacido en Valladolid, conoció a Franco cuando este no era más que uno de los alumnos de la Academia Militar de Toledo. La familia mantenía lo que él denominó una relación «estrecha y cordial» con el futuro dictador. Su padre era en aquel tiempo médico de los Polo, que residían en una finca cercana. Pilares de hormigón armado sobre los que se levantó su relación. Así recordó el doctor el que fue uno de sus primeros encuentros con el futuro jefe del Estado:

> Irrumpo con el triciclo de pedales en el despacho de mi padre y me encuentro con un señor que está sentado detrás de la mesa, con las piernas extendidas y leyendo un libro. Después le vería muchas veces en nuestra casa vestido con uniforme militar en el que destacaba una estrecha bocamanga. Al correr del tiempo supe que se llamaba Francisco Franco, que venía regularmente en el autobús de línea que partía de Oviedo y que alguna tarde merendaba con su novia en nuestra casa.

Gil creció de la mano del joven Franco y, en parte por su influencia, accedió con quince años a la Academia General Militar de Zaragoza. En ella, el de El Ferrol jamás movió un hilo por él. «Mira, Vicente, el que yo haga una indicación solo para ti supone que luego cada profesor haga lo que le dé la gana con sus paniaguados, y aquí no debe haber preferencias», le explicó en una ocasión. Al chico no le importó y continuó yendo a comer los domingos a su casa y llevándole bollos suizos a su hija, Carmencita, cada vez que iba de visita a Oviedo.

Pasaron los años y, tras el estallido de la Guerra Civil, un Gil ya falangista confeso y jefe de una centuria fue invitado por Franco a servir dentro de su guardia personal. Con él estuvo en todos los frentes y, según dejó escrito, jamás le vio titubear. Así habría continuado de no haber sido por una herida que por poco le costó el brazo y que le hizo centrarse en la que fue su verdadera pasión, la medicina. El oficial, por su parte, le nombró su doctor personal a finales de los años treinta. «Desde los veinticinco años hasta cumplidos los sesenta y dos, la asistencia médica al hombre y al Caudillo, considerados como un servicio a mi patria, llenaron mi vida sin otras aspiraciones», confirmó en sus memorias.

Resumir cuarenta años de servicio en unas escuetas líneas es una tarea imposible. Basta decir que Gil se trasladó a El Pardo en 1940 para prestar asistencia personal a Franco, así como a algunas instituciones de los alrededores. En principio su vida era sencilla. Disponía de un dormitorio sobrio en la parte baja del palacio y «hacía las comidas en la sala de oficiales». Así, hasta que contrajo matrimonio con María Jesús Valdés —ya una gran actriz y futura premio Nacional de Teatro— y se trasladó a su propia vivienda, lejos de aquellos muros.

> Por la mañana hacía la visita médica al Caudillo, jugaba una partida de tenis con él y, como gozaba de buena salud, apenas necesitaba de cuidados complementarios. La señora y la hija gozaban así mismo de magnífica salud, de manera que allí no tenía que atender, como médico, a otras personas.

Dura sinceridad

El doctor se convirtió aquellos años en el Pepito Grillo particular del dictador, como señala su hijo. «Era el único que se atrevía a decirle lo que pensaba. Franco confiaba por eso en él. Ese trato, tan personal y tan diario, dio lugar a una relación más que de amistad. Lo normal es que se riña directamente a quien te importa, cueste lo que cueste, y ese era nuestro padre, la persona que le decía la verdad, por muy incómoda y dura que fuese esta». Vicente recuerda que esa era la seña de identidad de su padre, la sinceridad, por muy dolorosa que les resultara a sus familiares y amigos.

Ejemplos de aquella franqueza hubo a decenas. Poco le importaba a Gil que el tema a tratar fuese la caza, la navegación o la política. Si algo le molestaba o creía que se podía mejorar, se lo decía a Franco. El 17 de octubre de 1972, después de haber pasado algunos días en cama y haberse reincorporado al servicio, no dudó en exponerle al militar la posibilidad de que sus ministros le estuviesen manipulando. En otra, le confesó a la cara lo que se decía de él en los corrillos de la capital.

> —Vicente, ¿has visto ayer a Kubala en televisión?
>
> —Sí, mi general.
>
> —Magnífico, ¿verdad?
>
> —No lo pude ver del todo porque tuve visitas en casa, de amigos que me creían en cama y que, al encontrarme en pie, se quedaron a charlar de la situación.
>
> —¿Y qué decían?
>
> —Que usted les preocupa. Son amigos lealtísimos a usted. Entre los comentarios que hicieron es que en la revista de los alféreces se censuran las cacerías a las que asiste usted. Se opina que han sido la vergüenza de España; que sirvieron incluso para que algunos consiguieran llegar a ministros y a otros para hacer negocios *non* santos.

Lo cierto es que el blanco principal de las críticas de Gil siempre fueron los cargos oficiales, a los que consideraba unos interesados. «Era consciente de la ineptitud y de los trapicheos de algunos políticos y de las injusticias que ello podría causar. Combatía verbalmente en pro de la justicia social», explica María Jesús. Mayen es de la misma opinión: «Siempre repetía que jamás podría ser político; de hecho, no era nada político. Los idealistas no pueden ser políticos y mi padre lo era».

Ese mismo octubre, Gil le reprochó a Franco que hubiera entregado cargos de importancia a ministros con antecedentes de poca lealtad; todo ello mientras le recordaba que el paro aumentaba y que la sociedad le criticaba por no intervenir en el escándalo de un médico que había estafado cinco millones de pesetas en Valencia. «Usted, mi general, tiene que poner remedio a esto, no queda otra solución. Y lo mejor es que largara a todos estos políticos». Era habitual oírle pronunciar unas sencillas pero duras palabras: «Yo esto no se lo diría a mi suegro, pero a usted sí, porque tengo la obligación de decírselo».

Momentos felices

Pero para toda cruz hay una cara. Como amigo, Gil disfrutó de buenas jornadas de caza y pesca con el Caudillo. Aunque él prefería el boxeo. De hecho, llegó a ser presidente de la Federación Española y de la Federación Europea de este deporte. Sus hijos recuerdan que acompañaba sin refunfuñar al jefe del Estado. A ellos aquello les impidió disfrutar de su padre. «Jamás tuvo vacaciones. Por eso, en verano, siempre íbamos a La Coruña y a veces a San Sebastián, pero únicamente eran ratos los que podíamos disfrutar con él. Y cuando era temporada de caza y pesca tampoco estaba durante muchos fines de semana. A nuestro padre no le gustaban esas actividades, pero estaba donde estuviera Franco», explica Vicente.

Como su médico personal, Gil debía seguir al dictador en

todos sus desplazamientos por España. Eso incluía las vacaciones que pasaba en el norte. Los hermanos todavía recuerdan, a pesar de lo jóvenes que eran, el trayecto del convoy desde la capital a través de media España. «Nos gustaba ver cómo saludaba la gente a Franco por todo el camino. No recordamos haber parado ni una vez en esos viajes hasta llegar a Galicia. Lo más gracioso es que a esas comitivas siempre las seguía nuestro padre en su propio coche», completa Vicente. El doctor sabía que aquellos eran los momentos predilectos del ferrolano. Le conocía lo suficiente para entender que adoraba la vida rural, como le dejó claro en una ocasión.

> —Mi general, ¡qué bien estaríamos en un pueblo!
>
> —¿En cuál?
>
> —Seguro que usted preferiría uno de Galicia.
>
> —No, Vicente, a mí me encantan todos los pueblos de España. Me gustaría vivir en cada uno de ellos, aunque sabes aquello de que Dios dejó un poco más de abono en Galicia.

A veces las aficiones de ambos se entrelazaban. En una ocasión el médico, que adoraba el cine y la fotografía, estaba grabando a Franco mientras este jugaba al golf cuando inmortalizó un momento curioso. «En una de sus películas en Super 8 captó como una de las bolas entró por la ventana de una casa. En su día, entregamos algunas de esas películas a la Filmoteca Nacional», desvela Vicente.

Mayen, por su parte, no se olvida de los breves encuentros con Franco antes de que subiera a su yate personal. «Nosotras solo lo recordamos al embarcar en el Azor en el Club Náutico de La Coruña, donde nos saludaba segundos antes de que una lancha rápida le trasladase al barco», señala. Y todos rememoran las veces en que subieron al navío. «Estuvimos en el barco en alguna ocasión, pero cuando no había nadie. Únicamente el personal de marinería, que siempre tenía una magnífica relación con nuestro padre, pues era el médico de todos», añade.

El que más relación mantuvo con Franco fue Vicente, que, de niño, habló varias veces con él en El Pardo. Aunque María Jesús no olvida que, «siendo muy pequeñita, di un beso a Kankinko Kanko, como yo le nombraba a esa edad, en el brazo herido por el arma de fuego que se le disparó». Lo que más recuerda del momento es la sonrisa de su padre al hacerlo. Ave, por su parte, le llevó «un dibujo que le había pintado» a la «habitación del entonces hospital Francisco Franco en el año 1974». Debió de ser de las pocas personas que le vio allí.

Hombre íntegro

Pero si hay algo en lo que inciden los hermanos es en que su padre fue un hombre íntegro que se desvivió por sus amigos y pacientes, un doctor sincero que «no dejó de ayudar a todos hasta el último día de su vida», según Vicente. «Fue una persona cuyos dos valores fundamentales fueron la lealtad y la honestidad. Jamás se aprovechó de su condición de médico del jefe del Estado y muchos le tacharon de ingenuo por esa razón», confirma Ave. Gil insiste en que siempre rechazó los regalos de gerifaltes que ansiaban acercarse de alguna forma a Franco a través de él, desde pisos hasta coches de alta gama. En una ocasión declinó un Mercedes.

> —¿Qué le parece, mi general? Hay que ver qué osadía tiene la gente. Yo no puedo aceptar ese regalo por muy amigo que sea de los representantes de esa marca, ni ellos debieron ofrecérmelo por muy agradecidos que estén a las atenciones que haya podido tener con ellos, que no son nada extraordinarias.

La esposa de Franco, presente en la sala, fue la que respondió a Gil.

—Oye, Vicente, eso que dices me parece una tontería y eres tonto si no lo aceptas. Un Mercedes es un buen coche y te vendría muy bien.

—Señora, hay cosas que me vendrían muy bien y que me parece deshonesto aceptar.

Los hermanos coinciden en que nunca obtuvieron beneficio alguno por el trabajo de Gil. Tan solo la desgracia de no poder disfrutar de un padre como tal, pues renunció a todo por el cuidado de Franco. «Jamás disfrutamos con él de unas vacaciones; fue una persona maravillosa, pero su lealtad y su dedicación nos privaron de compartir muchos momentos con él», desvela Vicente. María Jesús opina lo mismo: «Además de echar de menos mucho a mi padre en sus ausencias, a mí de pequeña no me perjudicó su trabajo, sino para quién trabajaba. Mi padre nos enseñó el respeto a la persona en su totalidad, y eso incluye su opción política».

Amargo final

Gil fue testigo del declive físico y mental del dictador. La edad no le perdonó. Al principio pudo paliar sus molestias con medicamentos y su cansancio con alguna que otra curiosa argucia. Una de ellas consistió en adaptar las patas de una silla de caza para que, al presenciar el desfile del 18 de julio, el público creyera que permanecía de pie, cuando en realidad estaba sentado.

El 6 de julio de 1974 la situación se complicó cuando Franco amaneció con un edema en la pierna derecha. Ayudado por un comité médico, el doctor decretó entonces su ingreso en la planta F de la Ciudad Sanitaria Provincial Francisco Franco, en la habitación 609. El paciente se negó en principio a ser tratado fuera del palacio, pero al final aceptó.

—Haremos lo que tú digas, Vicente, pero esto va a ser una bomba política.

—Mi general, la bomba sería que usted la espichara.

Aquí comenzó la caída en desgracia de un Gil que mantuvo, en los siguientes meses, duros enfrentamientos con Cristóbal Martínez-Bordiú, marqués de Villaverde, médico y yerno de Franco. Lo que en principio fue una diferencia de criterios en el diagnóstico se tornó en una guerra abierta entre ambos. El vallisoletano, en sus memorias, manifestó que siempre le motivó la preocupación hacia su paciente, mientras que su contrario tomó decisiones usando como puntales la egolatría y la imagen pública. Fuera como fuese, en los primeros días de agosto, con el jefe del Estado recién dado de alta, fue relevado de su cargo. De nada le valió pedir explicaciones. No se las dieron. Carmen, la hija del dictador, solo le respondió lo siguiente:

—Adiós, Vicente. Ya reconsideraremos tu caso al regreso del verano.

«Fue el comienzo de su fin. La amargura se empezó a reflejar en su cara y no volvió a sonreír», explica su hijo Vicente. Ave señala que empezó a morir y que pasó meses esperando dos llamadas que nunca llegaron, la de la familia Franco para pedirle que regresara y la del nuevo médico de cabecera para solicitarle información del paciente. «Se hizo hasta un cable alargador de una longitud inmensa para tener acceso al teléfono permanentemente», añade. Al final obtuvo lo que deseaba en septiembre. «Le llamó la hija para decirle "que se tomara unas vacaciones", cuando durante casi cuarenta años no había tenido ni un solo día de descanso», confirma María Jesús. A cambio de una vida de dedicación, Gil obtuvo solo un regalo que se negó a abrir, un televisor en color enviado desde El Pardo.

En palabras de Vicente, para su padre fue «muy duro no poder estar al lado de Franco» en su camino hacia el otro mundo.

«No soportaba que pudieran estar prolongando artificialmente la vida de un anciano, que hubiera sufrimiento en un ser tan querido para él. Cuando murió, la melancolía se apoderó de él de una forma definitiva». Una vez fallecido el dictador, se desvaneció la relación con los Franco. «Desde julio de 1974 prácticamente no hubo más relación que un silencio lacerante. Se le ignoró a pesar del cariño y dedicación que había profesado a esa familia. Solo en el último momento antes de fallecer Franco, el marqués de Villaverde manifestó cierto arrepentimiento permitiendo que Gil pudiera despedirse de su suegro», añade.

Los hermanos recuerdan hoy que, «aunque es duro reconocerlo como hijos», a partir de entonces «vivió porque no podía morir». Así pasó sus últimos años. «Otro gran amigo de los pocos que le quedaron, Valero Bermejo, le ofreció un puesto de médico en Enagás que él aceptó si entraba como el último médico y sin privilegios de ningún tipo. Y reingresó en su plaza de médico forense a la que tuvo que renunciar por estar al servicio de Franco. Nunca lo remontó. Su gran amigo, el doctor Javier Rodríguez, vino a verle todos los días hasta el día en que nuestro padre murió», concluye Vicente.

Bibliografía

ALCALÁ-ZAMORA, Niceto, «Los primeros pasos del régimen republicano», *El Sol*, 17 de marzo de 1931.

ALPERT, Michael, *El Ejército Popular de la República. 1936-1939*, Barcelona, Crítica, 2007.

ALONSO BAQUER, Miguel, *Franco y sus generales*, Madrid, Taurus, 2005.

ÁLVAREZ TARDÍO, Manuel, «"Por el triunfo de la causa de Dios". La reacción de la Iglesia ante el Frente Popular de 1936», *Hispania Sacra*, vol. 70, n.º 142 (2018), pp. 649-659.

ARASA, Daniel, *Historias curiosas del franquismo*, Teià, Robinbook, 2008.

AZAÑA, Manuel, *Diarios completos. Monarquía, República, Guerra Civil*, Barcelona, Crítica, 2000.

BARDAVÍO, Joaquín, *El reino de Franco. Biografía de un hombre y su época*, Barcelona, Ediciones B, 2015.

BASTOS ANSART, Manuel, *De las guerras coloniales a la Guerra Civil. Memorias de un cirujano*, Barcelona, Ariel, 1969.

BATISTA, Antoni, *Matar a Franco. Los atentados contra el dictador*, Barcelona, Debate, 2015.

BAYO, Alberto, *Ciento cincuenta preguntas a un guerrillero*, La Habana, s. e., 1959.

BEEVOR, Antony, *La guerra civil española*, Barcelona, Planeta, 2011.

Bolinaga Irasuegi, Íñigo, *Breve historia de la guerra civil española*, Madrid, Nowtilus, 2009.

Botella Pastor, Virgilio, *Entre memorias. Las finanzas del Gobierno republicano español en el exilio*, Sevilla, Renacimiento, 2002.

Bueno Pérez, Fernando y Majada Neila, Jesús, *Carretera Málaga-Almería (febrero de 1937)*, Málaga, Caligrama, 2006.

Bullón de Mendoza, Alfonso, y Luis Eugenio Togores, *El Alcázar de Toledo. Final de una polémica*, Madrid, Actas, 2001.

Buñuel, Luis, *Mi último suspiro (memorias)*, Barcelona, Plaza y Janés, 1982.

Cabezas, Octavio, *Indalecio Prieto, socialista y español*, Madrid, Algaba, 2005.

Carande y Thovar, Ramón y Antonio Alonso Baños, *Homenaje a Diego Martínez Barrio*, París, B.V.Carande, 1978.

Carrillo, Santiago, *Memorias*, Barcelona, Planeta, 1993.

Casas de la Vega, Rafael y Togores Sánchez, Luis E. «Sobre Muñoz Grandes», artículo elaborado para el *Diccionario Biográfico de la Real Academia de la Historia,* https://dbe.rah.es/biografias/6598/agustin-munoz-grandes.

Castells, Andreu, «Las Brigadas Internacionales de la guerra de España», Barcelona, Ariel, 1974.

Cayuelas Robles, Ramón, *Relatos inéditos de los submarinos republicanos en la guerra civil española, C-5 y C-2*, San Vicente de Raspeig, Editorial Club Universitario, 2014.

Constable, Trevor J., y Raymond F. Toliver, *Horrido! Fighter Aces of the Luftwaffe*, Londres, Arthur Baker, 1968.

Corominas, Lluís, «El Hispano-Nieuport 52 en la guerra civil española», *Aeroplano. Revista de Historia Aeronáutica*, n.º 24 (2006), pp. 38-55.

Corral, Pedro, *Con plomo en las alas*, Córdoba, Almuzara, 2020.

Crusells, Magí, *La guerra civil española. Cine y propaganda*, Barcelona, Ariel, 2000.

Delperrie de Bayac, Jacques, *Las Brigadas Internacionales*, Gijón, Júcar, 1980.

Díaz-Plaja, Fernando, «Miaja salvó a Muñoz Grandes», colección Biblioteca de la Guerra Civil, tomo *La represión*, Zaragoza, Folio, 1996.

Díez Nicolás, Juan, «La mortalidad en la guerra civil española», *Boletín de la Asociación de Demografía Histórica*, año III, n.º 1 (1985), pp. 41-55.

Domínguez Arribas, Javier, *El enemigo judeo-masónico en la propaganda franquista (1936-1945)*, Madrid, Marcial Pons, 2009.

Ellwood, Sheelagh, «La guerra civil española: testigos de la historia», Zaragoza, Folio, 1996.

Enzensberger, Hans Magnus, *El corto verano de la anarquía*, Barcelona, Grijalbo, 1975.

Eslava Galán, Juan, *Una historia de la Guerra Civil que no va a gustar a nadie*, Barcelona, Planeta, 2005.

Espinoza, Pedro, «La quema de conventos en mayo de 1931. Una exploración del anticlericalismo durante la Segunda República española»; *Revista Notas Históricas y Gráficas*, junio de 2018.

Feito, Honorio, *Iglesias Portal, el juez que condenó a José Antonio*, Madrid, Actas, 2019.

Fernández, Dolores, Mónica de la Flor y Eusebio Rodríguez Padilla, *El pueblo gitano en la Guerra Civil y la posguerra. Andalucía Oriental*, Granada, Asociación de Mujeres Gitanas ROMI, 2009.

Fernández Santander, Carlos, *El general Franco. Un dictador en un tiempo de infamia*, Barcelona, Crítica, 2005.

Franco Salgado-Araujo, Francisco, *Mi vida junto a Franco*, Barcelona, Planeta, 1977.

Galland, Adolf, *Los primeros y los últimos. Memorias*, Barcelona, AHR, 1955.

García de las Heras, Mariano, «La revolución de Asturias, ¿primer acto de la Guerra Civil?», *Ab Initio. Revista*

Digital para Estudiantes de Historia, n.º 1 (2010), pp. 169-194.

García Flórez, Dionisio, *Submarinos*, col. Buques de la Guerra Civil Española, Madrid, Almena, 2003.

García Lacalle, Andrés, *Mitos y verdades. La aviación de caza en la guerra española*, México, Oasis, 1973.

García Luis, Ricardo, *Crónica de vencidos. Canarias: resistentes de la Guerra Civil*, Santa Cruz de Tenerife, La Marea, 2003.

García-Morato, Joaquín, *Guerra en el aire*, Madrid, Editora Nacional, 1940.

García Rodríguez, José, *Conspiración para la Rebelión militar del 18 de julio de 1936 (del 16 de febrero al 17 de julio)*, Madrid, Sílex, 2013.

Garriga, Ramón, *Ramón Franco, el hermano maldito*, Barcelona, Planeta, 1978.

Geist, Anthony L., «Los brigadistas norteamericanos y la experiencia de Seattle», en Rosa María Sepúlveda Losa y Manuel Requena Gallego, coords., *Las Brigadas Internacionales. El contexto internacional, los medios de propaganda literatura y memorias*, Cuenca, Ediciones de la Universidad de Castilla-La Mancha, 2003, pp. 133-142.

Gibson, Ian, *La noche en que mataron a Calvo Sotelo*, Barcelona, Argos Vergara, 1982.

—, *Paracuellos. Cómo fue*, Barcelona, Argos Vergara, 1983.

Gil García, Vicente, *Cuarenta años junto a Franco*, Barcelona, Planeta, 1981.

Goldman, Emma, *Fraternalmente, Emma. Cartas de amor y de guerra*, Madrid, La Felguera, 2008.

Gómez, Inmaculada, y Francisco García, «Medios de comunicación y guerra civil española: la huida masiva de Málaga en 1937. El efecto de la propaganda de guerra en prensa y radio sobre la población malagueña», *Revista Internacional de Estudios Migratorios*, vol. 10, n.º 1 (2020), pp. 155-183.

González, Valentín, *Comunista en España y antiestalinista en la URSS*, Sevilla, Ediciones Espuela de Plata, 2008.

HERNÁNDEZ DE MIGUEL, Carlos, *Los campos de concentración de Franco. Sometimiento, torturas y muerte tras las alambradas*, Barcelona, Ediciones B, 2019.

IRIBARREN, José María, «Mola. Datos para una biografía y para la historia del Alzamiento Nacional» (*Heraldo de Aragón*, Zaragoza, 1938).

IRUJO, José María, *La lista negra. Los espías nazis protegidos por Franco y la Iglesia*, Madrid, Aguilar, 2003.

IRUJO, Xabier, *Gernika. 26 de abril de 1937*, Barcelona, Crítica, 2017.

JACKSON, Gabriel, *Juan Negrín. Médico, socialista y jefe del Gobierno de la Segunda República española*, Barcelona, Crítica, 2008.

JARAIZ, Pilar, *Historia de una disidencia*, Barcelona, Planeta, 1981.

KAPLAN, Philip, *Ases de la Luftwaffe en la Segunda Guerra Mundial*, Madrid, La Esfera de los Libros, 2017.

KARL, Mauricio, *El comunismo en España*, Madrid, Impr. Sáez Hermanos, 1932.

—, *El enemigo. Marxismo. Anarquismo. Masonería*, Madrid, Impr. Sáez Hermanos, 1934.

—, *Asesinos de España. Marxismo, anarquismo, masonería*, Madrid, Hispanismo, 1935.

KINDELÁN, Alfredo, *La verdad de mis relaciones con Franco*, Barcelona, Planeta, 1981.

LEDESMA, José Luis, «*Delenda est Ecclesia*. De la violencia anticlerical y la Guerra Civil de 1936», Instituto Universitario José Ortega y Gasset, 2009, <https://www.ucm.es/data/cont/docs/297-2013-07-29-4-09.pdf>.

LÍSTER, Enrique, *Memorias de un luchador*, Madrid, G. del Toro, 1977.

LLARCH, Joan, *La muerte de Durruti*, Barcelona, Aura, 1973.

MAJADA NEILA, Jesús, *Norman Bethune. El crimen de la carretera Málaga-Almería (febrero de 1937)*, Málaga, Caligrama, 2004.

MALUQUER, Joan J., *L'aviació de Catalunya els primers mesos de la Guerra Civil*, Barcelona, Pòrtic, 1978.

Marquina, Antonio, «Planes internacionales de mediación durante la Guerra Civil», *UNISCI Discussion Papers*, n.º 11 (mayo de 2006), pp. 229-248.

Martín Milán, Francisco J., y Sonia Cervantes, *La guerra en mis ojos. Los cuatro exilios de Ana*, Roquetas de Mar (Almería), Círculo Rojo, 2019.

Martínez Barrio, Diego, *Memorias*, Barcelona, Planeta, 1983.

Martínez Canales, Francisco, *Toledo 1936. Asedio y liberación del Alcázar*, Madrid, Almena, 2010.

Martínez Saura, Santos, *Memorias del secretario de Azaña*, Barcelona, Planeta, 1999.

Maura, Miguel, *Así cayó Alfonso XIII*, Barcelona, Ariel, 1968.

McDermott, Patricia, «Por tierras de Castilla y Aragón. El réquiem de Ernest Hemingway por los brigadistas republicanos enterrados en España», *Alazet. Revista de Filología*, n.º 16 (2004), pp. 419-432.

Monterde Fornos, Baldomero, «Rodolfo Bay Wright... un piloto en estado puro», *Mach.82*, n.º 99 (1999), pp. 6-13.

Montoliú, Pedro, *Madrid en la Guerra Civil*, Madrid, Sílex, 1999.

Montseny, Federica, *Pasión y muerte de los españoles en Francia*, Badalona, Centre d'Estudis Llibertaris Federica Montseny, 2019.

Moreno Fonseret, Roque, ed., *La aviación fascista y el bombardeo del 25 de mayo de Alicante*, Alicante, Publicacions de la Universitat d'Alacant, 2018.

Muñoz Bolaños, Roberto, «Capitán general José Sanjurjo Scanell», *Diccionario biográfico español*, vol. XLV, Madrid, Real Academia de la Historia, 2013, pp. 993-1.003.

Orwell, George, *Homenaje a Cataluña. Un testimonio sobre la revolución española*, Barcelona, Ariel, 1970.

—, *Dentro y fuera de la ballena*, Madrid, Editorial Revolución, 1984.

Otero Soler, Luis, *Muy breve historia de África. Cuna de la humanidad*, Madrid, Punto Rojo Libros, 2015.

Payne, Stanley G., *El régimen de Franco, 1936-1975*, Madrid, Alianza, 1987.

—, *La guerra civil española*, Madrid, Rialp, 2014.

—, *El camino al 18 de julio. La erosión de la democracia en España*, Barcelona, Espasa, 2016.

Paz, Abel, *Durruti en la revolución española*, Barcelona, Laia, 1986.

Pérez Salas, Jesús, *Guerra en España. 1936 a 1939*, Córdoba, Almuzara, 2019 (1.ª ed.: México D. F., 1947).

Permuy López, Rafael A., *Ases de la República. Pilotos de la aviación republicana en la guerra civil española*, Valladolid, Galland Books, 2013.

—, y Artemio Mortera, «La batalla del Jarama/The Battle of Jarama», Historica 36/39, n.º 3, Quirón Ediciones, 2003.

Preston, Paul, *Franco. Caudillo de España*, Barcelona, Grijalbo, 1994.

—, *La guerra civil española. Reacción, revolución y venganza*, Barcelona, Plaza y Janés, 1987.

—, *El holocausto español. Odio y exterminio en la Guerra Civil y después*, Barcelona, Debate, 2011.

—, *El zorro rojo. La vida de Santiago Carrillo*, Barcelona, Debate, 2013.

Prieto, Indalecio, *Cartas a un escultor*, Buenos Aires, Losada, 1961.

—, *Convulsiones de España*, México, Oasis, 1969.

Primo Jurado, Juan José, *Los generales de África*, Córdoba, Almuzara, 2017.

Ramírez Gabarrús, Manuel, *El arma submarina española*, s. l., Bazán, 1983.

Requena Gallego, Manuel, «Las Brigadas Internacionales: una aproximación historiográfica», de Manuel Requena Gallego, Ciudad Real, Universidad de Castilla-La Mancha, 2004.

Reverte, Jorge M., *De Madrid al Ebro. Las grandes batallas de la guerra civil española*, Barcelona, Galaxia Gutenberg, 2016.

Rey, Fernando del, *Retaguardia roja. Violencia y revolución en la guerra civil española*, Barcelona, Galaxia Gutenberg, 2019.

Rivas Cherif, Cipriano de, *Retrato de un desconocido. Vida de Manuel Azaña*, Barcelona, Grijalbo, 1980.

Rojo, José Andrés, *Vicente Rojo. Retrato de un general republicano*, Barcelona, Tusquets, 2006.

Rojo, Vicente, *Historia de la guerra civil española*, Barcelona, RBA, 2010.

Rojo Pinilla, Jesús Ángel, *Grandes traidores a España*, Madrid, El Gran Capitán, 2017.

Rubio, Javier, «Negrín y Aguirre a la greña. París 1939, una polémica desconocida», *Historia 16*, n.º 45 (1980), pp. 67-76.

Rueda Román, Andrés, *Franco, el ascenso al poder de un dictador*, Madrid, Nowtilus, 2012.

Ruiz, Julius, *El terror rojo. Madrid, 1936*, Barcelona, Espasa, 2012.

Salas Larrazábal, Ramón y Jesús María, *Historia general de la guerra de España*, Madrid, Rialp, 1986.

San José, Diego, *Por Dios y por España*, Sevilla, Renacimiento, 2020.

San Román, Teresa, *La diferencia inquietante. Viejas y nuevas estrategias culturales de los gitanos*, Madrid, Siglo XXI, 1997.

Sánchez Crespo, Ángel, «La conjura de Casado. El golpe de Estado de la guerra civil española», *Clío. Revista de Historia*, n.º 224 (2020), pp. 46-53.

Sánchez-Guerra, Rafael, *Mis prisiones. Memorias de un condenado por Franco*, Buenos Aires, Claridad, 1946.

Sánchez Montoya, Francisco, *Ceuta y el norte de África. República, guerra y represión, 1931-1944*, Granada, Natívola, 2004.

Sánchez Soler, Mariano, *La familia Franco S. A. Negocios y privilegios de la saga del último dictador de Occidente*, Barcelona, Roca, 2019.

Santidrián Arias, Víctor Manuel, «Enrique Líster, el antimilitarista que llegó a general», *Revista Universitaria de Historia Militar*, vol. 7, n.º 13 (2018), pp. 423-439.

Schlayer, Felix, *Diplomático en el Madrid rojo*, Sevilla, Espuela de Plata, 2008.

Solé i Sabaté, Josep Maria, y Joan Villaroya, *España en llamas. La Guerra Civil desde el aire*, Madrid, Temas de Hoy, 2003.

Sorando Muzás, Luis, «La bandera rojigualda antes de su instauración para el Ejército (1785-1843)», *Revista de Historia Militar*, n.º extra 2 (2018), pp. 73-92.

Tagüeña, Manuel, *Testimonio de dos guerras*, Barcelona, Planeta, 1978.

Thomas, Gordon, y Max Morgan-Witts, *El día en que murió Guernica*, Barcelona, Plaza y Janés, 1976.

Thomas, Hugh, *La guerra civil española, 1936-1939*, Barcelona, Grijalbo, 1976.

Thomàs, Joan Maria, *El gran golpe. El «caso Hedilla» o cómo Franco se quedó con Falange*, Barcelona, Debate, 2014.

Tremlett, Giles, *Las Brigadas Internacionales. Fascismo, libertad y la guerra civil española*, Barcelona, Debate, 2020.

Ustáriz, Reginaldo, *Che Guevara. Vida, muerte y resurrección de un mito*, Madrid, Nowtilus, 2008.

Valcarce Alba, Álvaro, *Lucha de sangre. ¿Hasta dónde llega la verdad?*, s. l., Chiado, 2013.

Valero, Sergio, *Republicanos con la monarquía, socialistas con la República*, Valencia, Universitat de València, Servei de Publicacions, 2015.

Vargas Alonso, Francisco Manuel, «La intervención alemana en el País Vasco (1936-1937). Un balance crítico en el contexto de la guerra civil española», *Cuadernos de Historia de las Relaciones Internacionales*, n.º 8, 2012.

Vera Jiménez, Fernando, «Cubanos en la guerra civil española. La presencia de voluntarios en las Brigadas Internacionales y el Ejército Popular de la República», *Revista Complutense de Historia de América*, vol. 25 (1999), pp. 295-321.

VIDAL, César, *Las Brigadas Internacionales*, Madrid, Espasa, 1998.

VIDARTE, Juan Simeón, *Todos fuimos culpables. Testimonio de un socialista español*, Barcelona, Grijalbo, 1977.

VOLODARSKY, Borís, *El caso Orlov. Los servicios secretos soviéticos en la guerra civil española*, Barcelona, Crítica, 2013.

WANDOSELL FERNÁNDEZ DE BOBADILLA, Gonzalo, «La historia de la llegada del submarino General Mola y de su primer comandante, Rafael Fernández de Bobadilla y Ragel», en *Mvrgetana*, n.º 140 (2019), pp. 101-125.

WORSLEY, Thomas Cuthbert, *Los ecos de la batalla. Un británico en la carretera de la guerra civil española*, Salamanca, Amaru, 2012.

«XII BI en la batalla del Jarama, La», Asociación de Amigos de las Brigadas Internacionales, 2014, <https://www.brigadasinternacionales.org/2014/01/20/xii-bi-jarama/>.

ZAVALA, José María, *Franco, el republicano. La vida secreta de Ramón Franco, el hermano maldito del Caudillo*, Barcelona, Áltera, 2009.

—, *La pasión de José Antonio*, Barcelona, Plaza y Janés, 2011.

—, *Franco con franqueza. Anecdotario privado del personaje más público*, Barcelona, Plaza y Janés, 2015.

—, *Los expedientes secretos de la Guerra Civil. Una investigación a fondo sobre las muertes violentas en los dos bandos, de Durruti a José Antonio*, Barcelona, Espasa, 2016.

—, *Las páginas secretas de la historia. Hechos insólitos e inquietantes enigmas de todas las épocas*, Barcelona, Plaza y Janés, 2016.

ZUGAZAGOITIA, Julián, *Guerra y vicisitudes de los españoles*, Barcelona, Crítica, 19.

Agradecimientos

Quiero dar también las gracias al resto de mi familia, en especial a mis otros yayos (Antoñita, Carmen y Rafael), a los que me habría encantado hacerles mil preguntas sobre su experiencia en la guerra. A *ABC* por confiar en mí allá por 2009 para poner en marcha la sección de Historia y su maravillosa hemeroteca digital. Más de un siglo de vida y veinte millones de fotografías bien merecían la pena. Por extensión, a Federico Ayala y toda la sección de Archivo, por cuidar con tanto cariño y dedicación de ese tesoro, el mayor que tiene el periódico. A la sección de Cultura, por seguir apostando por temas como los que incluye este libro y participar de la pasión por redescubrir nuestro pasado. A Carmen Sabalete y la revista *Muy Historia*, por el generoso prólogo y por ser una parte importante de este proyecto y de los que vendrán. A mis buenos amigos de la facultad de Historia, por seguir ahí dos décadas después, y a los que me acompañaron en mis años como arqueólogo. En especial a Yolanda, por el tiempo compartido. A Guillermo, por la compañía de todos estos años. A Fiaño, Miguel y Noé, por la cercanía en la distancia. Y a Manu, por invitarme a subir a este barco y navegar juntos.

No quiero olvidarme de todos aquellos que me contaron las increíbles historias de sus familias o las suyas propias para dar forma a estas páginas: a Francisco García San Román, Luis Iriondo, Andone Bidaguren y todos los que sufrieron la masacre de

Guernica; a Juan Ortiz y al resto de los supervivientes del bombardeo del mercado de Alicante; a Ángela Vidal, Deborah Alcaraz, María del Carmen San José, Pedro Corral, Carlos Sala, Julián Alberquilla y, por último, a Bibiano Morcillo, por intentar detener el asalto al cuartel de la Montaña el 18 de julio de 1936. Todas vuestras vivencias dan sentido a este relato nuestro de la Guerra Civil.

Israel Viana

A Sole, mi tía. Gracias por ser el contrapeso optimista a mi carácter algo oscuro. Eres la luz que siempre ha estado conmigo y que me ha enseñado el camino del trabajo y la resistencia desde pequeño. A mis padres, Carmen y Manolo, por apoyarme, comprenderme y estar siempre al otro lado del teléfono. A Cristina y David, mi hermana y mi cuñado, por los ánimos incondicionales, más allá incluso de la ideología. A Pere, por devolverme la ilusión desde tierras catalanas y ser mi otro hermano mayor. A mis amigos, Silvia, Andrea, Pablo y PC, a los que tanta guerra he dado desde el Discord. Gracias por compartir conmigo muchas alegrías y todavía más tristezas; faltan líneas para demostrar lo que os aprecio. A José Luis y Cristián, en la brecha desde hace más de una década; el abrazo del 17 de septiembre de 2021 jamás se me olvidará y me ayudó a despejar dudas. A J. L. Hernández Garvi, otro incondicional que nunca espera nada a cambio. También quería dar las gracias a *ABC*, por creer en mí y en la sección de Historia desde hace casi una década. No me puedo olvidar tampoco de Carmen Sabalete y *Muy Historia*. Vuestras llamadas y correos tienen la capacidad de alegrarme la semana.

Gracias también a todos aquellos testigos que se han prestado a participar en esta obra con sus testimonios: la familia del aviador García-Morato (María José y Miren), los descendientes de Vicente Gil (Vicente, María Jesús, Ave y Mayen) y Ana Pomares. También al amplio elenco de historiadores y expertos que ha colaborado con sus declaraciones: José Luis Hernández Garvi, Roberto Villa, Alberto de Frutos, Fernando del Rey, Ernesto

Viñas y Ángel Rodríguez. Además, un especial reconocimiento al equipo de Archivo de *ABC* por ayudarnos a zambullirnos en las entrevistas y artículos de época.

El último agradecimiento va para todos aquellos que leen los reportajes que publico. Sin vosotros no sería nadie y no disfrutaría dando forma a cada línea. Un abrazo.

MANUEL P. VILLATORO

«**Para viajar lejos no hay mejor nave que un libro.**»

EMILY DICKINSON

Gracias por tu lectura de este libro.

En **penguinlibros.club** encontrarás las mejores recomendaciones de lectura.

Únete a nuestra comunidad y viaja con nosotros.

penguinlibros.club

Penguin Random House Grupo Editorial

penguinlibros